金融监管学

Regulation of Finance

冯科 编著

图书在版编目(CIP)数据

金融监管学/冯科编著. —北京:北京大学出版社,2015.3
(21世纪经济与管理规划教材·金融学系列)
ISBN 978-7-301-25574-2

Ⅰ.①金… Ⅱ.①冯… Ⅲ.①金融监管—高等学校—教材 Ⅳ.①F830.2

中国版本图书馆 CIP 数据核字(2015)第 035418 号

书　　名	金融监管学
著作责任者	冯　科　编著
责 任 编 辑	姚大悦
标 准 书 号	ISBN 978-7-301-25574-2
出 版 发 行	北京大学出版社
地　　址	北京市海淀区成府路 205 号　100871
网　　址	http://www.pup.cn
微信公众号	北京大学经管书苑(pupembook)
电 子 邮 箱	编辑部 em@pup.cn　总编室 zpup@pup.cn
电　　话	邮购部 010-62752015　发行部 010-62750672　编辑部 010-62752926
印 刷 者	北京圣夫亚美印刷有限公司
经 销 者	新华书店
	787 毫米×1092 毫米　16 开本　20.5 印张　455 千字
	2015 年 3 月第 1 版　2024 年 7 月第 5 次印刷
印　　数	10001—11000 册
定　　价	42.00 元

未经许可,不得以任何方式复制或抄袭本书之部分或全部内容。
版权所有,侵权必究
举报电话:010-62752024　电子邮箱:fd@pup.cn
图书如有印装质量问题,请与出版部联系,电话:010-62756370

丛书出版说明

教材作为人才培养重要的一环,一直都是高等院校与大学出版社工作的重中之重。"21世纪经济与管理规划教材"是我社组织在经济与管理各领域颇具影响力的专家学者编写而成的,面向在校学生或有自学需求的社会读者;不仅涵盖经济与管理领域传统课程,还涵盖学科发展衍生的新兴课程;在吸收国内外同类最新教材优点的基础上,注重思想性、科学性、系统性,以及学生综合素质的培养,以帮助学生打下扎实的专业基础和掌握最新的学科前沿知识,满足高等院校培养高质量人才的需要。自出版以来,本系列教材被众多高等院校选用,得到了授课教师的广泛好评。

随着信息技术的飞速进步,在线学习、翻转课堂等新的教学/学习模式不断涌现并日渐流行,终身学习的理念深入人心;而在教材以外,学生们还能从各种渠道获取纷繁复杂的信息。如何引导他们树立正确的世界观、人生观、价值观,是新时代给高等教育带来的一个重大挑战。为了适应这些变化,我们特对"21世纪经济与管理规划教材"进行了改版升级。

首先,为深入贯彻落实习近平总书记关于教育的重要论述、全国教育大会精神以及中共中央办公厅、国务院办公厅《关于深化新时代学校思想政治理论课改革创新的若干意见》,我们按照国家教材委员会《全国大中小学教材建设规划(2019—2022年)》《习近平新时代中国特色社会主义思想进课程教材指南》《关于做好党的二十大精神进教材工作的通知》和教育部《普通高等学校教材管理办法》《高等学校课程思政建设指导纲要》等文件精神,将课程思政内容尤其是党的二十大精神融入教材,以坚持正确导向,强化价值引领,落实立德树人根本任务,立足中国实践,形成具有中国特色的教材体系。

其次,响应国家积极组织构建信息技术与教育教学深度融合、多种介质综合运用、表现力丰富的高质量数字化教材体系的要求,本系列教材在形式上将不再局限于传统纸质教材,而是会根据学科特点,添加讲解重点难点的视频音频、检测学习效果的在线测评、扩展学习内容的延伸阅读、展示运算过程及结果的软件应用等数字资源,以增强教材的表现力和吸引力,有效服务线上教学、混合式教学等新型教学模式。

为了使本系列教材具有持续的生命力,我们将积极与作者沟通,争取按学制周期对教材进行修订。您在使用本系列教材的过程中,如果发现任何问题或者有任何意见或建议,欢迎随时与我们联系(请发邮件至 em@ pup. cn)。我们会将您的宝贵意见或建议及时反馈给作者,以便修订再版时进一步完善教材内容,更好地满足教师教学和学生学习的需要。

最后,感谢所有参与编写和为我们出谋划策提供帮助的专家学者,以及广大使用本系列教材的师生。希望本系列教材能够为我国高等院校经管专业教育贡献绵薄之力!

北京大学出版社
经济与管理图书事业部

前　言

　　金融活动在为社会的发展注入动力的同时，也时时刻刻涌动着失控风险。为防范风险，避弊趋利，21世纪以来中国逐步确定了"一行三会"的现代金融监管框架，"金融监管学"的理论和实务正是在这种背景下成为学者和业界关注的焦点。在此之前，中国金融业的监管主要是由中央银行独立负责，与此监管框架相对应，有关金融监管的内容主要是在"中央银行学"中加以介绍的，同时在"金融市场学""证券投资学"和"保险学"等相关课程中也有所涉及。20世纪50年代以来，制度经济学、产业经济学和信息经济学等学科对管制的性质、有效性、效率、模式等问题提出了许多新颖的、富有创见的理论，监管框架也变成了目前的"一行三会"。同时，中国金融改革不断深化，经济活动更加开放，随着上海自贸区、深圳前海等经济金融开放试点的启动，互联网金融如火如荼发展，金融活动形式不断创新，完全有必要编写一本与时俱进的《金融监管学》教材。作为一门新兴课程，金融监管学首先应当总结国内外有关金融监管一般理论的研究成果、考察国内外监管框架，然后再分别考察银行业、证券业、保险业、信托业等金融机构和业务的监管问题，最后联系最新金融动态进行探讨。本书的编写就体现了这种思路。

　　本书按照总—分—总的架构进行编写，理论、文献、数据、案例新颖翔实，共分为11章。第1、2章介绍了金融监管活动的历史进程、金融监管的基本概念、金融监管的必要性、金融监管与金融创新、金融监管有效和失灵的理论及金融监管理论发展；第3章从全世界范围内重点对比美国、英国和中国的金融监管体制的演进，在理论上对各国体制进行分析，然后量化评估各国金融监管体制的效率；第4—7章分别对银行业、证券业、保险业和其他金融活动的现状、风险进行了分析，介绍了各行业的监管架构和重要法律法规，为解决上述分业监管和总体监管的矛盾提出建议；第8章介绍了金融监管协调的有效性，量化分析了协调监管的成本和收益，并对中国的协调监管提出建议；第9章是本书的特色章节，介绍各类互联网金融模式，从互联网和金融结合的角度对各类互联网金融的本质、发展潜力、风险进行深入分析,并结合中国相关监管现状提出政策建议;第 10 章介绍了开放条件下的监管,借鉴中国香港自由港、迪拜国际金融中心的经验对我国上海自贸区的监管进行了探讨;最后,第 11 章考察了各国在 2008 年金融危机后的最新监管改革动态,借鉴各国经验对中国后危机时代的金融监管提出了政策建议。

  本教材在编写过程中,引用、吸收了部分相关的教材、专著、学术论文、案例等内容,且大都注明了资料来源,少部分无法查明来源的,欢迎作者和读者指出。本教材的出版得到了北京大学出版社和北京大学经济学院的大力支持,在此表示衷心的感谢!北京大学经济学院博士后贾甫,北京大学硕士研究生夏江、赵洋洋、胡佳昕、王卫、武士杰、董笑蕊、李冠楠、孙硕等协助了本教材的编写,在此表示衷心的感谢!由于编者水平有限,教材中的不足和疏漏之处,恳请同行专家和广大读者批评指正。

冯 科
2015 年 3 月

目 录

第1章 金融监管概论 …………………………………………… 1
   1.1 金融监管概述 ………………………………………………… 2
   1.2 金融监管的必要性 …………………………………………… 5
   1.3 金融监管与金融创新 ………………………………………… 10
   1.4 金融监管发展脉络 …………………………………………… 16

第2章 金融监管的理论基础 …………………………………… 23
   2.1 金融监管有效性理论 ………………………………………… 24
   2.2 金融管制失灵理论 …………………………………………… 32
   2.3 金融监管辩证理论 …………………………………………… 38
   2.4 金融监管理论新进展 ………………………………………… 40
   2.5 金融监管成本 ………………………………………………… 49

第3章 美国、英国及中国的金融监管体制 …………………… 55
   3.1 美国的金融监管体制 ………………………………………… 56
   3.2 英国的金融监管体制 ………………………………………… 64
   3.3 中国的金融监管体制 ………………………………………… 71

第4章 银行业监管 ……………………………………………… 79
   4.1 银行业监管的必要性 ………………………………………… 80
   4.2 事后金融安全网 ……………………………………………… 85
   4.3 事前金融安全网 ……………………………………………… 91
   4.4 巴塞尔协议及其发展 ………………………………………… 104
   4.5 商业银行资本管理办法 ……………………………………… 120

第5章 证券业监管 ……………………………………………… 125
   5.1 证券业监管的必要性 ………………………………………… 126

- 5.2 证券监管体系 135
- 5.3 证券监管内容 140
- 5.4 信息披露机制 157

第6章 保险业监管 165
- 6.1 保险业监管概述 166
- 6.2 保险监管体系 172
- 6.3 保险监管的内容 178
- 6.4 中国保险业监管现状及改革展望 193

第7章 其他金融机构监管 209
- 7.1 信托业监管 210
- 7.2 金融租赁业监管 224
- 7.3 财务公司监管 231
- 7.4 合作金融业监管 238

第8章 金融监管协调 251
- 8.1 金融监管协调概述 252
- 8.2 中国的金融监管协调机制 258

第9章 互联网金融创新与监管 267
- 9.1 互联网与金融 268
- 9.2 互联网金融模式 279
- 9.3 互联网金融的风险与监管 286

第10章 开放条件下的金融监管 293
- 10.1 上海自由贸易区概述 294
- 10.2 对上海自由贸易区金融监管制度的构想 297

第11章 金融监管发展趋势 305
- 11.1 金融危机后的国际金融监管改革新趋势 306
- 11.2 金融危机对中国金融监管改革的启示 306
- 11.3 中国未来的监管趋势 309

参考文献 315

第 1 章

金融监管概论

韦伯斯特词典中,金融的定义是"管理货币的科学"。

乔治·考夫曼认为,金融有两个重要的尺度——风险和收益。

事实是,危机贯穿着整部金融发展史。当人们渐渐懂得"把鸡蛋放在不同的篮子里"可以分散非系统性风险,而系统性风险无法避免的时候,金融监管便出现了。

金融监管作为一种制度安排,旨在确保一个国家的经济金融安全,但正如历次金融危机所表明的那样,金融监管既可能是解决问题的手段,也可能是造成问题的制度根源。

资料来源:乔治·考夫曼. 现代金融体系(第六版)[M]. 北京:经济科学出版社,2001.

1.1 金融监管概述

1.1.1 现代金融监管起源

1929年10月,美国股市暴跌,经济进入大萧条。在此后的两年半时间里,美国股市持续下跌,1932年的股市市值仅剩下1929年危机前的10%。在此背景下,美国参议院银行货币委员会在1932年开始对华尔街进行实地调查,曝光了华尔街多数金融机构的不正当行为。调查得出结论,必须建立严明的金融与证券法制,以防止危机的再度出现,而现代金融监管制度也因此得以创立。

在此之前,经济自由主义的创始人亚当·斯密用其"看不见的手"统治了市场经济国家近150年。他认为,每一个人,或者由个人所组成的组织,都是在追逐自己的利益最大化,而这一切的交易都是在价格机制的指引下进行的。但是,市场的自发性和盲目性往往会产生一些弊端,如果政府对整个国家的宏观经济不进行干预,很可能会导致生产与消费的矛盾。例如,投资商的过度投资导致大量的泡沫经济,超前消费理念造成市场经济的虚假繁荣、美国银行业的信贷繁荣,等等。所以,从某种程度上说,这次金融危机是市场失灵并被放大的结果。

▶ 知识链接 ◀

市场失灵,就是指由内在功能性缺陷和外部条件缺陷引起的市场机制在资源配置的某些领域运作不灵。造成市场失灵的原因有很多,广义来看,市场失灵是由市场机制作用的自发性、盲目性和滞后性引起的。这些特点导致价格在一定的情况下不能正确地反映市场的供求关系,造成市场供求紊乱,从而引发较严重的通货膨胀、失业和经济衰退等问题。狭义来看,市场失灵是由于市场的外在性和市场的不完全性,根据福利经济学的理论来讲,就是由于不能达到市场均衡状态所引起的,根据这种理论可以把市场失灵的原因归为四项,即公共产品、垄断、外部影响和非对称信息。

再回到21世纪初,重新审视2007年美国爆发的次贷危机及其引发的全球金融危机。按照经济自由主义的说法,次贷危机并不会发生,因为在这个过程中,每个人都在追逐利益最大化。可是结果却大相径庭。所以,我们不得不承认一个事实:不管你愿不愿意相信,能不能接受,市场不是万能的。货币超发,次贷大行其道,次贷的违约率高、风险大,其实商业银行是有所察觉的,可是为了追逐利益,它们不得不去做这个业务。面对风险,它们想出了另外的解决方法:资产证券化。于是,投资银行也被引上了这条随时可能沉没的船。当然,商业银行拉上投资银行是来分担风险的,我们说市场可以分担风险,但前提是人们知道风险是什么。由于人们疯狂地追逐利润,疯狂地开发金融衍生产品,市场早就不知道该如何给资产定价了,如果不知道如何定价,当然也就无法分担风险,这也就是所谓的市场失灵。

可以达成共识的是,这次危机中,许多经济体出现了杠杆增加和资产泡沫现象,大型金融企业的最高管理层犯下了严重的错误。但这只是病状,病因难道还像20世纪那样,只是纯粹的市场失灵吗?

现代的金融机构与市场是在由公共机构创立并维护的宏观经济、监管及政治框架下运作的,因此凭经验事实不难得出:这个框架存在的严重缺陷引发了"次贷"危机。首先,是政府迫使商业银行发放次贷,拥有政府信用的"两房"——房利美与房地美,把次贷投放到市场中,从根本上搅乱了金融市场的秩序和自我纠错能力。其次,政府又通过制造通货膨胀来掩盖财务窟窿。所以,可以说是政府在太多时候违背了市场规律,导致了本次次贷危机。由此发现,美国政府不是对经济运行撒开不管,而是对其进行干预和管理,也采取措施促进经济发展,抑制通货膨胀与失业,可结果还是发生了次贷危机。所以说,本次金融危机也反映了政府失灵。

1.1.2 金融监管的基本问题

何为金融监管?顾名思义,金融监管即金融监督和金融管理的复合称谓——面对金融市场失灵,政府不得不依据金融经济法规,利用行政手段、法律手段和市场化手段,对金融机构进行监管,这就是狭义上的定义。广义上来说,金融监管的客体不仅包括金融机构,还包括金融机构的内部控制与稽核、同业自律性组织、社会中介组织。

金融监管的目标是通过构建一定的制度框架,避免市场和政府的"双重失灵"。但是,随着经济与金融的不断发展,金融监管目标也处在动态变化过程中。20世纪30年代,金融监管主要是为解决金融危机问题,维护金融机构稳定是金融监管的单一目标(James and Gerard,2001;Archie,1966)。20世纪70年代,随着消费者利益保护主义兴起和信息不对称问题的提出,金融监管以保护中小型储蓄等消费者利益、维护公平性目标为主(Davies,2006;Sumner,2002)。在金融自由化和全球化的浪潮下,金融监管效率性目标引起重视(Merton,1990),部分学者和监管实践认为监管者有必要促进国内银行业的竞争,提高银行的竞争力。随着金融全球化的发展和金融监管理论的不断深化,金融监管目标走向多元化。Spong(2000)提出将金融监管目标分为稳定、效率和公平三个方面,这一观点被普遍接受和认同。

就金融监管体系而言,目前世界各国主要有分业监管体系和统一监管体系两种。不过,随着金融市场的快速发展,跨金融行业的创新产品不断涌现,传统金融领域及金融产品间的界线日渐模糊。金融混业经营的发展趋势越来越明显。相应地,在金融监管体系改革过程中,相当数量的国家和地区逐渐向统一监管体系过渡。

中国在20世纪90年代以后形成了由中国人民银行、中国银行业监督管理委员会(简称"银监会")、中国证券监督管理委员会(简称"证监会")和中国保险监督管理委员会(简称"保监会")牵头的分业经营和监管的格局。其中,中国人民银行主要制定和执行货币政策,对货币市场和外汇市场进行监督与管理;银监会负责统一监督管理全国银行、金融资产管理公司、信托投资公司及其他存款类金融机构;证监会依法对全国证券、期货市场实行集中统一监督管理;保监会统一监督管理全国保险市场,维护保险业的合法、稳健运行。

金融监管的主要内容包括:对金融机构设立的监管;对金融机构资产负债业务的监

管;对金融市场的监管,如市场准入、市场融资、市场利率、市场规则等;对商业银行的监管,主要包括市场准入与机构合并、银行业务范围、风险控制、流动性管理、资本充足率、存款保护以及危机处理等方面;对证券业的监管;对保险业的监管;对信托业的监管;对投资黄金、典当、融资租赁等活动的监管。

▶ 知识链接 ◀

银行分业经营与混业经营的历史演变

以商业银行能否从事证券业务为标准,可以把商业银行的经营模式大体分为两类:分离银行体制和全能银行体制,也就是俗称的分业经营和混业经营。所谓分离银行体制,就是指商业银行业务和证券业务严格分离,商业银行不能经营绝大部分的证券业务(少数业务如国债分销等例外);同样,证券公司也不能经营商业银行业务。《金融服务现代化法案》颁布之前的美国、金融大爆炸前的日本和英国都实行这种经营体制。目前只有中国等少数国家还坚持分离银行体制。全能银行体制则是与分离银行体制相对应的、由一个机构提供商业银行业务和证券公司业务服务的银行体制。

商业银行的分业经营与混业经营之争始于20世纪30年代。1933年以前,商业银行业务很少受到限制,在法律上也没有明确区分分业经营和混业经营的规定,商业银行可以从事证券业务。

1929—1933年的大危机是结束这种自由混业经营制度的历史转折点。史无前例的灾难始于华尔街股市的崩溃,并导致大量银行、企业倒闭和个人破产,对整个银行体系和社会经济造成极大破坏。

为此,美国国会1933年通过了《格拉斯-斯蒂格尔法案》,从此掀开了商业银行分业经营和管理的历史篇章,美国正式步入分业经营时代。随后,英国、日本等国也先后实行了分业经营的金融体制。但是,德国、瑞士等欧洲大陆国家并没有追随美国,而是继续实行混业经营的金融体制。这样,在经历了30年代的大危机后,国际金融体系出现了分业经营和混业经营两大阵营。

分业经营实行的最初一段时间里确实达到了稳定金融体系、促进经济复苏的目的,商业银行和证券公司也严格遵守分业管理的规定。进入60年代,共同基金等新兴投资方式飞速发展的同时,银行存款在大量流失;70年代滞胀时期,高通货膨胀和高利率的并存使商业银行经营出现了前所未有的困难;80年代,金融自由化和全球化的浪潮席卷全球,分业经营的商业银行面临国内非银行金融机构和国外全能银行的双重压力,要求放松管制的呼声越来越高。

1986年,英国首先恢复了混业经营体制,随后,日本也于90年代中期开始实行混业经营。在各方的压力下,美国于1999年11月12日由克林顿总统签署生效了《金融服务现代化法案》,以法律形式确定了实行混业经营体制。

资料来源:滕红雨.美国金融业分业混业经营体制变迁及对我国的启示[D].长春:吉林大学,2004.

金融监管背后的主要经济学逻辑是,如果一家规模庞大的金融机构破产,可能会波及整个经济体,所以对传染效用(一家银行倒闭引起其他银行相继倒闭)以及溢出效应(金融机构倒闭引起资金周转不灵从而使企业破产,进一步还会对就业造成负面影响)的担心是金融监管的主要原因。

案例

花旗银行兼并

1998年4月6日,美国花旗银行(Citi Bank)的母公司花旗公司(Citi Corp)和旅行者集团(Travelers Group)宣布合并,这一消息给国际金融界带来了极大的震动。这次合并之所以引人注目,不仅仅是因为其涉及1400亿美元资产而成为全球最大的一次合并,更重要的在于,合并后的实体将成为集商业银行、投资银行和保险业务于一身的金融大超市,从而使"金融一条龙服务"的梦想成为现实。

花旗公司原为全美第一大银行,1996年美国化学银行和大通曼哈顿银行合并后屈居次席。旅行者集团是一家总部设在纽约的老字号保险金融服务公司,是道·琼斯30种工业股票中的一员,早期以经营保险业为主,在收购了美邦经纪公司后,其经营范围扩大到投资金融服务领域。1997年年底又以90多亿美元的价格兼并了所罗门兄弟公司,成立了所罗门-美邦投资公司,该公司已居美国投资银行的第二位。至此,旅行者集团的业务已包括投资服务、客户金融服务、商业信贷和财产及人寿保险业务四大范围。

资料来源:李石凯.购并是银行竞争力增进的有效途径——以花旗为例[J].经济导刊,2005(6).

1.2 金融监管的必要性

金融监管并不是与生俱来的,而是金融业发展到一定阶段的产物。现代社会,金融业是国民经济的"血液",同时也发挥着"大脑中枢"的作用。"金融"这个字眼代表了太多机会,它为社会带来了巨大财富。然而,高收益永远伴随着高风险,为了管理金融风险,构建金融监管制度就显得非常必要。

1.2.1 金融市场失灵

金融发展史表明,资本流动的自由化与规模扩张既预示着金融业的兴旺发达,也意味着金融动荡的加剧。即便在金本位以前,金融危机也是和资本流动紧密联系在一起的,一旦私有资本流动的蓬勃发展被银行和汇率危机所中断,就会导致严重的经济混乱和政治冲突。例如,第一波资本流动止于1825年的危机;第二波止于1837年的欧洲危机;19世纪20年代和30年代资本流入美国,止于1837—1843年的大衰退。

在金本位时代,严重的金融危机不多,但较小的危机数量倒不少。一项研究表明,1880—1913年间,在当时15个新兴市场共发生金融危机22次,也就是说,在510国年

(34 年×15 国)中金融危机发生的概率为 4.3%。这个概率与 1990—1996 年间全球金融危机发生的概率惊人地接近,这意味着金融危机的严重性和历史延续性。①

20 世纪 20 年代末期的大萧条对各国经济的影响超过以前及之后的任何一次危机。随着国际贸易的崩溃,各国相继被迫暂停国内货币与黄金的兑换,并允许货币贬值。Bernanke and James(1991)的研究成果显示,在 1926—1929 年间共发生 36 次银行危机。在第二次世界大战结束后的一段时间内,各国对资本流动进行严格控制,并加强金融监管,银行危机也大大减少。20 世纪 80 年代金融危机卷土重来,这是又一次对金融自由化和国际借贷兴起的报复。

案例

银行家为何屹立不倒?

是时候认输了。银行家们又是毫发无损。他们击败了政治家、监管者和愤怒的民众,趾高气扬地走出了大危机的废墟。一些人以为 2008 年的冲击会改变局面。但我们太天真了。银行家一边对数十亿美元的罚金不以为然,一边还领着几百万美元的奖金。

国家和企业破产,政治领导人像保龄球瓶一样倒下,世界各地的工人大量失业。我们都本该比现在富有得多。但华尔街和伦敦金融城却是一切如常。自由金融资本主义的世界是否变得更安全了?简言之,没有。近期的两则新闻引起了我的注意:一是美国银行业巨头摩根大通(J. P. Morgan Chase)又被罚款;二是巴塞尔的央行监管官员们放宽了要求商业银行增加资本金、防范风险的规定……

巴塞尔委员会的规则制定者放过了大型投资银行:他们放宽了杠杆率新规,降低了投资银行为从事赌博式交易活动所需筹集的资本金要求。这些让步标志着金融业八面玲珑的公关运作再告成功。有时候,银行看上去反而像危机的受害者,而不是肇事者。

2008 年以来,情况一直如此。的确,法规修订,规则收紧,以限制那些极其冒险的游戏。资本金要求略有增加,稍稍降低了政府的担保风险,略微减少了纳税人为银行家奖金提供的隐性补贴。《多德-弗兰克法案》(Dodd-Frank Act)增加了华尔街的合规负担。

这些措施虽受欢迎,但只是皮毛层面的改革。奖金过高、机构大而不能倒、高管权势大到难受法律制裁——金融体系的基本结构未受触动。将简单直接的商业银行业务同高风险交易业务结合在一起的全能型银行仍屹立不倒。结果是银行的组织宗旨——为实体经济提供必不可少的润滑——仍然与危险、对社会无益的投机交错在一起。

但纳税人仍在以担保形式向银行提供高额补贴,这偏偏又给银行冒险赋予了动力。在缺乏真正竞争的情况下,由高级银行家组成、自成一体的寡头垄断团体仍在为自己设定薪酬标准。银行抱怨法规越来越多,但我们看见的不过是一系列小修小补措施,而非保障体系安全所需的根本改革。美联储前主席保罗·沃尔克(Paul Volcker)所说的"未竟"改革依然原地踏步。

资料来源:菲利普·斯蒂芬斯.银行家为何屹立不倒?[N].金融时报,2014-03-06.

---

① 汪茂昌,苏勇.国际资本流动百年回顾与展望[J].世界经济情况,2001(8).

20世纪末出现的东南亚金融危机和2007年由美国次贷危机引发的全球金融危机更是表明,世界进入了一个金融危机频频发生的多事之秋。随着经济和金融全球一体化的发展,一国的金融市场成为国际金融市场的一部分;跨国银行和金融机构日益增多,跨国界的金融集团不断涌现并发展壮大;大的银行、保险和其他金融机构的业务相当一部分是国际业务。一国的银行或金融市场发生问题会传染和影响其他国家的金融市场、金融机构甚至整个金融体系。而危机的严重后果表明:一国的"经济、金融安全"与"军事、政治安全"同样重要。

1.2.2 司法体系失灵

芝加哥学派认为,在市场自发秩序下,其实并不需要任何政府干预和监管,竞争和私人秩序就可以解决绝大多数的市场失灵问题。只有在竞争和私人秩序不能成功解决市场失灵的少数情况下,可以通过诉讼和法院来解决问题,防止侵权行为。在科斯①看来,合同是监管的替代品。如果潜在的外部效应能够以订立合同的方式解决,监管就没有存在的必要。以斯蒂格勒等为代表的"捕获论"认为,政府严格的准入限制、繁琐的审批程序以及各种各样的收费规定赋予了政治家和行政官员权力,他们可以运用这些权力设租、寻租,所以金融监管也会失灵。斯蒂格勒认为监管不是效率驱动而是政治驱动的。

但在现实中,政府对合同的监管无处不在,其中有些确实能起到保护消费者的作用,比如商品房销售合同中对面积、违约的约定,都有具体的规定。此外,我们发现尽管有合同的存在,但市场失灵现象屡见不鲜,这使得合同可以自动矫正市场失灵的理论被动摇。

对此,美国经济学家安德烈·施莱佛认为,监管失灵论依赖于运行良好的司法系统:只要法院能够经济地、可预见地、公正地解决纠纷,监管就完全是多余的。可在现实中,在司法不独立的环境下,司法腐败司空见惯,司法系统的效率普遍低下。当司法体系不健全时,我们只能用证监会、银监会、保监会等专业监管机构来处理证券、银行、保险方面的合同争议或违规问题,作为对效率低下的司法体系的补充。

✍案例✍

U盘的判决案例

几年前,在U盘刚刚出现的时候,售价比较昂贵,有一款256M的U盘当时供货价(批发价)为70元,市场零售价为200元。某零售商同某供货商签订合同,由该供货商向其提供该款U盘1万个,但供货商失约,没有及时提供U盘,致使该零售商发生损失,于是零售商向法院上诉。法院经过多种程序,于半年后开庭,判决供货商履约为零售商按每只U盘70元供货,并赔偿货价5%的违约金。但由于电子产品更新换代很快,市场价格下降也很快,此时该款U盘的价格已降为每只近20元,结果该零售商虽然胜诉,却并

---

① 科斯定理:只要交易成本为零,那么无论产权归谁,都可以通过市场自由交易达到资源的最佳配置。在产权明确的前提下,市场交易即使在出现社会成本的场合也同样有效。

不能弥补其损失,而且这种判决从法理上很难推翻,因为原告已经胜诉并获得了赔偿。

资料来源:新浪财经。

那么,在拥有高效司法体系的欧美国家,为什么存在金融监管?究其原因,欧美国家的金融创新活跃,司法体系的专业知识无法适应日新月异的创新步伐。同法院相比,专业监管机构拥有更多的专业知识,对所监管的领域理解更加深刻。但在创造规则方面,专业监管机构相比法院存在更多问题。通常而言,一个正当经营的企业不会热衷于法律诉讼,所以法院同企业的关系是短期的;而在很多情况下,专业监管机构同被监管者之间存在长期关系,监管者很容易被其职位俘虏,如监管领域的"旋转门"现象,所以监管者的行为更有可能背离消费者的利益。

▶ **知识链接** ◀

"旋转门",即金融机构和金融监管机构的员工互相跳槽。"旋转门"现象很自然地会使得人们去怀疑监管者的"道德",一个人从金融机构跳槽到监管机构,然后再跳回到金融机构,人们自然会问当此人作为金融监管者时,他到底会为哪些人的利益服务。"旋转门"现象很普遍,比如,罗伯特·鲁宾(Robert Rubin)首先在高盛担任联合主席,接着出任美国财政部长,最后又到花旗集团担任高级行政人员。大卫·穆林斯(David Mullins)是前美联储主席,辞职后又成为长期资本管理公司的合伙人。更有甚者,几乎所有的纽约储备银行前行长们在离任后都进入了私营金融机构工作。在中国,国有大型金融机构的高层主要由中组部和国资委负责调任,可以想象,"旋转门"现象只能更加严重。虽然说"旋转门"现象使得公众有理由怀疑监管者们是否表现得很"道德"——代表了大众的利益,但是,我们没有理由就此断定监管者们一定不"道德"。只能说,金融监管者和金融服务业之间存在着复杂的联系。

资料来源:詹姆斯·R.巴斯,小杰勒德·卡普里奥,罗斯·列文.金融守护人[M].上海:生活·读书·新知三联书店,2014。

1.2.3 金融监管失灵

金融市场失灵和司法体系失灵共同引致了金融监管的必要性。但是,金融监管体制的建立并没有一劳永逸地解决金融危机,而且金融监管体制本身也是不完美的,"旋转门"现象就是一个明显的证据。此外,观念俘获、政治游说和主场效应等也会引起金融监管失灵。

1. 观念俘获

该观点认为,金融监管者的失职是因为他们被一种错误观念所俘获,由此引发了一系列监管崩溃。比如,艾伦·格林斯潘(Alan Greenspan)和克里斯托弗·考克斯(Christopher Cox)——艾因·兰德(Ayn Rand)的追随者——被批评其政策制定就是基于对自由市场的肤浅理解。他们对彻底自由放任的资本主义笃信不移,坚持对私营金融机构放松监管,一切交由市场的自我纠正机制解决,所以在金融政策的制定中,他们运用手中权力尽可能地减少监管条例。就这样,这些笃信自由主义观念的监管者们一次次地把世界推向了"完美风暴"。当然,我们不能简单地用某种观念来解释金融危机的发生。

2. 政治游说

在欧美等国,金融机构会花费大量时间和金钱来游说政客,以说服他们实施对金融机构有利的法律,并让这些政客给监管者施压,使监管者以有利于金融机构的方式解释和执行相关法律。纪录片《监守自盗》(Inside Job)很好地反映了金融服务业腐蚀金融监管条款设计以及执行者的现实。国际货币基金组织(IMF)的研究显示,竞选捐款可以改变立法者对金融政策的投票行为,金融机构可以通过游说支出来获取任何他们想要的政策。从这种角度看,监管者往往代表的是金融机构的利益,而非公众的利益。中国的选举制度、立法制度以及新闻媒体的独立性与欧美等西方国家相差很大,党和政府拥有很强的主导性,金融监管条款的制定和实施相比欧美等国较少受政治游说左右。但是,随着信息共享技术的飞跃发展以及政治的更加开明化,中国很有可能面临和西方国家一样的问题——政治游说绑架。

3. 主场效应

心理学家发现,社会环境会影响人们的信念和行为。托比亚斯·J. 莫斯科维兹(Tobias J. Moskowitz)和乔·沃森姆(Jon Wertheim)在《塑造佳绩》(Scoreasting)中令人信服地描述了这种现象。他们研究了包括足球、篮球、板球、棒球等在内的各种类型的体育赛事,所有赛事中主场队获胜的比率都异乎寻常地高,也就是说存在"主场效应"。在原因分析中,他们指出,没有证据支持主场运动员们的表现更好。那原因只能是赛事官员和教练员对主场队伍的系统性偏袒。他们指出,赛事官员不会自始至终偏袒某支队伍,但他们通常偏袒某支队伍,他们对主场队伍的看法与主场观众一致。如果主场队伍失败(尤其是在两支队伍势均力敌的情况下),裁判员通常要在赛后额外"滞留"更多时间。在所有赛事中,主场队伍往往受到较少的有效判罚,在实力相当的比赛中尤为如此。

▶ **知识链接** ◀

心理学研究发现,即便在不自觉的情况下,社会环境对人类的行为和决策也有着巨大的影响力。由于能使受体的观念与一个群体的观念保持一致,因此心理学家将这种现象称为"从众效应"(Conformity)。

对于金融监管机构的官员而言,金融机构就是"主场观众"。金融从业者们"包围"着监管者。如果金融从业者们对监管者的"判罚"不满,他们就会对之揶揄和嘲笑。由于"旋转门"现象的存在,监管者们很自然地更加亲近整天"包围"着他们的金融机构。而普通公众缺乏对金融监管的信息和专业知识的了解,更不用说去评估金融监管造成的各种后果了,这样,公众自然成了"客场观众"。

这种主场优势引致了金融监管者的系统性偏袒,尤其是在关键的事件或环节中。从心理学角度看,监管者们的偏袒并不意味着他们无一例外地腐败,相反,这不过表明了监管者们也是普通人罢了。更重要的是,金融机构的"主场"优势现象并不意味着监管者们迫于社会压力而刻意迎合群体的立场,相反,他们是发自内心地认同群体的看法,并坚信他们的"判罚"是公正的,是站在公众的立场上。

✍案例✍

互联网金融与中国监管者首次"交锋"

仅仅在中国两大互联网集团阿里巴巴和腾讯宣布将各自联手中信银行推出虚拟信用卡两天之后,中国人民银行在2013年3月13日发文暂时叫停了虚拟信用卡和二维码支付业务,给中国互联网金融踩下了紧急刹车。

对于央行的这一举动,一种观点是:虚拟信用卡涉嫌违反中国信用卡管理条例,所以被叫停。一位中国商业银行业内人士表示,中国商业银行要发行一款信用卡,照例应按照中国银监会2011年2号《商业银行信用卡业务监督管理办法》,提前一个月向监管部门申请并获得核准后,才能发行。但从目前了解到的情况看,中信银行、腾讯和阿里巴巴目前计划的合作模式,突破了上述条例中的"三亲原则"(在信贷或信用卡审批环节,对申请人进行亲访、亲签、亲核),同时也明显违反了条例中第四十三条(不得全程自动发卡)和第七十一条(核心业务不得外包)的规定。

但还有一种观点认为,虚拟信用卡将促进支付宝和财付通O2O(Online to Offline)闭环的建设,推动线下支付向线上支付转移,而此举将损害到中国传统线下支付巨头——银联的利益,这才是央行此次出手的主要原因。如果确实如此,那么央行最终将如何处置这类产品,将被视作中国高层推进金融改革决心的一块试金石。

资料来源:冯涛.互联网金融与中国监管者首次"交锋"[N].金融时报,2014-03-14.

"旋转门"现象、观念俘获、政治游说、主场优势等理论无一例外地指向了监管者自身的缺陷。公众委托监管者们监管金融体系,但上述因素导致了委托—代理关系的扭曲,即监管者们系统性地偏袒了金融机构,助长了金融风险的积聚,从而违背了公众的利益。为了解决监管者自身的代理问题,詹姆斯·R.巴斯(James R. Barth)建议设计"人民卫士"来改善制定、实施、评估和改革监管措施的程序,即对监管者本身进行监管。该机构应具有以下特点:① 不受短期政治影响干扰;② 不受私营金融机构诱惑的干扰;③ 有获取关于监管决策和金融市场环境信息的权力;④ 具备评估信息的专业知识;⑤ 有足够的影响力发布评估结果。

1.3 金融监管与金融创新

针对金融创新、金融危机和金融监管的争论从未停止过,但是,在理论上并不存在协调三者的简单方案。究其原因,金融创新、金融危机、金融监管两两互为补充和条件,对某一方面的介入可能影响其他一方面或两方面的惯常发展。

金融创新包括金融制度、金融组织和微观层面的金融工具创新。创新的实质就是通过节约资本的使用以赚取更多的利润,并实现风险的对冲、管理、缓释和转移。但是,金融创新可能处于不同金融机构业务边缘,成为交叉性业务,这些金融创新,既可能导致金融监管缺位,又可能导致金融监管重叠。同时,金融创新涉及金融杠杆率的使用,涉及结构产品的使用,涉及不同金融市场之间的联系和风险的相互转移。当其中的杠杆率被过快放大、风险在不同市场之间的转移得不到有效管理和监管的时候,就有可能导致金融危机。

政府加强金融监管因而约束金融创新,可能会避免现代意义上的金融组织破产和信用危机,但是,严厉的金融监管可能造成类似计划经济时代的金融业消失,而历史经验表明,缺乏金融业支持的"金融危机"比金融组织破产所造成的破坏更严重。此外,金融监管的目标是保护存款人利益、维持金融体系稳定,还是鼓励竞争、提高效率?前者可能会预防金融危机的发生,却可能限制金融创新,而这又会阻碍金融业本质功能的发挥;后者可能鼓励金融创新,而创新包含着杠杆率的放大,而这又包含着金融危机。

1.3.1 金融创新的条件及其原因

金融创新是在一定的社会经济条件下,对现有金融组织架构和金融工具的边际创新。这种创新旨在获得额外利益,所以进行金融创新的条件是:创新收益大于创新成本,且创新净收益大于投资其他行业的收益。可见,金融创新的诱因无非包括两方面,一是降低金融组织交易成本的因素,如信息技术在金融组织中的应用;二是提高金融组织收益的因素,如随着经济增长,社会的金融需求增加。

在理论上,又可把它们归结为两类:

第一类可称为"内因说"。这种说法认为导致金融创新活动出现的主要原因,是金融企业为了追求更大的利润,降低自身风险,满足市场对金融服务的新需求。例如,Niehans认为,在市场竞争水平不断提升的情况下,金融企业利润的持续增长有赖于企业成本的不断降低,而科技进步为金融企业降低"生产"成本创造了便利,利用新技术降低交易成本是金融创新的主要原因。

第二类可称为"外因说"。"外因说"主要从外部环境的变化对金融制度调整和"生产技术"调整的影响方面解释金融创新。一种观点认为金融创新是适应外部经营环境变化的结果,比如20世纪70年代通货膨胀率、汇率和利率变动频繁,刺激了金融组织致力于有关稳定投资回报率方面的产品创新;另一种观点认为金融创新是对科技进步的积极吸收,信息技术在银行业的采用是导致金融创新的主要因素。[①]

"外因说"的以上两种观点虽然说明了金融创新与经营环境变化之间的联系,但由于货币价格的变动是常态的,科技进步也是一个持续的过程,因此它们都不能很好地解释为什么金融创新在特定的年代会更加活跃。基于此,"外因说"的第三种观点——"规避监管说"就认为,金融组织规避管制是形成20世纪70年代金融创新风潮的最主要原因。

---

① Hannon, T. H. and J. M. McDowell. Market Concentration and Diffusion of New Technology in the Bank Industry [J]. Review of Economics and Statistics, 1984(11).

政府管制在本质上等同于一种隐性税负,一方面提高了金融机构的经营成本,另一方面阻碍了金融机构充分利用规制以外的盈利机会。当某一时期管制外的盈利机会足够大时,金融机构就会热衷于金融创新。当创新活动对金融体系的稳健性产生较大不利影响时,管理当局就会进一步严格管制,如此形成两者不断交替的一个相互推动过程。对于中国来说,金融体系尚不完善,存在巨大的金融创新潜力,但是,在金融创新过程中,必须处理好金融创新与金融监管的关系,既不能以风险为由抑制金融创新,也不能为创新而放松风险防范与金融监管。

1.3.2 金融创新与金融市场失灵

金融市场的内在缺陷是进行金融监管的主要依据,金融市场失灵主要源自三个方面。一是委托—代理问题。按照委托—代理理论,客户、股东与金融组织的关系是委托—代理关系,金融组织受客户的委托管理客户的资产,但是在信息不对称条件下,金融组织为了追求自身利益最大化,往往采取激进的投资策略,将客户、股东的财产置于高风险之中。二是金融组织的高杠杆率问题。杠杆率越高,风险越大,但是由于高杠杆率可能带来高倍的回报,金融组织往往有放大杠杆率的动机。例如,2007年全球GDP总量约为50万亿美元,全球金融交易总额约为800万亿美元,杠杆率为16倍;美国当年的杠杆率在50倍上下,而巴塞尔协议倡导的合意的杠杆率大约为12—13倍,正是这种高杠杆率导致了次贷危机。三是"集体行动的困境"。从微观层面看,在有安全标准作支撑的条件下,单个银行提高杠杆率没有问题,但是从宏观层面看,很可能产生不可持续的信贷繁荣,甚至积累泡沫,而且由于金融系统的内在关联性,使得风险的传播非常迅速并难以控制。

金融市场的这些内在缺陷很容易受到金融创新活动的冲击。金融创新活动包括金融组织创新和金融工具创新,前者改变了现有金融市场的委托—代理关系,后者既能放大金融组织的杠杆率,也能延长委托—代理关系的链条。这种委托—代理关系和杠杆率的改变,既可能是对金融市场的完善,也可能是对金融市场失灵的强化。从完善金融市场的角度来看,金融创新创造出诸多新颖的、能满足国内外资金供求者不同需求的金融工具和交易,扩大了市场容量,提高了金融效率,从而增强了金融对经济的渗透和支持。从强化市场失灵的角度来看,新出现的金融组织和金融工具要得到社会的广泛认可,往往需要较长时间。在这期间,必然存在专业投资者和"门外汉"之间的信息不对称问题,而一旦"门外汉"发现专业投资者获得了超额利润,他们就会一窝蜂地进入这个市场,从而陷入"集体行动的困境"。这种集体行动在起初扩大了金融需求,创造了丰厚利润,所以创新者愿意供给更多的金融产品。随着市场的扩大,就会出现如下情形:对金融产品的供给和需求完全变成了一种"空气交易",而不是实物交易。即使存在实物交易合约,那也是将来的事情,所以只要这种金融合约还没有到期,"空气交易"就会持续存在下去(爱德华·钱塞勒,2012)。但是,当合约到期时,人们发现金融产品价格被高估,存在严重的泡沫,于是违约就出现了。一项研究表明,1880—1913年间,在当时15个新兴市场共发生金融危机22次,金融危机发生的概率为4.3%。这个概率与1990—1996年间全球金融危机发生的概率惊人地接近(蒋茂昌,2008)。

金融创新对金融市场的冲击引起了金融监管,而金融监管就像20世纪70年代的通货膨胀率、汇率和利率变动一样,也刺激了金融组织及其产品创新,同时构成了金融创新的外在约束因素。实际上,在金融监管与金融创新之间形成了"监管—创新—再监管—再创新"(Kane,1981)的动态博弈过程。① 也正因如此,金融组织规避监管被认为是20世纪70年代金融创新风潮产生的最主要原因。

1.3.3 金融监管模式与金融创新

目前,全球范围内存在三种不同类型的金融监管模式:一是以英国为典型代表的集中统一型金融监管体制,为世界大多数国家所采取;二是以美国为代表的分业型金融监管体制,中国采取的也是这种体制;三是不完全集中统一型金融监管体制,以澳大利亚和巴西为典型代表。在不同的金融监管体制中,存在不同的约束规则,所以不同的监管体制包含着不同活跃度的金融创新机会,而这在事实上确定了金融创新的可能性边界。当然,从历次金融创新活动来看,一个国家的综合实力也是影响金融创新的主要因素,如郁金香狂热、臭名昭著的南海泡沫、大萧条、现代日本股市的疯狂和崩溃、美国的科技泡沫和次贷危机等,都发生在当时经济实力最雄厚的国家。因此,频发的金融危机既表明了金融市场的过度发展问题,也体现了一个国家高度发达的金融创新活动。

但是,金融监管模式的这种三分法主要着眼于监管机构的组织架构和权力安排,而非金融创新与金融监管之间的辩证关系,所以它更多地关注了不同监管模式之间的差异,而不是不同金融监管模式在预防风险方面的共性。基于此,我们从金融市场起源及其监管体制变迁角度把金融监管分为两种模式:一是发达国家的市场主导、政府规制的监管模式,如英国的集中统一型金融监管体制和美国的分业型金融监管体制;二是后发国家的政府主导、市场跟进的监管模式,如中国和日本的金融监管体制。二者的主要差异体现在两个方面:首先,前者是一种自发性金融市场发展的产物,是先有金融市场后有金融监管的模式;后者是先有政府规制后有金融市场发展的模式。其次,在市场主导的金融监管模式中,金融创新活动的初始边界是无限的,随后才被收缩,但是仍然可以进行任何不受约束的金融创新活动,即除了受约束的金融创新之外,其他金融创新都是许可的;而在政府主导的金融监管模式中,金融创新活动的初始边界是非常有限的,而后不断扩大,但仍然是受约束的创新活动,即除了许可创新的金融活动,未许可的领域都不能进行金融创新活动。

金融监管模式的这种差异决定了不同国家的金融创新活跃度,因而也决定了不同国家进行金融创新的成本和收益问题。在市场主导型的金融监管模式中,金融组织可以在现有边界之外进行任何创新活动,而这种创新可能是全新的金融组织或金融工具,因而存在巨大的创新收益。例如,20世纪70年代受通货膨胀率、利率和汇率波动影响的金融创新活动,在之后20年里被用于企业贷款和债券的证券化过程,同时也包含着相应的风

---

① 在第二次世界大战结束后的一段时间内,各国对资本流动进行严格的控制,并加强金融监管,银行危机也大大减少。20世纪80年代金融危机卷土重来,这是美国里根政府放宽金融业限制、推进金融自由化和金融创新的结果。90年代后,随着利率的不断走低,资产证券化和金融衍生品创新速度不断加快,世界更是进入了一个金融危机频频发生的多事之秋。

险,再如20世纪90年代初的信贷紧缩及与其相关的经济衰退以及2007年的次贷危机。在政府主导的金融监管模式中,金融市场有可能避免这种风险,但也承受着不发展的困境。即使在不完善的金融市场体系中,由于各个金融组织或金融工具出现的时间顺序存在差异,因此它们之间的协调效应也非常低,甚至存在严重的利益冲突,从而限制金融市场的资金配置和融通功能。实际上,这些国家通常采取谨慎态度,并不进行原创性的金融创新活动,因而更像是一种金融创新活动的引进者和跟随者,而非创新者和领导者。这种被动角色不但限制了当它作为领导者时的金融创新收益,而且有可能将其长期锁定在跟随者的角色上,从而威胁一个经济体的创新潜力。

就两种模式所引起的风险而言,市场主导型的监管模式要大于政府主导型的监管模式,因为前者的金融创新活动没有任何边界,或者是在一个有限的范围之外进行创新,因而充满着很多不确定性;后者则是在一定的边界之内进行创新,或者是进行简单的金融组织或金融工具引进,边界之外的领域是不可触及的,因而创新的不确定性完全是可预期的,至少其影响范围和程度是可控的。但是,任何一种模式的约束边界都是可变的,前者的边界会不断缩小,而后者的边界会不断扩大,在这种变迁中,可能找到最优的监管边界。

🖎 案例 🖎

金融监管可能催生金融创新

2013年,欧美监管机构加大了对银行不当行为的处罚力度,罚款数额创历史高位。其中,欧洲监管当局就银行操纵Libor和Euribor等指标利率的行为,对6家银行进行调查和处罚,罚款金额高达30亿美元;美国监管部门的出手显然更严厉,对违规销售抵押支持证券、操纵利率等行为,总计开出400多亿美元的罚单,摩根大通因违规出售抵押支持债券支付了创纪录的130亿美元和解费。

国际金融危机之后,强化金融监管已成为全球共识。在过去几年中,无论是在国际层面还是各国内部,银行监管改革都取得了长足进展。监管机构在对银行不当行为实施严厉惩罚之外,还致力于对长期基础性制度进行改进与完善。这在以下三个方面有明显体现。

首先,强化银行监管制度,针对现行监管规则(即《巴塞尔协议Ⅱ》)在危机中暴露出来的缺陷进行全面调整,具体包括强化资本监管制度,加强对高质量资本的要求;针对巴塞尔协议的顺周期缺陷,增加了逆周期缓冲资本要求和杠杆率限制;引入流动性监管要求;对"大而不倒"的银行制定与之对应的监管规则,除更高的资本监管标准外,还追加了"生前遗嘱"等制度,以遏制大型银行可能存在的道德风险。截至目前,美国主要的大型银行都已根据《多德-弗兰克法案》的要求,订立了"生前遗嘱"。

其次,推进国际监管协调,加强对银行跨境业务监管。利用不同国家监管制度的差异进行跨境套利,是次贷危机爆发并大规模传递的重要原因之一。2011年,以G20为基础成立的金融稳定委员会(FSB)专门发布了《增强国际金融监管协调的实际措施》,以推动各国间的协调合作。在过去一段时间中,各国监管机构在跨境业务监管权限归属、信息共享以及政策一致性方面取得了较大的进展。

最后,改革监管架构。危机之初,美联储前主席保罗·沃尔克曾提出分拆传统银行业务和投资银行业务的建议,但2013年12月10日通过的"沃尔克规则"最终版本比预期宽松了很多,部分自营业务如做市交易、特定的代客交易等仍被允许。这对高度依赖金融市场交易的大型银行来说,影响不可小觑。

总体上看,监管趋紧将对国际银行业的长期发展影响巨大。未来一段时间内,其效应将愈发明显。但也应看到,监管强化与市场创新之间永远存在此消彼长的关联。监管者的出发点在于,通过加强监管来引导银行的业务结构重回传统轨道,进而降低风险;但站在银行的立场上,如果金融创新的成本低于业务模式调整所带来的利益损失,更可能的选择是创造新的金融工具和交易策略来规避监管要求,而非痛苦的转型调整。从过往的经验看,对于繁杂但僵化的监管措施,银行应有足够的应对能力,这或许也预示着下一轮金融创新的方向。

资料来源:曾刚.金融监管可能催生金融创新[N].人民日报,2014-01-02.

1.3.4 金融监管的可能性边界

上述考察表明,市场主导型的金融监管模式,其创新区间过于宽松,以至于不存在真正意义上的约束,如欧美发达国家的金融市场那样。即使存在约束,也是对已有金融创新的约束,而不是对未来风险的约束,结果创新包含着巨大的不确定性。相反,在政府主导的金融监管模式中,创新的区间过于狭小,甚至不存在原创性的金融创新,而只是对外来金融组织或金融工具的引进,如中国、俄罗斯、印度、巴西等新兴市场经济体的金融市场那样。在这些国家,虽然避免了金融创新的潜在风险,却造成了金融市场不完善的问题,而这种缺乏系统联系的金融体制在遭遇外在冲击时,可能要承受巨大的损失,如20世纪90年代的亚洲金融危机那样。可见,既要缩小创新边界,又要缩小监管边界,那么,金融监管的理想边界在什么水平?

理论上,金融监管的可能性边界满足如下条件:市场主导型监管模式的金融创新活跃度等于政府主导型监管模式的金融创新活跃度。这种创新既包括原创性的,也包括输入性的,总之,在达到最优的监管模式之后,金融创新的流动方向将是双向的,而不是单向的。也就是说,既存在从发达国家向发展中国家的金融创新活动输出,也存在发展中国家向发达国家的金融创新输出。具体而言,市场主导型的监管模式会扩大金融监管边界,缩小金融创新领域,而政府主导型的监管模式会缩小金融监管边界,扩大金融创新领域。在这里,每一种模式其实都存在一个创新或监管边界序列,在一端是金融监管边界趋近于无穷小,如在早期的金融市场发展阶段所显示的那样;在另一端则是严格的金融管制,不存在所谓的金融市场,如在20世纪的计划经济时代那样。因此,所谓市场主导型的金融监管体制指的是监管边界较小的那种模式,而政府主导型的金融监管体制则是监管边界较大的那种模式。当然,现代社会的监管体制,无论是集中统一型还是分业型,都是两种极端模式的线性组合,只不过每种模式所偏重的方向不同。就此而言,最优的监管模式是一种线性组合,这种组合既能够有效地促进金融创新,又能够有效地防范金融风险。

因此,最优金融监管模式的建立既是促进金融创新活动的过程,也是促进金融监管发展的过程;既是抑制金融创新的过程,也是抑制金融监管的过程。这种模式之所以能够有效地预防未来的金融风险,只是因为借鉴了政府主导型监管模式的渐进式金融边际创新策略,限制了金融创新的活动空间,从而把金融创新限制在一定的范围之内,使金融创新及其金融风险是可预期的和可控的。它之所以能够有效地促进金融创新活动,则是因为借鉴了市场主导型监管模式的无约束金融创新策略,放大了金融创新领域,缩小了金融监管边界。可见,监管模式的建立不仅是不同模式的权衡比较,也是放大(或收缩)金融创新空间、放大(或收缩)金融监管边界的权衡。不过,考虑到一个国家的社会经济条件,人们会争论说,每一个国家都有其特定阶段的最优模式,但问题在于,每一个国家都坚持其特有的金融监管模式,而不敢尝试放松监管或加强监管的金融创新,结果现存的每一种金融监管模式都不是最优的。由此造成的深层次制度性问题是,现存的金融体制只是对过去金融创新及其风险的补救措施,而非针对潜在金融创新和潜在金融监管的体制安排,因为过度的金融监管约束了潜在的金融创新,而过度的金融创新限制了潜在的金融监管。

此外,一旦各个国家的金融监管体制达到了最优模式,它将带来更加宏观的经济效应。这是因为,在国家之间也存在信息不对称问题,即金融创新者是金融规则的领导者和信息优势方,金融创新引进者则是金融规则的跟随者和信息劣势方,因此,在这里同样存在一国范围的金融泡沫问题,即在全球范围内的金融市场达到高位之后,金融创新者能够拿着创新收益成功撤离,而将风险转嫁给金融创新引进者。因此,每次金融危机的深度受害者是金融创新引进者,而引发金融危机的国家所遭遇的损失较小。据此进一步推论,在金融创新和金融监管达到理想水平之后,国家之间、个人之间的信息差异将会降低,从而有助于改善目前的风险不公平配置问题,最终有助于实现一个社会内部或全球范围内的平衡。当然,在达到最优的监管边界之后,金融风险及其危机仍然存在。

综上,金融创新的不断涌现,使金融监管的边界变得越来越模糊,这促使金融监管机构进行调整,从而与金融创新保持同步发展。当金融监管和金融创新保持同步发展,并形成一个良性的动态互动过程之后,金融监管就可能是对未来金融创新的规范和约束,能够完善金融市场的资金融通和配置功能,而金融创新则可能是对金融监管的市场性补充和监管机制,起到防范金融风险、促进政府金融监管职能有效发挥的作用。

1.4　金融监管发展脉络

金融监管源于政府对货币的管制,自诞生之日起,其实践与理论的发展、演进便相辅相成。从世界范围来看,金融监管的实践与理论演变可以划分为四个阶段:初始形成期、严格监管期、放松监管期和重新监管期。

1.4.1 初始形成期

随着1694年英格兰银行的成立,金融业作为一个新兴行业逐渐起步,而当时的银行具有一定的高利贷性质,且一般都拥有令大众恐惧的权力,所以政府制定了相应的法律来对其进行限制。这是金融监管正式萌芽前的最为典型的监管实践。金融监管的正式萌芽则以18世纪初期英国政府出台《泡沫法》为标志,这部法律旨在防止证券行业的过度投机。

在理论方面,1776年,亚当·斯密在《国富论》中提出"看不见的手"经济自由主义理论,并以此为核心创建了古典政治经济学体系。古典政治经济学信奉自由市场,排斥政府干预,如"真实票据"学说认为只要银行投资于具有真实商品交易背景的短期商业汇票等票据,货币供应量就可以由"看不见的手"自动进行调节,而不会出现通货膨胀或通货紧缩现象。然而,随着社会经济的发展,市场自发调节并非像亚当·斯密所说的那样一帆风顺,"真实票据"理论也受到了一定质疑,其中较为著名的就是亨利·桑顿所参与的始于1797年、持续二十多年的"金块论战"。亨利·桑顿认为,不断地对真实票据进行贴现将导致信用规模扩大和链条延长,从而并不能保证银行有足够的货币供给弹性和流动性,因此依然存在通货膨胀或通货紧缩的风险,而更为安全的方式则是对货币发行进行集中监管。亨利·桑顿的这一观点使其成为"通货学派"的代表,在随后将近半个世纪与"真实票据"支持派的继续论战中,其观点逐渐被接受并以实践支持——1844年,《英格兰银行法》作为最早的中央银行法也应运而生。因此,作为实践与理论相互作用的产物,金融监管真正意义上的理论起点是中央银行制度的确立。

在这个时期,尽管"通货学派"的观点被逐渐接受,但是经济自由主义理论在经济政策中仍占据主导地位,并且"货币中性"理论认为货币是"中性的",不会对经济产生实质影响。因此,尽管货币由中央银行统一发行,但也是非政府干预,而是尊重市场选择,强调自律。然而,市场表现并非总是如理论预期一样,在统一了货币发行和票据清算之后,许多银行的信用扩张还是会违背"货币中性"理论,引起货币紧缩并阻碍经济发展。因此,中央银行的职能需要进一步调整,通过行使最后贷款人的职能为金融机构提供信用担保和资金支持,进而建立存款保险制度。最后贷款人的角色赋予了中央银行对金融机构的一定约束力以及必要的检查权力,但这种约束及检查也只是基于贷款协议,而并非出于行政或法律授权。因此,最后贷款人制度并非严格意义上的金融监管制度,但为日后中央银行演化为金融监管者奠定了基础。

1.4.2 严格监管期

1929—1933年间,世界经济进入了前所未有的"大萧条"时代,工业生产和国际贸易大幅下降,失业率大幅上升,各国金融业都受到了严重冲击,仅美国在1929—1932年间就有10 737家银行相继倒闭。① 这场经济危机给世界经济及金融体系带来的危害

---

① 宋涛,任兆璋. 金融监管理论与制度[M]. 广州:华南理工大学出版社,2006.

程度是各国都始料未及的，对此，政府管理者并未放任自流，而是对金融行业实施了更为严格的监管。以美国为例，为应对经济危机，政府于1933年推出了"罗斯福新政"，并从金融业着手实施，先后创建了联邦存款保险公司（FDIC）和诸如证券交易委员会（SEC）等其他监管机构。为保证金融监管实践的顺利进行，法律手段必不可少，因此，美国国会在危机爆发后出台了《1933年银行法》（1933）、《证券交易法》（1934）、《公用事业控股公司法》（1935）、《信托契约法》（1939）、《投资公司法》（1940）、《银行持股公司法》（1956）、《银行合并法》（1960）、《利率管制法》（1966）、《消费者保护法》（1968）、《证券投资者保护法》（1970）、《平等贷款机会法》（1974）等多项法律法规。在全球范围内，日本、英国和德国等国家也相继建立了严格的金融监管制度。尽管金融监管是以中央银行制度的普遍确立为标志，但是真正意义上的金融监管却是始于20世纪30年代的大萧条。

大萧条直接促使人们对经济自由主义理论产生质疑。1936年，凯恩斯发表《就业、利息和货币通论》（以下简称《通论》），提出政府直接干预经济的思想。在《通论》中，凯恩斯指出传统经济学的均衡是以供给创造需求为前提的充分就业均衡，这是特殊情况，而更为一般的则是未达到充分就业时的均衡。凯恩斯认为，一国的就业水平取决于有效需求，引起未充分就业均衡的根源是有效需求不足。凯恩斯又将有效需求不足归结于经济行为人自身的三个心理因素：边际消费倾向、货币的流动性偏好和资本边际效率。其中，边际消费倾向使得消费增长赶不上收入增长，造成消费需求不足；流动性偏好和资本边际效率递减则导致投资需求不足。消费需求不足和投资需求不足形成有效需求不足，造成大量失业，产生经济危机，此时最好的办法就是政府干预。鉴于已经发生的经济危机对全球经济造成了严重损害，人们逐渐接受凯恩斯的理论，凯恩斯主义逐步取得经济学的主流地位。

由于凯恩斯主义成为当时的主流经济学思想，因此作为经济学理论分支的金融监管理论，此时是在凯恩斯主义的框架下，以"对市场的认识是不完全的"为基础，围绕市场失灵的各种表现展开，主要研究内容是探讨如何维护金融体系安全和弥补金融市场不完全。主要理论有：托宾的货币理论——通过均值—方差模型分析说明市场经济中收益和风险共存，为弱化风险，需要政府进行干预，包括制定相关法律法规、制定财政政策和货币政策、对金融机构活动进行管制等；脆弱性理论——费雪认为经济危机的原因是企业过度负债和通货紧缩，而中央银行又没有及时干预，致使一个企业破产就产生连锁反应，进而引发银行倒闭；不完全信息理论——斯蒂格勒认为银行信贷市场同商品交易市场一样是不完善的，因此逆向选择和不当激励总是存在。

20世纪30—70年代金融监管的目标是保障金融市场安全，由于银行倒闭潮源于自由银行制度的脆弱性和不稳定，因此理论界认为，中央银行的职能应该逐渐从货币管理扩大到根据经济发展需要来制定和执行货币政策、管理和约束金融机构；同时，应该完善金融领域的立法，从行政和法律等多个层面对金融市场进行管理与干预。

1.4.3 放松监管期

20世纪70年代,一方面,由于西方国家长期推行凯恩斯主义主导下的宏观经济政策,经济产生"滞涨";另一方面,严格的金融监管压抑了金融业的发展,导致金融业效率低下。因此,发达国家纷纷放松金融监管以促进经济、金融的发展。这场金融自由化运动的核心是放松利率管制,放松对外汇和资本流动的限制,放开对金融机构的审批限制并引入同业竞争等。美国作为发达国家的代表,其金融自由化经历了以下进程:取消资本流入限制(1973);取消存款利率限制和存款准备金制度(1980);消除存款机构在业务管制方面的差别(1982);促进商业银行和投资银行在业务领域展开全面竞争(1995);促进银行、证券公司、保险公司之间的联合经营,确立新的金融监管体系,开始混业经营(1999)。

在这个阶段,主张经济自由的新自由主义重新成为经济学理论的主流思想。以弗里德曼为代表的货币主义学派主张经济自由,反对政府对经济的过度干预,认为政府的主要作用是制定市场规则、维护市场秩序等;以布坎南为代表的公共选择学派认为政府干预不一定能弥补市场缺陷,相反有可能带来和市场失灵一样的不良结果;斯蒂格勒认为市场和政府都有可能"失灵",因而两者需要结合,即通过政府干预以挽救市场失灵,同时采取措施加强竞争以提高市场效率。

在新自由主义的引领下,金融监管领域的金融自由化理论逐步发展起来,这一理论是以对20世纪30—70年代的金融监管理论和实践的两个质疑为出发点的:一是政府严格的金融监管使得金融体系效率低下,金融业发展滞后,并影响到经济发展;二是政府在对金融体系监管的过程中,其行为能力受到信息不完全的制约,出现政府失灵,从而使监管效果达不到预期。金融自由化理论的主要内容包括金融抑制和金融深化。其中,金融抑制是指政府过多地干预金融活动从而抑制了金融体系的发展,而金融体系的发展滞后又阻碍了经济的发展,进而造成金融滞后和经济落后的恶性循环;金融深化是指政府放弃对金融活动的过度干预,放松对利率和汇率的严格管制,使利率和汇率成为反映资金供求和外汇供求出现变化的信号,从而利于增加储蓄和投资,促进经济增长。但是,这一时期的金融自由化理论并非完全抛弃政府干预的思想,而是以提高效率为目标适当放松监管,这也决定了新自由主义与古典经济学自由主义的不同——前者不是完全否定政府干预的作用,而是主张政府干预时要侧重于保护和完善市场的自由竞争。

1.4.4 重新监管期

进入到20世纪90年代之后,全球金融业的发展呈现出新趋势:银行业混业经营,金融信息化和金融全球化,各国金融市场的联系日益紧密,发生于一个地区的金融风险或危机的扩散速度和广度也随着金融业新趋势的形成而增大。如90年代初北欧三国(瑞典、挪威、芬兰)发生银行危机、1991年国际商业信贷银行倒闭、1994年墨西哥金融危机、1995年英国巴林银行倒闭、1997年东南亚金融危机、2007年美国次贷危机、2008年法国兴业银行由于交易员违规操作巨亏71亿美元等,这一次次危机都令世界经济付出了惨痛的代价，人们逐渐意识到金融自由化似乎走到了顶点，面对金融业新的发展趋势，更为有效的金融监管急需实施。这种"有效"是指在开放的条件下，在信息化的浪潮中，在全球化的进程中，既可以监督金融市场发展，又可以增强金融机构竞争力，同时还可以降低成本，这种金融监管是安全与效率并重的监管。

2010年7月，美国总统奥巴马签署了大萧条以来规模最大的金融监管体系全面整改法案，即《多德-弗兰克法案》，这项法律规定将对美国最大型银行征收新的费用，并对其业务活动加以限制，同时对总额450万亿美元的金融衍生品市场实施新的限制，还规定将针对抵押贷款和信用卡产品建立一家新的个人消费者保护机构。同年9月，由27个国家银行业监管部门和中央银行高级代表组成的巴塞尔银行监督委员会就《巴塞尔协议Ⅲ》的内容达成一致，根据这项协议，商业银行的核心资本充足率将由之前的4%上调到6%，并计提2.5%的防护缓冲资本和不高于2.5%的反周期准备资本，这样一来，核心资本充足率的要求可达到8.5%—11%，总资本充足率要求仍维持8%不变。① 同时，新协议还将引入杠杆比率、流动杠杆比率和净稳定资金来源比率的要求，以降低银行系统的流动性风险，加强抵御金融风险的能力。

这一时期的金融监管改革以安全和效率并重为目标，典型的金融监管理论如下：功能监管论——莫顿和博迪认为金融功能比金融机构更稳定，机构的形式随功能而变化，因而可以依据金融体系基本功能设计金融监管体制，按照金融活动与功能划分监管主体，提高监管者的专业能力，降低监管者与被监管者的信息不对称程度；激励监管论——拉丰和梯若尔出版的《政府采购与规制中的激励理论》首次将激励引入监管领域，在监管与被监管的这场博弈中，监管方渴望得到全面可靠的信息，使监管真正发挥作用，被监管方则由于利益驱使会提供虚假信息，因而为获得真实信息监管方需要建立有效的激励机制；银行业稳健的三支柱论——马努埃尔·奎田提出实现银行业稳健需要三大支柱，分别是官方监督、内部管理和市场约束，内部管理的目的一方面是将官方监督引起的银行业内部道德风险降至最低，另一方面是提高银行的业务能力，而市场约束是通过收集、评价和公布银行的经营及信用信息来促使银行提高资产质量、运行更加稳健。

本章小结

1. 1929年10月，美国股市暴跌，经济进入大萧条，曝光了华尔街多数金融机构的不正当行为。为防止危机的再度出现，政府制定了相关金融与证券法制，现代金融监管制度也因此得以创立。

2. 金融监管是金融监督和金融管理的复合称谓——面对金融市场失灵，政府不得不依据金融经济法规，利用行政手段、法律手段和市场化手段，对金融机构进行监管，这就是狭义上的定义。广义上来说，金融监管的客体不仅包括金融机构，还包括金融机构的

---

① 国际清算银行巴塞尔委员会. 巴塞尔协议Ⅲ[Z]. 2013-01-06.

内部控制与稽核、同业自律性组织、社会中介组织。

3. 金融监管的目标是通过构建一定的制度框架,避免市场和政府的"双重失灵"。随着金融全球化的发展和金融监管理论的不断深化,金融监管目标走向多元化。金融监管目标可以分为稳定、效率和公平三个方面。

4. 金融监管的主要内容包括:对金融机构设立的监管;对金融机构资产负债业务的监管;对金融市场的监管,如市场准入、市场融资、市场利率、市场规则等;对商业银行的监管,主要包括市场准入与机构合并、银行业务范围、风险控制、流动性管理、资本充足率、存款保护以及危机处理等方面;对证券业的监管;对保险业的监管;对信托业的监管;对投资黄金、典当、融资租赁等活动的监管。

5. 金融危机的频频爆发、金融合同得不到司法体系的保护以及监管本身的易失灵性导致了强化金融监管的必要性。

6. 金融业的"主场效应":对于金融监管机构的官员而言,金融机构就是"主场观众"。金融从业者们"包围"着监管者。如果金融从业者们对监管者的"判罚"不满,他们就会对之揶揄和嘲笑。由于"旋转门"现象的存在,监管者们很自然地更加亲近整天"包围"着他们的金融机构。而普通公众缺乏了解金融监管的信息和专业知识,更不用说去评估金融监管导致的各种后果了,这样,公众自然成了"客场观众"。结果,监管机构官员在主观和客观上都偏向了"主场观众"。

7. 金融创新的诱因包括两方面,一是降低金融组织交易成本的因素,如信息技术在金融组织中的应用;二是提高金融组织收益的因素,如随着经济增长,社会的金融需求增加。在理论上,又可把它们归结为内因和外因两类。

8. 金融监管与金融创新间的动态博弈可以描述为"监管—创新—再监管—再创新"。

9. 全球范围内存在三种不同类型的金融监管模式,一是以英国为典型代表的集中统一型金融监管体制,为世界大多数国家所采取;二是以美国为代表的分业型金融监管体制,中国采取的也是这种体制;三是不完全集中统一型金融监管体制,以澳大利亚和巴西为典型代表。

10. 金融监管源于政府对货币的管制,自诞生之日起,其实践与理论的发展、演进便相辅相成。从世界范围来看,金融监管的实践与理论演变可以划分为四个阶段:初始形成期、严格监管期、放松监管期和重新监管期。

本章重要概念

市场失灵	政府失灵	金融监管	分业监管模式	统一监管模式
金融监管目标	金融监管内容	司法体系失灵	旋转门	观念俘获
政治游说	主场效应	金融创新	内因说	外因说
初始形成期	严格监管期	放松监管期	重新监管期	

练习题

1. 金融监管为什么是必要的?
2. 金融监管有哪些主要内容?
3. 金融监管人员笃信某一流派学说会带来什么后果?
4. 介绍"主场效应"和"旋转门"理论,并分析两者间的关系。
5. 金融创新的"内因说"和"外因说"分别是什么?
6. 第三方支付、P2P、众筹、电商小贷等模式的互联网金融自 2013 年开始爆发式增长,与此同时,大量 P2P 借贷平台破产或携款跑路,"一行三会"推出相应监管政策但褒贬不一,试讨论监管机构在互联网金融发展中应扮演何种角色。

第 2 章

金融监管的理论基础

  自 1863 年美国《国民货币法》颁布，世界范围内第一次在法律上真正确立了金融监管制度以来，金融监管就一直伴随着金融业的不断发展而变迁，金融监管理论的演化也随着一次次金融危机的爆发，经历了从金融自由化到金融管制，再到安全与效率并重的过程。我们并不能说哪一种理论优于其他理论，因为金融监管具有阶段性特征，与特定时期的金融需求交相呼应。我们需要的不是万能理论，而是经得起实践检验的理论。为此，我们必须首先从根本上入手，探究金融监管的理论基础。

  资料来源：李沛霖. 国际金融监管历史变迁的启示[J]. 广西金融研究, 2008(6).

2.1 金融监管有效性理论

金融监管有效性理论认为,政府实施金融监管是出于社会公众利益考虑,通过纠正金融市场的脆弱性、信息不对称性、外部性和垄断性等性质所造成的市场失灵,来矫正由市场和法律体系不完善所带来的负面效果。该理论包括金融脆弱说和公共利益说。

2.1.1 金融脆弱说

自 Minsky 于 1982 年首次提出"金融不稳定假说"后,金融体系的脆弱性问题就引起了广泛关注。Minsky 及其追随者们认为,银行的利润最大化目标促使它们在系统内增加风险性业务和活动,导致系统的内在不稳定性,因而需要对银行的经营行为进行监管。首先,银行等金融机构的高负债率、低现金资产比率导致其承受债务清偿的能力比非金融机构弱(Kaufman,1996)。其次,银行的基本功能是将非流动性资产转化为流动性资产,在存款人与银行之间信息不对称的情况下,公众预期的不确定性提高,加之银行实行先到先取原则,很容易遭到挤兑,这就是著名的银行挤兑模型(Diamond and Dybvigr,1983)。最后,银行之间的同业拆借及支付清算系统构成了相互交织的债权债务网络,一家银行对另一家银行的违约很可能会引起全面的流动性危机,这就是所谓的系统性风险。而实际上,如果个别银行出现的清偿困难能够被减小到最低程度,那么银行体系出现系统性风险的可能性就会大大降低(Benston and Kaufman,1995),而引入政府监管就可以实现这一目标。

目前,对金融脆弱性的研究主要集中在信贷市场,代表人物有 Minsky、Kregel、Friedman 等。其中 Minsky 从企业的角度去分析信贷市场的脆弱性,Kregel 则从银行的角度建立了安全边界说,而 Friedman、Schwartz 等从银行和金融机构流动性方面进行了分析,Kaufman 从银行体系的传染性和系统风险角度进行了分析。

1. 信贷市场的脆弱性

Minsky 通过分析资本主义繁荣和衰退的波动期限,认为在延长了的繁荣时期就已经埋下了金融危机风险的种子。Minsky 将企业按照其金融状况分成抵补性借款企业、投机性借款企业和庞氏企业三类,并对这三类企业的经营进行分析,认为商业周期将诱导企业高负债经营。

▶ 知识链接 ◀

抵补性借款企业:企业的预期收入不仅在总量上大于债务额,而且在每一个会计期限内,其预期收入流也大于到期债务本息。企业在安排借款计划时,会使自身的现期收入能完全满足现金支付要求。这些企业是相对最安全的。

投机性借款企业:企业的预期收入在总量上大于债务总额,但在借款后的前一段时间内,预期收入小于到期债务本金,此时,企业为偿还债务,要么重组其债务结构,要么变卖其资产。由于这时的市场条件可能与借款时不同,因此该企业将承担不确定风险。因而也可认为投机性的企业就是那些一期又一期地滚转其债务,或用其债务进行资金再融通的公司。

庞氏企业:这类企业在金融上是最脆弱的,它们将借款用于投资回收期很长的项目,在短期内没有足够的收入来支付应付的利息,而长期收益也是建立在假想的基础上,预期在将来某个较远的日期的高利润能偿还其累积的债务。短期内为了支付到期的本息,它们必须采用滚动融资的方式,不断地增加借款。而在繁荣经济形势的诱导和高利润的驱动下,金融机构逐渐放松了贷款条件,同时借款企业受宽松的信贷环境的鼓励,倾向于采取更高的负债比率,这样就增加了金融系统的不稳定性。

Minsky 认为,随着经济的繁荣,投机性借款企业和庞氏企业越来越多,而稳健经营的抵补性借款企业越来越少,银行面临的违约风险就越来越大,于是金融的脆弱性增加。在长期的持续繁荣之后,经济开始走向下行,任何引起生产企业信贷中断的事件,都会引起企业的破产,给银行带来冲击并进一步向其他金融部门蔓延,造成银行破产、资产泡沫破裂、危机爆发。

Minsky 用两个理论解释了这种金融体系的脆弱性特征:一是代际遗忘解释,指的是随着金融危机的远去,一些利好事件推动了经济的发展和金融的繁荣,使得贷款人对当前利益的贪欲战胜了对过去危机的恐惧,推动了更多的购买,导致银行的道德风险将代际遗忘的时间大大缩短。二是竞争压力解释,指贷款人出于竞争的压力而做出许多不审慎的贷款决策。在经济高涨期,借款需求巨大,如果个别银行不能提供充足的贷款,它就会失去顾客。很少有银行能承受这种损失,又由于从借款开始高涨到最终的还款日期的间隔可能很长,以至于发放贷款的银行从来不会因为它们自己的行为后果而直接遭受损失。因此,每家银行都会选择向其顾客提供大量贷款,而不顾及最终的累积性影响。

✍案例✍

中国庞氏骗局——德隆事件

2004 年 4 月,曾经是中国最大的民营企业德隆轰然倒下,这个旗下拥有 177 家子公司和 19 家金融机构的巨型企业集团在瞬间瓦解,被称为新中国成立以来第一案。

德隆事件与庞氏骗局的联系在于,它大量利用社会上的短期理财资金和商业银行贷款购买上市公司的股票并控股,使股票价格保持在高位。

德隆一方面给予短期理财资金客户较高的回报,向其客户提供大量贷款,而不顾及最终的累积性影响。高回报水平吸引更多的社会资金进入集团,用更多的短期理财资金购买更多公司的股票,控制更多的上市公司,维持更高水平的股价,吸引更多的社会资金。另一方面利用较高水平的公司市值作抵押或质押,从商业银行获得更多的贷款,用更多的银行贷款购买更多公司的股票,控制更多的上市公司,再用这些上市公司的股票作抵押,获得更多的商业银行贷款。如此循环往复,雪球越滚越大,集团控制的金融资产也越来越多。

随着不断的扩张和融资,德隆系积聚了巨大的财务风险。监管部门 2002 年年末的调查显示,德隆在整个银行体系的贷款额高达 200 亿—300 亿元人民币。而且德隆大量采用第三方作为担保,这是银行业风险最高的贷款方式。更为严重的是,德隆把大量贷款挪用作了股权收购。一时间德隆危如累卵。

2004 年 3 月开始,由于资金链断裂,再加上国家宏观调控政策使得银根缩紧,德隆系上市公司的股价开始狂跌,在不到一个月的时间内,总共蒸发掉了一百多亿元人民币的流通市值,德隆帝国崩溃。

资料来源:安起雷. 对我国金融监管的若干思考——以德隆事件为例[J]. 金融博览,2011(2).

2. 安全边界说

Kregel 通过建立"安全边界说"来更好地解释 Minsky 的金融脆弱性理论。安全边界可以理解为银行收取的风险报酬,包含在借款人给银行支付的贷款利息之中。当借款人由于不测事件使得未来没有重复过去的良好记录时,安全边界能够给银行提供一种保护。

商业银行与借款企业相比,对整体市场环境和潜在竞争对手更为熟悉。也就是说,银行家相对理性,但其对未来市场状况的把握仍是不确定的,贷款风险仍然存在。因此,Kregel 认为,由于无法对未来做出准确预测,银行家的信贷决策遵守摩根规则,即从借款人过去的信用记录对是否放款进行评估,而不太关注未来预期,对借款人本身的信用风险的重视超过了对贷款项目风险评价的重视。在经济运行持续良好的局面下,具有良好信用记录的人越来越多,这样就降低了银行业的安全边界,同时其他银行怎样做也会影响到银行家的决策,各银行间的相互激励使得安全边界越来越低,银行家的这种自信被格林斯潘称为"非理性亢奋"。

借款人也经历着类似银行家的过程,区别在于借款人所投资的项目将会产生足够的利润来还本付息。随着时间的推移,经营的实际情况越来越多地印证了借款人的预期,使其对自己当初的投资决定充满着信心。然而,这种实际情况并不是真实的,可能只是处在一个投资急剧扩张的环境中,而不是由于借款人自身的特殊投资才能。借款人的这种行为也会导致安全边界的缓慢、难以察觉的侵蚀,产生了金融脆弱性。

当安全边界减弱到最低时,一旦经济现实略微偏离预期,借款企业为了兑现之前的现金收入流量承诺,就会改变自己的投资计划和行为,这意味着企业或将拖延支付,或将另找贷款;若不能实现,就只能推迟投资计划,甚至变卖投资资产。于是费雪债务紧缩过程开始:价格下跌,实际债务增加,供求法则逆转,危机爆发。

总之,银行家用了不恰当的方法——借款人的信用记录和其他银行的行为——来估价安全边界。凯恩斯认为在不能准确预测未来的情形下,注重以前信贷记录的摩根规则有其合理性,也可认为金融脆弱性具有内在性,即使银行和借款人都是非常努力的,这种努力对于金融脆弱性也无能为力。

📖案例📖

美国新英格兰银行倒闭事件

20世纪80年代,波士顿的新英格兰银行是美国著名银行之一,资产超过200亿美元。该银行是波士顿地区最积极的房地产贷款者,其30%以上的贷款都投在商业性房地产上。然而在20世纪80年代后期,新英格兰地区房地产价格开始下跌,由于这一不测事件,贷款人不能重复过去良好的信用记录,银行贷款成了呆账、坏账,新英格兰银行终于在巨额不良贷款的负担下走向了衰亡。1991年1月4日,该银行宣布预计四季度亏损额达4.5亿美元。同年1月6日,新英格兰银行宣告倒闭。

资料来源:佚名.美国新英格兰银行倒闭事件[N].中国城乡金融报,2008-03-28.

3. 其他理论

Friedman and Schwartz、Diamond and Rajian 认为借短贷长的资本结构和部分准备金制度导致金融机构的流动性不足;同时,在金融机构的资产负债表中,金融资产远远多于实物资产,主要是金融负债而不是资产净值,使金融机构间存在相互依赖的网络;此外,存款合同的等值和流动性以及先到先服务的经营原则也对萧条时期的挤兑提供了激励。

Kaufman 则认为因为银行体系具有低资本与资产比例及高杠杆率、低现金资产比例、高债务需求和短期债务在总债务中的高比例,所以一旦遇到突然的、较大的提现需求就必须卖出资产以弥补流动性,而存款人和银行间的信息不对称又会强化公众对不确定性的预期,加剧存款人对"银行挤兑"[①]。而银行之间通过同业拆借等业务及支付系统相互交织在一起,一家银行的支付困难会引起连锁反应,造成银行的"技术性破产"。所以银行比一般企业更易受到外界影响,也更加脆弱和不稳定。

但是,较高的脆弱性和传染性并不必然导致更大的银行经营失败和系统风险,如果没有最后贷款人和存款保险等金融安全网的支持,每一家银行都因为更加注重自己的清偿能力及系统风险的影响而保持较高的流动性资产比例,反而能增强抵御风险的能力。以美国银行业为例,在建立金融安全网之前,银行一般持有较高的资本充足率,资产组合的信用和利率风险较低,从1865年到1914年建立联邦储备系统之前,美国每年银行的失败率明显低于非银行企业。而自1914年引入金融安全网至1980年之间,银行每年的失败率比1914年之前有明显提高。相反,非银行企业的失败率却有所下降(Kaufman,1996)。Schwartz(1988)的研究也表明,在20世纪20年代末之前,银行失败、银行恐慌及其传染在发达国家几乎消失,试图为银行脆弱性提供保护而建立的政府监管却增加了银行的脆弱性和破产率,所以银行的脆弱性更主要的是一个监管问题而非市场问题。

[①] 银行挤兑:大量的银行客户因为金融危机的恐慌或者相关影响同时到银行提取现金,而银行的存款准备金不足无法支付而出现的情况。挤兑往往是伴随着普遍提取存款的现象发生的,在出现挤兑时,市场银根异常紧缩,借贷资本短缺,利率不断上涨,迫使一些银行和金融机构倒闭或停业,从而更进一步加剧了货币信用危机,引起金融界的混乱。一个银行挤兑模型详见2.4.2节"金融中介理论"。

2.1.2 公共利益说

金融监管的公共利益说根植于庇古和萨缪尔森的福利经济学,建立在两个前提之上:一是承认金融市场存在着市场失灵;二是政府是仁慈的,并且有足够的动机和能力去纠正市场失灵。例如,Stiglitz(1981,1993)及 Varian(1996)认为金融市场会失灵,导致金融资源的配置不能实现"帕累托最优",为纠正市场失灵,需要政府对金融活动进行适当干预。Spierings(1990)认为,金融监管作为一种公共产品,是一种维护金融部门安全、促进金融资源合理配置、降低或消除市场失灵的有效手段。Franz(1993)认为,市场是脆弱的,如果放任自流就会趋向不公正和低效率,而公共管制正是对社会的公正和需求所做的无代价的、有效的和仁慈的反应。从实证研究看,Gerschenkron(1962)通过对19世纪90年代俄国的研究,认为政府拥有银行可以积聚储蓄,促进一国战略行业的发展,有利于金融发展和经济增长。Glaeser、Johnson and Shleifer(2001)通过对波兰与捷克20世纪90年代金融发展所做的比较研究发现,政府强有力的金融监管政策有利于促进金融的长期发展。总体上,公共利益说肯定了政府干预市场的合理性和有效性,认为现代经济不存在纯粹的市场经济,自由竞争的市场机制并不能带来资源的最优配置,反而可能造成资源的浪费和社会福利的损失。

1. 自然垄断

要进入金融市场,必须拥有巨额的注册资本和初期广告宣传费,这就在进入市场时形成了强大的资金壁垒,而一旦进入运行,必然会增加营业网点,因为繁多的网点本身就是实力的象征,具有强大的吸引力,从而形成规模经济,这意味着金融市场具有自然垄断特征。同时,如果一家金融机构占据了相当的市场份额,其他类似的金融机构的进入障碍就会加大,竞争就会减少,因而就有可能形成收取高价格的市场势力。此外,Baltensperger 等认为,限制银行准入、保护银行业的特许权价值等政策同样有利于银行垄断地位的实现。

通常认为,金融部门的垄断会造成价格歧视、寻租等有损资源配置效率和消费者利益的现象,对社会产生负面影响,降低了金融业的服务质量和有效产出,造成社会福利的损失,所以应该通过监管消除垄断(Meltzer,1967;Clark,1988)。但是,对垄断金融机构实行监管存在两难困境。如图 2-1 所示,从效率角度看,监管部门只需要采取相关政策使得金融机构在价格等于边际成本的水平上提供金融产品和服务,整个银行业就会在利润最大化的驱动下实现帕累托最优的产出。问题在于,按照这样的监管价格,金融机构有可能会亏损。在这种困境下,理论的解决方法是采用一种合理的定价政策,在这种政策下,金融机构恰好实现盈亏平衡,整个金融体系的效率也达到最高,同时不存在社会福利损失。但监管机构又得面临另一个问题,就是确定金融机构的真实成本,即一个使金融机构恰好能够盈亏平衡的价格,而这是不可能的。

如果一个自然垄断金融机构按边际成本定价,那么它提供的金融产品和服务的数量 y_{MC} 是帕累托有效率的,但是在此产出水平上它会亏损。如果规定它按平均成本定价,则它提供的服务量 y_{AC} 恰好能够补偿总成本,但与有效率的金融产品和服务量水平相比,这个数量显然太低了。

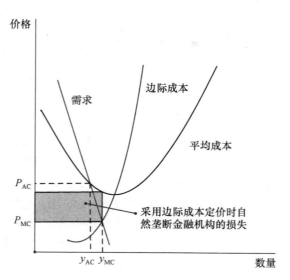

图 2-1 自然垄断成因

但是,有些学者认为银行业并不是自然垄断行业(Thomson,1990;江曙霞,1994),也没有数据显示银行业经营需要相应的规模,在美国许多小银行的利润率高出大银行几倍(Stiglitz,1993);相反,在中央银行对银行业的市场准入、业务经营及资本比率进行了严格的控制和管理之后,由于限制了竞争才出现了银行业的集中和垄断。所以垄断并不构成政府对银行业监管的主要依据。另外,也没有实例和数据证明,垄断导致了银行业的不稳定和金融危机,Kindleberger(1984)的研究表明,20 世纪 30 年代爆发的金融危机不是由垄断造成的(Spierings,1990),中国长期的金融稳定也与高度垄断的银行业不无关系。

2. 负外部效应

金融体系的负外部性是指金融机构的破产倒闭及其连锁反应将通过货币信用紧缩而破坏经济增长的基础。一般而言,金融机构在监督、选择信贷和风险积累方面存在负外部性,因为一家金融机构在经营时,追求的仅仅是自身利益的最大化,为了实现这一目标,金融机构在业务经营过程中往往会有一种追求高收益的倾向,而不考虑由此引发的高风险给整个金融体系带来的负的外部效应。风险外部化的结果是风险和收益在金融体系内部的分配失衡。一方面,在金融机构层面,信贷扩张带来高收益、低风险的市场结果,但是,这是一种不稳定的失衡状态,在资本自由流动的市场经济下必然会吸引外部资金进入,从而既降低预期收益率,又提高信贷风险,最终趋向收益与风险匹配的市场结果。但是,市场力量的影响并未完全体现在金融机构层面,实际上它主要是体现在金融体系层面,所以另一方面,在金融市场,业务扩张带来了高收益、高风险的市场结果,这一结果完全符合有效市场假说。

图 2-2 显示了风险和收益在金融市场和金融机构之间的错配条件。在这里,有两个原因导致金融市场的边际风险(MR_h)高于个别金融机构(MR_b):一方面,由于金融机构的高负债度和宽负债面,一家金融机构的破产倒闭往往不仅会影响到千百万普遍

居民和众多工商业企业的利益,而且还会引起公众恐慌和对金融业丧失信心,从而对其他金融机构产生不利的影响。另一方面,金融体系中的每个金融机构之间通过债权债务方式的联结是相当紧密的,如果某一金融机构面临困境,甚至破产,就会影响到与该金融机构有业务联系的其他金融机构,还会影响到债权人。更为严重的是,这样的连锁反应有可能逐级放大,使得金融体系的风险越来越大,最终引发局部性或全局性的金融危机。理论上,金融市场的边际收益(MI_h)既可能高于也可能低于或等于个别金融机构的边际收益(MI_b),但在实践中,在增加的一单位收益中,金融市场分享了多数,个别金融机构获得了少数,即金融市场的边际收益高于个别金融机构的边际收益。据此发现,在金融机构层面,业务扩张的最优条件是 $MI_b = MR_b = MR_1$,最优的业务规模是 CS_1,但在 CS_1 的水平上,金融市场的边际收益 $MI_h = MI_0$,$MI_h > MR_h$,所以收益和风险同时实现最优配置。此时,收缩业务规模能够提高边际收益,减少边际风险,当业务量降到 CS_2 时,$MI_h = MI_2 = MR_2 = MR_h$,金融市场的收益和风险结构达到了最优配置。

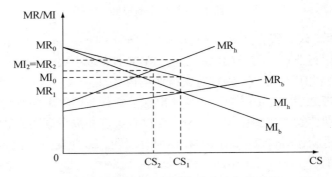

图 2-2　金融市场和金融机构的均衡信贷量

问题在于,在不完善的金融体制下,金融机构总是能够通过风险外部化而获取业务扩张收益,造成业务扩张风险在金融市场和个别金融机构之间的非对等分配,所以业务规模不可能从 CS_1 降到 CS_2。最终,个别金融机构在 CS_1 水平上承担最小风险,获得最大收益;金融市场在 CS_1 水平上获得较高收益,但承担很高的风险。由于金融市场的收益和风险配置处于不稳定状态,因此一旦遭受外部随机冲击,金融市场就会以 $\Delta CS_1 = CS_1 - CS_2$ 的规模收缩,这就是金融危机时的情形。

对此,按照福利经济学的观点,外部性可以通过"庇古税"来进行补偿,但是金融活动巨大的杠杆效应——个别金融机构的利益与整个社会的利益之间严重的不对称性——使这种办法显得苍白无力。另外,科斯定理从交易成本的角度说明,外部性也无法通过市场机制的自由交换得以消除。因此,需要一种市场以外的力量介入来限制金融体系的负外部性影响,防止多米诺骨牌效应(Domino Effect)的发生。

但是,Benston et al. (1986)的研究表明,美国在 1865—1933 年间,即从《国民银行法案》颁布到存款保险制度建立,银行失败的总损失是 123 亿美元,相当于商业银行总资产的 1%,存款者的损失只有 24 亿美元,相当于所有商业银行存款的 0.21%。即使在大萧条时期(1930—1933 年),存款者的损失也只有所有商业银行存款的 0.81%。可见,在没有联邦存款保险和较轻的监管环境中,银行失败的私人成本显然是很小的。因而银行破产存在很高外部性的观点可能只是一个误解,而非一个现实。据此可以得到一个初步结论:人们夸大了银行破产的外部影响,实际上金融恐慌和金融危机的爆发不是或主要不是由银行破产的外部性造成的,而是主要来自信息不完全条件下银行体系的内在脆弱性及其广泛影响力和众多利益相关者。

3. 信息的不完全和不对称

在不确定性研究基础上发展起来的信息经济学表明,信息的不完全和不对称是市场经济不能像古典和新古典经济学所描述的那样完美运转的重要原因之一。如果在金融市场上信息是完全的,则资金盈余者可以判断潜在的借款人是否值得信任、他们将资金投入运作后是否能产生预期的效益、到期归还本息是否有保障等。

但在现实运行中,金融市场的信息不对称形成了存款人与银行、银行与贷款人之间的信息不对称,由此产生了 Akerlof 的"柠檬问题",即金融市场中的道德风险或逆向选择问题。另外,在不完全信息条件下,价格体系不再有效地传递有用信息,引起市场参与者较高的信息成本,无法实现信息效率市场的均衡,造成金融市场的低效率(Grossman and Stiglitz, 1976)。不完全信息引起金融市场失灵的第三个重要方面是信息具有公共产品的性质(Spierings, 1990; Stiglitz, 1993)。Spierings 认为,金融机构作为信息的加工者,可以再利用特定的信息,而在信息销售之后其价值不会降低,这种消费者联合或共同消费的产品特征是典型的公共产品。最后,信息是银行经营中重要的商业机密,银行可以利用其所拥有的信用记录在同业竞争中占有优势,但也会对银行形成致命的伤害,因为存款人和债权人对银行的经营及资产质量知之甚少,当出现外部冲击时,这些人会从保全自身利益的角度出发从银行提款,即使银行的经营稳健并有良好的盈利能力也会导致对银行的挤兑。

按此逻辑,金融恐慌和银行危机只是信息不完全条件下人们错误预期的集中表现,因为个别银行破产的信息通过信息不完全的市场被严重扭曲和放大,形成了人们的错误预期,再加上银行体系内在的脆弱性,使得个别银行的破产引发了多米诺骨牌效应。因而信息不完全是产生金融恐慌和金融危机的主要原因,个别银行破产只是诱因而已。如果信息是完全的,Diamond and Dybvig(1983)的银行挤兑模型也就不能成立。然而,搜集和处理信息的高昂成本使金融机构又往往难以承受,因此,政府及金融监管当局就有责任采取必要的措施减少金融体系中的信息不完全和信息不对称,保证金融市场的健康与安全。

总体上,金融监管有效性理论假定国家和其他监管主体有能力实施各种监管政策,而且监管者的目标是社会利益最大化,它们为政府实施金融管制提供了理论依据。1998年,Williamson 构造了一个审慎监管水平指标,用来评估 1973—1995 年间 33 个发生过金融危机的国家的金融监管水平,计算结果显示,金融监管水平越高,发生系统性危机的可能性越小。这一研究无疑为金融监管有效性理论提供了实证。

但是,从公共利益视角构建起来的金融脆弱说和公共利益说,都假定了国家和其他监管主体具有监管能力,且它们的目标是与社会利益一致的。其实,这种假设存在着致命缺陷:一是它们都无法解释银行业管制和监管制度的演变及来源,不能辩证地处理监管制度动态发展的规律;二是它们都假定监管者的目标是社会利益最大化,并认为它们有能力实施各种监管政策;三是它们无法解释20世纪80年代以来金融监管的模式和结构;四是在政治制度不完善的情况下,它们无法确定什么是社会利益。

2.2 金融管制失灵理论

在现实中,人们发现政府对金融的监管在大多数情况下都是失败的,因为政府作为一个拥有自己独立利益的特殊市场主体,并不能最大化社会福利。一方面,政府的金融监管政策往往会被少数既得利益集团所左右,因为利益集团为了自己的利益必然有积极性采取各种手段影响政府的金融监管政策,这样,金融监管机构最后常常被捕获(Capture);另一方面,政府对金融机构的过多管制行为进一步增加了市场中寻租的机会,破坏了市场的正常竞争秩序,这就不利于金融的长期发展。Rajan and Zingales(2003)的研究发现,利益集团往往为了自己的利益而限制金融的竞争和发展。因此,与金融监管有效性理论相对,金融管制失灵理论从私人利益视角出发探讨金融监管,主要包括政府掠夺论、管制俘获说、管制寻租说和管制供求说。

2.2.1 政府掠夺论

政府掠夺论认为任何管制和监管都是由政府推行的,都是政治家一手策划的。但是,政府和政治家并非像公共利益说所想象的那样是代表着全社会的利益,它们的利益函数和效用函数与社会公众的并不一致。政府对金融业进行监管,不完全是为了消除金融市场失灵、防止金融风险、维护金融市场稳定和提高金融效率,而是为了实现自身利益最大化。

政府实施金融监管的利益体现在如下几个方面:第一,国家垄断货币发行权是为了扩张政府可支配资源,以利用多发行货币来对财政赤字进行融资;第二,国家实施法定准备金制度是对存款所进行的隐性征税,是为了获取潜在的存款"税收"[①];第三,管制为政府干预经济、扩张权力范围和获取"租金"创造了机会,例如,对银行业务和区域的限制以及从业资格的审查,都可以为政治家带来额外"收益"。

特殊利益论和多元利益论进一步发展了政府掠夺论。特殊利益论和多元利益论认为,政府掠夺论将分析的立足点放在"抽象的政府这个集合"上,无法对各种金融监管的产生过程给予更加清晰的认识,政府在本质上是由众多政党和利益集团组成的,金融监管是利益集团通过政治斗争而形成决策的产物;不同的社会经济利益集团是金融监管的需求者,而政府中的政治决策机构则是金融监管和监管制度的供给者。管制工具和监管制度是一个需求和供给不断变化的匹配过程;只有把握住了各方利益的结构以及政治力量的分布,才能了解到这些利益集团的博弈如何决定监管工具和制度的供给与变迁,从而才能确定这些工具和制度的效应及其分布。

---

① 法定准备金:商业银行按照法律规定必须存在中央银行里的自身所吸收存款的一个最低限度的准备金。国家制定法定准备金制度,限制了银行的贷款规模,隐性提高了贷款的利率。

这两种理论都建立在政治经济学的基础上,认为金融监管的出现是为了满足各既得利益集团的需要。它们的优势在于:将政治纳入金融监管制度的分析,可以从动态角度把握金融监管工具和制度演变的动力机制以及产生的政治过程。因此,政府掠夺论在认识金融监管制度的必要性以及形成过程上是与公共利益说互相补充的。

案例

政府通过利率管制来刺激经济

2008年经济危机开始后,央行开始不断地下调存贷款利率来刺激经济,人民币存贷款利率连续五次下调:2008年9月16日、10月8日、10月29日、11月27日、12月23日,百日之内连续四次降息,历史罕见。其中,一年期存款利率从4.14%大幅调低至2.25%,一年期贷款利率也从7.47%降至5.31%,越来越多的货币在市场上流动。与此同时,CPI指数却从2007年的4.8%增长到2008年的5.9%,超过了同期银行存款利率,形成了负利率现象。负利率最为直观的影响就是居民放在银行里的存款会随着物价水平的上升越存越缩水。2008年,我国城乡居民人民币储蓄余额217 885.4亿元,利率低于中性水平至少3个百分点,相当于居民每年的收入少近7 000亿元。随着存款余额的进一步增加,这个数字还在继续扩大。既然把钱放在银行里会白白地蒸发掉,那么把钱拿出来就是最好的办法。然而,有相当部分的银行存款是取不出来的,那就是中低收入者的"强制性储蓄",他们不能也不敢消费和投资,因为这些钱或是为养老、保命所攒,或是以备随时应急所需,不到万不得已不能动用。所以,从某种意义上讲,负利率也是一种财富再分配工具。

资料来源:杨速炎.负利率:"劫贫济富"的幕后黑手[J].金融经济,2010(21).

2.2.2 管制俘获说

管制俘获理论兴起于20世纪70年代,斯蒂格勒将现代经济学的研究方法应用于管制俘获的研究,发现不受管制的产业比受管制的产业具有更高的效率,从而认为政府管制是为利益集团服务的。在此基础上,贝克尔研究和发展了他的观点,认为政府不仅有可能为产业集团服务,也有可能为其他利益集团服务。随后,管制俘获说引入了租金的概念,从利益集团创租、抽租两个方面解释了管制俘获的动机;新管制经济学则通过引入信息不对称、运用委托—代理框架解释管制俘获现象的产生。

管制俘获说认为,政府实施的监管在客观上影响了资源的配置,被监管方就可以利用监管获得垄断高价,比如说银行业准入的限制可以有效保持现存银行的特许权价值。因此,被监管者会尽可能寻找这些租金,而政府为了增加收益也乐于设置租金,结果监管就背离了其初衷,成为监管与被监管双方谋求自身利益的工具。根据利益流向,管制俘获说分为监管俘获和政治俘获两种。

监管俘获说认为,金融监管措施可能在最初的实施中可以起到一定效果,而当被监管者对监管制度以及监管手段的认识和了解越来越深入时,被监管对象不但会找出监管的漏洞从而进行回避,而且还会通过各种手段主导和控制监管机构。同时,被监管者通过对自身有利的监管获得收益和额外租金,作为回报会向政府支出提供适当融资并讨好政府官员,以便能够继续维持对自己有利的监管政策。这样,金融监管政策的生命循环开始于监管机构有力地保护消费者,设法最大化公共利益,随着被监管机构的回避和主导,最后止于保护被监管者。所以,该理论的核心是,监管不能实现公共利益的最大化,提供监管的机构只是被监管者俘获的猎物,有监管者比没有监管者的社会效益更差。

与监管俘获说不同,政治俘获说认为政府对金融的监管是为了自身利益。政府对金融的监管更有利于其进行融资,特别是为特定的政治目的进行的融资,从表面上看融资有助于公共福利的改善,实质上是为了巩固某个政党或是提高政治家和官僚群体的利益与影响力,推动公众福利的提高只是冠冕堂皇的借口。

案例

房利美游说议员

房利美和房地美是美国两家准政府性的从事购买房地产抵押贷款的金融公司。它们曾是次贷市场上的主要购买者,2004—2006年它们的购买量分别占整个次贷市场购买量的44%、33%和20%。它们虽然事实上服从政府的管制,但管制者却被它们所俘获。比如2005年房地美支付给共和党游说公司DCI Inc. 200万美元制止了由参议员Chuck Hagel倡导的对房地美贷款购买活动更严厉的立法。据统计,1998—2008年间,房利美花了8 053万美元游说议员,而房地美花了9 616万美元游说议员。

资料来源:张明.原来美国政府就是次级抵押贷款始作俑者[N].上海证券报,2012-05-26.

管制俘获说虽然解释了金融监管的原因,但也引起不少学者的质疑。Posner(1975)认为,它缺少理论基础:① 管制俘获说的基本点虽然放在"俘获"上,但实际上它并未与公共利益说的某些解释划清界限,比如管制俘获说的立足点是公共利益最大化。此外,它所描述的管制过程可能更像是被管制者与管制机构之间的谈判,而没有明确指出谁俘获谁。② 被管制者可能并不是唯一可以影响管制机构的利益集团,比如被管制厂商的消费者利益也会受到管制过程的结果影响,但他们却没有被认为能够同样有效地俘获管制机构。③ 没有理由说一个行业只能俘获现有机构,而不能设法创造一家监管机构以促进自己的利益;进而人们还可以追问,为什么一个行业能够强大到足以俘获管制机构并且驯服它,却为什么在最初不阻止这一管制机构的设立? ④ 这一解释也与许多经验证据相矛盾,比如现实中显然不是所有管制机构都可以被俘获,也不能解释一个管制机构为什么可以对不同的、利益相互冲突的行业同时实行管制;同时,由管制机构促进的利益很可能是消费者群体的,而不是管制行业本身的。

2.2.3 管制寻租说

自 Tullock(1967)发表他的开创性文章《关税、垄断和偷窃的福利成本》之后,就将经济学的研究领域从资源在生产过程的配置扩展到了非生产过程的配置,后经 Krueger(1974)将"那种利用资源通过政治过程获得特许权,从而损害他人利益使自己获得大于租金收益的行为"定义为寻租,形成了寻租理论。该理论认为,租金的存在造成了市场的不完全竞争,而政府的经济管制则进一步增加了市场中的寻租机会,并产生了政府及其代理人的租金创造和抽租(Ginsburg,1999),使市场竞争更加不完全和不公平,所以通过政府监管来纠正市场失灵是理想化的、不现实的。金融监管是政府管制的重要组成部分,因此金融监管中同样存在寻租现象,影响金融监管的公平与效率。

寻租的真正目的并不是形成垄断、限制或获得特权,而是保护现有的租金或通过这些垄断、限制和特权来创造租金。所以,寻租是一种非生产性活动,并不能创造任何社会财富,但同时又消耗大量的社会资源,从社会的角度看将带来社会福利的损失。同时,寻租行为人为地造成了经济资源配置的扭曲,降低了资源配置的效率,阻止了更有效的生产方式的实施,削弱了市场机制发挥作用的基础,破坏了市场自由竞争的环境。此外,它还会导致其他层次的寻租活动或"避租"活动。因为寻租的存在,市场竞争的公平性被破坏了,使人们对市场机制的合理性和效率产生了根本质疑。

寻租行为不是某一方单方面的问题,而是寻租者和被寻租者双方博弈的结果。对此,可以借助 Selton 的管制寻租混合策略纳什均衡模型来说明这一动态过程。

假定博弈双方为监管者和利益集团(经济人)。监管者的策略只有监管和不监管,而被监管的利益集团的策略则是寻租和不寻租。博弈的支付矩阵如图 2-3 所示。

		监管者	
		不监管	监管
利益集团	寻租	$R, -D$	$-S, 0$
	不寻租	$0, I$	$0, 0$

图 2-3 管制和寻租博弈

若监管者不监管、利益集团选择寻租的收益是 R,监管者由于公共利益受损而损失 D,利益集团选择不寻租没有收益,此时监管者的收益为 I。若监管者选择监管,利益集团的寻租行为会受到监管者的遏制,从而受到 S 的损失,监管者也付出了成本,假设其与遏制寻租的成本相抵消,那么监管者的收益为 0,若利益集团不寻租,则其收益为 0,而监管者的成本和收益刚好抵消,收益也为 0。

显然,这个博弈过程并不存在纯策略的纳什均衡,于是我们开始讨论混合策略的纳什均衡,设 p 为利益集团的寻租概率,q 为监管者进行监管的概率。

利益集团不寻租时,无论政府是否监管,其收益都为 0,即 $U_1(0, q) = 0$。当利益集团选择寻租时,其期望收益为 $U_1(1, q) = R \times (1-q) + (-S) \times q = R - (R+S) \times q$。利益集团寻租与不寻租的无差异条件为 $U_1(0, q) = U_1(1, q)$。同理,当监管者选择监管时,无论利益集团是否寻租,其收益均为 0,即 $U_2(p, 1) = 0$。当监管者选择不监管时,其期望收益为：

$$U_2(p,0) = (-D) \times p + I \times (1-p) = I - (I+D) \times p$$

由此，我们可以解得混合策略纳什均衡为：$p^* = \dfrac{I}{I+D}$，$q^* = \dfrac{R}{R+S}$。也就是说，利益集团将以 $\dfrac{I}{I+D}$ 的概率选择寻租活动。而监管者将以 $\dfrac{R}{R+S}$ 的概率选择监管。这样的结果说明对于利益集团来说，只有监管者进行监管的概率足够小（$q<q^*$）的情况下，利益集团才会进行寻租活动。同理，对于监管者来说，只有当利益集团寻租的概率足够大（$p>p^*$）时，才会进行监管。寻租的利益集团和监管机构在一个动态的博弈过程中最终达到市场均衡的状态。

✍ 案例 ✍

信托寻租

资源稀缺往往助长一些高收益的寻租机会的出现。

自从 2009 年 7 月监管部门口头禁止中登公司为信托公司证券账户开户以来，信托公司的证券业务受到了不小的影响，但这也滋生了信托公司的一个新的业务点，那就是盘活已存在的信托账户"空壳"，将其卖给有需求的私募从而获得收益，同时还获得一些衍生的权利。

Wind 有信托推介日期统计的数据显示，推介起始日在 2009 年 7 月 1 日之后的股票型阳光私募产品共有 131 只。其中，受托人为中信信托的达到 40 只左右，受托人为中融国际信托的接近 20 只，平安信托大约为 10 只。而没有推介日期录入、成立日期在 2010 年 1 月之后的 42 只股票型阳光私募产品中，受托人为中信信托、中融国际信托和平安信托的超过 20 只。

但要想得到这些"壳"，私募基金需要付出不菲的代价。在收费的"壳"生意中，信托公司的收费模式有两种。一种是按年计费。一位阳光私募人士介绍，有的信托公司甚至为一个账户开出了每年高达四五百万元的天价使用费，即便是收费较少的信托公司也开出一个"壳"数十万元的价格。另一种方式是按募集规模的一定比例提成，但不低于 200 万元。在这两种方式的基础上，有的公司还从阳光私募提取的业绩比例分成中再提成，"借壳上市"的阳光私募需要从 20% 的业绩提成中支付给信托公司 3%—5% 的渠道费。

可见，开户禁令并未阻住私募基金的发展，反而让一些刚刚开始阳光化的私募又重回灰色地带，寻租空间也因此开启。这种状况可能会迫使阳光私募基金绕开信托，来用更隐蔽的方式继续做同样的事情，这也可能会导致其未来更加难以监管。

资料来源：王玉，程志云. 开户禁令助长寻租 证券类信托卖壳获益丰厚[N]. 经济观察报，2010-04-02.

2.2.4 管制供求说

最早发展管制供求说的是斯蒂格勒(1971),他从供求两方面讨论了政府管制的相关因素。在需求方面,斯蒂格勒讨论了影响一个产业对政府管制需求的主要因素,即管制可以提供的多种收益,包括直接的货币补贴、控制新竞争者进入、干预替代品和互补品的生产、实行固定价格等。在金融领域,对应的例子有市场准入的管制、对业务活动的限制等。在供给方面,斯蒂格勒认为,政府部门提供一种管制行为时并非像公共利益说认为的那样毫无成本,而是也存在着成本。正如他在《经济管制理论》一文中所指出的:管制或许正是一个产业所积极寻求的东西。它通常是该产业自己争取来的,它的设计和实施主要是为受管制产业利益服务的。但他也指出,管制也可能是强加于一个产业的,并且会给受管制的产业带来很多麻烦。后来通过 Posner(1974)和 Peltzman(1976)的完善,该理论趋于成熟。

Peltzman 在斯蒂格勒的基础上做了更明确的表述。他假定政治家们寻求最大化多数派对他们的支持,并根据这种支持决定提供管制的种类和数量,设 M 表示这种支持,它可以表示为如下的函数形式:

$$M = nf - (N-n)h \tag{2-1}$$

其中,n 表示受益于管制的人数,他们是潜在的投票者;f 表示受益者给予政治家支持的概率;N 为潜在投票者总数,故$(N-n)$为被管制所伤害的人数;h 为受损者去投反对票的概率。进一步,设 f 是人均净收入 g 的函数,$f=f(g)$;而 g 取决于转移给受益集团的受益总量 T,减去受益者在游说过程中为平息和消解反对意见而花掉的数量 K,以及组织一个有凝聚力的集团的成本 C,显然 C 再次取决于集团的规模 n,即 $C=C(n)$。由上,可以把 g 写成下式:

$$g = [T - K - C(n)]/n \tag{2-2}$$

再看投反对票的可能性 h,它首先取决于要求被管制者做出转让的税率 t,其次也要看用于平息反对意见的人均支出 z,即有:

$$h = h(t,z) \tag{2-3}$$

其中,

$$z = k/(N-n) \tag{2-4}$$

Peltzman 利用拉格朗日乘法求解一个有约束条件的极大值问题,即在公式(2-2)至公式(2-4)的约束下求解最大化 n、T、K,得出以下结论:① 得自转让的边际政治收益刚好等于相关的税收引起的边际政治成本;② 政治财富最大化只能使部分人受益;③ 即使管制的利益都为一种经济利益集团独占,其得益也要小于私人组织的卡特尔。

2.2.5 其他理论

对 20 世纪 60 年代的芝加哥学派来说,没有金融监管才是真正的监管。在他们看来,在法院中立的条件下,只要能够设计出好的法律,由法庭执法就是最优的制度,根本不需要任何其他机构行使监管的职能(Becker,1968)。后来,斯蒂格勒(1970)进一步引申 Becker 的理论,最终形成了 Becker-Stigler 模型。该模型的基本推断是,除法庭以外的执法体制同效率不相关,一个好的司法体系只要有法庭执法就足够了,寻找其他执法方式毫无意义。1973年,麦金农和肖(Shaw)分别提出了"金融压制论"和"金融深化论",首次从理论上论证了过多的金融管制,尤其是对利率的过分压制对经济发展的负面作用,强调发展中国家应消除金融抑制,走向金融深化,人们将他们的理论合称为"金融深化理论"。以哈耶克(Hayek)为代表的新自由主义者同样认为,国家干预过多是造成经济低效发展的重要原因,他们提出向古典经济学"看不见的手"范式回归的主张。在金融领域,哈耶克(1978)提出了"自由银行制度"学说,他认为,导致货币危机和银行体系无效率运行的关键原因在于政府滥用其管制权力。因此,新自由主义者们反对金融体系中的政府控制,坚持无管制体系在现实经济生活中是可行的。

综上,以上几种理论认为管制者和被管制者很容易形成利益合谋与利益共同体,在私下进行鲜为人知的个人或集团利益交易,并不能对金融机构进行有效监管。监管并没有建立在公共利益基础之上,而是建立在了为被监管集团牟取利益和损害消费者利益上。监管在给被监管者带来一定好处的同时,也增加了他们的成本(Posner,1974)。因此,政府管制形式的金融监管存在低效率,也不能防范金融风险,甚至会有碍金融体系的发展速度,因此,有必要寻找一种真正能够保障金融体系发展的有效监管模式。虽然它们对金融监管存在的弊端提出了尖锐批评,但对于金融危机的后果并没有提出有效的解决办法,甚至一些理论本身也存在缺陷。例如,对于金融管制供求说,金融监管的供给和需求难以计量,管制供求说从某种意义上讲是难以实证的。

2.3 金融监管辩证理论

20世纪80年代以后,世界金融市场呈现出日新月异的发展态势,大量金融衍生品层出不穷,各类金融机构的活跃与业务交叉以及信息网络的广泛运用,引起了金融领域一场持续至今的革命。此外,金融监管有效理论和金融管制失灵理论都是从静态视角解释可观察到的金融监管问题,没有考虑监管者与被监管者之间的不断变化的关系,因而不能完全解释和预测监管问题。在此背景下,不少学者开始运用博弈论研究金融监管与金融创新的关系,总结出金融监管的动态发展进程。

Kane(1981,1984,1994)运用规避管制理论和动态博弈模型,论证了金融监管是金融创新的重要原因。他认为,金融创新主要是金融机构为了获得利润而回避政府管制所引起的。当金融创新出现后,监管当局可能适应形势的变化而放松原有的监管政策,或者当创新危及金融稳定与货币政策的执行时,又进行新的监管。在认识到这一不足后,Kane运用黑格尔的辩证法,在经济监管理论的基础上建立了监管辩证论。该理论从动态的角度解释了监管过程中政治力量与经济力量相互作用的机制,认为监管是由利益集团自己要求的,需求的存在产生了政府或政治团体供给监管的激励。虽然被监管者首先要求监管,但监管实施的效率和达到目标的程度,由于环境的变化、目标的冲突、金融机构不遵守监管行为的不可检验性等原因而较难达到。从微观经济的角度来看,金融机构受到技术、市场和监管的制约,这些因素发生任何变化都将导致最优化过程的重复,所以金融机构的行为会随着上述因素的变化而适时做出调整,监管部门则会根据金融机构的行为不断地做出反应,从而形成辩证的监管过程,即"管制—创新(规避管制)—放松管制或再管制—再创新"的动态博弈过程。这一不断循环的过程被 Kane 称为再监管过程,也被 Key and Vicker(1988)称为逃避和再监管过程。金融机构和监管当局"好像跷跷板的两端,他们彼此不断地适应",形成一个黑格尔式的辩证过程,共同推动金融发展。

在这里,用 $ER_1(D)$ 表示规避监管为金融机构带来的收益期望值,$EC_1(D)$ 表示金融机构规避监管的成本,则规避监管的预期净收益为 $E_1 = ER_1(D) - EC_2(D)$。假定 $E_2(R)$ 是再监管为监管当局带来的预期净收益,$E_2(NR)$ 是不进行再监管为监管当局带来的预期净收益,那么,$ER_1(D) > EC_1(D)$,则 D 发生;$E_2(R) > E_2(NR)$,则 D 不发生。$E_2(R) > E_2(NR)$,则 R 发生;$E_2(R) \leq E_2(NR)$,则 R 不发生。且由于金融机构和监管当局可以对对方的行为进行预期,并在此基础上选择博弈行动,那么上述推导可以改写为:$ER_1(D,R) > EC_1(D,R)$,则 D 发生;$ER_1(D,R) \leq EC_1(D,R)$,则 D 不发生。$ER_2(D,R) \leq EC_2(D,R)$,则 R 发生;$E_2(R,D) > E_2(NR,D)$,则 R 不发生。

如上过程表明,金融监管是个动态过程,而且这一辩证过程可以分为三个阶段:第一阶段,监管阶段。金融监管当局为实现某种目标,对金融机构制定监管法令。这些监管法令的实施一方面影响被监管机构的市场竞争能力,另一方面鼓励被监管机构更有效地经营。第二阶段,金融创新阶段。被监管机构为恢复其市场竞争能力,提高其股东的收益率,努力开创一些法令监管以外的金融新产品和服务来逃避金融监管。第三阶段,再监管阶段。金融创新的浪潮使金融监管当局的目标落空,只得再提出新的监管对策,更加兼顾各有关方面的成本和收益,再监管更趋向合理化。金融监管的这一辩证发展过程的循环推进并非无意义的反复,每一次从监管到金融创新到再监管的循环过程,都不是单纯地回归原点,而是作为推动改革的主要因素,一步一步确立完整规范的金融结构。这也从某种程度上反映出,"放松"与"强化"只是金融监管在不同阶段的表现形式,二者的交替变迁推动了金融体系的不断发展。

据此推论:第一,金融监管制度的设计必须根据不断变化的社会经济环境而相应改变,否则,要么以延迟金融机构和金融体系的发展为代价,要么以牺牲金融稳定为成本。第二,从深层次来看,金融机构的金融创新行为,不仅是由于盈利动机的驱使,更是由于金融监管理论发展的滞后,以至于阻碍了金融机构和金融体系向更高级阶段的发展。第三,由于逃避监管导致了金融机构对要素服务、组织结构的需求变化,而监管的产生过程总是滞后于逃避监管的行为,因而监管的供给总是缺乏效率的或是不足的。为了解决该方面的不足,Kane(1991)提出了监管者竞争理论,即通过引入监管机构之间的竞争机制来消除监管供给不足和低效率的问题。第四,金融监管和金融创新在辩证发展、承前启后的同时,二者之间也存在摩擦。如果没有监管的规范和限制,被追求利润最大化动机所驱使的金融创新将给金融业带来无限风险从而最终影响整个经济的发展;反之,如果没有金融创新这一动力源,整个金融业将失去发展的生命力从而永远失去质的进步。一项金融创新(如金融衍生市场)如果是经济发展和金融体制深化产生的需求,则监管就只会推迟金融衍生品推出的时间而不大可能阻止金融创新的最终产生,在这一过程中,监管与创新所产生的摩擦将使潜在的市场参与成本增加,从而对金融业造成影响。

虽然监管辩证理论突破了常规范式,从动态角度阐明了监管过程中监管者与被监管者之间的辩证关系，使得金融监管的研究不再局限于阶段性的枝节分析，也很好地解释了金融创新与金融监管交替的动态过程，但没有能够全面解释和预测监管的效应，并且首先由被监管者要求监管、再由监管需求产生监管供给的假设能否成立，仍存在较大的争论。

2.4 金融监管理论新进展

20 世纪 90 年代的一系列金融危机推动了金融监管理论逐步转向协调安全稳定与效率。Hellmann、Murdock、Stiglitz 等经济学家在对东亚经济的分析中指出，现实中不仅瓦尔拉斯均衡难以实现，更重要的是发展中国家普遍存在着信息严重不对称、逆向选择和道德风险。在此阶段有如下几个典型的金融监管理论研究成果。

2.4.1 金融约束理论

20 世纪 90 年代以来，一些新兴市场经济国家在条件尚未成熟之时，急于过度开放金融市场造成了严重后果，不可避免地，金融自由化理论也不断受到批评。与麦金农和肖提出的金融抑制论有所不同，Hellmann et al.（1997）在总结日本、韩国等东南亚经济体金融发展与经济增长的基础上提出金融约束理论（Financial Restraints，也称金融约束政策），该理论的核心观点认为在稳定的宏观经济环境、低且可预测的通货膨胀、金融部门低税收以及实际存款利率为正的前提条件下，政府通过控制存贷款利率、限制市场准入以及限制资产替代等金融政策为私营部门（Private Sector）创造租金机会（Rent Opportunities），这种租金机会一方面对动员储蓄具有积极作用，另一方面通过减少微观主体（银行和企业）的道德风险、逆向选择以及委托代理成本等信息不对称问题，提高了经济效益并促进了经济发展。

考虑一个基于信贷市场的供求模型，在该模型中，包括资金供给方的居民部门和资金需求方的企业部门以及充当金融中介的银行部门。

在完全竞争市场下，市场的利率由资金供给与需求共同决定，最终市场利率为 R^*，如图 2-4 所示。在金融约束政策下，政府为了给银行部门创造租金机会，将存款利率 R^D 控制在竞争市场均衡利率 R^* 之下，但贷款利率 R^L 仍由市场决定。假设居民部门存款对利率不敏感，低于均衡利率的存款利率 R^D 不会给银行动员居民部门储蓄带来较大的影响，因此，资金供给曲线 S 比较陡峭。在信贷资金供给一定的情况下，由信贷需求所决定的贷款利率 R^L 高于竞争市场均衡利率 R^*。在存款利率控制下，银行部门获得租金（$R^L - R^D$），其中来源于居民部门的租金为（$R^* - R^D$），而来源于企业部门的租金为（$R^L - R^*$）。存款利率控制信贷模型如图 2-5 所示。

当同时实施存贷款利率控制时，存款利率 R^D 控制在竞争市场均衡利率 R^* 之下为银行部门创造了租金机会，如果贷款利率 R^{L1} 也控制在竞争市场均衡利率 R^* 之下从而也为企业部门创造部分租金机会，则银行部门获取租金（$R^{L1} - R^D$），企业部门也能够获取租金（$R^* - R^{L1}$）。但如果贷款利率 R^{L2} 控制在均衡利率 R^* 之上，则为银行部门创造了来自企业部门的租金机会，银行部门获得租金（$R^{L2} - R^D$），其中来源于居民部门的租金为（$R^* -$

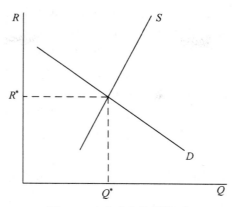

图 2-4　完全竞争信贷模型

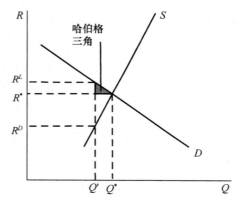

图 2-5　存款利率控制信贷模型

R^D），而来源于企业部门的租金为$(R^{L2} - R^*)$。在现实中，考虑到租金效应，政府一般会将贷款利率R^L控制在竞争市场均衡利率R^*之下，使得银行部门和企业部门能够同时创造部分租金。存贷款利率控制信贷模型如图2-6所示。

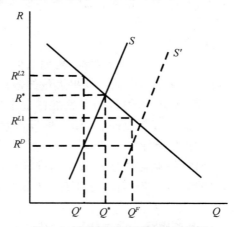

图 2-6　存贷款利率控制信贷模型

如上分析表明，政府通过一系列金融政策如使存款利率低于竞争性的均衡水平，在金融部门和生产部门创造租金机会，就可以解决金融业内广泛存在的道德风险和逆向选择问题，从而对金融部门、生产部门和存款者产生积极作用，具体而言：

（1）对金融部门的作用。平均租金为银行创造出"特许权价值"，这为银行创造了一个稳定而持续的利润流，促使它们不致因短期风险而破产，从而有动力成为一个长期经营者，不会因短期利益损害社会利益，它们的经营将会更加稳健，有更强的动力监督贷款企业、管理贷款组合的风险。而边际租金增强了银行寻找更多存款来源的动力，由于政府推行"专利"保护政策，使得首先开发新市场的银行暂时享有垄断权，这样先进入市场的银行可得到边际租金，就有动力扩大投资，使客户更方便地进入金融体系，提高资金融通效率。

（2）对生产部门的作用。如果对贷款利率也进行控制，生产部门获得租金可增加资本积累，提高企业的股本份额，增强其偿债能力，减少融资项目的风险，降低破产概率，降低代理成本。另外还可以作为信号发送工具，使好的借款企业把自己同较差的借款企业区分开来。

（3）对存款者的作用。一方面存款利率控制使存款者剩余转移到金融部门和生产部门，另一方面金融约束增强了存款的安全性和便利性，存款者有效地规避了风险。

尽管金融约束理论肯定了政府监管在解决信息问题方面的能力和作用，但该理论的适用环境是有一个"仁慈、正义、理性"的政府。换言之，在一个缺乏民主法制、利益集团和政治势力过于强大的国家，金融约束理论被滥用、成为政府设租寻租工具的风险比较大。

2.4.2 金融中介理论

金融中介理论认为，金融中介可以克服与金融资产交易相关的固定交易成本以及由金融交易中的不对称信息和不确定性所产生的交易成本，因而得以存在。与以往的金融监管理论不同的是，金融中介理论除了继续以市场的不完全性为出发点研究金融监管问题之外，还越来越注重金融业自身的独特性对金融监管的要求和影响，这推动了金融监管理论逐步转向如何协调安全稳定与效率等方面。

1. D-D 模型与存款保险制度

由于银行资产和负债在流动性方面严重不对称，再加上信息不对称而导致的道德风险和逆向选择，银行内部实际上是非常脆弱的。如果大量的银行客户因为金融危机的恐慌或者相关影响同时到银行提取现金，而银行的存款准备金不足以支付，银行挤兑就出现了，并进一步形成金融危机。在出现挤兑时，市场银根异常紧缩，借贷资本短缺，利率不断上涨，迫使一些银行和金融机构倒闭或停业，从而更进一步加剧了货币信用危机，引起金融界的混乱。此时，银行面对挤兑存款便陷入了两难境地：若设法满足纷至沓来的挤兑要求，则资产方面的损失就不可避免；若置之不理，则会加剧恐慌，进一步促进挤兑危机，导致清偿能力危机。

那么银行在什么情况下会出现挤兑？挤兑能否避免呢？2012 年的诺贝尔经济学奖得主之一 Diamond 在 1983 年和 Dybvig 共同研制了银行挤兑模型，从博弈论均衡的角度论证了银行机构的脆弱性和银行挤兑发生的可能性,研究了银行不稳定的内在原因,据此得出政府干预银行经营活动必要性的结论。

具体来说,Diamond 和 Dybvig 的银行挤兑模型(简称"D-D 模型")基于以下前提:

(1) 银行的基本功能是用存款人的钱去放贷款而谋取收益,同时明确给存款人提供流动性承诺,即存款人随时可以向银行提出提现的要求;

(2) 存款人何时提取存款取决于对其他存款人是否会"恐慌性挤兑"的预期;

(3) 顺序服务约束(Sequential Service Constrains)是该模型中重要的条件,它指的是存款人随机地到达银行提款,而银行支付只取决于当事人在提款队伍中占据的位置,排在后面的人有可能会面对无款可提的局面。

该模型假设存在三个时期,$T=0,1,2$,存款人在第 0 期将钱存入银行,存款人或者在第 1 期或者在第 2 期取出存款。而银行的钱已经放贷出去,进行了投资,第 1 期结束,可收回 L,等到第 2 期结束共可以收回 R,$R>1(L)$,一类存款人只关心第 1 期的取款情况,可能性是 t,另一类存款人关心第 2 期的取款情况,可能性是 $1-t$。如果给定先来后到的服务顺序和资产变现的成本,在 D-D 模型中,存在两个纳什均衡:一个是没有挤兑的高效率均衡(正常经营),另一个是发生挤兑的低效率均衡(危机破产)。当存款人预期银行挤兑要发生时,其最优行为是尽快赶到银行提取存款;当存款人预期挤兑不会发生时,就会将存款留在银行。上述均衡哪种将出现,取决于外部事件的干扰。因为任何导致"挤兑"预期的事件均会诱发挤兑产生,这就是所谓的个人的理性导致群体的非理性,所以,这种低效率均衡的可能性时时威胁着银行。

再具体一些,假设有两个投资者,每人存入银行一笔存款 D,银行将这些存款投入一个长期项目。若项目到期前银行被迫清算其投资,项目失败,那么银行可收回 $2r$,并且有 $D>r>D/2$,若银行允许项目到期,则项目完工,银行共可取得 $2R$,此时,$R>D$。

我们假定银行把投资项目中的收益全部支付给存款人,且不考虑贴现问题。那么有两个时期存款人可以从银行提款,时期 1 在项目到期之前,时期 2 在项目到期之后。

从博弈论的角度来看,在时期 1,若两个存款人都提款,则每个人得到 r,博弈结束;若只有一个存款人提款,则该存款人得到 D,另一个得到 $2r-D<D$,博弈结束。

如果两个存款人均延至时期 2 提款,则每人得到 R,博弈结束;如果只有一个人提款,另一人忘记提款,则提款者收到 $(2R-D)>R$,另一人收到 D,博弈结束;最后,若两人都忘记提款,银行返还给每个人 R,博弈结束。

为简单起见,将两阶段写进同一个矩阵中(如表 2-1 所示),可以看出可能出现两个纯策略纳什均衡,即 (r,r) 和 (R,R),但在这一博弈中却不存在一种机制保证后一个纳什均衡一定会出现。

表 2-1　D-D 模型

	时期 1		时期 2	
	提款	不提款	提款	不提款
提款	(r,r)	$(D,2r-D)$	(R,R)	$(2R-D,D)$
不提款	$(2r-D,D)$	下一阶段	$(D,2R-D)$	(R,R)

再从时期2倒推分析,这一博弈模型没有简单地预测说银行挤兑注定会发生,而是一种可能,且是随时会出现的一种可能。如果要消除这种可能,就要打破这种均衡出现背后的预期。因此,就得出 D-D 模型的政策含义:使存款人形成无挤兑的预期是关键。所以,凡是有助于增强公众信心、消除挤兑预期的措施,例如引入存款保险制度、央行最后贷款人制度以及其他金融监管措施均是可取的。

案例

银行挤兑

2002 年某日清晨,广东某地区一家著名股份制银行各网点刚刚营业就出现了排队提款现象。前来提款的客户都是附近的居民、老师、工人等中小储户,他们听到传言说该家银行要关闭,于是起早赶到银行来提取存款。事后得知,是当地一名政府官员与该银行发生矛盾,官员动用公权,命令所属企事业单位将在该行的存款转移,使其他的存款人产生了恐慌心理,于是挤兑发生。

事件发生后,存款人蜂拥而至,地方政府束手无策,官员大惊失色。有关部门一方面利用该行现有头寸,抓紧调拨现金,并组织人员安抚储户,稳定人心,另一方面及时果断地给予该行紧急再贷款支持,履行央行最后贷款人职责;同时督促地方党委严肃查处肇事官员,并通过媒体将事件起因公之于众,迅速平息了挤兑事件。虽然这次事件仅持续了两天半时间,但对于这家只有 27 亿元存款的银行来说,一半存款被提走,再恢复起来并正常运营却需要两年的时间,可见银行挤兑的厉害程度。

D-D 模型认为银行挤兑是大危机中的共同特征,在货币史上扮演了重要角色。突然的大量提款会迫使银行在亏本的基础上清算大部分资产,并最终导致破产。伴随着大量的银行破产造成的恐慌,货币体系瓦解,社会生产急剧萎缩。后来,Calomiris and Gorton 又提出了"先到先服务"原则,和 D-D 模型共同揭示了银行面对挤兑的两难选择:投资短期资产就不能实现其期限转换的功能;而持有长期资产就会面临流动性不足和破产的威胁。这时,建立存款保险制度或由政府扮演最后贷款人的角色可以实现这个问题的"合理均衡",挤兑就不会发生。它们的理论给金融监管对金融机构保持流动性的要求提供了理论依据,成为支持建立存款保险制度的理论基础。

虽然 D-D 模型说明了存款保险制度与银行流动性要求之间的激励相容,但没有进一步考虑由存款保险制度而引发的被监管机构的道德风险问题。在很多国家中,存款保险制度的存在会在一定程度上打击债权人以及监管当局限制银行承担风险的积极性。在市场完全的情况下,任何一项限制银行风险承担的措施的废除都将大幅度增加风险,因为存款保险这样的机制设计将给予银行股东更大的风险承担自由度,从而刺激银行拿存款人的储蓄进行更多的高风险投资。因此,为限制风险过度承担行为的发生,政府必须采取其他监管措施,如实施资本监督措施,以降低银行破产的可能性,保证风险资产中配置有一定部分的股东自有资本;强制银行发行一定规模的未保险债券,从而激励私人债权人对银行的风险承担行为加以限制,以及其他限制银行行为的直接管制措施。

▶ 知识链接 ◀

目前,中国尚未建立存款保险制度,政府的信用、中央银行的救助为商业银行和其他金融机构提供了隐性的存款保险,广东国投、海发行、汕商行的倒闭和破产案例中,都是由政府财政或中央银行提供了资金为个人存款代偿,2004年四部委出台的《个人债权及客户证券交易结算资金收购意见》(以下简称《收购意见》)规定,当金融机构处于高风险状态,被依法处置时,国家将对如下个人债权的本金进行收购:居民个人持有的金融机构发行的各类债权凭证(如国债代保管单)、委托财产(包括委托理财、信托)以及居民个人持有的存放于金融机构相关账户上的被金融机构挪用的有价证券对金融机构形成的债权;对个人储蓄存款和客户交易结算资金(即客户保证金)的本金和利息进行收购;同时明确居民的客户保证金和个人储蓄存款,一律全额收购,且不限形成时间。而对其他个人债权,则以10万元为界:10万元以下全额收购,10万元以上九折收购。这样的规定对于金融稳定起了重要作用,对于处置风险金融机构增添了手段。但《收购意见》中对债权的形成时间只截止到2004年9月30日,对于该日之后形成的个人债权无明确表示。虽然对某些情况,该政策可以做参考,政策可以延续,但毕竟不是明确的预期,需要相当大的协调成本。Diamond-Dybvig的银行挤兑模型所提出的低效率均衡的可能性正在逐渐减小,所提的政策建议值得借鉴。但随之而来的就是经营的风险,需要监管部门密切关注且不断提高监管水平。

2. 功能观的监管理论

功能观金融监管的理念主要是来自有关金融体系的"功能观点"学说。其代表人物主要是 Merton and Bodie(1993)等,核心内容可以表述为:金融功能比金融机构更稳定,金融功能优于组织结构;机构的形式随功能而变化,即机构之间的创新和竞争最终会导致金融系统执行各项功能的效率的提高。金融中介功能观较大地拓展了金融监管理论的视野,从而把金融监管理论的研究推向了一个新的水平。

在对金融中介功能观深刻认识的基础上,Merton 和 Bodie 提出基于功能观的金融体系比基于机构观点的金融体系更便于政府的监管。这是因为:

第一,功能观着重于预测在未来实现中介功能的机构的组织结构。有了这些预测,政府就能够针对机构的变化设计政策和监管方案,这样的监管方案更具灵活性,更能适应不同国家及金融日益国际化的需要。

第二,层出不穷的金融创新和新技术降低了交易成本,但也模糊了不同金融机构所提供的产品和服务之间的界限,尽管金融产品种类繁多,但从功能的角度看却是同质的,并且在长时间内是相对稳定的,因此,从功能的角度从事监管的法规制定与执行更稳定,也更有效。

第三,从功能的角度从事监管,还减少了机构进行监管套利的可能性。

第四,功能观金融体系有利于促进金融机构必要的变革,而且不必同时修改与之相关的监管政策或调整有关的监管机构；而从机构观点出发，监管机构的这种变动则是不可避免的。实践中，Merton 和 Bodie 等人的功能观点对美国的金融监管产生了很大的影响。1999 年，美国国会通过《金融服务现代化法案》取代《格拉斯-斯蒂格尔法案》，是功能观点的一大成就。该法打破以前的限制，允许保险、银行和证券公司成为联营企业，亦允许三种金融业务混业经营。在法律的名称上，不提银行，而改称金融服务，就是要涵盖银行业和非银行业的全部金融活动。1995 年巴塞尔委员会在为银行设置全球性的证券资产组合的资本标准时也采纳了功能观点。

总体上，功能观的金融监管理论希望通过厘清金融的基本功能来进行相应的金融监管，在一定程度上提高了监管者的专业能力，降低了监管者与被监管者在信息上的不对称程度。但需要指出的是，作为一种理论模式，功能观的监管理论目前仍处于理论探讨阶段，现实中很难找到完全与之相对应的例子。而且有更多的学者担心，该理论在实践中的滥用会导致监管成本上升、监管效率下降等负面效应。

3. 监管激励理论

在以往的传统监管理论研究中，监管制度是外生的，均未涉及被监管者的激励问题。拉丰和梯若尔在 1993 年出版《政府采购与规制中的激励理论》，成功地将博弈论、信息经济学和机制设计的工具用于监管问题的分析，监管理论在微观经济学范畴内才得到真正的系统研究。拉丰和梯若尔认为，一个令人满意的监管理论应该将激励问题引入到监管问题的分析中来，将监管问题当作一个最优机制设计问题，即在监管者和被监管者的信息结构、约束条件及可行工具的前提下，运用相对比较成熟的完备合约方法，分析双方的行为和最优权衡，并对监管中的很多问题尽可能地从本源上内生地加以分析。

该理论在全面概括监管失灵原因的基础上提出了监管方法：

第一，该理论对金融监管的发展历程进行了总结，揭示出金融监管的演进是从高度监管到轻度监管的过程。在这个过程中的不同阶段，政府和被监管者会面临不同的信息结构、约束条件和可行工具。由于存在信息不对称、缺少承诺以及不完美的监管者，因此监管不是次（最）优的。

第二，在上述论断基础上，Dewatripont and Tirole 构造出最优相机监管模型。该模型由对分散的存款人的信息不对称且偏好"搭便车"的分析，引入存款人集体行动失灵问题，并将研究重点集中在金融监管的作用时间与范畴（金融活动何时何地需要外部干预和监管），以及外部人监管的激励方案。按照不完全合约理论，股东对企业业绩是凸的收益结构，在公司经营良好时，他们拥有控制权；而债权人对企业则是凹的收益结构，企业经营不善时，他们行使控制权。拥有凹收益结构的人较之拥有凸收益结构的人更倾向于外部干预和严厉的监管，因此，债权人比股东更希望加强监管。就银行而言，银行清偿比率越低，股东就越偏好风险，存款人则越规避风险。由此，将监管的激励方案与索取权联系起来，总结出实施最优监管政策的方式是：让监管者拥有与没有保险的存款人一样的激励。该模型揭示了当监管者既负责事后的干预又负责事前的监督时，如何被动干预以掩饰其失败的监督，以防止损害其前途。

第三，对相机监管的适用范围进行了界定，指出在指导实践上，一国是采用相机性监管还是采用事先标准化的基于规则的非相机性监管,很大程度上取决于监管机构的独立性。独立性较强且将广大金融消费者利益内部化的监管机构可以赋予相机性监管的权力,相反,如果监管机构受政治压力及利益集团的影响较大,那么,基于规则的非相机性监管制度是一个不错的选择。

2.4.3 资本监管理论

进入 20 世纪 80 年代,金融的全球化、自由化及其创新浪潮,使建立于 30 年代的金融监管体系和安全网越来越不能适应金融业发展的需要,暴露出许多致命的弱点,造成了严重的监管失灵。美国等西方发达国家的银行监管也更加注重以资本充足要求和资产业务管制为核心的监管体系的完善。与此同时,理论界的研究重点也开始转向银行资本监管的有效性及其改进等方面的研究。当前对于该领域的理论研究可分为两个分支:一是以 Merton 的将存款保险作为期权的定价模型为基础的资本风险监管有效性研究,如 Duan et al.(1992)的商业银行一个时期的固定存款保险与风险转嫁行为模型,Cordell and King(1995)资本风险监管的市场改进模型,Hovakimian and Kane(2000)的资本风险监管有效性的实证研究等;二是以 Keeley 的银行特许权价值模型为基础的资本充足性监管的有效性研究,如 Keeley(1990)的竞争与银行特许权价值模型,Demsetz et al.(1996)的银行特许权价值的实证分析,Hellmann et al.(2000)的资本充足率监管与存款利率限制相结合的理论等。

1. 基于存款保险的期权定价模型

2000 年,Hovakimian 和 Kane 将 Merton 的单期存款保险期权模型扩展为无限展期的股东收益模型,并据此对美国 1985—1994 年的商业银行风险转嫁和资本监管有效性进行了实证分析。其模型的基本形式为:

$$\Delta \frac{B_{jt}}{V_{jt}} = a_{0j} + a_1 \Delta \sigma v_{jt} + \varepsilon_{jt}$$

$$\Delta \text{IPP}_{jt} = \beta_{0j} + \beta_1 \Delta \sigma v_{jt} + \xi_{jt}$$

其中,B 代表商业银行包括存款在内的债务价值,V 代表银行的资产市值,σ_{jt} 是资产收益的标准差,IPP 代表每一美元的银行存款的存款保险金,系数 α_1 和 β_1 则分别为:

$$\alpha_1 = \frac{d\left(\frac{B}{V}\right)}{d\sigma_v}$$

$$\beta_1 = \frac{d\text{IPP}}{d\sigma_v} = \frac{\partial \text{IPP}}{\partial \sigma_v} + \frac{\partial \text{IPP}}{\partial \left(\frac{B}{V}\right)} \alpha_1$$

其中,α_1 表示风险敏感的资本监管和市场约束所产生的风险之和,β_1 则表示银行增加资产收益流动性所带来的收益,如果 $\alpha_1 > 0$ 且 $\beta_1 > 0$,则可以认为银行存在风险转嫁激励,资本监管不完全有效。同时,资本监管的有效性取决于银行在增加资产风险时能否降低杠杆率,说明 $d(B/V)$ 和 $d\sigma_v$ 不同时为正。

在该模型的实证分析中,V、σ_v 和 IPP 的值都是不能直接被观测到的,需要通过 Merton 的单期存款保险期权模型计算出(详细的推导过程从略):

$$\sigma_v = \sigma_E \frac{\frac{E}{V}}{\frac{\partial E}{\partial V}}$$

$$\text{IPP} = 1 + \frac{\lambda}{\delta + \lambda} \frac{1 - r_{21}}{r_{21}}$$

$$E = \frac{V}{\rho} + \frac{\lambda}{\delta + \lambda} \frac{1 - r_{21}}{r_{21}} B$$

$$r_{21} = [-\phi + (\phi^2 + 2\lambda\sigma_v^2)^{\frac{1}{2}}]/\sigma_v^2$$

$$\phi = r - \delta - g - \frac{\sigma_v^2}{2}$$

其中,E 为银行资本的市值,δ 为每个派息日分配给股东的资产份额,r 为利率,g 为存款增长率,λ 为监督检查的频率。

相关的实证研究表明,无论是一个时期的存款保险期权模型,还是无限展期模型,α_1 和 β_1 都显著地呈现正值,并且 1992—1994 年间的 α_1 和 β_1 值都比 1985—1991 年间的值有了较大程度的降低,但仍然显著地呈现正值。这说明商业银行的资本监管并没有有效地阻止银行业的风险转嫁问题,而且由于转嫁风险给银行业带来了大量的政府补贴,产生了风险转嫁的激励。1992 年实施的《存款保险改进法案》虽然在一定程度上改善了银行资本监管的效率,但也未能有效地控制风险转嫁的激励。

2. 基于银行特权价值的资本监管模型

Keeley(1990)和 Demsetz et al.(1996)的实证研究发现,银行业的特许权价值对银行的谨慎性监管有显著影响,特许权价值降低将增加银行投机的激励,从而导致资产配置风险的增加;反之,将降低投机的可能性,减少资产的配置风险。并且,竞争的加剧将导致特许权价值的降低。在此基础上,Hellmann et al.(2000)根据 Bhattacharya(1982)的利率控制静态模型和 Rochet(1992)对资本要求与投机激励关系的分析,建立了资本监管的比较静态博弈模型,并对资本监管的帕累托效率进行了研究。

在该模型中,假设一家提供存款利率 r_i 的银行与其他提供利率 r_{-i} 的银行展开竞争,获得 $D(r_i, r_{-i})$ 的存款,并将所有资产配置到谨慎性和投机性两类资产上,其中谨慎性资产的收益为 α,投机性资产的收益为 $\theta\gamma + (1-\theta)\beta$,其中 θ 为投机成功的概率,γ 为投机成功后的资产收益,β 为投机失败后的资产收益。假定 $\alpha > \theta\gamma + (1-\theta)\beta$,而且资产的配置存在机会成本 $\rho, \rho > \alpha$。同时,监管当局还会对银行实行资本充足率要求和投资的事后检查,设置最低资本充足率要求 k。当投机失败后,银行资产净值将小于 0,监管当局将关闭该银行,银行的特许权价值也随之消失。

在上述约束条件下,T 期内银行投资于谨慎性资产获得的期望收益为:

$$V_p(r_i, r_{-i}, k) = \sum_{t=0}^{T} \frac{\pi_p(r_i, r_{-i}, k)}{1 - \delta} = \sum_{t=0}^{T} \frac{[a(1+k) - \rho k - r_i]D(r_i, r_{-i})}{1 - \delta}$$

投资于投机性资产所得到的期望收益为:

$$V_G(r_i,r_{-i},k) = \sum_{t=0}^{T} \frac{\pi_G(r_i,r_{-i},k)}{1-\delta\theta} = \sum_{t=0}^{T} \frac{[\gamma(1+k)-\rho k - r_j]D(r_i,r_{-i})}{1-\delta\theta}$$

其中，$\pi_p(r_i,r_{-i},k)$ 和 $\pi_G(r_i,r_{-i},k)$ 分别为每一期投资于谨慎性资产和投机性资产的利润，我们可以很轻易地得到银行选择不投机的条件满足：

$$\pi_G(r_i,r_{-i},k) - \pi_p(r_i,r_{-i},k) \le (1-\theta)\delta V_p(r_i,r_{-i},k)$$

说明为保证银行不发生投机行为必须使得投机的租金（$\pi_G - \pi_p$）小于银行可能失去的特许经营价值，从而我们可以得到银行选择谨慎性资产的均衡存款利率：

$$r^*(k) = (1-\delta)\left[\frac{(\alpha-\theta\gamma)}{1-\theta}\right](1+k) + \delta[\alpha(1+k)-\rho k]$$

说明当 r 小于或等于 $r^*(k)$ 时银行会选择谨慎性资产，反之选择投机性资产。

同时，银行在存款市场上可实现市场竞争的纳什均衡，通过利润最大化的一阶条件可求得银行选择谨慎性资产的均衡利率为：

$$r_p(k) = \frac{[\alpha(1+k)-\rho k]\varepsilon}{1+\varepsilon}$$

其中，存款利率弹性 $\varepsilon = \dfrac{\partial D/\partial r}{r/D}$。

由一阶条件 $\dfrac{\partial v_p}{\partial k} = -\dfrac{(\rho-\alpha)D(r_v r_{-i})}{1-\delta} < 0$，说明银行资本金的增加会减少期望收益，银行会最小化自己的资本金，从而 $r_p(k) = r_p(0) = \dfrac{\alpha\varepsilon}{1+\varepsilon}$。其他条件不变，存款市场的充分竞争使得 $\varepsilon \to \infty$ 且 $r_p(k) \to \alpha$，导致银行的特许权价值变得非常小，最后使得 $r_p(k) > r^*(k)$。因此在金融自由化和充分竞争的市场环境下，如果不对存款利率实行必要的限制，银行选择投机性资产的行为将不可避免，资本充足性监管将无法实现帕累托效率。

2.5 金融监管成本

按照 Miller(1995) 的分析，不仅市场运作存在交易费用，而且组织监管的成本也不可低估。监管机构的设立、人员经费、制定监管规则、监管信息的收集及实施监管等都是要花成本的，还有监管对象为遵守有关监管规定所要承担的成本、监管导致的寻租与设租成本及反腐败的成本、过度监管导致的效率损失等。

理论上，金融监管成本可分为直接成本与间接成本。直接成本包括监管当局制定监管制度和实施监管活动需要耗费的人力与物力资源，以及被监管对象因遵守监管法规而需建立新的制度、提供信息和培训人员等配合监管活动所花费的人力和物力资源，比如为达到资本充足率而提取的存款准备金，为存款进行保险而缴纳的保险金等成本。

案例

金融机构行政费用

以20世纪70年代的美国为例,各类管制机构运行成本一直在上升。1971—1979财政年度,按1970年的美元价值计算,美国57个管制机构的行政费用增长了一倍多,由1971年的12亿美元上升到1979年的30亿美元。其中,金融和银行业的管制机构的行政费用由1971年的1亿美元上升到3亿美元。1979年,美国57个管制机构的职员总数约为87 500人,几乎是1971年的3倍。

资料来源:杨蓉,宋永新.证券市场监管的经济分析[J].中南财经政法大学学报,2002(4).

间接成本是指由于监管行为干扰了市场机制对资源的自动配置作用,限制了充分竞争,抑制了金融创新,影响了市场激励机制而导致有关经济行为主体改变其行为方式所造成的间接效率损失,使整个社会的福利水平下降。间接效率损失的成本是不易观察到的,它不表现在政府预算支出的增加上,也不表现为个人直接负担的成本的加大,但是整个社会的福利水平却由于这种管制的实施而降低。在税收经济学中经常用英国历史上曾经征收的窗户税来解释这类损失。在这种税征收以后,人们纷纷将窗户堵死以回避税收,政府没有收到税,而个人的福利水平却下降了。这类因政府的某种管制行动而造成的公私双方的福利水平之和比采取管制行动前的减少额可以看作一种间接效率损失。产生间接成本的渠道有:

(1) 道德风险。道德风险是指由于某些制度性的或其他的变化,而引发的私人部门行为的变化并产生有害的作用。典型的例子是火灾保险:当个人购买了火灾保险后,会不注意火灾风险。同样的道理,管制会促使私人部门疏于防范,使损失发生的可能性更大。在一个完全自由的市场中,个人和企业会自觉去评价银行的安全性,但在一个受监管的银行体制中,个人和企业认为政府会确保那些金融机构的安全性,或者至少确保在发生违约时会偿还存款,因而在存款时很可能是不良金融机构得到存款。从某种意义上说,它有好的一面,首先是监管减少了私人部门的交易成本,其次是监管部门提供了对银行体系稳定的信心,这从弥补市场缺陷的角度看是有利的。然而,监管本来是为了确保金融系统的稳定,但又有不良的金融机构获得存款,这显然是违背初衷的。监管还会造成贷款资产风险度的提高,因为监管减少了利润,银行要抵消至少是部分抵消这一影响,于是就会选择增加持有高收益高风险的资产。

(2) 监管有可能削弱金融业的竞争,降低金融创新的动力,导致静态低效率。管制本身的特点就是限制金融的行动,从市场准入的限制到进入以后的业务范围和收费标准的规定等,都有可能人为地抑制金融机构之间的竞争。尽管这些措施的本意是防止金融领域内出现恶性竞争,维护正常和公平的业务环境并保护消费者的利益,但是,把握好分寸并不容易,不排除可能会有一些合理的有助于增进金融体系效率的竞争也遭到遏制。

(3) 监管有可能妨碍金融中介的创新,导致动态低效率。一些管制条例可能在它们出台之际是合适的,是按照当时的最佳惯例制定并实施的,但是金融领域的形势发展很可能使得原有的最佳惯例不再是最佳,这时就需要顺应形势的最新发展而改变相应的过时的管制条例,否则,如果管制机构继续坚持严格实施这些管制措施,那么,不仅仅是会妨碍金融创新的问题,因为新形势下很可能这些创新之举是金融业务正常发展的需要,这意味着如若处理不当则会导致动态的严重低效率。

(4) 严格管制下金融机构会选择改变从事业务的区域以降低守法成本,致使本地区或本国利益的损失。英国的 Jim Gower 在其著名的《投资者保护评论》中指出,施加过于严厉的管制措施会弄巧成拙,要想使这些条例得到遵守,可能需要付出相当大的代价。特别是如果与其他金融中心相比,管制措施过于严厉的话,业务就会转移到其他金融中心从而造成本地区或本国利益的损失。

以上种种原因,均会使金融监管对金融业的损害加大,降低整个社会的福利水平。金融监管的间接成本可能比直接成本更大。据国外学者估计,金融监管的间接成本是直接成本的四倍左右。考虑管制的各种成本,金融监管应该存在适可而止的边界,在这一边界,管制的边际成本刚好等于其边际收益。当贯彻实施管制条例过程中所耗费掉的资源成本有可能大于实现管制目标后的收益,或者管制过程中所耗费的资源原本可以有更好的、更合算的用途以及能够带来更大的收益时,实施监管是不合算的。

综上所述,金融监管中市场失灵与政府失败同时存在,这要求人们在两者之间进行权衡(Shleifer and Vishny,1998;Hay and Shleifer,1998):一方面避免政府在金融监管中的"掠夺之手"(Grabbing Hand),而保持它的"援助之手"(Helping Hand);另一方面发挥市场的监督机制,避免政府的侵害,从而实现社会福利的最大化。

本章小结

1. 1863 年,美国颁布《国民货币法》,第一次在法律上确立了金融监管制度,金融监管就一直伴随着金融业的不断发展而变迁,经历了从金融自由化到金融管制,再到安全与效率并重的过程。

2. 金融监管有效性理论认为,政府实施金融监管是出于社会公众利益考虑,通过纠正金融市场的脆弱性、信息不对称性、外部性和垄断性等所造成的市场失灵,来矫正由市场和法律体系不完善所带来的负面效果。该理论主要包括金融脆弱说和公共利益说。

3. 金融脆弱说认为银行的利润最大化目标促使它们在系统内增加风险性业务和活动,导致系统的内在不稳定性,因而需要对银行的经营行为进行监管。

4. 金融监管的公共利益说建立在两个前提之上:一是承认金融市场存在着市场失灵;二是政府是仁慈的,并且有足够的动机和能力去纠正市场失灵。公共利益说肯定了政府干预市场的合理性和有效性,认为现代经济不存在纯粹的市场经济,自由竞争的市场机制并不能带来资源的最优配置,甚至造成资源的浪费和社会福利的损失。

5. 管制失灵理论从私人利益视角出发探讨金融监管,主要包括政府掠夺论、管制俘获说、管制寻租说和管制供求说,该理论认为政府对金融的监管在大多数情况下都是失败的,因为政府作为一个拥有自己独立利益的特殊市场主体,并不能最大化社会福利。

6. 政府掠夺论认为政府对金融业进行监管,不完全是为了消除金融市场失灵、防止金融风险、维护金融市场稳定和提高金融效率,而是为了实现自身利益最大化。政府实施金融监管的利益体现在如下几个方面:第一,国家垄断货币发行权是为了扩张政府可支配资源,以利用多发行货币来对财政赤字进行融资;第二,国家实施法定准备金制度是对存款所进行的隐性征税,是为了获取潜在的存款"税收";第三,管制为政府干预经济、扩张权力范围和获取"租金"创造了机会。

7. 管制俘获说认为,政府实施的监管在客观上影响了资源的配置,被监管方就可以利用监管获得垄断高价。因此,被监管者会尽可能寻找这些租金,而政府为了增加收益也乐于设置租金,结果监管就背离了其初衷,成为监管与被监管双方谋求自身利益的工具。根据利益流向,管制俘获说分为监管俘获和政治俘获两种。

8. 寻租理论认为,租金的存在造成了市场的不完全竞争,而政府的经济管制则进一步增加了市场中的寻租机会,并产生了政府及其代理人的租金创造和抽租,使市场竞争更加不完全和不公平。寻租的真正目的并不是形成垄断、限制或获得特权,而是保护现有的租金或通过这些垄断、限制和特权来创造租金。所以,寻租并不能创造任何社会财富,但同时又消耗大量的社会资源,带来社会福利的损失。

9. 金融监管辩证理论认为金融监管是一个"管制—创新(规避管制)—放松管制或再管制—再创新"的动态博弈过程。

10. 金融约束理论认为在稳定的宏观经济环境、低且可预测的通货膨胀、金融部门低税收以及实际存款利率为正的前提条件下,政府通过控制存贷款利率、限制市场准入以及限制资产替代等金融政策为私营部门创造租金机会,这种租金机会一方面对动员储蓄具有积极作用,另一方面通过减少微观主体的道德风险、逆向选择以及委托代理成本等信息不对称问题,从而提高经济效益并促进经济发展。

11. D-D 模型从博弈论均衡的角度论证了银行机构的脆弱性和银行挤兑发生的可能性,研究了银行不稳定的内在原因,认为突然的大量提款会迫使银行在亏本的基础上清算大部分资产,并最终导致破产。大量的银行破产会造成恐慌,从而使货币体系瓦解,社会生产萎缩。

12. 金融功能比金融机构更稳定,金融功能优于组织结构;机构的形式随功能而变化,机构之间的创新和竞争最终会导致金融系统执行各项功能的效率的提高。

本章重要概念

信贷市场的脆弱性	安全边界	银行挤兑	自然垄断
外部效应	信息不完全和信息不对称	逆向选择	道德风险
政府掠夺	监管俘获	政治俘获	租金
寻租	管制供求理论	金融辩证理论	金融约束理论
金融中介	D-D 模型	存款保险制度	
功能观的金融监管	监管激励	资本监管	

练习题

1. 金融体系的脆弱性是怎样产生的?体现在什么方面?
2. 公共利益说和政府掠夺论有什么区别与联系?
3. 管制俘获理论的核心观点是什么?它有什么缺陷?
4. 租金是什么?寻租行为有什么危害?
5. 简述金融监管辩证理论中监管者与被监管者的动态博弈过程。
6. 存款保险制度对于维持金融系统的稳定有什么重要作用?
7. 金融监管的成本体现在哪些方面?

第 3 章

美国、英国及中国的金融监管体制

　　当今世界的金融体制可以分为两种类型:一是集中统一型金融监管体制,为世界大多数国家所采用,以英国为典型代表;二是分业型金融监管体制,以美国为代表,中国采取的也是这种体制。通过对美国、英国等发达国家金融监管体制及其演进的研究发现,在危机之后的金融改革不仅未能阻止危机再次发生,反而成为下一次危机的催化剂。建立更多的监管机构,同时赋予其在广泛的金融领域内更大的监管权力这一做法具有致命缺陷:危机——改革——危机……总是不断循环往复。

3.1 美国的金融监管体制

美国是世界上最早建立金融分业监管体制的国家,在历经80多年的发展变化之后,如今美国形成了被称为"伞式监管+功能监管"的监管体制,这实际上是功能监管与机构监管的混合体,监管机构形成横向和纵向交叉的网状监管格局。

3.1.1 美国金融监管体制的演进

1. 20世纪30年代以前的金融监管体制

独立战争之后,美国的金融业处于自由发展阶段,虽然政府于1863年成立了货币监理署以建立全国范围内的单一货币和受联邦监管的国民银行体系,但一直缺少一个类似于中央银行的机构来管理整个金融业。直到1907年银行危机爆发,美国才意识到了设立中央银行的必要性。为了防范银行危机,美国国会设立了国家货币委员会来讨论有关设立中央银行的问题,经过多年的协商讨论之后,国会通过了《1913年联邦储备法》,美国的中央银行联邦储备体系(FED)也据此确立。联邦储备体系的建立意义重大,可以说,它的确立是美国进入现代金融管制时期的标志。

虽然成立了联邦储备体系,但在1929年危机发生以前,美国的银行、证券、保险实行的是相对自由的混业经营体制,几乎没有关于证券公司的监管制度,商业银行以子公司参与证券投资业务也没有明显的法律障碍。1929年10月,美国股市暴跌引发经济危机,为了缓解危机,防止美国财政信贷体系崩溃,当时的美国总统罗斯福颁布了一系列彻底改革现行金融体系和货币政策的金融改革措施,力图重新建立美国金融制度。这次金融改革的目标是加强对金融业的监管,以规范银行业和证券业的经营行为;采取金融业务专业分工制度和建立存款保险制度等,以达到稳定金融业和防范危机的目的。从这次改革可以看出美国政府的金融监管理念发生了根本性的转变:从过去的主张自由竞争和政府不干预,转向限制过度竞争,以保障金融业的安全性和稳健性。此次改革主要的成果是1933年出台的《格拉斯-斯蒂格尔法案》,该法在美国统治了近70年,是世界金融分业制度的鼻祖,并且成为各国金融监管立法的重要参考。制定该法的目的是禁止金融业混业经营,防止银行业过度竞争,保障公众的存款和投资安全。另一个主要成果是《1935年银行法》,该法对中央银行的职能做了更加明确的规定,它进一步完善了联邦对银行业的监管。该法授权建立联邦储备委员会,改进联邦储备体系的功能,把原来分散的中央银行的决策权集中到联邦储备委员会,实行集中的货币政策。在这一时期美国还颁布了《1933年联邦存款保险法》《1933年证券法》《1934年证券交易法》《1938年马洛尼法》和《1939年信托契约法》等重要法令。

2. 20世纪40年代至80年代的金融监管体制

美国40年代至80年代的金融改革主要是对30年代的金融法令进行修补和完善,对银行业仍是加强监管,以安全性为重;对证券业则是制定公平、公正、公开的交易规则和有关的监管措施,禁止诈骗和操作等行为。第二次世界大战后经济环境的剧变,特别是70年代末期的经济和金融环境及两次石油危机,导致了战后以来最为深刻的金融变革。

它标志着以放松管制和提倡金融业务自由化为特征的新金融体制的初步形成。这次金融改革基本上取消了存款机构之间不同业务范围划分的规定，使存款机构的业务趋向一致，取消了利率限制等僵硬的管理措施，同时也强化了联邦的货币控制能力。这一时期颁布的最重要法令是《1980年存款机构放松管制和货币控制法》，其主要特点是在放松对金融微观管制的同时，加强了美联储对货币管理的宏观控制。该法打破了金融业务范围的限制，允许存款机构之间业务交叉，鼓励金融同业竞争，商业银行不再是货币银行领域的垄断者。同时还有《1982年高恩-圣杰曼存款机构法》《金融机构改革、复兴与促进法》的出台。这次改革的重要成果包括取消利率管制、放松业务限制、允许存款机构业务交叉等。

3. 20世纪90年代的金融监管改革

80年代末期，银行和储贷协会的大量倒闭造成了金融业的恐慌。这次严重的银行业危机使美国从30年代建立起来的金融监管体制及监管方法发生了彻底变革。这次改革的目的是适应国内外经济环境的变化和银行经营管理的内在要求，主要表现为在1991年对联邦储备保险制度的改革，加强对外资银行的监管，1994年取消银行经营地域范围的限制等。《1991年财政部议案》从改革联邦存款保险制度、废除《格拉斯-斯蒂格尔法案》、改革跨州银行法、允许工商企业对金融机构有更多所有权以及协调银行监管活动等五个方面提出改革建议，虽然该议案未获得国会通过，但它揭开了美国金融监管制度改革的序幕。这次改革中美国国会颁布了《1991年联邦存款保险公司公司改进法》《1991年加强对外资银行监管法》《1994年跨州银行法》《1995年金融服务竞争法》以及《1999年金融服务现代化法》。尤其是《1999年金融服务现代化法》规定，对同时从事银行、证券、互助基金、保险与商业银行等业务的金融持股公司实行伞式监管制度，指定美联储为金融持股公司的伞式监管人，负责该公司的综合监管，金融持股公司又按其所经营的业务种类接受不同行业主要功能监管人的监督。伞式监管人与功能监管人必须相互协调，共同配合。为避免重复与过度监管，伞式监管人的权力受到严格限制，美联储必须尊重金融持股公司内部不同附属公司监管当局的权限，尽可能采取其检查结果。在未得到功能监管人同意的情况下，美联储不得要求非银行类附属公司向濒临倒闭的银行注入资本。但在金融持股公司或其附属公司因风险管理不善及其他行为威胁其下属银行的稳定性时，美联储有权加以干涉。通过这种特殊的监管框架，在组织和结构上保证现有金融监管部门对金融控股公司各部门的监管责任，是识别和控制金融风险的必要条件，金融持股公司的稳健性与效率都可以得到一定保障。

4. 21世纪的金融监管改革

虽然90年代末期的金融监管改革提升了金融监管的有效性，但次贷危机的爆发还是暴露了美国监管制度上的缺陷。为了补救这些缺陷，2007年6月和10月，美国财政部先后两次宣布要对本国的金融监管体制进行改革，并于2008年4月公布了《金融监管框架现代化蓝图》（以下简称《蓝图》）。《蓝图》规定要对现有的多个监管部门进行整合，从体制、规则监管及违规惩罚等方面进行完善。

2010年7月21日，美国总统奥巴马签署了自大萧条以来改革力度最大的、影响最深远的金融改革法案——《多德-弗兰克法案》，其主要内容是：① 设立新的消费者金融保护局;② 成立金融稳定委员会,负责监测和处理威胁国家金融稳定的系统性风险;③ 限制银行自营交易及高风险的衍生品交易,并将之前缺乏监管的场外衍生品市场纳入监管视野。如今,美国伞式监管的理念已经从过去重视由监管机构全面测量金融机构的风险程度转换为重视监督其建立与执行自身风险的监测机制,同时强调市场与公众的约束。例如,资本标准已允许银行根据信用评级确定适用的风险权重,对市场风险也允许银行采用自身的风险计算模型确定所需的资本要求,监管当局的审查则强调对银行风险评级与控制系统的审查。

但是,《多德-弗兰克法案》丝毫未提高美国监管机构的有效性,如图 3-1 所示,这一新体系的复杂性与旧体系没有显著差异。私人银行业务已越来越多,但金融监管却未同步跟进。监管领域唯一的合并操作,就是将一个监管机构(储蓄机构监理局,OTS)合并到另一个监管机构(货币监理局,OCC)中去。而这次合并又被一个新的机构(消费者金融保护局)所抵消。所以,这种新的结构就像一个无效率的监管机构大杂烩,造成大量的监管重叠,它其实反映了在美国弄虚作假已是蔚然成风。

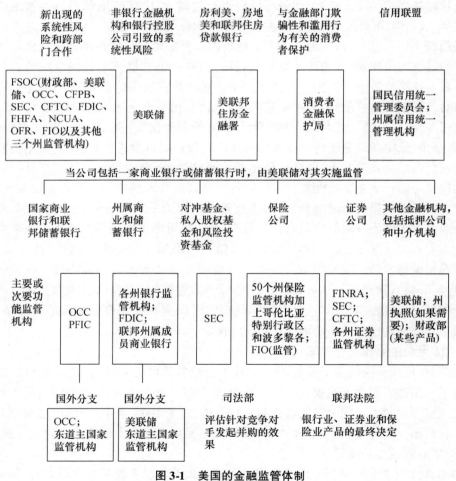

图 3-1 美国的金融监管体制

3.1.2 对美国金融监管体制的评价

美国多重监管体制的形成,主要源于美国文化中崇尚自由、信奉"分权与制衡"的理念。美联储前主席格林斯潘在其 2007 年出版的著作《动荡年代》中认为"多个监管者比一个好"。的确,在一定意义上,多"脑"思考、多"眼"监管的体制,比集中判断的单一监管更有利于减少监管决策错误,也有利于降低单一体制的监管严苛和刻板。而且,从历史上看,多头监管体制支持了美国金融业的繁荣与发展。然而,随着"混血型"金融产品和金融集团的不断涌现,这一监管体制存在的巨大局限性渐次暴露。

1. 监管成本高,效率低下

英国金融服务局(FSA)在 2004 年的年度报告中,比较了美国、德国、法国、中国香港、爱尔兰和新加坡的金融监管成本,得出美国的监管成本居于首位的结论。该报告指出,2002—2003 年度,美国的监管成本是英国的 12 倍;如果将美国联邦和各州金融监管机构的监管成本合并计算的话,这一数字将达到 16 倍。过高的监管成本降低了美国金融市场的相对竞争优势:一方面,在各州重复监管的模式下,金融产品实行多重申报和审查,降低了监管效率;另一方面,由于美国金融监管的开支源自金融公司向联邦和各州监管机构支付的监管费,而金融公司通常会将其转嫁给客户,从而增加了金融服务成本,降低了金融服务公司的市场吸引力。

2. 监管重叠与监管真空并存

随着金融创新的不断推进,银行、证券和保险领域的产品及服务不再有明显的区别,兼具银行、证券、保险属性的金融"混血"产品不断问世。例如,证券公司提供的具有核算和储蓄功能的现金账户、具有证券和人寿保险特点的可变年金、金融集团的成立等。在此情况下,相对于单一监管者而言,多重监管的制度设计就不可避免地存在监管重叠和监管真空的情形。就监管重叠而言,美国"伞式监管+功能监管"的各个机构所发布的监管规定互相矛盾的情况经常出现,而且金融公司经常发现自己必须接受来自不同监管者的重复监管。就监管真空而言,像债务担保证券(CDO)、信用违约掉期(CDS)之类的金融衍生品,以及从事多种业务的金融集团,该由美联储、储蓄管理局还是证券交易委员会来监管,法律并没有明确规定。多头监管造成的结果是,没有一家监管机构能够获得足够授权来负责整个金融市场和金融体系的风险,而最佳的监管时机也由此丧失。2007 年次贷危机是美国联邦和各州金融监管部门激烈争论谁应当实施监管而留下监管真空的一个典型案例。

3. 监管竞次和监管套利

按照公共选择理论,公共政策的生成并非基于抽象的"公共利益",而是不同利益集团角力和妥协的结果。所以在现实中,金融监管机构总是倾向于维持自己的监管范围,同时积极侵入和削减其他监管机构的势力范围。这种监管竞争被形象地称为"地盘之争"。监管机构"地盘之争"的一个直接恶果是产生了所谓的"监管竞次"现象,即监管机构为了取悦本部门利益集团,吸引潜在监管对象或扩展监管势力范围,竞相降低监管标准,以致降低整体监管水平,损害消费者(投资者)和社会公共利益。一般来说,监管机构越多,监管结构越复杂,竞次风险就越大。美国的"伞式监管+功能监管"体制机构繁多,监管竞次现象也比较严重。

多重监管的另一缺陷是监管套利,也就是说,由于规则、标准和执法实践上的不一致,金融机构往往有动机尝试改变其类属,以便将自己置于监管标准最宽松或者监管手段最平和的监管机构管辖之下。美国金融服务圆桌组织于2007年年底发表题为《提高美国金融竞争力蓝图》的报告,指出"美国金融监管体系存在结构性缺陷:监管机构的目标不同,多个联邦和州监管者的不同目标会带来潜在的监管冲突,导致监管套利问题。当冲突发生时,会延缓政策执行,导致美国金融机构在全球竞争中处于劣势"。

3.1.3 美国金融监管体制的效率

从监管目标上看,世界三大监管组织都制定了其各自领域的监管规则,如表3-1所示。

表3-1 世界三大监管组织及其监管目标

世界监管组织	监管领域	监管目标
巴塞尔银行监管委员会	银行业	保持金融体系的稳定性和信心,以降低存款人和金融体系的风险
国际证监会组织	证券业	相互合作以提高监管水平,维护市场的公平、效率和稳健性;相互交换经验和信息,促进本土市场发展;携手拟定标准,有效监控国际证券交易活动;发扬互助精神,通过严格执行相关标准和有效打击不正当活动,维护市场的公正
国际保险监督官协会	保险业	提高保险监管水平,保障保单持有者权益;提高公众对保险市场的满意度;促进全球金融稳定

从表3-1可以发现,银行业监管过程主要强调安全性和公平性,证券业监管则强调安全性、效率性和稳定性,而保险业监管强调安全性和公平性。所以,综合来看,金融监管的目标包含三个:稳定性、效率性和公平性(蒂米奇·威塔斯,2000)。安全性是指金融监管需要确保金融系统的安全,避免金融风险的集聚、扩散与蔓延;效率性则是指金融监管要确保金融系统的效率,促进金融系统的发展;公平性是指金融监管过程中要强调对于金融消费者的保护,确保公平地对待金融消费者。这三个目标主要针对金融市场不完备性的三个方面,如表3-2所示。

表3-2 金融监管制度的目标选择

金融监管的原因	金融监管的目标
外部效应、准公共产品、金融脆弱性	维护金融体系的安全(安全性目标)
自然垄断	保证公开、公平竞争(效率性目标)
信息不对称	维护存款者和投资者的利益(公平性目标)

尽管金融监管主要有三个目标,但我们认为,公平性目标优先于安全性目标和效率性目标。究其原因,如果一国金融业没有实现公平性,从长期来看,该国金融业的安全性

和效率性都将受到损害。因此,我们将基于安全性和效率性目标构建一套金融监管的指标体系,具体构成指标如表3-3所示。在这里,由于金融体系的安全性直接影响宏观经济的稳定性,因此在指标体系的设计中引入了通货膨胀率、CPI、银行不良资产比率,用它们来代表金融体系乃至宏观经济的安全性与稳定性;金融业的效率主要涉及银行体系的效率和股票市场的效率,所以在监管体系中引入了银行收入成本比、银行一般管理成本和股票市场交易额占GDP比重三个金融效率指标,用它们来衡量金融业的效率。

表3-3 金融监管指标体系及其构成指标

金融监管指标体系	金融业安全性指标	通货膨胀率
		CPI
		银行不良资产比率
	金融业效率性指标	银行收入成本比
		银行一般管理成本
		股票市场交易额占GDP比重

据此,我们采用主成分分析法(Principal Component Analysis)来挑选对金融监管指数影响最大的几个因素,然后确定这些因素在金融监管指数中所占的权重,计算出金融监管指数,最后通过比较金融监管指数随时间的变化来衡量金融监管的有效性。首先,为了计算金融监管指数,需要对它所包含指标的基本数据进行收集和整理。我们选取了美国2004—2011年的金融业安全性和效率性指标的相关数据,各数据计算方法及来源如表3-4、表3-5所示。

表3-4 数据计算方法和来源

指标	计算方法	数据来源
通货膨胀率	GDP平减指数	世界银行发展指标及发展金融数据库
CPI	以2005年为基准,定义2005年为100	世界银行发展指标及发展金融数据库
银行不良资产比率	银行不良贷款/总贷款	世界银行发展指标及发展金融数据库
银行收入成本比	银行收入/银行成本	世界银行金融发展与结构数据库
银行一般管理成本	银行一般管理成本/总资产	世界银行金融发展与结构数据库
股票交易额占GDP比重	股票市场交易额/GDP	世界银行金融发展与结构数据库

其次,由于安全性目标和效率性目标存在一定的替代关系,且各金融机构之间存在性质差异,因此无法直接对它们进行横向比较,而主成分分析需要各个指标之间是同向的,所以需要将通货膨胀率、CPI、银行不良资产率、银行一般管理成本、成本收入比加上负号,并将数据进行标准化处理,如表3-6所示。

表 3-5　2004—2011 年美国金融监管指标数据

年份	金融业安全性指标			金融业效率性指标		
	Z1 通货膨胀率	Z2 CPI	Z3 银行不良资产率	Z4 银行收入成本比	Z5 银行一般管理成本	Z6 股票交易额占GDP比重
2004	2.68	97.44	0.80	58.57	3.12	149.00
2005	3.39	100.77	0.70	58.12	3.06	163.78
2006	3.23	103.33	0.80	58.50	2.90	207.87
2007	2.85	107.55	1.40	61.79	2.87	272.59
2008	3.84	107.65	3.00	64.23	2.79	384.76
2009	-0.36	110.58	5.40	58.64	2.76	401.70
2010	1.64	112.23	4.90	58.46	2.80	268.94
2011	3.16	115.56	4.10	60.63	2.87	205.58

表 3-6　金融监管指标标准化数据

年份	金融业安全性指标			金融业效率性指标		
	$Z'1$ 通货膨胀率	$Z'2$ CPI	$Z'3$ 银行不良资产率	$Z'4$ 银行收入成本比	$Z'5$ 银行一般管理成本	$Z'6$ 股票交易额占GDP比重
2004	-0.09	1.56	0.93	0.60	-1.73	-1.14
2005	-0.63	1.01	0.99	0.80	-1.27	-0.98
2006	-0.50	0.59	0.93	0.62	0.00	-0.52
2007	-0.22	-0.11	0.63	-0.88	0.18	0.17
2008	-0.96	-0.13	-0.18	-2.00	0.81	1.35
2009	2.17	-0.61	-1.41	0.56	1.06	1.53
2010	0.68	-0.88	-1.15	0.64	0.74	0.13
2011	-0.45	-1.43	-0.74	-0.35	0.22	-0.54

再次，运用 SPSS 软件进行主成分分析，确定各个影响因素的权重。如表 3-7、表 3-8 所示，前两个因子对总方差的解释程度达到 86.086%，根据累计方差大于 75% 的原则，我们选取前两个因子代替全部因子进行估计。我们用前两个因子（用 Y1、Y2 表示）反映金融监管的总体状况，每个主成分变量都是六个标准化变量的线性组合，且 Y1、Y2 线性无关，其表达式为：

$Y_1 = 0.576 \times Z'1 - 0.853 \times Z'2 - 0.914 \times Z'3 - 0.33 \times Z'4 + 0.947 \times Z'5 + 0.857 \times Z'6$

$Y_2 = 0.749 \times Z'1 + 0.066 \times Z'2 - 0.257 \times Z'3 + 0.916 \times Z'4 - 0.153 \times Z'5 - 0.19 \times Z'6$

表 3-7 方差解释程度

成分	初始特征值			提取平方和载入		
	合计	方差的 %	累计 %	合计	方差的 %	累计 %
1	3.634	60.574	60.574	3.634	60.574	60.574
2	1.531	25.512	86.086	1.531	25.512	86.086
3	0.603	10.049	96.135			
4	0.157	2.612	98.747			
5	0.066	1.096	99.842			
6	0.009	0.158	100.000			

表 3-8 成分矩阵

变量	成分	
	Y1	Y2
通货膨胀率	0.576	0.749
CPI	-0.853	0.066
银行不良资产比率	-0.914	-0.257
银行收入成本比	-0.330	0.916
银行一般管理成本	0.947	-0.153
股票交易额占 GDP 比重	0.857	-0.190

最后,将标准化的原始数据矩阵与贡献程度向量相乘得到各主成分得分,并将各主成分得分按照其方差贡献率加权平均得到综合得分,即金融监管指数,如表 3-9 和图 3-2 所示。从中发现,2004—2011 年,美国的金融监管指数总体呈现上升趋势,其中 2004—2009 年,美国金融监管指数呈现上升态势;2009 年以后,美国金融监管指数呈现下降趋势。这在一定程度上说明,虽然美国在 2009 年通过了《多德-弗兰克法案》,希望借此加强和改善美国的金融监管,但从目前的数据来看,并没有达到预期目标。

表 3-9 各主成分得分及综合得分

成分及权重	2004 年	2005 年	2006 年	2007 年	2008 年	2009 年	2010 年	2011 年
Y1(0.61)	-5.04	-4.43	-2.30	-0.01	2.30	5.18	2.79	1.50
Y2(0.25)	0.82	0.46	0.09	-1.20	-2.89	2.01	1.20	-0.49
综合得分	-2.85	-2.57	-1.37	-0.31	0.66	3.65	2.00	0.79

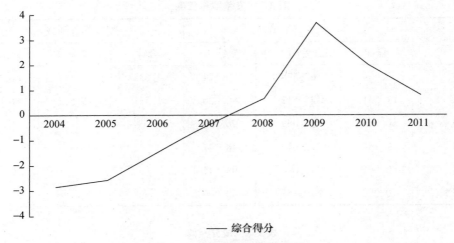

图 3-2 美国的金融监管指数

3.2 英国的金融监管体制

20 世纪 80 年代以来,金融业混业经营发展迅猛,为适应这个潮流,英国通过颁布新的金融监管法律,使金融监管职能从中央银行分离出来,建立了强有力的金融业统一监管机构,实现了金融监管权力的高度集中,英国也因此成为全球第一个完全实行统一监管和混业监管的国家。在本质上,这种监管模式是历次金融危机和金融体制改革共同作用的产物。

3.2.1 英国金融监管体制的演进

1. 1945—1979 年间的金融监管体制

1946 年英格兰银行国有化,财政部获得了货币发行和金融监管的实际权利,英格兰银行变为财政部的附属机构和金融监管的执行机构,其作为中央银行的独立性大大降低。例如,在金融监管的职责分工方面,英格兰银行和英国证券与投资委员会、英国贸易与工业部共同组成监管主体,其中,英格兰银行重点负责对银行部门的监督管理;证券与投资委员会则对从事证券与投资业务的金融机构进行监督管理;贸易与工业部对普通保险公司和人寿保险公司进行监督管理。总体上,在 1945—1979 年间,英国金融监管主要以金融机构自律监管为主,以英格兰银行监管为辅;其监管方式也不是依据正式法律法规,而是通过"道义劝说"的方式。这种自律监管方式的优点在于灵活且富有弹性,缺点在于主观性太强。

2. 20 世纪 80 年代金融监管体制改革

(1) 伦敦金融大爆炸

随着金融自由化、国际化的发展,1986 年英国伦敦证券交易所推出了新的《金融服务法》,史称"伦敦金融大爆炸"。该法案允许银行从事证券及其他投资,鼓励银行多方面发展业务,向全面高效的金融集团发展。同时,该法案改变了英国金融市场的结构,出现了投资银行和商业银行相融合的局面。另外,在监管体系上,又以该法案为基础成立了证券投资委员会(SIB),负责监督从事金融服务的企业和从事证券活动的自律组织,从而形成了立法监管和自律管理相结合的模式。

(2) 确立单一监管体制

进入20世纪90年代之后,英国的混业经营发展过快,但是金融监管相对滞后,如英格兰银行仍保留了对银行的监管权,但对拥有大量非银行业务的银行集团的监管十分薄弱,结果,历史上曾非常显赫的巴林银行由于财务漏洞于1995年破产倒闭。在这种形势下,1997年上台的劳工党便开始进行金融监管体制改革,把银行的监管权力从英格兰银行中剥离出来,成立了金融监管服务局(FSA)。1998年6月,英国通过了新的《英格兰银行法》,把英格兰银行的职能限定在执行货币政策、发展和改善金融基础设施的范围内。1998年7月,《金融服务和市场法案》颁布,在经历多次修正之后,于2000年6月被女王批准。该法成为英国金融业的一部基本法,取代了之前颁布的一系列金融法律法规,如《1979年信用协会法》《1986年金融服务法》《1987年银行法》等;该法明确了新成立的金融监管机构和被监管者的权利、责任以及义务,统一了监管标准。

总体上,此次金融改革结束了英国传统的以自律管理为主的金融监管体制模式,确立了单一的金融监管机构FSA。在FSA成立之前,英国的金融监管主要由银行监管局(S&S)、证券与投资管理局(SIS)、证券与期货管理局(SFA)、互助金融注册部(RFS)、个人投资管理局(PIA)、投资基金监管局(INRO)、保险监管局(ID)、互助金融机构委员会(FSC)和住房信贷机构委员会(BSC)这九家监管机构以及英格兰银行共同负责,是一种集中统一的分业监管体制。

FSA成立后,它继承了原有的九个金融监管机构拥有的监管权力,同时还负责过去某些不受监管的领域,如金融市场行业准则、为金融业提供律师与会计师事务所的规范和监管等,FSA成为英国整个金融行业唯一的监管局。FSA实行董事会制度,董事由财政部任命,董事会由主席及五名董事(兼部门经理)组成。其内部职能部门设置分为金融监管专门机构、授权与执行机构两大块。前者包括银行与建筑协会部、投资业务部、综合部、市场与外汇交易部、退休基金检审部、保险与友好协会部,后者包括授权部、执行部、消费者关系协调部、行业教育部、金融罪行调查部、特别法庭秘书处。

在宏观上,FSA负责对银行、投资公司、保险公司和住房信贷机构的审批与审慎监管,以及对金融市场清算和结算体系的监管。英格兰银行主要负责执行货币政策和保证金融市场稳定,保留最后贷款人职能,并在FSA的高层领导中有代表权。财政部负责金融监管组织构架的制定和金融监管的立法。财政部虽然没有具体的操作职能,但很多情况下,FSA和英格兰银行要把可能发生的情况告知财政部。在新监管框架下,FSA的监管范围更加广泛,而金融监管的费用却比之前的分业监管低很多。更重要的是,FSA利用集中监管实现了信息共享,监管也更为透明与公平,监管有效性同样得到了提高。

金融监管学

🔖 案例 🔖

巴林银行破产案

巴林银行成立于1818年,曾经以保守的经营风格著称于世。在资金规模上,巴林银行是世界银行业中的中型银行。巴林银行于20世纪80年代大幅度转向证券投资,其传统的银行存贷业务利润已经降到20%—40%。在证券投资中,以银行名义的自资交易超过代客交易。在以银行名义进行的交易中,有些交易是以银行的资金进行交易,而有些交易却是银行挪用客户的资金进行的。此外,巴林银行实行部门经理的收入分红和经营效益挂钩的政策,试图驱使部门经理提高经营效益。同时,巴林银行在交易监管上一味放权,在客观上纵容部门经理将自己的利益放在银行安全之上,冒险投机。

里克尔斯·尼森是巴林银行驻新加坡的经理,在巴林银行工作时,在证券交易方面能力出众,深得上司欣赏。1992年尼森被派往新加坡任期货交割主管,不久兼任交易主管。一人身兼交易和交割主管两职,会使银行内部的相互制约组织功能丧失,因而潜藏着风险。事实的确如此,尼森为了获得红利和提高在银行内部的地位,采用开设错误账户的手法,隐瞒交易亏损。1994年,尼森进行日经225股票指数期权空头跨市套利交易,同时卖出日经指数期货的看涨期权和看跌期权;1994年年底,尼森表面上获利甚丰,巴林银行利润比上年上升8倍;1995年,尼森继续做日经指数期权的跨市套利,交易组合头寸的上下盈亏平衡点为18 500和19 500之间;1995年1月17日,神户大地震后,日经指数大跌;1月23日,日经指数跌到17 800点以下。为了挽救败局,尼森大量买进日经指数期货,同时卖出日本债券和利率期货,企图影响价格走势,但终无力回天。到2月23日,尼森共买进70亿美元的日经指数期货,卖出200亿美元的日本债券和利率期货,经结算共亏损10亿美元。尼森于当日潜逃,在德国被捕。2月24日是巴林银行的红利结算日,尼森已在铁窗之中。2月26日,由于未能筹集到足够款项,有233年历史的巴林银行宣布倒闭,被荷兰银行购买。

巴林银行的破产固然与银行内部管理的失控密不可分,但外部监管漏洞也是导致它破产的重要原因:

第一,交易所的监控缺陷。事件中,新加坡国际金融交易所(SIMEX)没有按会员当地的经济行为设持仓限额,造成其无法及时监督巴林银行的持有合约数量及保证金缴纳情况。此外,SIMEX对巴林银行新加坡期货有限公司(BFS)采取了过度宽容和信任的态度,没有迅速采取追查行动,并把问题告知新加坡金融管理局,这也是一个重要因素。

第二,监管机构的失灵。英格兰银行允许巴林银行与集团内的巴林证券在会计财务报表申报上采取单一综合模式,在计算银行资本充足率时合并计算。另外,《英格兰银行法》规定,在没有通知英格兰银行之前,任何银行对单一借款人的预支金额不得超过该行资本的20%,而巴林银行在没通知英格兰银行的情况下,对BFS预支了其银行总资本的两倍资金。

第三,跨国监管难题。英格兰银行只负责对巴林银行的监管,而BFS却受SIMEX、东京证券交易所(TSE)、日本大阪证券交易所(OSE)和东京国际金融期货交易所(TIFFE)

的监督和管理,这四家交易所分别又受新加坡货币监理署和日本中央银行的监管。三个国家分别监管不同的机构,其中 SIMEX 和 OSE 又是日经指数的对手。显然,缺乏国际协调与信息沟通也是巴林银行破产的一个重要原因。

3. 2007 年之后的金融监管体制改革

全球金融危机使英国的金融体系受到沉重压力和巨大考验。对此,英国金融监管当局重新审视 1997 年建立的由 FSA、英格兰银行及财政部构成的"三驾马车"式的金融监管体系,大力推进金融监管改革,改变以往对金融机构特别是银行业轻度监管的做法,以实现宏观审慎监管与微观审慎监管职能的有效结合。具体而言,英国当局主张赋予英格兰银行全面的金融监管权,公布了《金融监管新方案:认识、焦点和稳定》《金融监管新方案:建立更稳定的体系》《金融监管新方案:改革蓝图》以及独立银行委员会(Independent Commission on Banking, ICB)《最终报告》等一系列监管改革方案。其目的在于重构金融监管架构,增强金融机构抵御风险的能力,从而应对未来可能发生的金融危机。

具体而言,金融监管体制改革主要集中在如下几个方面(见图 3-3):

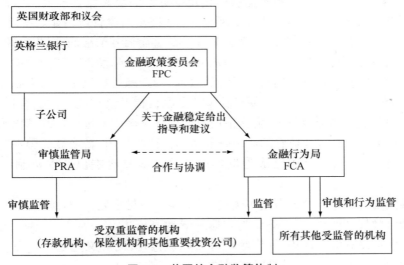

图 3-3 英国的金融监管体制

第一,将 FSA 分拆为三个机构。① 金融政策委员会(Financial Policy Committee, FPC)。英国政府通过法律撤销英国央行现存的机构——金融稳定委员会,同时在英格兰银行内设立了宏观审慎监管机构——FPC,它将成为英格兰银行理事会(Court of Directors)内设立的下属委员会。② 审慎监管局(Prudential Regulation Authority, PRA)。③ 金融行为局(Financial Conduct Authority, FCA)。

第二,设立 FPC 与 PRA。英国新设 FPC 负责审慎性监管和系统风险监管,其与美国的金融稳定监管委员会(Financial Stability Oversight Council, FSOC)类似。从公布的过渡性人员构成来看,其成员包括英格兰银行四位高官、FSA 的现任主席和首席执行官、财政部提名的四名外部成员以及两名非投票委员。PRA 为英格兰银行的附属机构,对存款机构、保险机构及其他重要的投资公司进行微观监管。它将微观审慎管理集中于英格兰银行,从而消除职责不清和监管漏洞问题。FPC 与 PRA 均设立于英格兰银行框架内,进一步强化英格兰银行的监管职能。

第三,增设 FCA。金融危机后,英国一个普遍的共识是将审慎监管和消费者保护与市场行为监管放在一个机构内的实践不可行,因为这两类监管需要不同的技巧和方法。因此,英国单独设立了 FCA 负责行为监管职能,强化消费者保护。可见,英国实质上采用了所谓的"双峰监管"(Twin Peaks)模式,将审慎监管与金融行为监管分离开来,通过成立 PRA 与 FCA 分别负责上述两项职能。

3.2.2 对英国金融监管体制的评价

综观国际金融监管体制,选择何种监管模式主要取决于如何有效地实现监管,并以此促进金融市场的健康发展。英国的 FSA 专司金融监管,英格兰银行负责货币政策的金融制度安排,能比较充分地发挥专业化分工带来的效率优势。一方面,英格兰银行无须在货币政策与银行监管双重目标之间取舍,从而更有利于宏观货币金融的稳定;另一方面,FSA 统一集中监管,消除了多头监管时代司空见惯的交叉监管现象。尽管 FSA 的业务范围比原有的九个监管机构的业务范围宽泛,但 FSA 的监管费用显著下降;此外,FSA 的各业务部门可以共享监管信息,提高了 FSA 实施金融监管的准确性、权威性与有效性。

目前,从分业经营向混业经营的回归几乎成为一种国际潮流。英国政府在金融行业发生巨大变化时进行的以混业监管为目标的改革,为金融业提供了一个金融监管服务的"超市"——FSA。这一改革不仅方便了英国的金融机构及全球范围内的客户,而且提高了英国金融服务业的国际竞争力,强化了伦敦的国际金融中心地位。改革以来的实践表明,英国设立 FSA、实施混业监管的改革是成功的,日本、韩国、新加坡等国在英国之后也相继开始实行混业监管,英国已成为世界同行公认的具有杰出监管机制的全球金融中心。

虽然英国的统一监管模式有诸多优点,但也存在不足之处:实行统一监管模式之后,英国的金融监管权高度集中于 FSA,这很容易导致官僚主义。因此,就要求监管主体必须建立一个能够使其潜在优势、规模经济等得以最大化,同时又能防止潜在风险的监管组织架构,而在现实中这往往是难以实现的。

3.2.3 英国金融监管体制的效率

在这里,我们选取英国 2004—2011 年的金融业安全性和效率性指标的相关数据(见表 3-10),采用主成分分析法,挑选对金融监管指数影响最大的几个因素,然后确定这些因素在金融监管指数中所占的权重,并计算出金融监管指数。

表 3-10 2004—2011 年英国金融监管指标数据

年份	金融业安全性指标			金融业效率性指标		
	Z1	Z2	Z3	Z4	Z5	Z6
	通货膨胀率	CPI	银行不良资产率	银行收入成本比	银行一般管理成本	股票交易额占GDP比重
2004	1.34	99.11	1.90	55.27	2.56	140.31
2005	2.05	101.01	1.00	54.88	2.34	171.57
2006	2.33	104.01	0.90	53.72	1.47	171.49
2007	2.32	106.21	0.90	54.86	1.87	262.23
2008	3.61	109.51	1.60	54.70	0.81	305.33
2009	2.17	112.61	3.50	59.79	0.73	204.18
2010	3.29	116.81	4.00	58.10	0.42	140.70
2011	4.48	121.71	3.90	61.50	0.64	125.70

首先,我们对通货膨胀率、CPI、银行不良资产率、银行收入成本比、银行一般管理成本等进行标准化,结果如表 3-11 所示。

表 3-11 金融监管指标标准化数据

年份	金融业安全性指标			金融业效率性指标		
	Z'_1	Z'_2	Z'_3	Z'_4	Z'_5	Z'_6
	通货膨胀率	CPI	银行不良资产率	银行收入成本比	银行一般管理成本	股票交易额占GDP比重
2004	1.34	1.25	0.23	0.47	−1.46	−0.78
2005	0.64	1.00	0.89	0.61	−1.19	−0.29
2006	0.36	0.62	0.96	1.02	−0.14	−0.29
2007	0.37	0.34	0.96	0.61	−0.62	1.13
2008	−0.90	−0.08	0.45	0.67	0.66	1.81
2009	0.53	−0.48	−0.94	−1.13	0.76	0.22
2010	−0.58	−1.01	−1.31	−0.53	1.13	−0.78
2011	−1.76	−1.64	−1.23	−1.73	0.87	−1.01

其次,运用 SPSS 软件进行主成分分析,确定各个影响因素的权重。如表 3-12、表 3-13、表 3-14、图 3-4 所示,前两个因子对总方差的解释程度达到 89.691%,根据累计方差大于 75% 的原则,我们选取前两个因子代替全部因子进行估计。我们用前两个因子(用 Y1、Y2 表示)反映金融监管的总体状况,每个主成分变量都是六个标准化变量的线性组合,且 Y1、Y2 线性无关,其表达式为:

$$Y_1 = 0.795 \times Z'_1 + 0.981 \times Z'_2 + 0.897 \times Z'_4 - 0.878 \times Z'_5 + 0.287 \times Z'_6$$

$$Y_2 = -0.407 \times Z'_1 + 0.143 \times Z'_2 + 0.291 \times Z'_3 + 0.282 \times Z'_4 + 0.358 \times Z'_5 + 0.903 \times Z'_6$$

表 3-12 方差解释程度表

成分	初始特征值			提取平方和载入		
	合计	方差的 %	累积 %	合计	方差的 %	累积 %
1	4.088	68.136	68.136	4.088	68.136	68.136
2	1.293	21.555	89.691	1.293	21.555	89.691
3	0.369	6.156	95.847			
4	0.187	3.121	98.968			
5	0.046	0.769	99.737			
6	0.016	0.263	100.000			

表 3-13 成分矩阵

变量	成分	
	Y1	Y2
通货膨胀率	0.795	-0.407
CPI	0.981	-0.143
银行不良资产比率	0.914	0.291
银行收入成本比	0.897	0.282
银行一般管理成本	-0.878	0.358
股票交易额占 GDP 比重	0.287	0.903

表 3-14 各主成分得分及综合得分

成分及权重	2004 年	2005 年	2006 年	2007 年	2008 年	2009 年	2010 年	2011 年
Y1(0.68)	3.98	3.81	2.73	2.93	0.16	-2.52	-4.34	-6.74
Y2(0.22)	-1.75	-0.66	0.02	1.05	2.56	-0.27	-0.44	-0.50
综合得分	2.33	2.45	1.86	2.22	0.66	-1.78	-3.05	-4.70

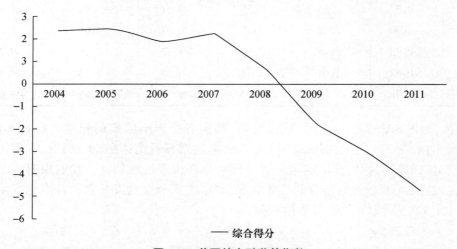

图 3-4 英国的金融监管指数

3.3 中国的金融监管体制

随着2003年中国银监会的正式组建,中国形成了由中国人民银行、证监会、保监会和银监会构成的"一行三会"的分业监管格局,也确立了分业经营、分业监管、三会分工的金融监管体制。总体来说,中国现行的金融监管体制是与中国的金融业分业经营模式相对应的,但是监管体制也存在着不足之处,需要进一步改进。

3.3.1 中国金融监管体制的演进

1. 1978—1992年的集中监管

在1984年以前,中国人民银行既办理个人、企事业单位的存款,发放工商企业贷款等商业银行业务,又制定和实施货币政策,办理发行货币、清算、经理国库等中央银行业务,掌握全国金融资产总额的93%左右,同时也是代表政府管理金融业的行政机关。这种照搬苏联模式建立的"大一统"的银行体系是单一计划经济体制的产物,这种体制存在一系列不可克服的缺陷。1981年8月,中国金融学会召开中央银行学术讨论会,提出中国应当成立中央银行的建议。国务院根据经济学界的讨论,借鉴历史和国外的经验,决定从1984年1月1日开始,中国人民银行专门行使中央银行职能,把一般存贷款业务和结算业务交给当时分设的中国工商银行。中国人民银行成为真正意义上的中央银行,负责货币政策和金融监管业务,实行集中监管。1984年9月,中共中央在《关于制定国民经济和社会发展第七个五年计划的建议》中强调指出:中国人民银行作为中央银行是最重要的宏观调控机构之一,要加强它的地位和独立性,所有的金融机构在业务上必须服从中国人民银行的领导和管理。1986年1月,国务院发布《中华人民共和国银行管理暂行条例》(简称《条例》),这是《中国人民银行法》颁布以前,国家调整金融关系最重要的金融法规。《条例》明确规定:中国人民银行是国务院领导和管理全国金融事务的国家机关,是国家的中央银行,具有货币发行的银行、银行的银行和政府的银行三个基本职能,成为国家的金融管理者。此时,金融监管的政策更多地是体现国家意志,中国人民银行则是金融监管实施者。

2. 1992—2003年间的分业监管

从1994年开始,中国进行金融体制改革,改革的重点是加强中央银行独立性、专业银行商业化、整顿金融秩序和规范业务领域等。1992年10月,国务院决定成立国务院证券委员会和证监会,负责股票发行上市的监管工作,但中国人民银行仍然承担对债券和基金的监管工作。1995年,《中国人民银行法》第一次从立法角度明确了中国人民银行的金融监管主体职能。1997年,国务院证券委员会并入证监会,中国人民银行对债券和基金的监管权移交证监会。同年,国务院成立保监会,独立承担保险监管权。此时,中国人民银行专职负责货币政策和对银行业的监管工作,中国金融分业监管格局初步成立。

1998—2003年,在分业监管体制下,中央政府进一步调整监管机构设置,构建不同监管机构之间的协调机制。为提高中央银行的独立性和银行监管的有效性,十届全国人大一次会议通过了分离中国人民银行对存款类金融机构监管职能的方案;2000年9月,中国人民银行、证监会、保监会决定建立三方监管联席会议制度;2003年4月,银监会正式成立,负责监督管理银行、金融资产管理公司、信托投资公司以及其他存款类金融机构。银监会的成立标志着中国人民银行集宏观调控与银行监管于一身的管理模式至此结束,中国形成了以"一行三会"为基本格局的金融监管体系,初步形成"三权分立"的金融分业监管的组织体系。

3. 2003年至今综合经营下的分业监管

2004年6月,三家监管机构签署了《三大金融监管机构金融监管分工合作备忘录》,在各自分工的基础上,建立了定期信息交流制度、经常联系机制及联席会议制度。在此阶段,传统的分业经营出现相互渗透的趋势,中国开始由分业经营向综合经营探索,初步形成了综合经营的格局。商业银行允许设立基金公司、租赁公司、保险公司、信托公司等;保险业和证券业开始涉足银行股权投资。在金融领域里,已经出现了银行控股集团、金融控股集团。

2008年2月,《中国金融业发展和改革"十一五"规划》(简称《规划》)正式提出"综合经营"的概念,稳步推进金融业综合经营试点。《规划》鼓励金融机构通过设立金融控股公司、交叉销售、相互代理等多种形式,开发跨市场、跨机构、跨产品的金融业务,发挥综合经营的协同优势,促进资金在不同金融市场间的有序流动,提高金融市场配置资源的整体效率。

目前,中国金融监管体制的基本特征是机构性监管与功能性监管相结合的单层多头的分业监管。按照金融监管的分工,银监会主要负责商业银行、政策性银行、外资银行、农村合作银行(信用社)、信托投资公司、财务公司、租赁公司、金融资产管理公司的监管;证监会负责证券、期货的监管;保监会则负责基金和保险业的监管。具体而言,中国人民银行主要负责执行货币政策、实施信贷政策与金融体系的支付安全,发挥其在宏观调控和防范与化解金融风险中的作用,同时管理同业拆借与票据市场、银行间债券市场、外汇市场、支付结算系统和征信系统,并对洗钱行为进行防范;外汇管理局整体负责管理外汇流入和流出;国家发展和改革委员会(简称"发改委")金融司、财政部金融司、工商行政管理局和国家税务总局等非金融监管机构则在各自的职权范围内负责相关问题的监管(见图3-5)。另外,中国根据本国金融业的特点设立了很多具有官方性质的行业自律组织,它们在金融监管中也发挥了一定作用。

3.3.2 对中国金融监管体制的评价

1. 中国金融监管体制的主要优点

(1) 金融经营模式与监管模式基本匹配

中国目前的金融经营模式是分业经营。在历史上,中国曾经实行过混业经营,但由于各种原因,给经济造成了一定的负面影响,所以中国金融监管部门对各部门的业务监管十分严格。随着时代的发展,中国金融分业经营的格局开始逐渐改变,金融机构出现了业务交叉和渗透,但是仍与真正意义上的混业经营存在差别。因此,从金融经营模式

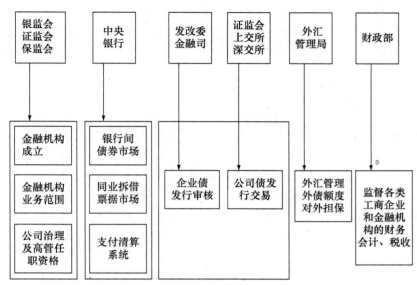

图 3-5　中国的金融监管体制

与监管体制的适应性来看,现阶段中国实行分业监管更能发挥专业监管机构的比较优势。

（2）与中国的金融环境及监管目标相适应

目前中国的一体化程度不高,利率没有市场化,汇率仍然受到一定管制,金融市场的资金流通不畅,金融市场各子市场之间的分割严重。在这样的环境下,金融监管权力也应该相应地分散化。此外,金融监管的目标是金融稳定和金融效率。如果要以金融安全和稳定为目标,应该采取比较严厉的措施,限制金融机构的业务范围,实行分业监管体制。如果要以提升金融业的效率为目标,就应该适当放松监管程度,允许混业经营并采取相应的集中监管体制。目前,中国的金融监管目标更倾向于安全,强调在稳定的前提下创造有利于竞争的金融创新环境,所以分业监管是与监管目标相适应的。

2. 中国金融监管体制的不足

（1）容易出现重复监管和监管真空

在分业监管模式下,三大金融监管机构各自为政,自成系统,仅关注各自特定的金融机构,对于跨行业金融产品和金融机构的监管,由于缺乏权责的明确界定和职能的严格定位,在实际监管中不是相互争权就是相互推诿责任,极易导致重复监管和监管真空,不仅增加了监管成本,也严重影响了监管效果。如 2003 年年初,数家基金公司将货币市场基金推出方案上报证监会,之后,因银监会和证监会在政策协调上未达成一致,货币市场基金出台时间被一再推迟。当时争议的问题之一就是以货币市场金融工具为投资对象的基金,监管权到底该归属证监会、中国人民银行还是银监会。

（2）各监管主体之间沟通协调难度大

由于三大监管机构地位平等,没有从属关系,在行政上均为独立监管的正部级单位,这样就不会有足够的动力和有效的约束把各自的信息向对方披露,信息共享程度低；同时，当发现问题时，确定由谁牵头、谁做最后决定等是存在一定困难的。虽然早在 2000 年，当时的中国人民银行、证监会和保监会就成立了"监管联席会议"，但这普遍被认为是形同虚设，主要原因有会议不定期召开、内容不透明公开、各自为政互不买账等。

（3）分业监管阻碍了金融创新的发展

随着经济金融一体化、自由化和全球化的进一步加强，银行、证券和保险之间的业务界限越来越模糊，跨行业金融创新产品层出不穷，但在现行分业监管体制下，大都采取机构性监管，实行业务审批制方式进行管理。这样，在一项跨行业金融产品推出时，往往需要经过多个监管部门长时间的协调才能完成，丧失了创新产品的优势。

（4）分业监管无法对外资金融机构进行有效的监管

根据中国的入世承诺，中国金融业已对外全面放开，越来越多的外资金融机构进入中国市场，它们大都实行混业经营，这就要求对它们进行监管时监管部门之间需进行良好的沟通和协调，而中国的三大监管机构之间难以做到这一点，所以很难对它们进行有效的监管。

3.3.3 中国金融监管体制的效率

在这里，我们选取中国 2004—2011 年的金融业安全性指标和效率性指标的相关数据（见表 3-15），采用主成分分析法，挑选对金融监管指数影响最大的几个因素，然后确定这些因素在金融监管指数中所占的权重，并计算出金融监管指数。

表 3-15　2004—2011 年中国金融监管指标数据

年份	金融业安全性指标			金融业效率性指标		
	Z1 通货膨胀率	Z2 CPI	Z3 银行不良资产率	Z4 银行收入成本比	Z5 银行一般管理成本	Z6 股票交易额占 GDP 比重
2004	3.88	97.49	13.20	48.52	1.28	32.25
2005	1.82	99.05	8.60	43.89	1.11	30.30
2006	1.46	101.82	7.10	41.95	1.18	41.43
2007	4.75	108.44	6.20	36.34	1.48	134.82
2008	5.86	109.53	2.40	39.83	1.35	160.15
2009	−0.70	111.61	1.60	42.61	1.11	146.63
2010	3.31	116.74	1.10	39.20	1.11	145.65
2011	5.41	121.53	1.00	38.32	1.24	112.42

首先，我们对通货膨胀率、CPI、银行不良资产率、银行收入成本比、银行一般管理成本等进行标准化，结果如表 3-16 所示。

表 3-16 金融监管指标标准化数据

年份	金融业安全性指标			金融业效率性指标		
	Z′1	Z′2	Z′3	Z′4	Z′5	Z′6
	通货膨胀率	CPI	银行不良资产率	银行收入成本比	银行一般管理成本	股票交易额占GDP比重
2004	-0.29	1.27	-1.83	-1.89	-0.37	-1.21
2005	0.63	1.09	-0.78	-0.67	0.91	-1.25
2006	0.79	0.76	-0.44	-0.16	0.41	-1.05
2007	-0.68	-0.02	-0.24	1.32	-1.85	0.61
2008	-1.18	-0.15	0.63	0.39	-0.89	1.06
2009	1.76	-0.39	0.81	-0.34	0.92	0.82
2010	-0.04	-1.00	0.92	0.56	0.90	0.80
2011	-0.98	-1.56	0.94	0.79	-0.03	0.21

其次,运用 SPSS 软件进行主成分分析,确定各个影响因素的权重。如表 3-17、表 3-18、表 3-19、图 3-6 所示,前两个因子对总方差的解释程度达到 86.402%,根据累计方差大于 75% 的原则,我们选取前两个因子代替全部因子进行估计。我们用前两个因子(用 Y1、Y2 表示)反映金融监管的总体状况,每个主成分变量都是六个标准化变量的线性组合,且 Y1、Y2 线性无关,其表达式为:

$$Y_1 = -0.434 \times Z'1 - 0.907 \times Z'2 + 0.884 \times Z'3 + 0.885 \times Z'4 - 0.272 \times Z'5 + 0.899 \times Z'6$$
$$Y_2 = 0.784 \times Z'1 - 0.253 \times Z'2 + 0.443 \times Z'3 - 0.121 \times Z'4 + 0.911 \times Z'5 + 0.082 \times Z'6$$

表 3-17 方差解释程度表

成分	初始特征值			提取平方和载入		
	合计	方差的 %	累积 %	合计	方差的 %	累积 %
1	3.458	57.632	57.632	3.458	57.632	57.632
2	1.726	28.771	86.402	1.726	28.771	86.402
3	0.417	6.957	93.359			
4	0.288	4.801	98.16			
5	0.085	1.422	99.582			
6	0.025	0.418	100.000			

表 3-18 成分矩阵

变量	成分	
	Y1	Y2
通货膨胀率	-0.434	0.784
CPI	-0.907	-0.253
银行不良资产比率	0.884	0.443
银行收入成本比	0.885	-0.121
银行一般管理成本	-0.272	0.911
股票交易额占 GDP 比重	0.899	0.082

最后,将标准化的原始数据矩阵与贡献程度向量相乘得到各主成分得分,并将各主成分得分按照其方差贡献率加权平均得到综合得分,即金融监管指数,如表 3-19 和图 3-6 所示。从中发现,2004—2011 年中国的金融监管指数呈现持续上升趋势,仅仅在 2008 年金融危机时稍有下降,影响很小。这表明,一方面,中国的监管组织架构较为适合中国金融业的发展要求,因而是对中国金融监管体系的认可。另一方面,监管当局需要意识到,中国的资本市场仍然处在起步阶段,尚未完全开放,所以在全球金融危机来袭之际,中国的金融监管并没有受到严重影响。而在金融业自由化、国际化的大潮下,中国资本市场开放是迟早的事,所以中国需要及早进行金融监管改革,逐步开放市场以应对国际资本的冲击。

表 3-19　各主成分得分及综合得分

成分及权重	2004 年	2005 年	2006 年	2007 年	2008 年	2009 年	2010 年	2011 年
Y1(0.58)	−5.31	−3.92	−2.62	2.32	2.74	0.50	2.71	3.58
Y2(0.29)	−1.57	0.68	0.53	−2.43	−1.38	2.78	1.45	−0.06
综合得分	−3.51	−2.06	−1.36	0.64	1.18	1.09	1.98	2.04

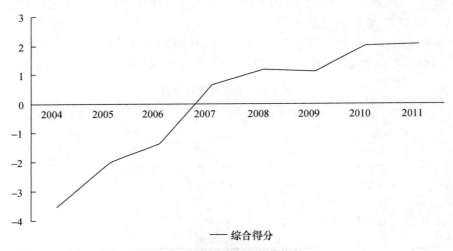

图 3-6　中国的金融监管指数

本章小结

1. 监管机构"地盘之争"的一个直接恶果是产生了所谓的"监管竞次"现象,即监管机构为了取悦本部门利益集团、吸引潜在监管对象或扩展监管势力范围,竞相降低监管标准,以致降低整体监管水平,损害消费者(投资者)和社会公共利益。

2. 监管套利是多重监管的另一缺陷,指由于规则、标准和执法实践上的不一致,金融机构往往有激励尝试改变其类属,以便将自己置于监管标准最宽松或者监管手段最平和的监管机构管辖之下。

3. 2004—2011 年,美国的金融监管指数总体呈现上升趋势,其中 2004—2009 年,美国金融监管指数呈现上升态势;2009 年以后,美国金融监管指数呈现下降趋势。这在一定程度上说明,虽然美国在 2009 年通过了《多德-弗兰克法案》,希望借此加强和改善美国的金融监管,但从目前的数据来看,并没有达到预期目标。

4. 英国的 FSA 专司金融监管,英格兰银行负责货币政策的金融制度安排,能比较充分地发挥专业化分工带来的效率优势。一方面,英格兰银行无须在货币政策与银行监管双重目标之间取舍,从而更有利于宏观货币金融的稳定;另一方面,FSA 统一集中监管,消除了多头监管时代司空见惯的交叉监管现象。尽管 FSA 的业务范围比原有的九个监管机构的业务范围宽泛,但 FSA 的监管费用显著下降;此外,FSA 的各业务部门可以共享监管信息,提高了 FSA 实施金融监管的准确性、权威性与有效性。

5. 2000—2007 年,英国的金融监管指数呈现持续上升的趋势,这表明英国统一监管组织架构的改革较为符合英国金融业的发展要求,促进了英国金融业的发展。但 2000—2003 年,英国的金融监管指数为负,这说明在转向统一金融监管组织架构的时候应该加强各个监管机构之间的磨合,防止因为整合初期所造成的不适应而影响金融行业的稳定与发展。

6. 2003 年 4 月,银监会正式成立,负责监督管理银行、金融资产管理公司、信托投资公司以及其他存款类金融机构。银监会的成立标志着中国人民银行集宏观调控与银行监管于一身的管理模式至此结束,中国形成了以"一行三会"为基本格局的金融监管体系,初步形成"三权分立"的金融分业监管的组织体系。

7. 2004—2011 年,中国的金融监管指数呈现持续上升趋势,仅仅在 2008 年金融危机时稍有下降,影响很小。这表明,一方面,中国的监管组织架构较为适合中国金融业的发展要求,因而是对中国金融监管体系的认可。另一方面,监管当局需要意识到,中国的资本市场仍然处在起步阶段,尚未完全开放,所以在全球金融危机来袭之际,中国的金融监管并没有受到严重影响。

本章重要概念

美国金融监管体制	《多德-弗兰克法案》	监管竞次	监管套利	分业经营
混业经营	金融监管指数	集中监管	分业监管	综合经营
监管真空	重复监管			

练习题

1. 简单论述当前美国的金融监管体制。
2. 世界三大监管组织都是什么?
3. 金融监管的三大目标是什么?
4. 金融监管指标都有哪些?

5. 美国、英国和中国的金融监管体制的差别有哪些？
6. 简单论述当前英国的金融监管体制。
7. "一行三会"具体是指什么？
8. 简单论述当前中国的金融监管体制。
9. 中国金融监管体制的主要优点与缺点有哪些？

第 4 章

银行业监管

20世纪70年代以后,国际银行界发生了很多变化:新的金融产品层出不穷,金融机构千变万化,金融市场变幻莫测。究其原因,可以归结为四个:第一,经营环境的风险越来越高。自20世纪70年代以来,汇率的走势、利率的变化及石油价格的波动都是空前的。第二,技术的发达,尤其是计算机和信息处理技术,使得银行有能力廉价地开发出新产品。第三,银行与银行之间的竞争、银行业与债券市场及股票市场的激烈竞争迫使银行不得不去开发新的产品。第四,政府对银行的监管也迫使银行不断地寻找新的出路。

在这种形势下,"银行业务条例和监管委员会"(后更名为"巴塞尔银行监管委员会")(简称巴塞尔委员会)成立,研究国际银行风险监管问题。巴塞尔委员会自成立以来,先后发布了《统一国际银行资本衡量和资本标准的协议》(即《巴塞尔协议Ⅰ》)、《资本计量和资本标准的国际协议:修订框架》(即《巴塞尔协议Ⅱ》)以及由一系列文件组成的《巴塞尔协议Ⅲ》等众多监管文件,确立和阐发了有关银行监管的原则、规则、标准和建议。尽管巴塞尔委员会发布的文件不属于国际条约,但是其制定和发布的许多规则经过数十年的发展,已经成为国际银行监管的指向标。

在中国,《商业银行资本管理办法(试行)》(银监会令[2012]1号)于2013年正式实施。2013年10月,巴塞尔委员会对中国的资本监管制度与《巴塞尔协议Ⅲ》的一致性进行了评估,总体评估结论为"符合"(最高等级),体现了中国银行业改革发展和审慎监管制度的建设成果。但是,中国要建立一个自由开放的金融市场及其监管体制,还有很长的路要走。

资料来源:刘明华.银行监管与风险管理[J].武汉金融,2003(2).

4.1 银行业监管的必要性

现代经济中,与其他行业相比,银行业是政府监管最为严格的行业之一。一般把这种严格的监管归结为以下原因:防止银行的流动性危机,维持金融业的稳定,保护分散的小储户和投资者,提高社会效率以及其他的社会目的(Herring and Santomero, 2000;Freixas and Rochet,2001)。尽管商业银行受到如此严格的监管,但自20世纪80年代以来,频繁发生的银行危机仍然成为经济不稳定的一个主要动因。

4.1.1 中国银行业概况

按照银监会发布的《中国银行业运行报告(2013年度)》,近十年来,中国银行业一直保持着高速增长。如图4-1所示,截至2013年年末,商业银行(包括大型商业银行、股份制商业银行、城市商业银行、农村商业银行和外资银行,下同)资产规模继续增长。截至2013年年末,总资产达118.80万亿元(本外币合计,下同),比上年年末增加14.23万亿元,同比增长13.61%,增速比上年同期有所回落。银行业资产和负债的增速都远远超过了GDP增速,但增速开始放缓,资产和负债的增速同比下降分别为4.63和4.8个百分点。资产组合中,各项贷款余额为59.23万亿元,比上年年末增加7.55万亿元,同比增长14.62%,占资产总额的50%;债券投资余额为18.14万亿元,比上年年末增加1.5万亿元,同比增长8.99%,占资产总额的15%。

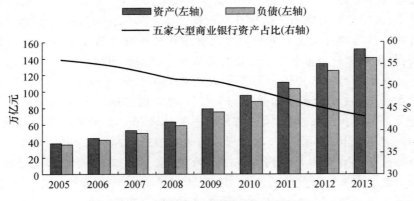

图4-1 银行业金融机构资产负债情况

资料来源:银监会。

在经营利润方面,2013年,商业银行全年累计实现净利润1.42万亿元,比2012年增加1794亿元,同比增长14.5%,增速较2012年下降4.5个百分点;平均资产利润率为1.27%,同比下降0.01个百分点;平均资本利润率为19.17%,同比下降0.68个百分点。2013年,商业银行全年累计实现净利息收入2.8万亿元,比2012年增加2868亿元,同比增长11.3%。净利息收入的上升主要受生息资产增长的推动。2013年,商业银行非利息收入7568亿元,同比增长20.7%。

此外,自 2013 年 1 月 1 日起,中国银行业正式实施《商业银行资本管理办法(试行)》。根据新办法,商业银行(不含外国银行分行,下同)2013 年年末加权平均一级资本充足率为 9.95%,较年初上升 0.14 个百分点;加权平均资本充足率为 12.19%,较年初下降 0.29 个百分点。从资本结构看,一级资本净额与资本净额的比例为 81.62%,资本质量较高。

在流动性方面,2013 年年末,商业银行流动性比例为 44.03%,较三季度末上升 1.23 个百分点,同比下降 1.8 个百分点。从资产质量和拨备水平来看,2013 年年末,商业银行不良贷款余额为 5 921 亿元,比三季度末增加 286 亿元,比上年年末增加 993 亿元;不良贷款率为 1%,比上年年末上升 0.05 个百分点。2013 年年末,商业银行贷款损失准备金余额为 1.67 万亿元,比上年年末增加 2 175 亿元;拨备覆盖率为 282.7%,比上年年末下降 12.81 个百分点;商业银行的贷款拨备率为 2.83%,比上年年末上升 0.01 个百分点。

总体上,商业银行在中国金融体系中占据着主导地位,资产负债规模稳步增长,资本充足率和资产质量总体保持稳定,同时银行业也面临激烈竞争、流动性短期波动增多、信用风险有所上升等挑战,从而对银行业的监管提出了新的要求。对此,监管当局要根据金融自由化和国际化的发展趋势、国内银行业的发展特点及巴塞尔协议监管标准,着力推进银行业监管体制改革,构建事后金融安全网和事前金融安全网,防范金融风险,切实提高银行业运行效率和服务实体经济的能力。

4.1.2 银行危机的危害

作为金融中介组织的银行业是联结国民经济的中枢组织,它们的资产和负债业务与政府和企业都有着千丝万缕的联系。银行业又是经营风险的企业,在不同的经营环境下又会面临着各种不同的风险,如果它们本身不能防范和管理风险,势必会使银行面临破产倒闭的危险,一旦倒闭就会产生传染效应,引起许多有关联的银行破产,最后导致银行业的恐慌。例如,在美国银行发展的历史上,由于银行危机而引发的金融业恐慌曾多次发生,如 1819 年、1837 年、1857 年、1884 年、1893 年和 1907 年,以及 1930—1933 年由经济大萧条而引起的银行业的破产倒闭风潮。在 20 世纪,发展中国家最大的两次金融危机是 1994 年的墨西哥金融危机和 1997 年的亚洲金融危机。从这些危机中可以清楚地看到,一旦银行业出现破产和危机,政府和人民都要为此付出沉重的代价,在一定程度上会危及国家经济与金融的安全,因此,健康和良好运行的银行体系是国民经济发展的关键所在。

1. 危机的传染性

顾名思义,危机的传染性指的就是银行之间相互拆借及其支付系统使其财务更紧密地联系在一起,使得银行的支付困难产生交叉影响,从而使任何一个银行的困难甚至破产都会很快传播到其他银行,进而导致部分银行甚至整个银行体系的崩溃——多米诺骨牌效应。因为资产配置是商业银行等金融机构的主要经营业务,各金融机构之间因资产配置而形成复杂的债权债务联系,使得资产配置风险具有很强的传染性。一旦某个金融机构资产配置失误,不能保证正常的流动性头寸,则单个或局部的金融困难就会演变成全局性的金融动荡。

不过有观点认为,强势银行在遭遇挤兑时,往往有办法摆脱流动性危机;而弱势银行遭遇挤兑后,存款者很有可能将钱存往强势银行。因此,银行挤兑只会发生在弱势银行之间。

✍ 案例 ✍

芝加哥银行案例

芝加哥最大的银行,也是全美十大银行之一的大陆伊利诺斯银行于1984年5月9日开始猛烈反击称其因不良贷款和资金流动性风险而濒临破产。

这次危机的根源在于,随着1981年美国的油气产业逐步走向衰退,其巨大资产组合中的能源部门贷款的前景开始变得不再乐观。在1982年8月欠发达国家的危机大规模爆发之前,这家拥有330亿美元资产的银行向这些国家提供了大量的贷款,这使得这一错误愈发严重。由于投资者和贷款者被大陆伊利诺斯银行可能破产或被接管的传闻所吓倒,大陆伊利诺斯银行迅速被其国内和国际批发融资市场排除在外。

至5月17日,监管机构和银行业已经为这家遭受重创的银行业巨头筹集了数十亿美元的应急资金。联邦存款保险公司为该银行未投保的储户和债权人提供担保,试图通过此方式来阻止银行资金的流失,并使人们相信"银行太大而不能破产"。

紧随此次紧急援助其后的还有一揽子永久措施,这使得大陆伊利诺斯银行成为美国银行业历史上受到美国政府机构救济的最大银行。事后经计算,联邦存款保险公司承担了该行约为11亿美元的债务。

大陆伊利诺斯银行的故事为我们适时提供了一个由于信心的急剧丧失而导致对手方突然撤资,并使该机构深陷如19世纪散户储户挤兑风潮一样致命的流动性危机的典型案例。

资料来源:张金涛. 金融风险管理[M]. 上海:复旦大学出版社,2009.

2. 高昂的社会成本

银行业危机的成本之大也非一般行业危机可比。仅在20世纪80年代,美国就有约1 100家商业银行破产,630家资不抵债的储贷协会要求美国政府施以援手。通过兼并重组、政府救助和破产清算,80年代美国的储贷协会数量减少了30%以上,商业银行数量也下降了14%左右。存款机构的大量倒闭使得不良贷款激增。参加联邦存款保险的存款机构在1984—1993年十年间平均不良贷款率达3.34%,若加上未参加保险的机构,该比例还要上升。受银行大量破产、房地产投资下滑、金融市场持续动荡等因素的综合影响,美国经济增速不断下降。据IMF估计,储贷危机期间的产出损失率约为4.1%。因此,若以1994年为危机结束年,其产出损失高达3 631.27亿美元。此外,由于危机前期处置措施的不当,美国政府承担了巨大的救助损失。截至1991年年底,美国大概有800亿美元的财政资金用于清理倒闭的储蓄和贷款机构,联邦存款保险公司约向储贷协会的存款保险基金注资700亿美元。这些救助措施加重了美国的财政负担,在一定程度上导致其财政赤字迅速增加,截至 1994 年年底,美国政府用于清理储贷协会的累计支出多达 1 600 多亿美元,占当年 GDP 的 3% 左右。直至 1995 年,这次持续 16 年、花费高达 1 800 亿美元的银行业危机才得以完全平息。

1995 年俄罗斯发生银行业的恐慌时,银行同业之间的借贷以及银行的正常作用已经处于停滞状态,迫使政府干预。到 1998 年 7 月时,整个银行体系处于全面破产的边缘,俄罗斯政府不得不宣布延期支付外国政府债券,11 月时,全俄罗斯的 1 500 家商业银行有一半破产倒闭,为了对破产银行进行救助,政府支出了 150 亿美元的成本。东南亚国家也是如此,为了应付金融危机,泰国、马来西亚、印度尼西亚和韩国支付了相当于 205 亿美元以上的国内生产总值,救助和处理银行的破产事宜。

2007 年 7 月,美国次贷危机全面爆发,金融市场剧烈动荡,美国银行业重陷困境。与此同时,随着危机迅速扩散演变,实体经济深受其害,宏观经济情况持续恶化,短期内难见实质性复苏迹象。美国联邦储蓄保险公司的数据显示,2008 年 1 月至 2009 年 5 月,共有 57 家美国银行宣布破产。其中,2009 年 4 月新增银行破产数 8 家,高于 2009 年第一季度月均 7.3 家的平均破产水平,更远高于 2008 年月均 2.1 家的破产水平。花旗银行、美国银行等著名商业银行均损失惨重。美国银行 2003 年 6 月以来 4 年的净利润为 368 亿美元,仅相当于其在 2007 年 8 月公布的信贷损失额;而花旗集团 2007 年 8 月公布的信贷损失则足以消灭其连续 3 年的盈利。IMF 于 2009 年 4 月发布的《全球金融系统报告》显示,截至 2008 年年底,美国银行业的亏损总额约为 5 100 亿美元。在产出方面,胡海峰、孙飞(2010)根据危机开始以后的 GDP 增长率与趋势增长率的累计差额占 GDP 的比重,来测算此次危机带来的损失(见表 4-1)。测算结果显示,截至 2008 年年底,产出损失率为 3.08%。

表 4-1 次贷危机形成的产出损失率

时间	实际 GDP 总额 (10 亿美元)	实际 GDP 增长率(%)	趋势增长率 下的 GDP 总额 (10 亿美元)	累计产出 损失率(%)
2004 年	12 067.20	3.64		
2005 年	12 421.88	2.94		
2006 年	12 767.05	2.78		
2007 年	13 025.93	2.03	13 165.38	1.07
2008 年	13 170.70	1.11	13 576.14	3.08
2009 年	12 754.72	-3.20	13 999.72	9.76
2010 年	12 834.39	0.60	14 436.51	12.48

资料来源:胡海峰,孙飞.美国两次银行业危机的成本比较[J].国际金融研究,2010(5).

表 4-2 列举了一些国家政府在救助破产银行时所花费的成本及其占国民生产总值的比重,显然代价是巨大的。

表 4-2 部分国家的银行危机

时间	国家	成本占 GDP 的比重(%)
1980—1982	阿根廷	55
1997—	印度尼西亚	50—55
1981—1983	智利	41
1997—	泰国	33
1997—	韩国	27
1997—	马来西亚	21
1994—	委内瑞拉	20
1995	墨西哥	20+
1990	日本	12+
1989—	捷克	12+
1991—1994	芬兰	11
1991—1995	匈牙利	10
1994—1995	巴西	5—10
1987—1993	挪威	8
1998	俄国	5—7
1991—1994	瑞典	4
1984—1991	美国	3

资料来源：Mishkin. The Economics of Money, Banking, and Financial Markets[M]. Boston：Addison-Wesley Publishing Company, Inc. 2002.

在本次危机中，无论是美国的混业监管模式，还是法国、意大利的功能性监管模式，以及英国的统一监管模式，都暴露出其缺陷。在这种背景下，银行监管强化或是一种趋势。例如，在美国通过外资银行监管新规后仅几日，2014年2月26日，英国央行下属审慎监管局(PRA)也公布了一份针对外资银行，主要是非欧盟地区银行的"严苛"监管规则。新规则主要加强了对外资银行分支机构的监管，除要求每年两次报送财务数据外，还将开展有关监管标准和对英国经济影响的评估，限制其零售业务和批发业务规模。未来欧盟也可能推出新的监管标准，这将使中国银行"走出去"面临挑战，国际化战略可能需要为此而调整。

此外，中国的金融体制是以银行间接融资为主导的，银行信贷资金的配置效率决定着整个金融资源的配置效率。但是，中国银行业无论是微观经营效率还是宏观信贷资金配置效率都是低下的，这是对金融资源的巨大浪费。因此，在金融全球化的背景下，如何定位中国银行业特别是国有商业银行的改革开放，如何规划和推进中国银行业未来的发展，就成为当前决策部门和监管当局面临的重要课题。

4.2 事后金融安全网

2006年中国银行业全面开放,金融市场的不确定性明显增加,而国际金融危机对中国经济的严重影响再次警示:中国要高度重视金融安全网建设。所谓金融安全网,国际上最早是1986年国际清算银行(BIS)提出来的,但此后很长时间内世界各国并未对其引起足够重视,而且,关于金融安全网的构成要素至今没有一个统一的说法。Hoenig(1998)认为,金融安全网包括存款保险、联邦储备最后贷款人功能和联邦储备银行间大宗货币结算体系。Demirgüç-Kunt and Huizinga(1999)指出,金融安全网一般包括存款保险制度和中央银行的最后贷款人功能。White(2004)则强调,政府用于减轻金融体系问题所带来的损害的工具有微观方面的(存款保险、政府担保、对机构的短期流动性支持、危机协调和退出政策)和宏观方面的(宽松的货币政策和来自IMF的支持)。Schich(2008)提出金融安全网应该包括四个基本要素,除了审慎监管、最后贷款人和存款保险制度以外,还应有一个破产退出机制。国际存款保险机构协会(IADI)认为,金融安全网的构成要件包括审慎监管原则、最后贷款人和存款保险制度;而BIS则认为还应加上货币支付结算系统;IMF认为应概括为最后贷款人、存款保险制度和金融机构退出机制。

其实,对于金融安全网的构成要素,2001年的金融稳定论坛(Financial Stability Forum,FSF)上有过一种说法,即狭义的金融安全网局限于存款保险制度(Deposit Insurance System)和最后贷款人(the Lender of Last Resort,LLR)功能;而大家普遍接受的说法是包括三个基本要素,即前两者加上审慎监管(Prudential Supervision)框架。基于前人的研究,Marinkovic(2004)提出了更为系统、全面和科学的观点,即金融安全网覆盖了各种各样的机构、规则和程序,它们保护着金融中介体系的安全和有序运行;金融安全网应该重新设计以应对实际冲击,并且应该随着冲击的变化而变化。这意味着,在动态的金融世界里,金融安全网的设计应该不断地变化以保持适用性和有效性。因此,金融安全网的构成不应是一成不变的,而应随着经济和金融体系的发展变化及时做出调整。

一般而言,审慎监管是防范金融风险的最重要屏障,它侧重于事前防范,本质上是一种积极主动的制度安排。最后贷款人由中央银行实施,主要通过贴现窗口和公开市场购买等手段提供流动性援助来维护金融体系安全,是一种事前防范、事中干预、事后减震措施;存款保险制度由存款保险机构实施,主要通过监管和提供保险支付等手段来保护存款人的利益,稳定公众信心,进而维护金融体系安全,是一种事前防范、事中干预、事后减震措施。此外,金融机构市场退出机制由政府指定的市场退出执行机构实施,主要通过合并重组或者清算等手段阻断金融风险的传染,从而维护金融体系安全,是一种事前防范、事后阻断措施。可见,这些要素具有不同的特点并通过不同的方式、渠道为维护金融体系安全服务,在实践中存在着相互配合的可能性和必要性。在本节,我们主要介绍事后金融安全网,下节介绍事前金融安全网。

4.2.1 存款保险制度

存款保险制度指一个国家或地区的政府为了保护存款人的利益,维护金融业的安全稳定,通过法律的形式在金融体制中设立专门的存款保险机构,规定一定范围的吸收存款的金融机构必须或自愿按照存款的一定比例向存款保险机构缴纳保险费,从而保护存款人利益,维护银行信用,稳定金融秩序的一种制度。当投保银行陷入经营危机,无法向存款人返还存款时,存款保险机构将向投保银行提供财务援助,或直接代替投保银行向存款人做出赔付。它是政府采取的一种增强银行稳定性、保护小额存款者免受银行破产损失的一种机制,与中央银行的最后贷款人职能以及其他银行业监管措施统称维护金融稳定的"三大法宝"。实践表明,存款保险制度在保护存款人利益、维护金融秩序、有效处置金融机构方面功不可没,已成为一国金融安全网的重要组成部分。

1. 存款保险制度的作用

(1) 保护存款者尤其是中小额储户的利益

存款保险制度的主要功能是当参保的银行业金融机构经营难以维持时,为了保护存款人利益以及稳定金融体系而设立保险基金,代替存款机构向存款人支付法定金额的保险金。在信息不对称的市场中,相对于银行和大额存款人而言,小额存款人属于弱势群体,在市场机制自发调节作用下,存款人由于缺乏足够的信息、知识和能力,不可能对银行的信誉、实力、经营状况、存款的风险程度有全面的了解和恰当的评价,因而总是处于不利地位而难以自我保护。各国政府在进行存款保险制度设计时,其目的在于最大限度地保护存款人的利益,提高存款人对银行的信任度。建立存款保险法律制度后,当问题银行由于种种原因无法按时赔付时,存款保险机构就会及时采取措施,或者兼并、接受问题银行,或者直接对存款人进行赔付。这样,存款人的存款损失就会降低到尽可能小的程度,这有效保护了存款人的利益,从而能够有效地防止银行挤兑。

(2) 提高银行存款的安全性,防止银行挤兑

建立存款保险制度的首要目的就是维护金融稳定,保障金融安全运行。在市场经济中任何经营都是有危险的,商业银行也不例外,银行的脆弱性使得存款保险至关重要。存款保险机构有对有问题银行承担保证支付的责任,它有动力也有职责对投保银行的日常经营活动进行一定的监督、管理,从中发现银行存在的隐患,及时向银行提出建议和警告,确保各银行稳健经营,这实际上增加了一道金融安全防护栏。由于存款人在整个金融体系中处于弱势地位,建立完善的存款保险制度不仅为存款人提供了保护,增强了存款人的安全感,减少了挤兑的可能性,同时存款保险机构也可以收集更多的银行经营管理信息,并充分发挥在这方面所具有的优势,更有效地对银行资产风险进行监控,从而有效稳定金融体系,减少因金融秩序混乱而付出的巨大社会成本,防止因为个别银行的破产引起整个银行体系发生支付危机,增强金融体系的稳定性。

2. 存款保险制度的运行

设计良好的存款保险制度对问题金融机构是一种救助手段,对存款人则是一种保障方式,有助于增强存款人的信心、稳定金融机构乃至整个金融体系。

(1) 确定会员资格

存款保险制度采用会员制,会员资格可以是强制性的,也可以是自愿的。强制性会员资格有助于减轻逆向选择问题,但是容易产生道德风险问题;自愿性会员资格则同时存在这两方面的问题。实践中,银行权衡成本和收益后,有的会选择加入存款保险体系,

而有的会选择不加入存款保险体系。对于大银行来说,由于实力雄厚,它们自身应对风险的能力也较强,即使发生危机,国家也会因"太大而不能倒"而施以救助,因此它们一般不会自愿加入存款保险体系。此时,为了维护金融体系的稳定,也为了创造公平的竞争环境,政府一般都会采用强制性存款保险体系会员制度。不管采取哪种方式,存款保险机构都应该有一套合适的制度设计来细化会员进入的标准、程序和时间进度,以最终确定存款保险体系的会员资格。

(2) 合理收取和管理保费

为了维持正常的日常运行和赔偿存款人的损失,存款保险机构必须有足够的资金做保证。资金通常来源于会员银行缴纳的保费、发行债务所获资金、资产管理的利得收入、清算问题机构的收益、最后贷款人的紧急援助等。由于会员银行是主要获益方,因此来自它们的保费收入就构成了存款保险机构的主要资金来源。收取保费必然涉及保费费率的确定问题。实践中,各存款保险机构对投保银行收取统一的保费费率。这一方式虽然操作简单,但也存在问题,因为它没有区分不同风险偏好及不同品质的投保银行,容易使风险偏好型或品质较差的银行产生道德风险,而风险规避型或品质良好的银行出现逆向选择问题;同时,这一方式也不利于激励银行自发地从事低风险的经济活动。一些学者发现,人们之所以愿意收取统一的保费费率,是受到信息不对称的限制(Freixas and Rochet,1998)。由于缺乏所需要的信息,存款保险机构往往无法正确区别银行的不同特质。目前来看,这仍然是一个有待解决的技术难题。因此,有必要加强存款保险制度与审慎监管的合作,减少因保费收取问题产生的道德风险和逆向选择。需要指出的是,在经济状况良好时,存款保险机构不需要支付赔偿,因而需要对其内部积累的资金进行资产管理,使其增值。这不仅可以增强存款保险机构自身的实力,而且还可以减轻会员银行的负担,增强整个社会的流动性。当然在进行资产管理时,存款保险机构要投资于低风险、高流动性的资产,以确保资金的安全和可随时支取。

(3) 实施监督管理

加入存款保险体系的会员银行必须接受存款保险机构的监督和管理。存款保险机构通过这一监督管理职能的发挥,防止会员银行的道德风险,保护存款人和保险体系自身利益不受侵害。通常情况下,各国法律都赋予存款保险机构对会员银行进行非现场监测和现场检查的权力,各存款保险机构都有一个合理合法的规则体系,包括监测规则、评价指标体系、操作规程等。通过这套规则,存款保险机构可以监督每个会员银行的资本状况、资产运作、日常经营活动等。通过日常的监督管理,存款保险机构能够及时发现会员银行存在的问题,并督促问题银行进行整改。

(4) 施行干预、救助和处理

当存款保险机构通过监测系统发现风险产生的迹象时,可以向问题银行发出提示和警告,使其自行规制自己的不当行为;当问题银行的问题爆发且资本充足率低于巴塞尔协议规定的标准或者违反审慎监管要求时,存款保险机构就要发挥其救助和处理功能。此时,存款保险机构可以向投保银行提供紧急贷款,或者购买其不良资产,帮助其恢复到正常状态,稳定其经营活动;当不能通过救助使问题银行恢复正常时,存款保险机构就需要采取强制合并和重组措施,包括选择有收购意向的经营良好的金融机构实施兼并和收购,并对其进行直接资助或者通过购买问题银行不良资产进行间接资助;当问题银行状况十分严重且影响面很大时,存款保险机构就必须对问题银行采取破产关闭措施。此时,存款保险机构必须对存款人进行赔偿。当存款保险机构发现关闭问题银行所获得的清算收益不足以弥补其损失时,可能会产生不关闭问题银行的激励。如果问题特别严重,就需要强制性金融机构市场退出机制的介入。

4.2.2 最后贷款人安排

当一些金融机构有偿付能力但出现暂时流动性不足时,中央银行可以通过贴现窗口或公开市场操作两种方式向这些机构发放紧急贷款(这就是中央银行的最后贷款人功能),但是它需要金融安全网的内在联系与运行机理提供良好的抵押品并缴纳惩罚性利率(较一般贷款利率要高)。中央银行对流动性不足的金融机构进行资金融通,则可以在一定程度上缓和公众对现金短缺的恐惧,遏制公众的恐慌情绪,从而避免公众的一些过激行为。当然,最后贷款人功能的实施开始于对求助金融机构清偿能力的判断。

1. 确定金融机构的偿付能力

只有在确定这家金融机构具有偿付能力,只是由于暂时流动性不足而出现问题时,最后贷款人才会予以救助,因为对陷入清偿危机的金融机构进行救助将使最后贷款人面临很大的损失资产的可能性。中央银行的最后贷款人功能经常包含很多高风险贷款,尽管实践中很难区分金融机构的流动性不足和清偿能力问题,但是中央银行总会采取一切措施来确定金融机构的偿付能力,尽可能减少损失。

2. 实施监督管理

最后贷款人的监管通常贯穿于金融危机发生的事前、事中和事后。通过事前监管并与监管机构信息共享来获取问题金融机构的信息,评估金融机构的经营状况,判断其是否陷入流动性风险,决定是否救助以及救助方案,并把握提供最后贷款的最佳时机,避免贷款资源的浪费;通过事中的现场检查和抵押品评估来确定最佳贷款规模,而出于资源节约的考虑,也可与监管部门配合工作;通过事后的监管来对接受救助的问题金融机构进行持续性监管,以保障其资产安全和防范道德风险,如果发现问题金融机构的情况进一步恶化,最后贷款人有权采取严格的资产保全措施。

3. 确保资金来源

中央银行作为最后贷款人实施救援需要强大的资金为后盾。中央银行的资金主要来自各项存款、各个会员银行缴纳的存款准备金、货币发行、央行票据和抵押品的清算等。中央银行在实施最后贷款人职责时要承担一定的风险,特别是对于那些无偿付能力的金融机构,由于其抵押品价值可能会低于贷款价值,故中央银行面临的风险会更大。Goodhart(1999)认为,因援助问题金融机构而造成的资产负债表恶化会减弱中央银行货币政策的独立性和灵活性。有鉴于此,许多国家的中央银行都不愿单独承担这种风险,通常会要求政府财政给予担保和资金支持。

4. 提供最后贷款

商业银行在面临短期流动性短缺时,一般会持有已贴现但尚未到期的商业汇票向中央银行申请再贴现,以得到中央银行的融资支持;中央银行也可以通过在公开市场上购买央行票据、国债和金融债券等方式,向金融机构注入流动性;当金融机构陷入严重的流动性困境时,中央银行还会对合格的问题金融机构提供紧急贷款援助。通过实施贷款援助,可以帮助问题金融机构摆脱困境,保障整个金融体系的安全。同时,中央银行也会对受援金融机构的经营管理行为进行监督,以保证自身的资产安全。

4.2.3 两种制度存在的问题

1. 存款保险制度的问题

然而,任何一种制度都不可能是完美无缺的,存款保险制度虽然能有效保护存款人利益,防止银行挤兑,但是存款保险制度从建立之初就存在明显的消极影响。产生消极影响的主要原因可以归结于道德风险和逆向选择。

存款保险制度所引发的道德风险是指,存款保险制度的存款保障功能降低了储户对银行外部监督的愿望和实施市场约束的动机,因此这将诱使投保银行提高对存款保险制度的依赖度,倾向于从事风险较高、利润较大的银行业务,如以较高利润吸收存款,从事风险较大的贷款,从而加大投保银行承受的不适当风险。从这个意义上讲,存款保险制度在一定程度上模糊了公众对银行风险的识别,降低了社会对金融机构的监督程度,保护了无能者、落后者,放松了金融风险对投保银行冒险经营行为的抑制,投保银行由此获得承担更大风险的激励机制。特别是对风险等级不同的银行收取统一的保费率,意味着同样规模但风险较大的银行并不需付出更多的保险费用,这将鼓励投保银行从事高风险的资产组合以增加其预期收益,同时它所承担的风险将由经营保守的银行补贴。由于风险转嫁给了存款保险机构之后,其风险得到有效的控制,在利润最大化的驱动下,储户更感兴趣的是投保银行提供的存款利率水平,从而失去了原本存在的存款者"用脚投票"对银行审慎经营的激励,一定程度上弱化了银行的市场约束。存款保险作为一种国家金融安全网的制度安排,改变了存款人、投保银行和存款保险机构所面临的激励与约束,从而可能产生道德风险。

存款保险制度中的逆向选择问题,是指存款保险体系过多吸引脆弱银行加入而将稳健银行排斥在外的情形。存款保险的逆向选择会影响存款保险制度本身的持续发展。几乎在所有的国家,存款保费率对各银行均是一致的,保费不与风险挂钩,对那些资产质量优良、经营稳健的银行而言,它们在存款保险中的收益和成本不对称,相当于为那些经营状况差的银行缴纳保费。因此,在这种情况下,存款保险制度对经营不善的银行会更具吸引力,经营状况最佳的银行有可能会选择退出存款保险体系。由此就会引起其他银行的保费上升,用以抵补处置问题银行产生的成本。此举势必引发另外一些经营状况良好的银行退出机制。周而复始,最后只有有问题的银行会留在体系之内,使存款保险体系变得十分脆弱。同时,存款保险制度救助危机银行的示范效应会加剧银行间的恶性竞争和增加银行的风险偏好,一方面高息吸储,另一方面盲目经营,挤占市场份额。尤其是那些经过救助而存留下来的银行,更有可能通过高风险经营来恢复地位,结果迫使稳健经营的银行在竞争中被淘汰,形成扶劣限优之势。

事实上,中国政府提供了一种接近全额的隐形存款保护,一种实质上的国家信用担保。隐形存款保险带来了非常大的道德风险——储户根本不担心存款安全;银行没有动力改善经营管理。由于缺乏有形的保险基金和明确的"游戏规则",规则带有随意性和模糊性,当某家银行出现问题时,公众容易产生参与挤兑的强烈动机。"明确的"存款保险制度能够更有效地防止银行挤兑,更好地保护小额存款人,更有利于中小银行发展,更便于处理危机和"善后"。

案例

俄罗斯私有银行挤兑

2004年,俄罗斯私有银行遭遇挤兑风潮,俄罗斯以惊人的效率通过了建立类似储蓄保险制度的紧急立法,规定在银行破产的情况下,储户将获得不超过10万卢布(合3 350美元)的全额存款,从而在一定程度上平息了这场风波。

2. 最后贷款人制度的问题

实践证明,最后贷款人在保护金融机构的稳定和安全、维持和恢复社会公众信心、消除金融恐慌等方面起到非常重要的作用。在最后贷款人实施救助的过程中,出现了道德风险问题。由于最后贷款人是一种事后救助行为,金融机构在知道它会得到最后贷款人支持的条件下,经营行为可能会更趋于冒险,即出现道德风险问题。

(1)内在缺陷:道德风险问题

最后贷款人对危机银行进行援助时,会给市场传递错误信号,即最后贷款人将对所有银行系统风险进行担保。因此,Kaufman(1991),Rochet and Tirole(1996)认为,最后贷款人对银行的援助会产生两个负面影响。一方面,救助促使银行经营者和股东为获得更多的救助补贴而去冒更大的风险。另一方面,最后贷款人向倒闭的银行提供资金的可能性大大降低了存款人监督银行的经营行为和业绩的积极性,并且由于救助是对所有存款人提供隐性保险,因此这也会削弱银行同业监督的积极性。正如巴杰特所认为的,对差银行提供的任何帮助都会阻碍好银行的出现和发展,所以只向那些安全的银行提供资金支持,才会减少道德风险的发生。

Mishkin(2001)认为,如果一家银行在其陷入麻烦时可期望最后贷款人提供资金支持,就会产生道德风险,因为银行此时有进行过度冒险的强烈动机,这种道德风险在大银行身上表现得更为严重。大银行较中小银行有更大的系统性影响,其经营失败对金融系统的安全有更为严重的威胁,因此政府和公众都不希望其倒闭,于是大银行往往成为监管宽容的对象。那些认为自己规模很大或很重要的银行也相信在其发生流动性不足或出现其他问题时,最后贷款人肯定会提供资金援助,由此它们便放松风险约束和危机管理,从事高风险高收益的业务。同样的原因使市场的约束力量也在减弱,因为存款人知道一旦银行陷入困境,政府不会任其破产,自己也不可能遭受太大的损失。于是他们失去了监督银行的动机,也不在银行从事过度冒险行为时通过提取存款进行市场约束。在很多新兴市场经济国家,当大的或与政治有联系的金融机构出现危机时,政府便成为解决问题的后援,而这成为金融机构从事更多冒险活动的根源。由于缺乏市场约束,这些有问题的金融机构大量从事高风险活动,当遭受到不利冲击时就变得极为脆弱。此外,最后贷款人向经济中投放基础货币,通过货币乘数作用,将大大增加流通中的货币量,从而引发通货膨胀,增大道德风险。

(2) 外在约束:制度变化

迅速变化的金融环境对传统意义上的最后贷款人理论提出了严峻的挑战,这主要表现在以下几方面:

第一,最后贷款人职能是否能有效实现。近年来,货币政策与监管部门出现分立趋势,这使得最后贷款人的执行环境变得更为复杂。中央银行货币政策与银行监管职能的分离,预示着中央银行不再具有收集银行信息的优势,因此中央银行很难高效地执行最后贷款人职能。中央银行执行最后贷款人职能与商业银行向其客户贷款一样,都需要贷款人对借款人进行事前信用评估与事中监控。但是,没有监管职能的中央银行能否有效履行最后贷款人职能是值得怀疑的。由于紧急援助需要中央银行有一套快速反应机制,因此中央银行与监管者之间的高效沟通、通力合作是最后贷款人成功解决银行危机的关键。

第二,援助范围增加使最后贷款人面临的风险增加。金融机构混业经营的趋势使银行与证券公司的边界变得越来越模糊,这一变化可能导致银行安全网被扩展。尽管中央银行的典型救助是针对商业银行的,但也有向证券公司及其他金融机构提供援助的可能。例如,美联储有关法规规定,当非银行的业主制、合伙制及公司制企业出现财务困难,会给经济带来严重的负面影响时,中央银行可以向这些机构提供信贷。另外,美联储鼓励银行向证券公司发放贷款,并强调中央银行将向这些银行增加贴现,使之有能力贷款。当中央银行援助范围扩大时,其所面临的风险也大大增加。

第三,最后贷款人是否能进行国际援助。在国际经济一体化的背景下,中央银行是否可向在本国开展业务的外国银行提供紧急流动性支持,而这些外国银行也会对本国经济产生一定的影响。1995 年,当一个在纽约经营的日本银行陷入流动性危机时,就曾在美国引发了这方面的争论。此外,金融革新和技术革命使银行地域上的分界越来越淡化,这就引发了需不需要国际最后贷款人来解决跨国界的传染效应,以及由谁来充当这一角色的激烈争论。银行清算系统的日益国际化同样需要一个国际最后贷款人,或者至少要提高各国中央银行之间的合作以解决国际清算链条的可能失败。

4.3 事前金融安全网

存款保险制度和最后贷款人制度作为官方的金融安全网,其实都是银行破产前的救命稻草。而且,这两种制度各自都存在缺陷,美国联邦存款保险公司和联邦储蓄贷款保险公司都曾因存款性金融机构破产倒闭引发的巨额损失而遭受重创,联邦储蓄贷款保险公司因此关闭,并最终被并入商业银行保险基金会;同样,最后贷款人制度也存在道德风险等问题。

实际上,对商业银行的审慎性监管是防止银行挤兑和倒闭的更好方法,也是金融监管的首要环节。通常情况下,各国政府对金融体系的审慎监管都会参照《巴塞尔协议Ⅲ》的规定制定一套符合本国国情的监管制度和政策,如严格的市场准入制度、资本充足率要求,等等。

4.3.1 银行业市场准入监管

市场准入是金融监管体系中的一个重要环节,是审慎监管的第一步。市场准入监管的目的在于防止过度竞争,维护银行特许权价值;抑制逆向选择,防止投机冒险者进入银行市场;促使银行审慎经营,防止银行的过度冒险行为。由于存款保险(无论是显性的还是隐性的)会导致银行的道德风险,市场准入监管就成为确保银行业安全的第一道关口。通过对银行体系"进入通道"和组织结构的管理,银行监管对整个银行业的结构和规模都会产生重大影响。

市场准入的门槛主要是颁发金融行业执业许可证并对金融机构的业务范围做出明确规定。按照《巴塞尔协议Ⅲ》规定,颁发执业许可证需要审查的内容至少包括:银行的所有权结构、董事会成员和高级管理层的资格、银行的战略和经营计划、银行的公司治理情况、内部控制和风险管理状况,以及包括资本金规模在内的预期财务状况等。

中国要建立商业银行制度,要规范本国金融业务,打入国际市场,并入国际轨道,首先就必须对商业银行市场设立进入壁垒,从根源上杜绝风险。按照1997年巴塞尔委员会发布的有效银行监管核心原则,下文重点考察商业银行的以下几方面内容:

第一,股权结构。对商业银行的直接和间接控股股东及持股数量超过10%的大股东进行评估。评估内容主要是其在银行业和非银行业的经营情况、信誉、初始及未来的财务状况,集团公司下设的新银行要防止被独占或非银行业务带来的传染风险等。中国目前对股东的资格审查标准是5%;另外对具体投资人(党政事业机构、财政部门、各类银行金融机构、企业、单个股东等)还有具体要求。

第二,拟任董事和高级管理人员资格。对人员任职资格审查包括必要的个人信息、从业经验、人品、相关技能等。各国一般要求具有专业经验和知识、良好的信誉声誉等。中国具体规定了各级高级管理人员的任职条件,如表4-3所示。

表4-3　国有商业银行及股份制商业银行高级管理人员任职资格

机构	职务	学历	工作年限要求
法人机构	董事长、副董事长	本科以上	从事金融工作8年以上或从事相关经济工作12年以上(其中从事金融工作5年以上)
	董事会秘书	本科以上	从事金融工作6年以上或从事相关经济工作10年以上(其中从事金融工作3年以上)
	行长、副行长	本科以上	从事金融工作8年以上或从事相关经济工作12年以上(其中从事金融工作4年以上)
	行长助理	本科以上	从事金融工作6年以上或从事相关经济工作10年以上(其中从事金融工作3年以上)

(续表)

机构	职务	学历	工作年限要求
总行营业部、分行级专营机构、国有商业银行一级分行、股份制商业银行分行	总经理（主任）、副总经理（副主任）、行长、副行长	本科以上	从事金融工作6年以上或从事相关经济工作10年以上（其中从事金融工作3年以上）
国有商业银行二级分行	行长、副行长	大专以上	从事金融工作5年以上或从事相关经济工作9年以上（其中从事金融工作2年以上）
支行	行长、临时主持工作超过3个月的副行长	大专以上	从事金融工作4年以上或从事相关经济工作8年以上（其中从事金融工作2年以上）

资料来源：《银行业金融机构董事和高级管理人员任职资格管理办法》。

第三，营业计划和内部控制制度。营业计划应当对拟经营区域进行市场环境分析，以确定未来的经营策略。内部控制制度需要考虑是否符合未来计划，是否健全，与公司治理结构和监督机制是否匹配等。美国注重商业计划书，中国也有对组织和管理机构的可行性报告等的要求。

第四，财务计划和开业资本要求。审查财务报表和财务预测及注册资本金。美国国民银行注册资本金最低100万美元。中国根据审慎性监管要求：全国性商业银行10亿元人民币，城市商业银行1亿元人民币，农村商业银行5 000万元人民币。注册资本应当是实缴资本。监管当局可以调整注册资本最低限额，但不得少于前款规定的限额。

通过对执业许可证的严格审查，就可以把品质较差的机构排除在金融系统之外，保持金融主体的稳健和优良资质，避免由单个金融机构的经营失败而影响到整个金融体系；通过对金融机构经营范围的严格限制，可以避免金融机构过度从事高风险活动。因此，这一措施不仅可以筛选合格的金融从业者，还可以增加金融机构的特许权价值，增加其破产关闭的成本，减少其从事高风险业务的激励。

4.3.2 资本充足性要求

资本充足率是各国金融监管当局普遍采取的监管措施。各国监管当局一般在不低于巴塞尔协议所划定的界限的前提下，制定本国具体的监管措施，如中国制定了《商业银行资本管理办法》。有了充足的资本金做保证，金融机构就可以正常营业、冲销意外损失、稳定存款人信心，从而可以实现机构的稳健经营。因此，金融监管当局都会强制执行资本充足率规定，对不达标的金融机构通常会采取限制资本扩张、限制分支机构的设立、限制利润分配等措施进行严厉惩罚。实践中，资本充足率要求已经得到广泛使用，这主要是因为资本充足率管理已经成为保障银行稳健经营的重要举措，同时，资本充足率有明确的数量规定，便于相关各方的操作。

关于国际上对于银行资本监管的标准即巴塞尔协议，会在4.4节重点说明。以下主要阐述中国现行标准——《商业银行资本充足率管理办法》(简称《办法》)对于资本监管的规定。

《办法》由银监会于 2004 年 2 月 27 日颁布,并于 2007 年修改后,在同年 7 月 3 日实施。根据最新修改后的《办法》规定,商业银行资本分为核心资本和附属资本。具体内容如表 4-4 所示。

表 4-4　商业银行资本类别

核心资本	实收资本	投资者按照章程或合同、协议的约定,实际投入商业银行的资本
	资本公积	包括资本溢价、接受的非现金资产捐赠准备和现金捐赠、股权投资准备、外币资本折算差额、关联交易差价和其他资本公积
	盈余公积	包括法定盈余公积、任意盈余公积以及法定公益金
	未分配利润	商业银行以前年度实现的未分配利润或未弥补亏损
	少数股权	子公司净经营成果和净资产中不以任何直接或间接方式归属于母银行的部分
附属资本	重估储备	商业银行经国家有关部门批准,对固定资产进行重估时,固定资产公允价值与账面价值之间的正差额,计入附属资本的部分不得超过重估储备的 70%
	一般准备	根据全部贷款余额一定比例计提的,用于弥补尚未识别的可能性损失的准备
	优先股	商业银行发行的,给予投资者在收益分配、剩余资产分配等方面优先权利的股票
	可转换债券	商业银行依照法定程序发行的,在一定期限内依据约定条件可以转换成普通股的债券
	长期次级债务	原始期限至少在五年以上的次级债务,次级债务计入附属资本的比例不得超过核心资本的 25%

表 4-5、表 4-6 分别给出了商业银行资本充足率的计算方法及要求。

表 4-5　商业银行资本充足率计算方法

	计算公式	注意事项
资本充足率	资本充足率 =（资本 – 扣除项）/（风险加权资产 + 12.5 倍的市场风险资本)	计算资本充足率时,应从资本中扣除以下项目: (1) 商誉; (2) 商业银行对未并表金融机构的资本投资; (3) 商业银行对非自用不动产和企业的资本投资。
核心资本充足率	核心资本充足率 =（核心资本 – 核心资本扣除项）/（风险加权资产 + 12.5 倍的市场风险资本)	计算核心资本充足率时,应从核心资本中扣除以下项目: (1) 商誉; (2) 商业银行对未并表金融机构的资本投资的 50%; (3) 商业银行对非自用不动产和企业的资本投资的 50%。

表 4-6 商业银行资本充足率要求

项目	最低资本要求			超额资本	系统重要性银行附加资本	第二支柱	达标时间
	核心一级资本	一级资本	总资本				
系统重要性银行	6%	8%	10%	0—4%（0—5%，必要时）	1%	内部资本充足评估程序	2011年开始实施,2012年达标（其中,第二支柱资本要求2016年达标）
非系统性银行	6%	8%	10%	0—4%（0—5%，必要时）	无	监管评估	2011年开始实施,2016年达标

案例

中国银行业的再融资风潮

- 2009年9月30日,浦发银行发布公告称,公司定向增发完成,共计向海通证券、太平洋资产管理有限责任公司等九家机构及自然人合计发行9.04亿股,发行价格为16.59元/股,募集资金净额达到148.27亿元,不过由于未达到监管要求,未来仍有融资要求。在此之前(截至2009年一季度),浦发银行的资本充足率和核心资本充足率仅分别为8.72%和4.94%。
- 2010年9月26日,浦发银行定向增发中国移动获批,增发后,浦发银行的核心资本充足率将为10.6%,资本充足率将为12.7%,并可创造约130亿元的次级债发行空间。
- 华夏银行通过向其前三大股东筹资208亿元用于补充核心资本。
- 中信银行2010年5月28日发行165亿元的次级债用于提高资本充足率。
- 民生银行2009年11月在香港H股上市融资。
- 招商银行2010年3月完成A+H配股融资220亿元。
- 兴业银行2010年6月完成178亿元的配股融资。

4.3.3 内部风险管理评估

加强金融机构内部风险的监督管理是金融监管当局的一项重要任务。对于银行,所谓"内部信用风险评级"是银行对客户信用状况、守信承受能力和具体信贷工具风险的确认。其与独立的中介机构"外部信用风险评级"的根本区别,就在于银行内部信用风险评级主要被用于其自身的风险管理而非对外披露。如果各金融机构都有运行良好的风险管理机制,那么整个社会应对金融风险的能力将大大增强。根据《巴塞尔协议Ⅲ》的要求,金融机构应该有一套符合自身特点的风险管理程序,具体包括:拥有自己的内部控制和审计制度;密切关注流动性风险、市场风险、信用风险、利率风险及操作风险;重点关注有问题的资产及关联方的风险暴露；对大额风险暴露限额做出明确规定等。

目前，骆驼（CAMELS）评级制度是国际通用银行评级制度，银行监管机构根据六个因素评定金融机构的登记。"骆驼"代表六个评级因素，包括资本充足（Capital Adequacy）、资产质量（Asset Quality）、管理质量（Management Quality）、盈利（Earnings）、流动资金（Liquidity）、对市场风险的敏感度（Sensitivity to Market Risk）。骆驼评级体系的主要内容是通过对银行"资本的充足程度、资产质量、管理水平、盈利水平和流动性"等五项指标进行考评，采用五级评分制来评级银行的经营及管理水平（一级最高，五级最低）。其分析涉及的主要指标和考评标准是：

第一，资本充足率（资本/风险资产），要求这一比率达到6.5%—7%；

第二，有问题放款与基础资本的比率，一般要求该比率低于15%；

第三，管理者的领导能力和员工素质、处理突发问题的应变能力和董事会的决策能力、内部技术控制系统的完善性和创新服务吸引客户的能力；

第四，净利润与盈利资产之比在1%以上为第一、第二级，若该比率在0—1%之间为第三、第四级，若该比率为负数则评为第五级；

第五，随时满足存款客户的取款需要和贷款客户的贷款要求的能力，流动性强为第一级，流动性资金不足以在任何时候或明显不能在任何时候满足各方面需要的分别为第三级和第四级。

在上述基础上，综合评级很满意或比较满意的为第一级或第二级，不太满意和不满意的分别为第三、第四级，不合格的为第五级。对第一、第二级银行监管当局一般对其今后的发展提出希望性的建议；对第三级银行监管当局要发出正式协议书，由被考评行签署具体计划和措施；对第四、第五级银行监管当局则发出"勒令书"，命令银行应该做什么、必须做什么和停止做什么，这是一种最严厉的管理措施。

骆驼评级体系的特点是单项评分与整体评分相结合、定性分析与定量分析相结合，以评级风险管理能力为导向，充分考虑到银行的规模、复杂程度和风险层次，是分析银行运作是否健康的最有效的基础分析模型。银行股投资者不仅可以根据骆驼评级分数来直接了解银行"质地"的优劣，也可以按照这一框架来对银行进行具体分析。

中国银行监管部门从2001年年底开始研究银行风险评级问题，其间参照了国际通行的骆驼评级法，参考了新加坡、英国、中国香港等国家和地区的银行业监管评级办法，并结合中国银行业和银行监管的具体情况，以资本充足性、资产安全性、管理严谨性、支付流动正常性和收益合理性作为判断的主要依据，将中国风险评级办法建立在科学系统的定量和定性分析基础上。经过一系列的研究筹划，中国银监会于2004年推出了《股份制商业银行风险评级体系（暂行）》。由于该体系是中国银监会在借鉴国际通行的骆驼评级体系的基础上，结合中国股份制商业银行实际所制定的，因此称之为"CAMELS + O"。

该风险评级体系体现了对银行经营要素的综合评价，包括资本充足状况、资产安全状况、管理状况、盈利状况、流动性状况和市场风险敏感性状况，分为22个定量指标和33条定性因素以及109条细化标准。然后按照定量60%、定性40%的比例进行评级，并在此基础上加权汇总后的总体评价。具体的各部分权重如下公式所示：

综合分值 = $C \times 20\% + A \times 20\% + M \times 25\% + E \times 10\% + L \times 15\% + S \times 10\%$

其他因素不可以改变综合评级结果,通过"＋""－"符号标识出评级结果正向或负向的趋势。

最后,再根据综合评分来确定级别,如表 4-7 所示。

表 4-7　银行综合评分

第一级	综合评分在 90 分至 100 分之间
第二级	综合评分在 75 分至 90 分之间
第三级	综合评分在 60 分至 75 分之间
第四级	综合评分在 45 分至 60 分之间
第五级	综合评分在 30 分至 45 分之间
第六级	综合评分在 0 分至 30 分之间

评级结果将作为分类监管的基本依据,并作为股份制商业银行市场准入和高级管理人员任职资格管理的重要参考。银行监管机构将根据评级结果确定对股份制商业银行现场检查的频率、范围和需要采取的监管措施。

4.3.4　银行客户信用风险评价模型

信用风险是指在金融交易中,一方无法履约而造成另外一方损失的可能性,在借贷关系中就是债务人没有如期偿还债权人的债务而造成的债权人损失的可能性。信用风险产生的原因主要有两点:一是履约能力,即交易对手履行金融合约的财务能力;二是履约还款的意愿,这主要是由债务人的个人品质决定的。信用风险概率分布具有非对称性。市场风险的风险与收益的分布通常是对称的,市场价格的波动主要以期望价格为中心,呈正态分布。而信用风险的分布则是非对称的,这主要是因为债权人的收益是债务利息,而债权人的损失却可能是当债务人违约时,债权人本金和利息都无法收回。可能的本金与利息的损失与作为收益的利息相比要大得多。另外,信用风险具有可传递性的特点。

人们为了评价、识别和控制信用风险而开发了很多有效的方法与手段。从银行整体经营来讲,巴塞尔协议系列和中国的《商业银行资本管理办法》都以资本充足率为核心,而信用风险又是确定风险资本金的重要因素之一。更进一步,上述监管法案都赋予了商业银行自行确定信用风险的权利。这使得商业银行有必要开发评估信贷客户(企业和个人)资信的方法。下面从企业客户信用风险评价和个人客户信用风险评价两个角度考察。

1. 企业客户信用风险评价

银行对大公司的信用评价已经很成熟,包括从简单易行的 5C 专家评价法到量化的 Credit Metric 模型和 EDF 模型等。而针对中小企业的风险评价方法尚待完善。随着银行业的竞争日渐激烈,传统的利润空间在不断缩小,拓展中小企业贷款业务的竞争正在不断升温。针对现有中小企业融资存在的风险性弊端,探索结合供应链和中小企业特点的供应链金融模式也应运而生。目前,造成银企之间融资信贷风险矛盾的原因主要是两者之间存在的信息不对称所引起的逆向选择和道德风险,这会使得银行在放贷的过程中存在很大风险。信用风险评价旨在通过建立相应的信用风险评价模型,确定中小企业信用等级,以便使银行做出正确的贷款决策,降低银行的放贷风险。因此,研究供应链金融模式下的中小企业信用风险评价问题具有重要的指导意义。当前,供应链金融视角下中小企业的信用风险评价已经成为理论界和实务界的热门议题。

目前在这方面的研究成果有:熊熊等(2009)运用主成分分析法和Logistic回归方法建立了供应链金融模式下中小企业信用风险评价模型,降低了依靠专家评价的局限性。胡海青等(2011)针对Logistic回归方法要求样本量大且预测精度不高的缺点,提出了运用支持向量建立供应链金融模式下的中小企业信用风险评价模型,并对这两种方法进行了对比研究。谈俊英(2012)分析了中国商业银行供应链金融服务的不足之处,并运用了因子分析和Logistic的分析方法对中小企业进行信用评价。谢伟(2012)运用了层次分析法和功效系数法等构建供应链金融视角下的中小企业信用评价模型,并与传统的信用评价指标体系进行比较。孟丽(2011)建立了灰色层次分析法、一次门限法和模糊综合评价法相结合的供应链金融视角下的中小企业的评价实用模型。

上述关于供应链金融视角下中小企业信用风险评价方法的研究大多是在孤立时间点上落实的,结果只能反映中小企业在此时间点上的信用状况,而指标数据由于政策、市场环境等的变化,往往可能会发生较大幅度增长或降低,导致产生错误的评价结果,从而使银行在放贷过程中存在很大风险。可见,如何对供应链金融视角下的中小企业进行真实有效的信用风险评价,是一个急需解决的问题。针对以往供应链金融视角下中小企业信用风险评价多是在孤立时间点上进行的不足,夏立明(2013)构建了基于时间维的模糊综合评价模型。此模型在充分考虑了由于政策、市场环境等变化,可能引起指标数据发生较大幅度增长或降低,从而产生错误的评价结果,使银行在放贷过程中存在很大风险的情况后,加入了时间维的思想,降低了银行放贷的风险。通过以某企业为例,分析其在供应链金融视角下和只考虑中小企业自身情况下的信用等级变化趋势,证明了此模型的科学性和有效性。这说明,银行应注意收集、整理客户资料,不断地丰富和完善供应链金融视角下的资料,并不断地发展和完善信用风险评价方法,降低银行的放贷风险。

2. 个人客户信用风险评价

巴塞尔新资本协议为商业银行进行全面风险管理提供了有效的指引,中国银监会要求有条件的银行逐步实现内部评级法进行风险识别和计量。如前所述,关于公司信用风险的方法相对来说比较成熟,而零售银行业务由于盈利空间大和风险相对分散,已经成为国际商业银行的主流业务。国内部分商业银行的零售信贷业务,特别是个人信贷业务发展很快,如招商银行。但是总体来看,个人信贷迅速扩张过程中暴露出的主要问题就是个人信用风险。因此,建立以数据挖掘为基础、适合银行业务特点的评分模型是进行个人信贷业务管理的必要途径。关于个人信用风险的国内研究大致分为两类:① 指标体系的构建;② 评价指标权重的确定。

目前在这方面的研究成果包括:侯放宇(2008)从功能结构、测算体系以及确立标准角度阐述了统计量表法并设计了个人信用风险的评价系统。陈昕(2008)利用某银行的样本用Logistic模型的判别分析构建了信用评价模型。郑昱(2009)通过随机抽样的方法,用Probit模型研究了浙江省的个人信用风险,并且通过分类预测对模型效用进行对比分析。杨雨、史秀红(2009)利用某商业银行的数据构建了基于人工免疫机制的双边抗体概率模型,并且把该方法与 Logistic 回归模型进行了比较。这些方法和模型大都运用数理统计技术和数据挖掘技术,通过对客户的人口特征、信用历史、交易行为等信息进行挖掘、分析和提炼,发展出预测模型并预测贷款申请人或者现有贷款人违约的可能性,并以评分的形式来综合评估客户的未来信用表现。

影响个人信用风险的指标有很多种,综合国内、国外个人信用评分模型的实践,大致把这些指标分为以下四类:基本情况类指标、偿债能力类指标、稳定性指标以及与本行的关系指标。其中基本情况指标大致包括年龄、性别、婚姻、学历、健康状况、户籍所在地、配偶职业以及联系电话等;偿债能力类指标大致包括主要经济来源、其他经济来源、个人名义月收入、个人实际月收入、家庭月收入、家庭人均收入、月均还款占家庭收入比、岗位性质、单位经济状况以及职称等;稳定性指标大致包括住房性质、本地居住时间、从事本行业时间、是否参加医疗保险、是否参加养老保险以及是否缴纳公积金等;与本行的关系指标大致包括是否本行员工、在本行贷款拖欠情况、账户情况、存款数额以及其他商业信用等。

建立完指标体系后,接下来就要对各个指标赋予一定的分值。分值的确定一方面考虑该类指标对目标层的重要性,如学历和个人收入对信用的影响很大,应该给予较大的分值,但是也不能太大,这样容易忽略其他指标的作用;另一方面每个指标层下的变量数值区间划分要合理和尽量差异化,这样可以减少在大样本情况下个体指标间的相关性。

个人信用风险评价体系建立后,银行将依据评分标准对贷款申请者的信用进行量化评分,然后通过适当的统计方法对以往记录进行分析,找到合适的允许贷款临界值。当申请者的信用得分等于或小于临界值时,银行拒绝其贷款申请。当申请者的信用得分大于临界值时,银行接受其贷款申请。

4.3.5 银行业市场退出监管

有市场进入就必然有市场退出,这是市场经济的基本要求。金融机构的市场退出,是指停止办理金融业务,吊销金融营业许可证,取消其作为金融机构的资格。当银行发生严重的支付危机,难以救助或者救助宣告失败,如果不及时退出,就会遭受更大的损失,债权人也会面临更大的损失,而且还可能波及其他金融机构,引发连锁支付危机,导致系统性或地区性金融风险时,就要及时采取市场退出的处置措施。

1. 金融机构市场退出机制的运行

(1) 确定市场退出标准

确定市场退出标准是确保金融机构退出机制有效运作的前提。由于各国情况不同,特别是由于各金融机构具有不同的特性,因此退出标准也存在一定的差异。多年来,金融机构市场退出遵循的一般原则是:陷入危机的金融机构具有不可救助性;救助的成本远远大于其收益;或救助后将引起系统性风险和地区性风险的发生。从目前情况来看,虽然还难以就金融机构市场退出的普遍标准达成共识,但各国监管部门还是需要制定出适合本国金融体系特点的市场退出标准,否则金融机构市场退出将无法可依。应该注意的是,金融机构市场退出标准的确定不是一劳永逸的事,它应该随着金融业的发展及经济环境的变化而不断修订、改进和完善。

(2) 实施市场退出程序

明确了市场退出标准,就可以对问题金融机构采取相应的退出程序。金融机构市场退出的方式主要有合并重组和破产清算。在选取具体的市场退出方式时,还应考虑到如下原则:社会成本最小化;稳定市场信心;以相关部门能够提供的资金为限。当某个金融机构达到市场退出标准时,市场退出执行机构就要及时对其进行接管,以免出现更多的问题;市场退出执行机构接管以后,要开展进一步的检查与核算,以确定问题的严重程度,并据此采取下一步行动。具体采取哪种方式可视情况而定,但各国一般倾向于合并重组,而不愿意轻易启动破产清算程序。如果问题金融机构可以通过合并重组得到解决,并且有经营良好的金融机构愿意接手,那么市场退出执行机构会帮助它们完成合并重组;反之,市场退出执行机构就会对问题金融机构进行破产清算。

(3) 分配清算收益

市场退出执行机构对问题金融机构的清算程序必须是合法的、客观的,这样才能保证问题金融机构有序退出,最大限度地减少社会损失。对问题金融机构进行破产清算,可以获得清算收益,这些收益是施行救助的各方收回投入、弥补损失的一条主要渠道。因此,要按照投入补偿原则,对最后贷款人和存款保险机构进行收益分配。合理分配清算收益可以保障最后贷款人和存款保险机构的权益,有助于它们实施其他救助方案,也有助于金融安全网的良性循环运作。

图 4-2 直观地展示了金融安全网的运行机理。如图 4-2 所示,审慎监管、最后贷款人、存款保险制度和金融机构市场退出机制都有其内在的运行机理,而金融安全网各要素之间又存在着一定的逻辑体系和传递机制,而且每一次职能转移都有其特定的条件和顺序安排。

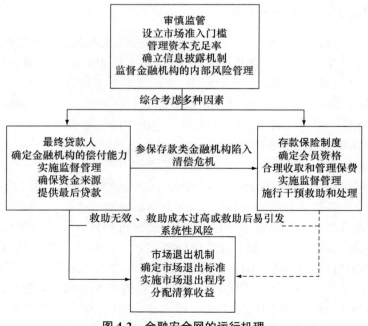

图 4-2 金融安全网的运行机理

2. 中国银行市场退出机制的现状

20世纪80年代到90年代中期，中国进行了放松银行业准入管制与多业交叉混合经营等金融自由化改革试验，这一时期新型银行机构的种类迅速增加，银行与非银行之间界线模糊，银行业的竞争也日趋激烈，在自身市场化经营能力欠缺和外部监管机制不完善的情况下，银行经营体制和经营方式的缺陷不断暴露，致使金融风险迅速积累并逐步显现出来：一方面单个银行资产质量低下、不良资产比例过高、管理粗放和信息失真等经营劣化问题纷纷涌出；另一方面以商业银行及旗下金融机构（如信托投资公司）为主的集体非理性信贷行为掀起了房地产和证券市场的投机风潮，促使宏观经济出现投资过热、通货膨胀、市场混乱甚至是金融动荡等情况。正是在这样的金融背景下，政府决定放弃过去对金融机构一味予以保护的政策，金融机构市场退出问题被提上日程。以1995年10月中国人民银行强制接管中银信托投资公司为标志，金融机构市场退出问题开始成为中国金融领域共同关注的热点。特别是1997年东南亚金融危机发生后，中国政府看到了国内埋藏的严重的金融隐患，因此及时着手处理以银行为主的有问题金融机构成为稳定中国金融体系的重要工作。经过近十几年的立法探索和实践尝试，金融机构市场退出制度已取得一定的成效，但还远未形成一套积极高效的市场退出机制。综观中国主要金融机构危机处理的概况，中国银行市场退出机制的现状主要有如下特征：

（1）退出方式以强制型市场退出为主

根据银行退出意愿特征，银行市场退出类型可以分为自愿型市场退出和强制型市场退出。前者主要表现为并购和解散两种方式；后者则主要包括银行因法定事由的出现而被撤销（关闭）或破产两种方式。根据国外的经验，市场化并购是银行自愿退出市场的普遍方式，而运用撤销（关闭）、破产等强制型市场退出手段及时取缔那些资不抵债和严重违法经营的银行业金融机构，是防范和化解金融风险的重要手段之一。在中国，强制型市场退出一直是银行市场退出的主要方式，且在强制型市场退出中最主要的方式是以行政手段强行关闭或撤销掉有问题的银行，包括一些本该破产的金融机构（被债权人起诉且不能确保到期清偿债务的金融机构）也以关闭的方式处理，如1998年的海南发展银行倒闭案。而银行类破产案例到目前还未出现过。作为自愿型退出的市场化并购方式只在近年来出现过个别案例，如2004年9月兴业银行并购佛山商业银行案开创了内资银行市场化并购的先河。

（2）退出模式主要表现为行政主导的小规模退出

在中国，由于金融市场尚不发达，银行赖以运行的市场机制尚未真正形成，因此政府在银行市场退出中充当了过于重要的角色。纵观中国迄今已有的金融机构市场退出案例不难发现，政府行为在银行退出过程中起着主导作用，包括决定谁退出、如何退出、由谁负责接管和清算，而在这一过程中以行政成本利益为主导的色彩比较浓厚。而且，退出处理的对象主要是一些规模相对较小的金融机构，如城市信用社、小型城市商业银行等。

（3）退出路径主要依赖于托管重组

从金融机构危机处理过程来看，托管重组一直是中国金融机构市场退出的主要路径。一般先由监管机构指派其他金融机构托管或接管被关闭的金融机构，而后由政府、监管机构和行业协会协调，对关闭的金融机构进行强制性重组改造，全部或部分合并到其他金融机构，而原有机构法人由此退市。

(4) 退出处理成本主要由国家财政负担

在中国，银行市场退出处理过程中所产生的成本费用主要发生于紧急救助和资产重组情况，通常包括再资本化和资产置换。前者指的是注资，后者主要是以优质资产或现金置换呆滞资产，如债权转股权和剥离不良资产。而不论哪种处置方法，都离不开中央财政的资金支持。最典型的如 1998—2005 年间，国家多次通过发行巨额特别国债或动用外汇和黄金储备为四大国有银行注入资本金和剥离巨额的不良资产；多次为了缓解城市信用社、城市商业银行等机构的支付危机，国家紧急调拨上亿元的财政资金进行援助；从 2003 年 8 月至 2007 年 6 月末，中国人民银行通过发行专项票据和发放专项借款两种方式，对全国农村信用社转换不良资产、弥补历年亏损和注入资金共计 1 661 亿元。

3. 中国银行市场退出存在的问题

(1) 缺乏系统健全的市场退出法律依据

长久以来，中国缺乏关于银行市场退出的比较系统健全的法律依据，从银行市场退出的概念到退出程序、退出方式以及由退出引起的风险分担制度都没有明确的法律法规予以规范。当前中国对商业银行市场退出还没有权威的定义，《商业银行法》第七章中规定了商业银行的三种终止方式，即商业银行因解散、被撤销和宣告破产而终止。这里的终止即意味着商业银行从竞争市场中退出。目前中国对商业银行市场退出进行监督和管理的法律依据主要有：《中国人民银行法》《商业银行法》《公司法》《企业破产法》《外资金融机构管理条例》《外资金融机构管理条例实施细则》《金融违法行为处罚办法》《金融机构撤销条例》等。这一系列法律法规对商业银行的接管、解散、清算、撤销（或关闭）、破产都有所规定。但问题是现有的规定大多是原则性规定，在定义、程序、条件和各方的权利义务等方面都难以明确指导实践，没有考虑到银行机构的特殊性，可操作性不强。例如，由于尚未建立统一的银行业金融机构破产的法律制度，中国金融机构破产分别适用不同的法律规定，如国有商业银行适用于原《企业破产法》，其他金融机构一般适用《民事诉讼法》中的企业法人破产还债程序。但是《企业破产法》《民事诉讼法》中关于破产的章节也只体现破产企业的共性，没有对商业银行的破产做出特殊的规定，因此银行业的破产很难适用这两个法律，导致各地区对商业银行退出市场没有统一的标准和操作程序，影响了法律的权威性。而且在政策不允许金融机构集中破产的情况下，对采取停业整顿及撤销关闭等非破产情况缺少清算后支付债务具体顺序的规定，清算中遇到的许多问题自然无法解决，如清算主体与人民法院的关系、债权人保护、内外债权人地位等，最核心的还是在不能全额兑付债务的时候没有解决债务纠纷的途径。例如，1998 年海南发展银行被行政关闭至今仍没有完成最终的清算，而且 1998 年做出的行政关闭本身，在《商业银行法》里是找不到依据的。

(2) 缺乏合理的退出风险分担机制

银行面临市场退出时，如何保障广大存款人的存款是避免金融动荡、稳定金融秩序时必须认真对待的关键问题。目前各国比较一致的做法是通过建立有效的存款保险制度,来实现对参与保险的金融机构在市场退出时进行规定限额内的存款的给付,从而合理确定国家、金融机构、股东和存款人应负担的金融风险损失。中国现有《商业银行法》第三章中规定的对存款人的保护只是正常状态下的保护,而对商业银行市场退出时的存款处理,只有"按照清偿计划及时偿还存款本金和利息等债务"的原则性规定,"在商业银行破产清算时,在支付清算费用、所欠职工工资和劳动保险费用后,应当优先支付个人储蓄存款的本金和利息"。上述原则性规定不可能使存款人在面对银行破产危机时感到存款安全会得到有效保障。不过目前在中国金融机构市场退出的个案中,还没有出现居民储蓄存款完全损失的情况,这主要是由政府出面承担了本应由投资者、债权人、经营者甚至存款人所应部分承担的全部责任。这是一种隐性的政府存款保险制度,即无论银行机构大小,倒闭清理时储蓄存款不论是大户还是小户,政府全部确保100%兑付。全额隐性存款保险制度未能体现风险合理分担的市场化原则,很容易助长银行管理者的逆向选择与道德风险,许多银行高级管理人员的非法和不当行为很难得到遏制,而且也让财政背负了太多的压力。

(3) 行政主导的小规模退出模式存在种种弊端

以政府行政利益为主导的小规模退出模式存在种种弊端:一是难以及时化解银行风险,其结果更多的是转移风险,甚至加剧国家金融风险的积聚;二是带来高昂的退出处置成本;三是个别情况个别处理的银行退出方法虽然勉强可以应付中国中小金融机构的市场退出问题,但是无法适应中国金融市场化、自由化和全球化的发展趋势。现代银行制度改革正在深化,部分国有大型商业银行经过财务重组、股份制改造和公开上市,已成为按市场化和国际化规则运营的现代银行,独立、自主地面对国际银行业市场竞争的挑战;同时,具有独立市场主体地位的中小银行类金融机构也在快速发展,市场竞争程度不断升级,尤其是在中国入世过渡期宣告结束后,银行业全面对外开放,外资银行享受国民待遇,市场竞争日趋激烈,部分经营不善的银行机构在竞争中失败、出现清偿性风险并引发经营危机的市场退出现象将不可避免;而且随着中国金融自由化改革的深入进行,银行面临的信用风险、价格风险、系统风险等将上升,有问题的银行(即资本严重不足或净资产价值为负的银行)很可能会出现并增多。以上种种新形势、新状况使现行的银行退出制度与退出方式将难以承受风险迅速扩大的压力和复杂多变的金融市场。

(4) 存在"太大而不能倒"的退出监管容忍问题

银行作为特殊的金融企业,与社会经济、个人福利有着千丝万缕的联系,规模越大的银行发生破产,越有可能严重破坏金融体系的稳定性,甚至引发系统性金融危机。因此,金融当局对大规模的银行始终抱有"太大而不能倒"的态度,产生监管容忍问题,即对于一些经营状况恶劣甚至资不抵债的大银行特别是国有大银行实施一次又一次的救援政策,而无法对它们采取如关闭整顿等严厉的措施,就是为了避免由此带来的麻烦与社会损失。由于没有强制退出的威胁,资金的安全性与谨慎经营不再是大银行关心的问题,短期利益最大化才是银行的目标,银行谨慎经营的自律机制几乎失灵。于是才会出现多年来国有银行的经营者们在经济快速增长过程中屡屡追求高风险高收益的投资组合,因为这样做即使产生巨大的资产损失也不用担心会被吊销经营执照,而且冒险失败的损失还可以由政府全额买单。

(5) 有进无退的银行业市场容易导致过度竞争

"进入企业过多"(即过度进入)、"大多数企业或全行业长期处于低效益或负效益"和"竞争及低(或负)效益不能产生淘汰机制"是构成过度竞争的三个不可或缺的因素。随着金融自由化改革的深化,进入市场的银行机构会越来越多,竞争会越来越激烈,外资银行的进入更是有推波助澜的效果,银行面临的经营风险如利率风险、外汇风险、通货膨胀风险、操作风险等有增无减,这些风险时刻威胁着银行的生存与发展,银行的清偿能力备受考验。受竞争挤压与跟风效应的影响,不只是一些清偿能力不足的有问题的银行很容易采取赌博策略,即使是有清偿力的银行也会在竞争压力下做出冒险决策。如果退出规则继续缺失,那么越有问题的银行越敢冒险,竞争手段也可能越恶劣,从而破坏了整个银行的市场秩序,导致恶性竞争,严重威胁银行体系的稳健性。

从对西方发达国家的商业银行市场退出相关法律制度的研究中可以看出,西方发达国家的商业银行市场退出相关法律制度存在三点共性:一是具有完善的银行市场退出法规为退出监管提供法律依据,为监管当局的合理有效监管提供了可靠的法律保障;二是建立了银行市场退出监管的配套制度,如最后贷款人制度和存款保险制度等,为存款人提供了利益保障,有利于银行市场退出平稳有序地进行;三是赋予了银行监管当局较大的监管独立性,从而有效避免了各级政府和政客的干扰,保证了商业银行市场退出监管的效率。这是一套设计严密并且经实践检验十分有效的银行市场退出监管制度,值得中国借鉴。

4.4 巴塞尔协议及其发展

20 世纪 70 年代以后,金融国际化和全球化程度不断加深,金融创新日趋活跃。各国在放松国内金融规制的同时,也面临着对国际银行业进行监管的需要和挑战,协调国际银行的监管被提上了日程。1974 年赫斯塔特银行和富兰克林国民银行的倒闭为银行监管的国际协调与国际合作提供了实践和历史的突破口。1974 年年底,在英格兰银行的倡议下,ISB 在瑞士巴塞尔主持召开了由 G10 和瑞士、卢森堡等 12 个国家参加的会议,研究国际银行风险监管问题。1975 年 2 月成立了常设监督机构,即"银行业务条例和监管委员会",后更名为"巴塞尔银行监管委员会"(简称"巴塞尔委员会")。

4.4.1 巴塞尔协议的制定背景

20 世纪 70 年代以来,全球经济一体化和金融国际化的趋势不断增强,跨国银行在经济中扮演着越来越重要的角色。但是,跨国银行在全球多个国家设立分支机构,母国和东道国的监管当局均不能对其实施有效、及时和全面的监管。而且各国对跨国银行缺乏一个统一的监管规则,更容易形成监管上的漏洞。1974 年,德国赫斯塔特银行和美国富兰克林国民银行相继倒闭,给国际货币与银行市场造成了巨大影响,各国监管当局高度重视,制定统一的国际银行监管规则被提上了议事日程。1974 年年底,G10 中央银行行长们在瑞士巴塞尔成立巴塞尔委员会,陆续制定和颁布了一系列关于国际金融监管的文件。

> **知识链接**
>
> 赫斯塔特银行是一家规模不大但在外汇交易方面相当活跃的银行。它的活跃过于出格,当联邦德国监管当局发现赫斯塔特银行欺骗性地隐藏了超过其资产账面价值一半的损失时,他们关闭了这家银行,时值当地时间 1974 年 6 月 26 日下午 4 点。这是联邦德国正常营业日的结束,但是纽约却刚好是早晨。赫斯塔特银行的关闭使得数百万美元的外汇交易无法结算:早些时候已经付给赫斯塔特银行欧洲货币的美国银行指望着在纽约营业日结束时可以收到美元,但实际上已经不能了。当赫斯塔特银行在纽约的关联银行收到关闭通知时,已有 6.2 亿美元的账上要求权无法承兑。这一外汇交易的废除引起了国际外汇交易持久的扰动和不安,银行间市场遭到重大破坏。此后,赫斯塔特风险就成为银行大额跨国结算风险的代名词。

1975 年 9 月,巴塞尔委员会通过了《对银行国外机构的监管报告》(Report on the Supervision of Banks' Foreign Establishments)(简称《库克协议》)。这是国际银行业监管组织第一次共同对国际银行实施监管,开创了巴塞尔委员会细条监管政策的先例,也就是巴塞尔资本协议的雏形。该协议对海外银行监管责任进行了明确分工,监管重点是现金流量和偿债能力。自此开始,各国银行监管机关第一次联合对国际商业银行实施监管,它强调任何银行的国外机构都不能逃避监管,母国和东道国应共同承担责任。但是由于各国的监管标准存在较大差异,东道国与母国间监管责任划分的实际适用上也存在不同意见,该协议的弱点充分暴露。

因此,巴塞尔委员会在 1983 年 5 月公布了《银行国外机构的监管原则》(Principles for the Supervision of Banks' Foreign Establishment),对《库克协议》进行具体说明和细化,进一步明确了母国和东道国监管当局的监管责任,要求两者之间进行联系和合作。该原则体现了两个基本思想:任何海外银行都不能逃避监管,任何监管都应恰如其分。

4.4.2 《巴塞尔协议 I》

鉴于 20 世纪 80 年代初发生的国际债务危机给银行业带来的损失,以及由于各国银行资本要求不统一所造成的不公平竞争,1988 年 7 月,巴塞尔委员会公布了《统一国际银行资本计量和资本标准的协议》(International Convergence of Capital Measurement and Capital Standards),我们称之为《巴塞尔协议 I》。该协议建立了一套完整的、国际通用的、以加权方式衡量表内与表外风险的资本充足率标准,从实施的角度来看,更具有可行性和可操作性,有助于银行更为全面有效地管理风险,维护存款人的正当利益和公众对银行的信心。随着金融创新的不断发展,新的重要性风险不断涌现,《巴塞尔协议 I》也面临着不断更新的需求。1996 年 1 月巴塞尔委员会公布的《资本协议市场风险补充规定》,就强调了市场风险的重要性,对市场风险暴露提出了资本计提要求。

1997 年东南亚金融危机的爆发引发了巴塞尔委员会对金融风险的全面而深入的思考,并于 1997 年 9 月推出了《有效银行监管的核心原则》,它是继《巴塞尔协议 I》后国际银行业监管的又一指导性文件,进一步提出了比较系统全面的风险管理思路,着眼于银行监管的全方位和有效性,这表明巴塞尔委员会在制定监管规则方面实现了重大突破。如果将《巴塞尔协议Ⅰ》看作银行监管的框架,则《有效银行监管的核心原则》更像是践行框架的具体标准。

1. 主要内容

以1988年协议为界,《巴塞尔协议Ⅰ》可以分为两个阶段:提出阶段和调整阶段。《巴塞尔协议Ⅰ》提出阶段的协议主要包括:1975年《对银行国外机构的监管报告》、1979年《资产负债表并表方法》、1983年《银行国外机构的监管原则》以及1988年《统一国际银行资本计量和资本标准的协议》。其中,1988年的协议就是俗称的《巴塞尔协议Ⅰ》,也是这一阶段最重要的协议文件。

《巴塞尔协议Ⅰ》的主要内容包括三方面:

第一,资本的组成。对各类资本按照各自不同的特点进行明确界定,将银行的资本构成划分为核心资本(包括股本和公开的准备金)和附属资本(包括未公开准备金、资产重估准备金、普通准备金或呆账准备金、次级债工具等)两个层次,核心资本至少占全部资本的50%。

第二,风险加权的计算。根据资产类别、性质以及债务主体的不同,将银行资产的风险划分为五个等级,从"无风险"到"十足风险",即0%、10%、20%、50%和100%的风险权数;风险越大,加权数就越高。对资产负债表外项目采用"无风险"到"十足风险"的0%、20%、50%、100%的信贷风险折算率。

第三,资本与风险资产的目标标准比率。银行资本对风险加权资产的最低目标比率为8%,其中核心资本至少为4%。允许在五年(1987年年底到1992年年底)过渡期内各银行对其资本基础进行必要的充实,以达到该水平。

具体而言:

$$资本充足率 = 总资本 / 风险加权资产$$

$$风险加权资产总额 = 资产负债表内资产 \times 风险加权数 + 资产负债表外资产 \times 转换系数 \times 风险加权数$$

《巴塞尔协议Ⅰ》关于银行主要资产的风险加权系数的规定如表4-8所示。

表4-8 《巴塞尔协议Ⅰ》银行主要资产的风险加权系数

0%权数的资产	① 现金;② 对本国中央银行的债权;③ 由经济合作与发展组织(OECD)国家的中央政府或中央银行担保的债权等。
20%权数的资产	① 对多边发展银行(国际复兴开发银行、泛美开发银行、亚洲开发银行、非洲开发银行、欧洲投资银行)的债权,以及由这类银行提供担保,或以这类银行发行的债券作为抵押品的债权;② 由OECD国家的金融机构提供担保的债权;③ 由OECD国家的公共部门、非OECD国家中央银行及其他银行担保不超过一年的债权;④ 在途现金等。
50%权数的资产	有完全资产担保的房地产或个人零售贷款等。
100%权数的资产	① 对私人机构的债权;② 对非OECD国家中央银行及其他银行余期在一年以上的债权等。

《巴塞尔协议Ⅰ》调整阶段的协议主要包括：1990年《银行监管当局信息交流》、1992年《关于监督国际银行集团及其跨国机构的最低标准》、1996年《市场风险修正案》（第四个巴塞尔协议）以及1997年《有效银行监管的核心原则》。其中，1996年《市场风险修正案》针对银行在外汇、债券、股票、商品和期权市场上的公开头寸，增加了对银行市场风险的资本要求。1997年《有效银行监管的核心原则》提出了银行监管7方面25条核心原则，提出了比较系统的全面风险管理理念，为此后巴塞尔协议的完善提供了一个具有实质性意义的监管框架，为《巴塞尔协议Ⅱ》的全面深化留下了宽广的空间。

《巴塞尔协议Ⅰ》重点突出强调了资本充足率的标准和意义，并且确定了全球统一的银行风险管理标准；由于20世纪70年代发展中国家债务危机的发生，该协议尤其强调了国家风险对银行信用风险的重要影响。这一重大的突破体现了监管思想的根本转变：一方面，该协议统一了各国银行的监管标准，有利于国际银行体系的健全和稳定，并防止国际银行间的不公平竞争；另一方面，监管视角从银行外部转向银行内部，建立了资本与风险两位一体的资本充足率监管机制，由静态监管转向动态监管，由资产负债管理向风险管理过渡。

2. 《巴塞尔协议Ⅰ》的局限性

20世纪90年代，国际银行业的运行环境和监管环境发生了巨大的变化，信用风险和市场风险以外的风险破坏力日趋显现，《巴塞尔协议Ⅰ》的局限性逐渐暴露出来。一是国际统一标准的局限性。银行监管统一的国际标准不仅有助于减少银行竞争中的不平等性，而且实现了对国际银行业的统一监管。然而，由于不同国家之间的会计准则和融资成本存在差异，相同的资本监管标准反而有可能在一定程度上加强国际活跃银行间的不公平竞争，因此需要采用差异化实施的方法来解决。二是资本监管的有效性尚待完善。与以前的资本资产比率、资本存款比率等监管比率相比，基于风险的资本监管是《巴塞尔协议Ⅰ》的重大创新之处，代表了银行监管的新的发展方向。然而，《巴塞尔协议Ⅰ》只设计了信用风险和市场风险，不足以囊括银行业务的实际风险（比如操作风险、法律风险、声誉风险等），而且在实际的操作过程中，协议中的风险度量方法也不能跟上银行风险不断复杂化的趋势，使得监管资本与银行风险的挂钩不够紧密，资本配置效率较低。例如，《巴塞尔协议Ⅰ》的核心——资本充足率的规定只能满足信用风险降低，但并不能保证所有风险都可有效控制；而且银行为了持续稳健经营，也要经营高风险资产来提高收益能力，进而增加对风险的覆盖能力。三是监管资本套利的存在进一步削弱了协议的有效性。《巴塞尔协议Ⅰ》首次提出了基于信用风险的资本监管要求，将监管重心从过去的银行资产负债状况转移到了银行的风险资产，实现了以风险为导向的监管。但是在金融创新和风险量化技术不断发展的大背景下，监管资本的套利仍旧存在，其最常用的方式是证券化，将表内业务通过证券化移至表外。例如，银行将低质量的信贷资产证券化后，这部分资产的风险权重就会降低，从而节约了资本。但是这很可能使得银行更倾向于资产质量较差的资产组合，导致银行系统风险加大。

> 案例

从巴林银行倒闭看《巴塞尔协议Ⅰ》的局限性

1995 年 2 月 26 日,一条消息震惊了整个世界金融市场。具有 230 多年历史,在世界 1 000 家大银行中按核心资本排名第 489 位的英国巴林银行,因进行巨额金融期货投机交易,造成 9.16 亿英镑的巨额亏损,在经过国家中央银行英格兰银行先前一个周末的拯救失败之后,被迫宣布破产。后经英格兰银行的斡旋,3 月 5 日,荷兰国际集团(ING)以 1 美元的象征价格,宣布完全收购巴林银行。

巴林银行破产的直接原因是新加坡巴林公司期货经理里森错误地判断了日本股市的走向。1995 年 1 月,日本经济呈现复苏势头,里森看好日本股市,分别在东京和大阪等地买进大量期货合同,希望在日经指数上升时赚取大额利润。天有不测风云,1995 年 1 月 17 日突发的日本阪神地震打击了日本股市的回升势头,股价持续下跌。巴林银行因此损失的金额高达 9.16 亿英镑,这几乎是巴林银行当时的所有资产,这座曾经辉煌的金融大厦就此倒塌。巴林银行破产的消息震动了国际金融市场,各地股市受到不同程度的冲击,英镑汇率急剧下跌,对马克的汇率跌至历史最低水平。巴林银行事件对于欧美金融业的隐性影响不可估量。

巴林银行的倒闭足以证明现代银行的脆弱和《巴塞尔协议Ⅰ》的局限性:

首先,过分强调资本充足。1993 年年底巴林银行的资本充足率远远超过 8% ,1995 年 1 月巴林银行还被认为是安全的,但 1995 年 2 月末,这家银行就破产并被接管了。

其次,只关注了信用风险,未关注市场风险及操作风险。英国银行监督理事的结论是,巴林银行破产的主要原因是银行的管理及其他最基本的内部控制机制失灵。

最后,从内部管理来看,巴林银行至少有三点失误:① 用人不当:里森曾被英国法院罚款 3 000 英镑,有未偿还的债务,根据英国及新加坡有关法律,里森不能成为注册交易员;② 权力失去制衡:里森一人被委以前台交易和后台结算的重任,对其活动没有独立的监管手段;③ 未能及时发现问题:从里森开始违规交易到巴林银行倒闭,在长达两年多的时间里,巴林银行竟未察觉问题。

4.4.3 《巴塞尔协议Ⅱ》

由于《巴塞尔协议Ⅰ》本身在制度设计上存在缺陷,同时随着经济金融全球化的进一步发展,金融创新层出不穷,金融衍生品大量使用,银行业趋于多样化和复杂化,信用风险以外的其他风险逐步凸显,诱发了多起重大银行倒闭和巨额亏损事件;此外,银行通过开展表外业务等方式来规避管制的水平和能力不断提高。因此,重新修订《巴塞尔协议Ⅰ》的监管标准被提上日程。

巴塞尔委员会自 1998 年开始着手制订一系列全面的修订方案。从 1999 年 6 月巴塞尔委员会颁布第一份征求意见稿开始,直至 2004 年 6 月 26 日巴塞尔委员会才正式公布《统一国际银行资本计量和资本标准的协议:修订框架》最终稿,这也就是俗称的《巴塞尔协议Ⅱ》。

1. 新监管框架更加完善与科学

《巴塞尔协议Ⅱ》在最低资本要求的基本原则基础上,增加了外部监管和市场约束来对银行风险进行监管,构建了三大支柱——资本充足率、外部监管和市场约束,形成了对银行风险全面监管的完整体系(见图4-3)。

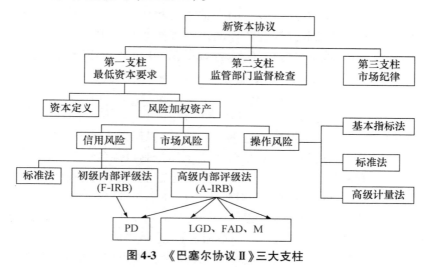

图4-3 《巴塞尔协议Ⅱ》三大支柱

(1)确立资本监管制度的框架,坚持以资本充足率为核心

一是最低资本要求仍然包括三方面的内容,即资本的定义、风险头寸的计量以及根据风险程度确定资本的规定。其中,资本的定义及8%的最低资本充足率保持不变,但明确了应包括市场风险和操作风险。

新协定下的资本充足率公式为:

$$资本充足率 = 资本总额 / 风险加权资产总额$$

风险加权资产总额 = 信用风险加权资产 + 12.5 ×(市场风险资本金 + 操作风险资本金)

二是《巴塞尔协议Ⅱ》提出了更精确和全面的评估信用风险的方法。对于有待提高的银行可以继续采用简单易行的标准法,但是鼓励风险管理能力较高的银行采用初级或高级内部评级法。对于标准法,《巴塞尔协议Ⅱ》延续了原有协议的基本框架,但有所发展:考虑评级公司的评级结果确定风险权重,比单纯以联合国OECD的以国为界限的方法更加客观;突破了旧协议中风险权重最高为100%的上限;对主权贷款、银行贷款和工商贷款增加150%的系数档;对工商贷款,增加50%的系数档。

三是《巴塞尔协议Ⅱ》考虑到与银行内部控制密切相关的操作风险,如道德风险、法律风险、IT风险等,并要求对操作风险配备单独的资本。此外,《巴塞尔协议Ⅱ》扩大了资本约束范围,要求银行将投资于非银行机构的大额投资从其资本中扣除,以商业银行业务为主导的控股公司开始受到资本充足率的约束,而且考虑到控股公司下不同机构的并表问题,最后还对证券化的处理方法做了明确的规定。

(2)转变监管方式,纳入外部监管

外部监管作为《巴塞尔协议Ⅱ》的第二支柱,明确要求各国监管当局应结合各国银行业的实际风险对银行进行灵活的监管，强化了各国金融监管当局的职责。在此支柱下，监管者与银行应当持续地对话和交流，以确保能够进行有效的监督并在必要时采取措施。协议确定了外部监管的四项原则：一是监管当局应该根据银行的风险状况和外部经营环境，全面判断银行的资本充足率是否达到要求；二是银行应参照承担风险的大小，建立起严格的内部评估体系，使其资本水平和风险度相匹配，并制定维持资本充足水平的战略；三是监管当局应及时对银行的内部评价程序与资本战略、资本充足状况进行检查和评价，以确保每家银行都有合理的内部评级程序；四是在银行资本充足率未达到要求时，监管当局要及时对银行实施有效干预，并可要求银行持有超过最低比率的资本。

(3) 强化信息披露，引入市场约束

《巴塞尔协议Ⅱ》第一次引入了市场约束机制，与第二支柱共同作为第一支柱的补充，以此来强化资本监管的有效性。《巴塞尔协议Ⅱ》强调以市场的力量来约束银行，认为市场约束具有能使银行有效而合理地分配资金和控制风险的能力。因为经营良好的银行可以以更为有利的价格和条件在市场上获得资金，而风险程度高的银行必须支付更高的风险溢价、提供额外的担保或采取其他安全措施来获得资金，从而在市场中处于不利地位。这种市场奖惩机制可以促使银行保持充足的资本水平，推动银行和金融体系的稳定发展。而这一切的前提条件，就是要提高银行信息披露的水平。《巴塞尔协议Ⅱ》提出了全面信息披露的理念，要求银行在应用范围、资本构成、风险评估和管理过程及资本充足性方面，不仅要定性还要定量；不仅要披露综合信息还要评估披露体系；不仅要披露核心信息还要披露附加信息；最好每半年披露一次。

2. 扩大风险资本要求范围

《巴塞尔协议Ⅱ》对风险的认识更加系统、全面，强调内部模型法在衡量市场风险中的重要性。此外，《巴塞尔协议Ⅱ》首次将操作风险纳入资本充足率的计算，并要求商业银行为操作风险配置相应资本。在《巴塞尔协议Ⅱ》的框架下，操作风险是指由不完善或有问题的内部程序、人员及系统或外部事件所造成损失的风险。此处包括法律风险，但不包括策略风险和声誉风险。对于操作风险的衡量，巴塞尔委员会提出了多种可供选择的方式，包括基本指数法、标准法和内部衡量方法，这三种方法在复杂性和风险敏感度方面渐次加强，银行可以根据自身操作风险的实际情况选用复杂程度不同的方法。这一变动弥补了《巴塞尔协议Ⅰ》只考虑信用风险和市场风险的缺陷。

3. 倡导使用内部评级法

《巴塞尔协议Ⅱ》提出了多样灵活的风险衡量方法，驱使银行提高风险管理水平。其中，从《巴塞尔协议Ⅰ》延续下来的标准法的特点是通过外部评级机构来确定商业银行各项资产的风险权重，计算最低资本要求。而《巴塞尔协议Ⅱ》最重大的创新点就在于提出了计算信用风险的内部评级法(IRB)，并肯定了它在风险管理和资本监管中的重要作用。

IRB 包括四个基本要素：违约概率(PD)、违约损失率(LGD)、违约风险暴露(EAD)和期限(M)。IRB 分为初级法和高级法。如果银行采用初级法，则只需计算违约概率，其余要素只要依照监管机构的参数即可。如果 IRB 的上述四个要素均由银行自身确定，则称为高级法,协议鼓励银行在具备充分数据的条件下,采用高级法。相对于标准法而言,利用 IRB 在资本充足性要求上有一定的奖励:初级 IRB 总体上风险加权资产下降 2%—3%;高级 IRB 可以达到初级 IRB 下资本要求的 90%。关于初级 IRB 与高级 IRB 的区别如表 4-9 所示。

表 4-9 IRB 下各因素

数据	初级 IRB	高级 IRB
违约概率	银行提供的估计值	银行提供的估计值
违约损失率	委员会规定的监管指标	银行提供的估计值
违约风险暴露	委员会规定的监管指标	银行提供的估计值
期限	委员会规定的监管指标或者由各国监管当局自己决定允许采用银行提供的估计值(但不包括某些风险暴露)	银行提供的估计值(但不包括某些风险暴露)

IRB 中的模型,监管人员将资本金建立在风险价值度的基础上,而风险价值度的计算要选定一年展望期及 99.9% 的置信区间,他们认识到金融机构在产品定价时已经考虑了期望损失,资本金应等于 VaR 减去预期损失。这里的 VaR 的计算是基于违约时间单因子模型。假定某银行有大量的贷款义务人,每个义务人在一年内的违约概率均为 PD,义务人之间的 Copula 相关系数均为 ρ。我们定义

$$\text{WCDR}_i = N\left(\frac{N^{-1}\text{PD} + \sqrt{P}N^{-1}(0.999)}{\sqrt{1-p}}\right) \quad (4-1)$$

式(4-1)表示银行有 99.9% 的把握,下一年中的第 i 个交易对手在"最坏情况下的违约概率"也不会超过该数。Gordy 的研究表明,对一个大的交易组合(贷款、贷款承诺、衍生品等),对于一个大大的资产组合(贷款、贷款承诺、衍生品组成),如果相关性 ρ 相同,则一年展望期 99.9% 置信度的 VaR 近似于

$$\sum_i \text{EAD}_i \times \text{LGD}_i \times \text{WCDR}_i \quad (4-2)$$

式(4-2)中,EAD_i 为关于第 i 个交易对手在违约时的风险暴露;LGD_i 为关于第 i 个交易对手的违约损失率。变量 EAD_i 是一个货币量,是指在违约发生时,第 i 个交易对手所欠的数量。如果该交易对应于一个单笔贷款,该数量应等于贷款的既存本金;如果该交易对应于一个互换或其他衍生品,我们必须对等价信用量进行估计,然后求得 EAD_i;如果与第 i 个交易对手进行了若干交易,在计算中我们需要采用类似的比率。

违约造成的预期损失为:

$$\sum_i \text{EAD}_i \times \text{LGD}_i \times \text{PD}_i \quad (4-3)$$

资本金等于 99.9% 置信区间所对应的最糟糕的损失减去预期损失,即

$$\sum_i \text{EAD}_i \times \text{LGD}_i \times (\text{WCDR}_i - \text{PD}_i) \quad (4-4)$$

在高斯 Copula 模型中,WCDR_i 与 PR 及 ρ 有关。当 $\rho = 0$ 时,因为资产之间没有相关性以及每一年的违约率等同,所以 $\text{WCDR}_i = \text{PR}$;当 ρ 增加时,WCDR_i 也会随之增加。

总之,《巴塞尔协议Ⅱ》全面考虑了20世纪90年代国际金融市场和银行业的变化与发展,在银行业监管方面取得了突破性的进展。也正如时任巴塞尔委员会主席的William J. MaDonough所说的那样,《巴塞尔协议Ⅱ》将使资本充足的监管要求更为准确地反映银行经营的风险状况,为银行和金融监管当局提供更多衡量资本充足可供选择的方法,从而使巴塞尔委员会的资本充足框架具有更大的灵活性来适应金融体系的变化,以便更准确、更及时地反映银行经营活动中的实际风险水平及其需要配置的资本水平,进而促进金融体系的平稳健康发展。

然而,今天反观《巴塞尔协议Ⅱ》对《巴塞尔协议Ⅰ》的改进,早已是毁誉参半了,尤其是IRB对于风险敏感度的提高而带来的顺周期性,已经成为广泛争议的焦点。对《巴塞尔协议Ⅱ》的批判主要有以下几点:一是尚未关注系统性风险。《巴塞尔协议Ⅱ》关注的重点是受其约束银行的微观稳健,即强调风险从银行的转移,相关的监管要求也只是建立在对风险真实转移认定基础之上的,并没有关注风险本身的化解状况和转移后实际承担者的稳健,缺乏对系统性风险的指导和要求。这使得在次贷危机向金融危机转化的过程中,CDO、CDS等资产证券化产品不仅成为风险传染的媒介,同时也极大地放大了次级贷款的风险,最终引致包括银行业在内的整个金融系统风险的爆发。资本的定义复杂化,抵御风险的可行性差。《巴塞尔协议Ⅱ》规定次级债券在一定条件下可计入银行附属资本,因此发行次级债券可以增加银行的附属资本从而使资本充足率上升。由于发行次级债券可以随时快速地提升银行资本达到监管要求,相对于发行普通股和优先股补充资本的方式来说,发行程序相对简单、周期短,因此银行非常热衷于选择发行次级债券来提高资本充足率,这一点单从次级债券在过去半个世纪中在银行负债结构中不断提升的比例就可以看出(见表4-10)。

表4-10 1966—2007年美国银行业次级债权所占负债结构的变化

年份	1966	1975	1985	1995	2000	2005	2006	2007
次级债券	0.46	0.50	0.57	1.10	1.52	1.50	1.65	1.74

银行通过发行次级债券的方式只会表面上使得资本充足率提高,但是不能真正起到作用,银行只有降低附属资本和债务资本的比例,提高资本质量,才能真正提高抵御风险的能力。在一些国家,银行为了达到资本充足率要求,交叉持有银行的次级债券,这种交叉持有次级债券意味着整个银行体系并没有增加资本进入,抵御风险的能力其实并没有增强,只不过是将风险转嫁成了银行的系统性风险,而这种系统性风险的增强,比单个银行的抗风险能力降低更为可怕,因为系统性风险一旦爆发,导致的将是全局性的灾难。

二是加剧了顺周期性。2008年金融危机的过程带有典型的顺周期性。美国房地产价值大幅下降,导致了次贷危机的爆发,商业银行的损失巨大,此时银行计提损失准备和紧缩信贷,产生了流动性危机,最终使实体经济进入衰退。

《巴塞尔协议Ⅱ》具有顺周期性。首先,从第一支柱来看,对于资本监管,周期性就是其自身显著的特征之一。尤其是公允价值会计准则的引入,更增强了顺周期性。其次,《巴塞尔协议Ⅱ》引入了信用风险的IRB,在改进其风险敏感度的同时,银行对风险要素估计方法的不同选择,增加了协议的顺周期性。当经济繁荣时,借款方经营状况表现良好,抵押品价值也比较高,此时银行对违约概率、违约损失率等风险和要素的估值较低,对借款方内部评级级别较高,导致基于 IRB 的监管资本要求较低,刺激银行进一步扩大信贷规模,从而刺激经济繁荣。

三是对表外业务监管不足。根据《巴塞尔协议Ⅱ》规则,2004—2010 年间,银行的总资产大幅度增加,但风险加权资产却只有温和增长。可见《巴塞尔协议Ⅱ》对表外业务的监管存在着缺陷。以表外业务联系最密切的金融衍生品为例,金融衍生品的总值随着银行业的不断发展已经远远超过了银行的总资产,蕴含着很大的风险。在危机爆发的前几年,表外资产规模增长迅速。《巴塞尔协议Ⅱ》虽然将金融衍生品纳入监管范围中,但是其风险权重调节系数过低、对其信息披露不够全面,导致信息不对称,从而监管失灵。

四是对影子银行体系风险缺乏控制。影子银行的概念最早是在 2007 年,由美国太平洋投资管理公司(PIMCO)的 Paul McCulley 提出的,之所以称为"影子"是指它们有银行之实,无银行之名,即指那些游离于正规商业银行体系之外,从事与银行相类似的信用中介活动却不受严格监管或几乎不受监管的金融实体与金融活动。

金融创新的加速,投资银行、对冲基金、特殊目的实体等影子银行金融机构功能日益发展,使得其余传统金融机构的相关性加强,导致风险在不同金融机构之间的蔓延更加容易、更加迅速,金融系统性风险产生新的来源。而在《巴塞尔协议Ⅱ》的监管框架下,这种类银行金融机构和场外金融产品受到的监管较为松散甚至缺失。这也说明了现行金融监管模式滞后于金融创新的实践。

4.4.4 《巴塞尔协议Ⅲ》

随着金融创新的不断涌现,《巴塞尔协议Ⅱ》一直秉承的资本充足管理理念受到挑战,2007 年金融危机的爆发使得《巴塞尔协议Ⅱ》的问题也日益暴露出来。为了应对金融危机,巴塞尔委员会不断推出新的风险管理准则和计量方法来加强银行业稳健经营与公平竞争,并于 2010 年 12 月 16 日正式公布了《巴塞尔协议Ⅲ》的文本终稿,确认了此前 G20 首尔峰会及各国中央银行行长和监管当局负责人会议(GHOS)通过的关于监管框架改革的所有关键指标和生效时间,并正式明确了《巴塞尔协议Ⅲ》的内容和范围。

《巴塞尔协议Ⅲ》旨在从银行个体和金融系统两方面加强全球金融风险监管,即微观审慎监管和宏观审慎监管。

1. 微观审慎监管

微观审慎监管意图提高银行及其他金融机构在市场波动时期的恢复能力,使银行能够更好地抵挡经济金融风险的压力。主要包括对原有资本监管要求的完善、流动性标准的建立以及对杠杆比率的限制(见图 4-4)。

一是提升资本质量。第一,在资本结构上进行了重新细化,将资本分为核心一级资本(CET1)、一级资本和二级资本。第二,制定了资本工具的普通标准和个性标准,以提高一级资本工具吸收损失的能力。第三,统一了资本扣除和调整项目,并在普通股权益

图 4-4 《巴塞尔协议Ⅲ》提高资本监管标准，并新增流动性和杠杆率监管标准

层面上实时扣除。第四，提高资本结构的透明度，要求银行披露监管资本的所有要素，以及与财务报告科目之间的对应关系。第五，提高资本充足率监管标准。在加强对银行资本质量监管的同时，巴塞尔委员会也重新审视了《巴塞尔协议Ⅱ》中关于资本充足率的监管标准。2010年9月12日，GHOS公告指出，将核心一级资本的要求从现行的2%提高到4.5%，并增设2.5%的留存缓冲资本，从而使得普通股权充足率要求达到7%。为保持极差不变，一级资本充足率和总资本充足率分别增至8.5%和10.5%。不仅如此，《巴塞尔协议Ⅲ》为冲抵资本充足率的顺周期性，增设了一项逆周期缓冲资本。各国可根据自身的具体情况和商业银行的具体状况在0%—2.5%之间浮动。

二是流动性风险监管。《巴塞尔协议Ⅲ》设置了两个监管标准——流动性覆盖率指标（优质流动性资产储备与未来30日的资金净流出量的比值，应大于或等于100%，用于衡量在设定的严重压力情景下，优质流动性资产能否充分满足短期流动性需要）和净稳定融资比例指标（可用的稳定资金与业务所需的稳定资金的比值，应大于或等于100%，主要衡量商业银行在未来一年内、在设定的压力情景下，用稳定资金支持表内外资产业务发展的能力），同时还提供了一套用于提高不同国家间监管一致性的通用监测指标，包括合同期限错配、融资集中度、可用的无变现障碍资产、与市场有关的检测工具等。

三是引入杠杆率作为风险资本的补充。《巴塞尔协议Ⅲ》规定将杠杆率引入到第一支柱——资本充足率的监管之下。杠杆率定义为一级资本与总风险暴露（表内和表外）的比率，监管红线被确定在3%，作为基于风险的资本指标的补充，并防止模型风险和计量错误的发生。

2. 宏观审慎监管

宏观审慎监管力求减少具有潜在系统性风险的银行对整个金融业的影响，以对全球长期金融稳定和经济增长起到支持作用。主要是在资本框架中加入逆周期缓释机制和

资本留存缓释。

一是逆周期资本缓释。此举旨在经济上升期要提高对银行的资本要求,增加超额资本储备,用于经济衰退期弥补损失,以保证银行的信贷供给能力持续下去。《巴塞尔协议Ⅲ》要求各国监管机构根据自身的情况确定不同时期的逆周期缓释,范围在0%—2.5%。

二是资本留存缓释。巴塞尔委员会认为,金融危机期间许多银行仍在回购股份、分发红利和发放奖金,主要原因是如果其他银行都这么做,不这么做的银行会被认为经营有问题,这种情况对银行的未来竞争将产生不利影响,最终结果就是所有的银行都这么做,导致银行体系无法从内源融资渠道来补充资本。因此,解决问题的根本方法是在市场繁荣时期保留一部分资本作为危机时的资本缓释。中国在2010年确定该指标为2.5%,即普通股、一级资本、二级资本在保持最低要求的基础上还要预留2.5%的普通股作为资本留存缓释。

三是系统重要性银行及其相关的监管。2008年的次贷危机凸显了解决"大而不能倒"机构道德风险的迫切性,对此,《巴塞尔协议Ⅲ》提出对系统重要性银行增加额外资本、或有资本和自救债务等要求。2011年7月21日,全球银行业监管机构圈定了28家具有"全球系统重要性的银行",并建议对其实施1%—2.5%的附加资本要求。在特定条件下,最具系统重要性的银行可能面临最高3.5%的附加资本,以避免金融危机重演。巴塞尔委员会公布的咨询文件罗列了全球系统重要性银行的评定标准,作为评定系统重要性银行的标准,包括银行规模、与其他银行的关联度、在某类业务或市场中的可替代性,以及在全球市场的影响力。系统重要性银行分类于2014年1月确定,附加资本要求将从2016年起分阶段逐步实施,并在2019年1月完全生效。

由上文可知,《巴塞尔协议Ⅲ》的主要改进可以被概括为"一味地追求资本的充足"。不管是资本的定义和水平提高,还是"资本留存缓释"和"逆周期资本缓释"的增加,诸多条款的核心要求都是在增加资本、提高资本的充足率,来抑制金融业以及金融机构的投机行为。但是单从资本的角度来说,对于夯实整体银行业的运营基础是远远不够的。在危机爆发的时候,资本规模越大,所造成的破坏就越具毁灭性;资本金只能起缓冲作用,真正需要的是流动性而非偿付能力。尽管协议中引入了流动性标准,但对流动性和资本充足之间的联系没有给予较为清晰的界定。这同时就威胁到了《巴塞尔协议Ⅲ》目标的实现,即整体金融体系的稳定。因此,对于银行和监管部门而言,监管重点应该放在风险资产即分母上,控制风险资产的非理性扩张。

此外,《巴塞尔协议Ⅲ》仍然无法回避监管资本套利。尽管在此框架下,已经尽量减少了制度的差异性,但是作为各国监管机构妥协的产物,不同国家、不同体制仍将被允许采用不同的监管标准。例如,逆周期资本缓释只给定了0%—2.5%的范围,各国依各自情况设定。由于存在资本的逐利动机,会发生基于风险度量、主体类别、资产类别和种类的资本套利;更重要的是,这种迁移行为具有"羊群效应",会孕育新的积累风险点,降低资本监管的有效性,加剧银行业的系统性风险。因此,要积极缩小制度差异性,减少监管资本套利的空间。

最后,必须指出的是,《巴塞尔协议Ⅲ》仅仅是为金融监管当局提供了一个范本,各国的监管机构必须结合本国金融体系的内在特征和发展态势进行监管模式设计。例如,美国由原来的多元监管模式转为伞形监管和功能监管;日本由原来的行政指导型监管转为单一混业监管;英国由分业自律监管转为单一监管模式;德国则采用全能型银行下的分业监管模式;中国也面临着由分业监管向混业监管转变的趋势。可以看出,金融监管模式不是固定不变的,它将随着金融体系的发展而变化。特别是在后金融危机时代,金融体系面临着新的调整,金融监管也应做出相应的改变。

4.4.5 次贷危机后 G20 监管新动向

次贷危机后,巴塞尔委员会和以 G20 为代表的各国中央银行提出了新的监管思路,并出台了以《巴塞尔协议Ⅲ》为代表的监管政策(各国在本国实施配合《巴塞尔协议Ⅲ》的监管新政)。

1. 监管新思路

(1) 扩大金融监管范围

第一,需不断扩大金融监管范围,以扫除监管盲区。① 在监管的重点对象方面,认为那些有可能引发系统性金融风险的大金融机构具有"准公共产品"的性质,因此监管当局必须努力防范大机构的道德风险和系统崩溃,降低危机救助的成本。② 在对机构监管的扩大化方面,未来监管当局可能要求所有对冲基金和其他私募基金,必须在证券交易委员会注册,不再理所当然地享受监管豁免。③ 在对产品监管的扩大化方面,产品创新本来是金融机构在市场竞争下的自主行为,但衍生品设计和定价的复杂性、交易对手的高度关联性、风险传染的不确定性和低可控性,使得监管当局高度警惕。目前,国际金融监管有明显的加强对资产支持证券和衍生品监管的趋势,以提高衍生品交易市场的效率和透明度,不仅如此,所有具有系统重要性的支付清算活动也都将受到监管。④ 在对金融机构治理结构监管的扩大化方面,次贷危机之前,全球经历的是放松管制和自律监管,而目前这种趋势已逆转,金融从业人员的薪酬、金融信息系统建设等本来属于银行内部治理的范畴,现在也有纳入监管视野的极大可能。

第二,为抵御系统性风险,扩大金融机构的资本计量范围。次贷危机初期,巴塞尔委员会承受了一定压力,公允价值的引入和内部模型法的广泛运用,使得金融机构的资本充足率具有顺周期性,而目前,对银行资本的定义和理解则更为深入。① 以前认为银行资本通常包括核心资本和附属资本,而目前,这样的观念向更有利于抵御风险的广义资本(Generalized Capital)的概念转变。从广义资本的角度观察,银行资本至少还应该包括拨备水平、对存款保险公司缴纳的保险费等因素,同时银行体系的法定准备金率水平、银行业是否有政府信用担保也十分重要。危机显示,在较高的法定准备金率要求下,在银行遭遇流动性危机甚至财务困境时,中央银行注入流动性的能力往往更强。由于银行的次级债券越来越集中在银行间市场发行,持有主体也往往是金融机构,因此是否应当把次级债券完全纳入附属资本已经存在争议。② 认为表外业务所耗用的资本存在不确定性,增强风险缓释技术十分重要。巴塞尔委员会明确指出,金融机构应强化风险缓释机制:监管者应推进金融机构使用风险缓释技术以降低系统性风险,保证在危机或金融机构解体时期核心的金融功能具有可恢复性。风险缓释技术包括可行的净额结算协议、合格的抵押担保品、隔离客户头寸,等等。此外还应该通过将标准化衍生品合约引入受监管的交易所、衍生品合约集中清算、增强衍生品合约的透明度等方法降低风险。③ 在资本定义和计量的改进方面还包括其他一些建议,例如根据金融机构的系统重要性动态调节拨备水平,以便在压力时期获取应急资本。为避免应急资本的顺周期性,可以设立特别缓冲资本,在繁荣时期积累缓冲资本,在情况恶化时提取缓冲资本。监管当局和金融机构对资本的理解、定义和计量都取得了明显进展。

第三,监管当局逐步深入金融控股集团的监管,要求从复杂化向简约化转型。① 金融集团的结构如果过于复杂,不仅给金融集团自身,也给监管者带来识别和管理风险的挑战。监管者应同当地处理当局密切合作,以正确理解金融集团的结构、组成部分在危机中应怎样处理。如果当地处理当局认为金融机构的结构太复杂而不便于危机时有序、经济地处理,当局应考虑对那些庞大机构加以监管,通过资本或者其他审慎性要求来简化集团结构,以保证解体过程的有效进行。② 复杂化向简约化的转型集中在三个方面:首先是机构的简约化,商业银行组织机构的发展规划要充分考虑到成本因素、风险因素和经营效益因素,不能一味迷信"大而不能倒"的神话,为了追求规模盲目扩张结构。其次是经营模式的简约化,商业银行的经营模式必须与商业银行本身的分析管控能力相适应,保持经营流程和管理手段的简捷有效。最后是产品的简约化。尽量避免开发那些结构过于复杂、衍生链条过长的结构性金融产品,使金融产品做到简单易懂,能为广大金融消费者所了解,从源头上控制金融风险。

(2) 为防范系统性风险需重点监管大金融机构

次贷危机之前,放松管制和金融混业的浪潮,导致金融机构不断巨型化,协同效应和交叉销售带来了巨大利益,但也产生了高杠杆化、风险辨识复杂化等问题,"大而不能倒"机构如果陷入危机,就有可能诱发系统性风险,也会给救助带来巨大的道德风险和社会福利损失,这使得"大而不能倒"机构日益成为重点监管对象,监管当局要求大机构瘦身和制订应急处理预案就显得十分重要。

第一,次贷危机之后,如何重新认知"大而不能倒"机构?危机中诸多大型跨境金融机构的破产给监管者造成许多难题,使得监管者不得不考虑设立特别的处理机制以应对大机构倒闭引发的系统性风险问题。① 在金融危机中,大机构的严重问题给监管者两种现实选择。一种是通过注资和流动性援助稳定大机构,遏制系统性风险;另一种是监管者允许大机构倒闭,进入一般的破产程序,但却面临系统性危机爆发的可能,这迫使政府往往选择救助。这种可预见的选择向纳税人施加了巨大负担,甚至会对不同规模的金融机构之间能否展开公平竞争产生负面影响。因此,危机至今,监管者倾向于认为"大而不能倒"的概念破坏了正常的监管规则。② 如何处理"大而不能倒"问题?管理者需要一种特殊的处理程序,使其可以有序处理具有系统重要性的大机构。因此,监管者有必要了解大机构的交易对手、交易产品的风险特性、交易部门的关键流程和人员,或者说,监管者必须更注重现场监管,并能够跟随甚至领先市场,了解大机构在金融市场上所处的风险状况。在跨境处理这些细节时,监管者面临更多的法律和政治障碍。迄今为止,大机构已被定义为系统性风险的重点暴露部位,从而需要对其进行结构简化,或者事先制订应急处理计划。

第二,次贷危机之后,巴塞尔委员会严厉批评大机构的复杂化往往是出于监管套利或税收方面的考虑,而不完全是出于竞争压力的创新,分拆已在所难免。① 巴塞尔委员会跨境银行处理组(CBRG)关注大型机构的复杂性和关联性问题。复杂性的产生往往是由于税收或监管因素,一旦这类机构倒闭,风险将传播至其他市场、支付体系或其他系统重要性机构。跨境银行处理组因此建议应当简化大机构的组织结构。② 在过去二十年间,金融混业和兼并浪潮造就的大机构,过多涉及多元化、跨地域、跨文化的业务,使其核心业务不清晰,金融机构承受的市场风险也日益增加,大机构的总部对事业部和分支机构的控制力日渐下降,管理上容易出现更多无人问津的漏洞。即便从摆脱管理困境而言,大机构也需要对机构、人员、产品、流程进行简约化。③ 大机构的规模使得其如果再不瘦身的话,政府对其危机救助几乎是不可能的。许多金融机构资产规模已是所在国 GDP 的数倍,这些大机构的"大而不能倒"已含有明显的道德风险和系统性风险。一旦倒闭,本国监管当局将无力救助,导致危机从国内向国际的传染难以约束。目前,一些监管当局正在对金融机构施加压力,要求这些金融机构开展重组或分拆。

第三,次贷危机后,巴塞尔委员会等致力于形成一个针对大机构的应急处理机制。《跨境银行处理组报告及建议》中指出,危机突出地表明,全面危机预防应当关注大机构破产甚至国家破产问题,某些大机构在金融体系中起到中枢作用,类似于基础设施或公共事业设施,因此应急处理计划应该成为复杂的大型跨国机构监管进程的一部分。而美联储理事 Daniel K. Tarullo 认为这种机制应包含三个关键因素:① 应急处理机制只有在大机构倒闭会对金融稳定产生严重负面影响的情况下才可以使用。一旦启用,政府有权有序地重组或者清算大机构,包括出售资产、负债、公司的业务单位,将公司的系统性重要业务转移给第三方,或根据相应的补偿安排拒绝偿付公司繁重的合约。② 在保持金融稳定的前提下,倒闭公司的股东和债权人应当最大限度地承担损失。股东应当为公司的破产买单,不应从政府处理过程中获益。为提高大型关联公司债权人的市场约束,公司无担保的债权人也应当承担风险,损失程度和适用方法依具体情况而定。③ 在应急处理机制中,任何政府援助的最终成本都应由大机构承担,而不是由纳税人承担。次贷危机中,许多大机构直接或间接地从援助中获益,引发了公众不满,因此必须要让大机构付出成本,为避免成本估价的顺周期效应,这一成本可以允许大机构延期支付,但不能逃避支付。

(3) 全球化下的金融危机需金融监管进行国际合作

金融全球化的背景下,针对危机的全球性治理机制仍然缺位。次贷危机显示了全球范围内,多边机制、区域机制和各主权国家协调监管标准和治理框架的迫切性。

第一,全球金融监管标准存在明显的趋同压力。① 巴塞尔委员会在《跨境银行处理组报告及建议》中提议:对跨国金融机构的监管应保持一致性。国家间应尽量寻求一致的处理工具和措施,以便协调那些在许多地域都有业务的金融机构的解体过程。有效的国际化机制是在处理跨国机构时,在怎样分担损失和提供可行援助等方面达成一致。这些问题的有效处理需要管理协调和监督合作,并且在大机构失败之前就落实。② 全球监管准则和会计准则的趋同。例如,国际会计组织已致力于在独立的标准制定过程中,实现单一的、全球性的会计标准;改革薪酬管理体制,支持金融稳定,将薪酬与长期价值创造结合起来。

第二，全球监管信息共享是国际协调的现实途径。为此，国际金融机构应设计并实施母国和东道国监管信息共享机制。① 巴塞尔委员会在《跨境银行处理组报告及建议》中指出，具有重要跨境业务的金融机构应当巩固和维护管理信息系统。信息应包括组织结构、交易对手的头寸、银行经营依赖的支付和交易系统，等等。银行向监管者提供管理信息系统的权限，以保证监管者评估银行风险管理和可能的应急清算计划。② 改进管理信息系统对改善监管有明显帮助。巴塞尔委员会在《跨境银行处理组报告及建议》中指出，如下信息应当尽量在全球范围内协调：一是监管者管理跨境项目的信息（如交易对手、每个法律实体的存货资产、地理位置的列表）。二是金融机构所持资产、压力情景下法律限制和监管限制对集团内资产转移的影响。三是全组范围内的应急融资计划。四是净额结算以及转移金融市场合约所需要的信息、与客户资产保护相关的事先安排、员工能力和金融机构的运营能力。五是记录保留、信息整合和其他信息技术系统的备份和恢复性计划。

2. 中美监管新法规

配合《巴塞尔协议Ⅲ》，各国结合自身的金融发展状况出台了新的监管法规：

2012年6月，中国银监会发布了《商业银行资本管理办法（试行）》。金融危机以来，巴塞尔委员会积极推进国际金融监管体系改革，并出台了《巴塞尔协议Ⅲ》，确立了银行业资本和流动性监管的新标准，要求各成员国从2013年开始实施，2019年前全面达标。《商业银行资本管理办法（试行）》就是在这种背景下产生的，此办法于2013年1月1日起实施。此办法中对资本的定义更加严格，并扩大了风险资本的覆盖范围，对于增强银行体系的稳健性、引导银行转变发展方式以及促进实体经济信贷都将起到积极作用。

而在美国，2010年7月，《多德-弗兰克法案》获得通过。该法案被认为是大萧条以来最全面、最严厉的金融改革法案，将成为与《格拉斯-斯蒂格尔法案》（《1933年银行法案》）比肩的又一块金融监管基石，并为全球金融监管改革树立新的标尺。其核心内容就是在金融系统当中保护消费者。根据《多德-弗兰克法案》中编号为742(2)的条款规定，2011年7月15日起禁止美国公民进行所有贵金属（包括黄金、白银）柜台交易（OTC）。

新法案包括三大核心内容：

第一，扩大监管机构权力，破解金融机构"大而不能倒"的困局。允许分拆陷入困境的所谓"大而不能倒"的金融机构和禁止使用纳税人资金救市；可限制金融机构高管的薪酬。

第二，设立新的消费者金融保护局，赋予其超越监管机构的权力，全面保护消费者合法权益。

第三，采纳"沃克尔规则"，即限制大金融机构的投机性交易，尤其是加强对金融衍生品的监管，以防范金融风险。

4.5 商业银行资本管理办法

2007年2月28日,中国银监会发布了《中国银行业实施新资本协议指导意见》,标志着中国正式启动实施《巴塞尔协议Ⅲ》工程。按照中国商业银行的发展水平和外部环境,短期内中国银行业尚不具备全面实施《巴塞尔协议Ⅲ》的条件。因此,银监会确立了分类实施、分层推进、分步达标的基本原则。2012年6月,银监会发布了《商业银行资本管理办法(试行)》,该办法相当于"中国版的巴塞尔新资本协议",它将《巴塞尔协议Ⅱ》与《巴塞尔协议Ⅲ》统筹推进,于2013年1月1日起开始实施,要求商业银行应于2018年年底前全面达标。

具体而言,《商业银行资本管理办法(试行)》(以下简称《办法》)正文总体上遵循了《巴塞尔协议Ⅱ》开始提出的三大支柱资本监管框架,突出了总体性、原则性和制度性的要求,对资本金给出了明确的定义,给出了风险加权资产的计算规则。附件主要是支持正文的具体技术性要求,包括风险暴露分类、市场风险和信用风险内部模拟法监管要求、操作风险高级计量法监管要求等。

▶ 知识链接 ◀

在《办法》之前,银监会还提出过"腕骨"体系(CARPALS)。2008年金融危机后,各国监管当局对金融监管制度和监管工具进行了系统反思。为体现新形势下大型银行的改革发展和风险特征,提高大型银行监管的针对性和有效性,银监会于2010年年初探索创立了"腕骨"监管指标体系。"腕骨"体系的七大类涵盖13项指标,突破了自2006年股改以后大型银行一直沿用的"三大类七项指标"。新体系包含:资本充足性(Capital Adequacy)、贷款质量(Asset Quality)、大额风险集中度(Risk Concentration)、拨备覆盖(Provisioning Coverage)、附属机构(Affiliated Institutions)、流动性(Liquidity)、案件防控(Swindle Prevention & Control)七大项指标,因为七大项英文首字母结合为"CARPALS",即为"腕骨",所以该监管指标体系被称为"腕骨"体系,再加上有限自由裁量权,共计八大项,与人体手腕部有八块腕骨相仿,八股合一,暗合银监会的"铁腕"监管思路。

为应对"大而不能倒"问题,银监会对这七大类13项监管指标寄予厚望。它们具体为:资本充足率、杠杆率、不良贷款率、不良贷款偏离度、单一客户集中度、不良贷款拨备覆盖率、贷款拨备比率(拨贷比)、附属机构资本回报率、母行负债依存度、流动性覆盖率、净稳定融资比率、存贷比、案件风险率。

总体来说,"腕骨"体系是银监会对大型银行进行差异化监管的主要工具。"腕骨"体系具有几大特点。一是系统性。"腕骨"体系将大型银行的13项风险指标串联在一起,再加上监管者的有限自由裁量予以修正,形成覆盖银行业全部风险管理的监管体系,可以有效识别和判断其各个环节和业务领域的风险表现。二是先进性。"腕骨"体系将危机后国际监管界研究较多的杠杆率、流动性覆盖率、净稳定融资比率、资本质量等最新指标纳入其中,且每项指标都按法定值、触发值和目标值设置三道监管防线,具有较强的超前预警特点,是对国际金融监管制度与工具的一次"中国式"革新。三是针对性。"腕骨"体系专门设置了识别跨业跨境综合经营风险和案件舞弊风险的关联交易、母行负债依存度、案件损失率等指标,尤其符合中国大型银行案件多发和"走出去"综合经营等现实状况。四是动态性。此为"腕骨"体系的精髓,13项指标都是根据各行自身的基础数据计算,因行而别,因时而变,充分体现了动态跟踪、即时监管的特点。

中国的国有大银行明显是具有"系统重要性金融机构"特征的银行,"腕骨"体系首先是以这些大行作为试点,强调对系统重要性金融机构的监管,以防止"大而不能倒"现象的出现。《办法》中的宏观审慎既是遵循了《巴塞尔协议Ⅲ》也是对"腕骨"体系思路的继承。

《办法》既与国际监管标准——《巴塞尔协议Ⅲ》接轨,又反映了中国银行业的实际,具有适度的前瞻性。其主要内容和特点包括:建立多层次资本充足率监管要求、调整监管资本的构成、扩大风险覆盖范围、强化商业银行风险治理和风险评估的要求、调整分类监管标准、提高资本监管有效性、设置资本充足率达标过渡期等。

图4-5反映了《办法》和《巴塞尔协议Ⅲ》在资本充足率方面的异同,从中发现,《办法》在资本充足率方面要求更高,资本分层更加精细;而在资本的定义和风险加权资产计算方面,《办法》基本与《巴塞尔协议Ⅲ》保持一致,同时体现了中国银行业的实际。

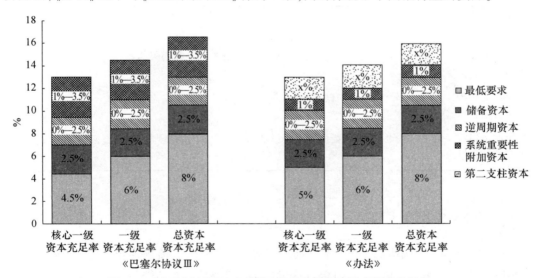

图4-5 《办法》与《巴塞尔协议Ⅲ》关于资本充足率规定的比较

关于银行业监管第二支柱——监督审查方面,《办法》对商业银行的分类进一步细化,由原来的三类变成四类,对不同类的银行实行不同的资本充足要求(见图4-6)。

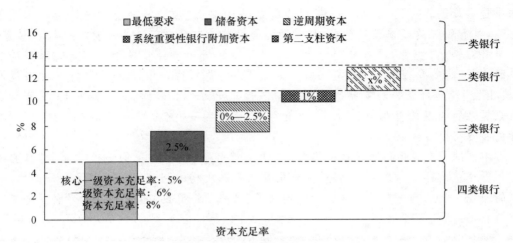

图 4-6 四类银行的资本金要求

除了资本金要求存在差异外,《办法》对这四类银行实行了不同的监管政策(见表 4-11)。由于《办法》的多层次资本金要求较高,考虑到现实可行性,《办法》将银行分为系统重要性银行和其他银行两类,允许两类银行按照各自的标准逐年提高资本金率,并于 2018 年年底全部达标。这也与 2011 年 G20 峰会上,各国领导人承诺于 2013 年 1 月实行新资本监管标准并于 2019 年前全面达标相吻合。

表 4-11 《办法》对不同类别银行的区分监管

第一类银行 预警管理措施	侧重于防范,督促商业银行加权资本管理和提高风险控制能力
第二类银行 审慎性监管措施	审慎性会谈,加大监督检查频率,明确资本补充和期限达标计划
第三类银行 限制性监管措施	限制分红、高管限薪、限制风险资产增长和资本性支持
第四类银行 惩罚性监管措施	采取严厉的监管措施,如降低风险资产、停办业务、限制准入、直接接管重组等

 本章小结

1. 商业银行在中国金融体系中占据着主导地位,资产负债规模稳步增长,资本充足率和资产质量总体保持稳定,同时银行业也面临竞争激烈、流动性短期波动增多、信用风险有所上升等挑战,从而对银行业的监管提出了新的要求。

中国的金融体制是以银行间接融资为主导的,银行信贷资金的配置效率决定着整个金融资源的配置效率。但是,中国银行业无论是微观经营效率还是宏观信贷资金配置效率都是低下的,这是对金融资源的巨大浪费。

2. 金融安全网覆盖了各种各样的机构、规则和程序,它们保护着金融中介体系的安全和有序运行;金融安全网应该重新设计以应对实际冲击,并且应该随着冲击的变化而变化。这意味着,在动态的金融世界里,金融安全网的设计应该不断地变化以保持适用性和有效性。

3. 审慎监管是防范金融风险的最重要屏障,它侧重于事前防范,本质上是一种积极主动的制度安排。

4. 最后贷款人由中央银行实施,主要通过贴现窗口和公开市场操作等手段提供流动性援助来维护金融体系安全,是一种事前防范、事中干预、事后减震措施。

5. 存款保险制度由存款保险机构实施,主要通过监管和提供保险支付等手段来保护存款人利益,稳定公众信心,进而维护金融体系安全,是一种事前防范、事中干预、事后减震措施。

6. 金融机构市场退出机制由政府指定的市场退出执行机构实施,主要通过合并重组或者清算等手段阻断金融风险的传染,从而维护金融体系安全,是一种事前防范、事后阻断措施。

7. 事实上,中国政府提供了一种接近全额的隐形存款保护,一种实质上的国家信用担保。隐形存款保险带来了非常大的道德风险——储户根本不担心存款安全;银行没有动力改善经营管理。由于缺乏有形的保险基金和明确的"游戏规则",带有随意性和模糊性,当某家银行出现问题时,公众容易产生参与挤兑的强烈动机。"明确的"存款保险制度能够更有效地防止银行挤兑,更好地保护小额存款人,更有利于中小银行发展,更便于处理危机和"善后"。

8. 经过一系列的研究筹划,中国银监会于2004年推出了《股份制商业银行风险评级体系(暂行)》。由于该体系是中国银监会在借鉴国际通行的骆驼评级体系的基础上,结合中国股份制商业银行实际所制定的,因此称之为"CAMELS + O"。

9. 1974年年底,在英格兰银行的倡议下,ISB在瑞士巴塞尔主持召开了由G10和瑞士、卢森堡等12个国家参加的会议,研究国际银行风险监管问题。1975年2月成立了常设监督机构,即"银行业务条例和监管委员会",后更名为"巴塞尔银行监管委员会"(简称"巴塞尔委员会")。

10. 《巴塞尔协议Ⅰ》重点突出强调了资本充足率的标准和意义,并且确定了全球统一的银行风险管理标准;由于20世纪70年代发展中国家债务危机的发生,该协议尤其强调了国家风险对银行信用风险的重要影响。这一重大的突破体现了监管思想的根本转变:一方面,该协议统一了各国银行的监管标准,有利于国际银行体系的健全和稳定,并防止国际银行间的不公平竞争;另一方面,监管视角从银行外部转向银行内部,建立了资本与风险两位一体的资本充足率监管机制,由静态监管转向动态监管,由资产负债管理向风险管理过渡。

11. 《巴塞尔协议Ⅱ》全面考虑了20世纪90年代国际金融市场和银行业的变化与发展,在银行业监管方面取得了突破性的进展。也正如时任巴塞尔委员会主席的William J. MaDonough所说的那样,《巴塞尔协议Ⅱ》将使资本充足的监管要求更为准确地反映银行经营的风险状况,为银行和金融监管当局提供更多衡量资本充足可供选择的方法,从而使巴塞尔委员会的资本充足框架具有更大的灵活性来适应金融体系的变化,以便更准确、更及时地反映银行经营活动中的实际风险水平及其需要配置的资本水平，进而促进金融体系的平稳健康发展。

12.《巴塞尔协议Ⅲ》的主要改进可以被概括为"一味地追求资本的充足"。不管是资本的定义和水平提高，还是"资本留存缓释"和"逆周期资本缓释"的增加，诸多条款的核心要求都是在增加资本、提高资本的充足率，来抑制金融业以及金融机构的投机行为。

13. 2012年6月，中国银监会发布了《商业银行资本管理办法（试行）》，该办法相当于"中国版的巴塞尔新资本协议"，它将《巴塞尔协议Ⅱ》与《巴塞尔协议Ⅲ》统筹推进，于2013年1月1日起开始实施，要求商业银行应于2018年年底前全面达标。

本章重要概念

次贷危机	事后金融安全网	金融安全网	审慎监管
最后贷款人	存款保险制度	退出机制	道德风险
事前金融安全网	巴塞尔协议	资本充足率	内部信用风险评级
骆驼评级制度	库克协议	风险资本	内部评级法
违约概率	违约损失率	违约敞口	期限
微观审慎	宏观审慎	资本留存缓释	逆周期资本缓释

练习题

1. 银行业危机有哪些危害？
2. 金融安全网的构成要素有哪些？
3. 什么是存款保险制度？
4. 维护金融稳定的"三大法宝"是什么？
5. 最后贷款人制度有哪些问题？
6. 商业银行资本类别有哪些？
7. 核心资本充足率如何计算？
8. 骆驼评级制度的六个评级因素都是什么？
9. 论述金融安全网的运行机理。
10.《巴塞尔协议Ⅰ》的主要内容有哪些？
11.《巴塞尔协议Ⅱ》的三大支柱是什么？
12. 内部评级法的四个基本要素有哪些？
13.《巴塞尔协议Ⅲ》的主要改进是什么？

第 5 章

证券业监管

  2013 年 8 月 16 日 11 点 5 分，上证指数出现大幅拉升——大盘一分钟内涨超 5%。最高涨幅 5.62%，指数最高报 2 198.85 点，盘中逼近 2 200 点。下午两点，光大证券公告称策略投资部门自营业务在使用其独立的套利系统时出现问题。然而，在整个异常交易过程中，上交所没有立即采取相应措施，各界人士对其无作为议论纷纷。

  2014 年 3 月，中国迎来首次真正的公司债券违约，上海超日太阳能科技股份有限公司无法向投资者支付其两年前所借资金的 8 980 万元人民币利息。2014 年 4 月，出现了史上第二起公司债违约案例，徐州中森未能在原定 3 月 28 日的付息日以 10% 的利率支付利息 1 800 万元人民币。鉴于中国公司债市场的规模——标准普尔（Standard & Poor's）估计，截至 2013 年年底，中国公司债市场规模已达到 12 万亿美元——违约事件可能带来连锁反应。

  对此，李克强总理在回答英国《金融时报》记者的问题时说："至于你问我是不是愿意看到一些金融产品违约的情况，我怎么能够愿意看到呢？但是确实个别情况难以避免，我们必须加强监测，及时处置，确保不发生区域性、系统性金融风险。"那么，中国证券监管部门具体如何监测、识别和处置区域性、系统性金融风险呢？

  资料来源：中新网。

5.1 证券业监管的必要性

一些学者认为,证券交易发生在老练的发行商和投资者之间,根本就不需要监管,市场机制就能促进整个市场的繁荣;证券监管的存在只会起到破坏作用(Coase,1960;Stigler,1964,1971;Easterbrook and Fischel,1984;Macey,1994)。而 Coffee(1984,1989,2002)、Mahoney(1995)、Fox(1999)、Black(2001)、Beny(2002)则认为,一般性的法律和私人合同并不能够避免证券发起人欺骗投资者,因为破坏行为激励的存在使得证券发起人不会获得由诚实带来的长期利益,同时,私人诉讼可能太过于昂贵而无法发挥作用。因此,为了减少执法的成本和机会主义行为,引入证券监管是必要的。

5.1.1 中国证券业概况

近年来,中国证券市场迅速发展,规模不断扩大,起到了越来越重要的作用,构成了国家金融体系的重要组成部分。就 A 股市场筹资规模来看,2012 年沪深两市共发行股票和债券 602 只,合计筹资 7 610.56 亿元,其中 A 股股票发行筹资 4 887.79 亿元,包括现金融资 3 127.54 亿元,定向增发 1 760.25 亿元(见图 5-1)。就上市公司数量来看,截至 2012 年年底,沪深两市上市公司共 2 494 家,同比增加 6.5%(见图 5-2),其中,主板 1 438 家(同比增加 1.6%),中小板 701 家(同比增加 8.5%),创业板 355 家(同比增加 26.3%),中小板和创业板上市公司增长迅速。

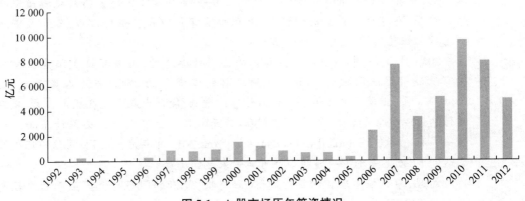

图 5-1　A 股市场历年筹资情况

资料来源:证监会。

就证券市场规模和交易情况来看,2002 年以来,上市公司股本呈现逐年上升的趋势,2012 年总股本和流通股本分别为 3.18 亿股和 2.48 亿股,分别是 2002 年的 5.78 倍和 14.59 倍。沪深两市总市值 23.04 万亿元,居全球第二,流通市值 18.17 万亿元,同比分别增加 7.28% 和 10.15%,总市值占当年 GDP 的 44.36%(见图 5-3)。中小板总市值 28 804.03 亿元,流通市值 16 244.15 亿元;创业板总市值 8 731.20 亿元,流通市值 3 335.29 亿元。此外,2012 年股票和基金实现 32.27 万亿元交易额,同比下降 24.60%,而债券市场却实现了井喷式增长,达到了 37.83 万亿元,增幅高达 79.03%

(见表5-1)。截至2012年年底,交易所债券交易品种1170只,同比增加82.8%。债券现货托管面值12 456亿元,同比增加47.8%,债券现货托管市值11 882亿元,同比增加44.0%。

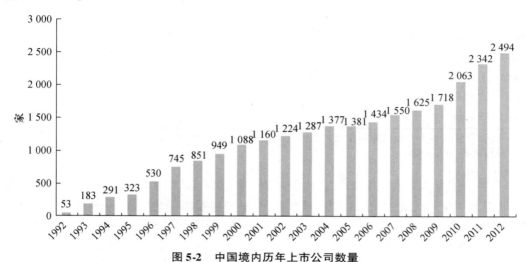

图5-2 中国境内历年上市公司数量

资料来源:证监会。

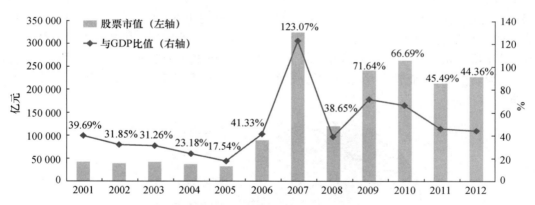

图5-3 中国历年股票市值及其与GDP的比值

资料来源:证监会。

表5-1 2002—2012年沪深市场规模和交易情况

年份	上市公司数量(家)	退市公司数量(家)	股本(万亿股)		市值(万亿元)		股票成交额(万亿元)	基金成交额(万亿元)	交易所债券成交额(万亿元)
			总股本	流通股本	总市值	流通市值			
2012	2 494	4	3.18	2.48	23.04	18.17	31.46	0.81	37.83
2011	2 342	3	2.97	2.25	21.48	16.49	42.16	0.64	21.13
2010	2 063	4	2.70	1.94	26.54	19.31	54.56	0.90	7.21
2009	1 700	6	2.06	1.42	24.39	15.13	53.60	1.03	4.02
2008	1 604	2	1.89	0.69	12.14	4.52	26.71	0.58	2.86

（续表）

年份	上市公司数量(家)	退市公司数量(家)	股本（万亿股）		市值（万亿元）		股票成交额（万亿元）	基金成交额（万亿元）	交易所债券成交额（万亿元）
			总股本	流通股本	总市值	流通市值			
2007	1 530	11	1.70	0.49	32.71	9.31	46.06	0.86	2.07
2006	1 421	13	1.27	0.34	8.94	2.50	9.05	0.20	1.83
2005	1 377	11	0.72	0.25	3.24	1.06	3.17	0.08	2.84
2004	1 373	11	0.67	0.22	3.72	1.17	4.23	0.05	5.03
2003	1 285	4	0.60	0.19	4.25	1.32	3.21	0.07	6.21
2002	1 223	8	0.55	0.17	3.83	1.25	2.80	0.12	3.33

注：上市公司终止上市的原因主要包括吸收合并、转板上市、证券置换、连续三年亏损等。
资料来源：Wind 资讯。

尽管中国资本市场在短短十几年，就达到了许多国家几十年甚至上百年才实现的规模，取得了不少成功经验，但是，相比银行业，它的整体规模仍然比较小，间接融资仍然是中国社会融资结构的主要组成部分。据统计，2013 年全年社会融资规模为 17.29 万亿元，比上年增加 1.53 万亿元。其中，人民币贷款增加 8.89 万亿元，同比增加 6 879 亿元，占同期社会融资规模的 51.4%；外币贷款折合人民币增加 5 848 亿元，占比 3.4%；委托贷款增加 2.55 万亿元，占比 14.7%；信托贷款增加 1.84 万亿元，占比 10.7%；未贴现的银行承兑汇票增加 7 751 亿元；而企业债券净融资只有 1.80 万亿元，非金融企业境内股票融资也只有 2 219 亿元，占比 1.3%（见图 5-4）。与此同时，中国的资本市场也存在一些问题，如证券业发展市场波动较大、估值体系紊乱、股价操纵、证券欺诈、内幕交易、监管缺位等，从而使整个市场处于非理性状态，严重阻碍了证券市场的健康良性发展。

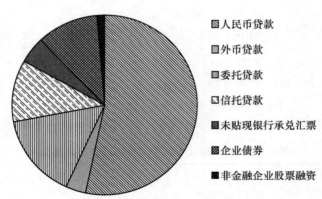

图 5-4　2013 年中国社会融资结构

资料来源：中国人民银行。

案例

中国公司债违约预警引发金融改革期待

似乎除了在中国以外,很少能看见投资者和经济学家共同为债券违约欢呼的情形。2014年3月4日,上海超日太阳能科技股份有限公司(Shanghai Chaori Solar)表示,无法向投资者支付其两年前所借资金的8 980万元人民币利息。对此,穆迪信贷官钟汶权表示:"违约对于企业债券市场的发展来说可能是件好事。投资者一直在简单地购买收益率最高的债券。债券的定价无法反映其风险。"一些研究机构或个人也认为,中国发生违约已不可避免,而且很可能会很快发生。许多人认为违约将标志着中国金融市场的变革,有助于推动资金以正确的价格流向值得流向的公司。

中国企业过去曾出现过无法及时支付利息的局面(在发达市场,这将构成违约),不过最终总是出现由第三方提供的纾困。这一做法鼓励投资者将资金以人为压低的利率借给虚弱的企业,也助长了大量糟糕投资,并促使中国债务水平激增。

中国债券市场的繁荣部分源自中国2009年经济刺激计划的推动。根据美银美林(Bank of America Merrill Lynch)的数据,到2013年1月底,中国企业债的庞大规模已达8.7万亿元人民币,而2007年年底这一数字还只有8 000亿元人民币。但是,中国企业债的收益率稳步上升,反映出投资者对于信贷市场的风险越来越警惕,同时中国经济中的流动性正在收紧。

不过,中国在岸投资者知道他们不必担心违约潮。中国发行的企业债中有80%直接来自国有企业和地方政府投资公司,这些债券仍被视为是安全的。有机构研究者认为:"如果该债券被允许违约,我们相信最可能的原因是政府想给市场一个教训。"

资料来源:乔希·诺布尔.中国公司债违约预警引发金融改革期待[N].金融时报,2014-03-06.

5.1.2 证券市场失灵

1970年,Fama提出了有效市场假说(Efficient Markets Hypothesis),其对有效市场的定义是:如果在一个证券市场中,价格完全反映了所有可以获得的信息,那么就称这样的市场为有效市场。衡量证券市场是否具有外在效率有两个标志:一是价格是否能自由地根据有关信息而变动;二是证券的有关信息能否充分地披露和均匀地分布,使每个投资者在同一时间内得到等量等质的信息。据此,可以把证券市场划分为三个层次:强式有效市场、半强式有效市场和弱式有效市场(见图5-5、图5-6和图5-7)。

具体而言,要实现证券市场有效需要四个条件:① 信息公开的有效性,即有关证券的全部信息都能够充分、真实、及时地在市场上得到公开;② 信息从公开到被接收的有效性,被公开的信息能够充分、准确、及时地被关注该信息的投资者获得;③ 信息接收者对信息判断的有效性,意味着得到信息的投资者能做出一致的、合理的、及时的价值判断;④ 信息接收者依据其判断实施投资的有效性,也就是说,投资者能够根据其判断做出准

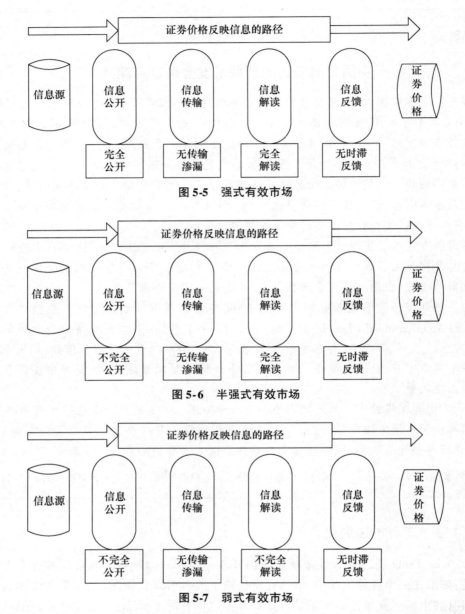

图 5-5 强式有效市场

图 5-6 半强式有效市场

图 5-7 弱式有效市场

确、及时的行动。但是,证券、证券市场和证券发行机制等的一些属性,使得其并不能有效率运行。

1. 证券的特性与市场失灵

证券是多种经济权益凭证的统称,也指专门的种类产品,是用来证明券票持有人享有的某种特定权益的法律凭证。它主要包括资本证券、货币证券和商品证券等。狭义上的证券主要指的是证券市场中的证券产品,其中包括产权市场产品如股票,债权市场产品如债券,衍生市场产品如股票期货、期权、利率期货等。

首先,证券的价值具有预期性和不确定性。根据剩余价值估值模型的有关观点,证券的价值取决于企业预期剩余收益的现值和当期权益的价值。当期权益的价值是确定的,可以用企业的账面价值作为替代,但是企业预期剩余收益的现值则是不确定的,因为所谓剩余收益是指企业的净利润与股东所要求的报酬之差,这些数值只能通过估计来得到,而贴现率也会随着经济的波动而发生很大的变化,从而导致证券的价值有很大的不确定性。

其次,证券具有虚拟性。证券是代表对财产所有权和收益权的一种法律凭证,其虚拟性表现在证券本身没有价值,它并不能在生产过程中直接发挥作用,而是独立于实际资本的一种资本存在形式。证券的价格与其所代表的资本的价值可能发生很大背离,而一旦价值与价格之间的背离超过了某种限度,将会引起证券市场失灵。

最后,证券具有外部性。随着经济货币化、资产证券化的不断发展,金融资产越来越成为一国居民所持有的主要资产,证券资产所占比重越来越高,其参与者种类越来越复杂,数量也越来越庞大。证券的外部性还表现在其价格信息在一定程度上具有公共产品的特性:一方面,证券作为一种金融产品,是价值的一种表现形式,其价格的变化直接影响物质利益在人们之间的分配;另一方面,作为个别证券价格信息的综合产物——证券市场价格指数已经成为体现一个国家经济发展状况的"晴雨表",影响整个经济生活。

2. 证券市场的特性与市场失灵

一般市场的不完全竞争缺陷,在证券市场中也是存在的。首先,它表现为证券市场的垄断性。证券机构是经营证券的特殊企业,它所提供的产品和服务的特性,决定其不完全适用于一般工商业的自由竞争原则。一方面,证券机构规模经济的特点使证券机构的自由竞争很容易发展成为高度的集中垄断,而证券业的高度集中垄断不仅在效率和社会福利方面会带来损失,而且也将产生其他经济和政治上的不利影响;另一方面,自由竞争的结果是优胜劣汰,证券机构激烈的同业竞争将导致整个证券体系的不稳定,进而危及整个金融体系乃至经济体系的稳定。

其次,证券市场存在外部性效应。证券市场的外部性效应一方面是指证券机构的破产倒闭将可能影响整个交易环节的正常运行,其连锁反应可能引起整个证券市场及金融市场的危机;另一方面是指证券市场属于符号经济,有可能脱离实体经济而出现虚假繁荣,出现泡沫经济,而泡沫经济一旦崩溃,就会出现证券市场价格暴跌,甚至诱发金融危机,对金融体系和整个国家的经济造成显著的外部负面影响。按照福利经济学的观点,外部性可以通过征收"庇古税"进行补偿,但是证券活动巨大的杠杆效应使这种办法显得苍白无力。另外,科斯定理从交易成本的角度说明,外部性也无法通过市场机制的自由交换得以消除。因此,需要一种市场以外的力量介入来限制证券体系的负外部性影响。

▶ 知识链接 ◀

庇 古 税

庇古税最先由英国经济学家庇古提出,按照庇古的观点,导致市场配置资源失效的原因是经济当事人的私人成本与社会成本不一致,从而私人的最优导致社会的非最优。

因此，纠正外部性的方案是政府通过征税或者补贴来矫正经济当事人的私人成本。只要政府采取措施使得私人成本和私人利益与相应的社会成本和社会利益相等，资源配置就可以达到帕累托最优状态。这种纠正外部性的方法也称为"庇古税"方案。

最后，证券市场的信息不对称性。及时有效的市场信息是投资者做出合理、正确判断的前提和根据，但是由于前述证券市场的特征，交易主体在获取信息方面存在明显的不对称，这表现为投资者与证券公司之间、投资者与机构投资者之间信息数量的不完全、信息质量的不等同和信息传播的不充分。上市公司披露信息不及时、不准确等都会导致信息的不对称。

▶ 知识链接 ◀

"搭便车"现象

泰勒尔认为，在金融市场中，由于中小投资者高度分散（比如银行的储户和上市公司的股东及债券持有人都是高度分散的），本来投资者应对其代理人（储户代理人为银行，股票及债券持有人的代理人为上市公司）实施必要的监督和控制，以保证代理人的行为符合自己的利益。然而，由于每个投资者仅能从自己的监管活动中得到监管带来的极少一部分好处，每个投资人就不会花费自己的资源去从事使所有投资人都受惠的监管活动（往往个人实现有效监管之成本也远远大于他从监管活动中得到的收益），每个人都希望别人去监管，而自己却坐等监管带来的好处，结果是没有一个投资者会去主动对其代理人实行监管，这样就产生所谓"搭便车"问题。"搭便车"现象的存在，使得对代理人的监督严重不足。在监督严重不足的情况下，代理人中的机会主义行为会使投资者蒙受巨大的风险和损失，进而对整个金融市场构成严重威胁。因此，为了解决"搭便车"的问题，引入公共监管和监管者就是必要的，由监管者代表投资者对代理人实施有效的监督，以保护投资者的利益并维护金融市场的有秩运转。

3. 证券发行机制的特性与市场失灵

证券发行机制是指由证券发行活动中的各个环节、各个步骤和各种关系所组成的整个过程，其核心是解决发行价格的问题。

证券发行的定价主要有以下四种方法：① 议价法。指证券发行者直接与证券承销商议定承销价格和出售价格的做法。② 竞价法。指证券承销商以投标方式相互竞争证券承销业务，出价最高者即为中标者，中标标书提出的价格就是新证券的发行价格。③ 拟价法。指由证券产品的发行者与证券承销商共同拟定一个承销价格加以推销的做法。④ 定价法。指证券产品的发行者不与证券承销商协商而自行制定发行价格并公开出售证券产品。

考察证券发行定价的四种方法可以发现，证券发行往往通过中介机构承销，发行者与投资者缺乏直接的联系；证券发行价格由发行者与承销商共同决定，或是由发行者单方面决定,投资者未能参与发行价格的确定过程,证券发行价格未反映证券供给与需求之间的真正关系,这也会使证券市场失效。

4. 法律的不完备性

法律的不完备性理论由伦敦经济学院的许成钢教授和美国哥伦比亚大学法学院的 Pistor 于 2002 年正式提出。该理论指出,引入监管者只是在法律不完备情况明显的领域才有必要。更进一步,在逻辑上,引入监管尚需要两个具体的条件:一是对导致损害结果的行为类型要能够有所预期和把握,以使监管者能够制定合适的监管内容以及为监管者确定合适的权限;二是预期到的损害程度要足够高,如果预期到的损害程度低,事后立法和被动式执法的约束则是可以容忍的。例如,传统的民事侵权领域,预期到的损害程度不会很高,一般都不引入监管者,依靠事后立法和被动执法的法庭就足以进行约束了。但是,在刑事侵权领域,预期到的损害程度会非常高,因此,我们看到警察局作为刑事领域的监管者普遍存在于各个国家。监管者的一个重要功能是主动启动执法和立法程序,以禁止损害行为。

作为主动式执法者,监管者主动禁止有害行为,并启动执法程序,"作为持续性的立法者,不论违法行为是否发生,或其他人是否注意到该问题,监管者都能通过行政立法建立新的法律规则以回应所观察到的市场变化"。然而,并非在所有情况下设立监管都是必要的,只有当可以损害行为的类型及结果能够以合理成本进行描述,监管者才能够有效发挥主动式执法的功能。"并且当这些损害行为可能产生极大的损害和外部性时,由于被动执法无法对受害者进行充分救济,监管者主动执法付出的代价才是合理的。"也就是说,监管是为解决法律及法庭被动执法造成的法律救济不足而设计的。

许成钢和 Pistor 认为,金融市场尤其是证券市场的情况较为符合以上引入监管所需的条件。在金融市场,引入监管所产生的利益可以弥补由此带来的成本。以股票市场为例,如果仅仅是几个股东在进行欺骗,这不会削弱金融市场的发展能力。但是,如果股票市场欺诈过于普遍,就会削弱投资者对证券市场的信心从而损害经济。金融市场的法律历史证明,市场参与者确实"诡计多端",他们策划的那些欺诈投资者的阴谋,已再三被证实超出现有法律能力所及,试图仅仅依靠提高法律的完备性对这类行为进行阻吓,已证实是不成功的,因为法律总是滞后于新的市场发展,包括滞后于那些欺骗投资者的新方法。立法者仅仅依靠制定更完备的法律,是无法预防未来的损害行为的,最终不得不让位于监管者的出现——监管者最早以证券交易所形式出现,后来又以政府监管者形式出现,即使这些机构并未使证券监管领域的执法变得尽善尽美,它们仍提高了执法的有效性。

▶ **知识链接** ◀

法 院 失 灵

法律设计具有不完备性。由于立法机关立法成本的限制,以及法律稳定性、持久性的要求,立法机关不可能随时对法律进行修改,更不可能针对某一个具体案例的需要去修改条文。于是就要对立法权进行分配,让法庭以某种方式得到剩余立法权以及相应的自由裁量权,以弥补法律设计的不足。但在证券这种专业性很强的领域,法庭进行"剩余"立法的能力受专业知识的限制,使之不能很好地完成补充立法的任务。

法庭执法具有被动性和事后性,不利于受损人利益的保护,并可能加大执法的社会成本,从而不利于社会福利的增进。当证券市场违法行为造成巨大损失时,依靠法庭被动执法已经不能有效地惩罚犯罪并保证法律的权威,同时,仅仅依靠法庭被动执法可能使本来可以提前发现和终止的损害行为得不到发现和终止,以致本来可以避免的一些损失依然发生。

资料来源:卡塔琳娜·皮斯托,许成钢. 不完备法律[J]. 经济与法,2011(3)。

Shleifer 等人则将有关"上诉的成本和信息"问题作为引入监管的依据。在没有监管者的情况下,保护私人经济权利的法律执行只能依靠法庭,而法庭的执法只能依赖私人上诉,私人上诉又会有成本问题,如果受损一方涉及的人员很多,对于每个受损人来说上诉的成本会很高,而得益人可能会是成百上千甚至过万,这时每个受损人都不会自己出面上诉,而采取坐等的策略,"搭便车"问题就会出现。此外还有信息问题,每个受损人的信息不一致,得益也不同,而且不同受损人对损害的判断和对诉讼得益的价值感受又都有差异,这使得他们之间更难协调,集体上诉也难以实现。这样,在受害人高度分散的情况下,依赖私人上诉可能使许多本应起诉的案子得不到起诉,引入监管就可以解决私人上诉不足或上诉成本高昂的问题。监管者可以代表受损人集体向法院提起诉讼,甚至法律可以授权监管者对某些类型的损害行为直接施以处罚,这样就可以解决私人诉讼的"搭便车"问题,保护受损人的利益并提高法律对犯罪的处罚效率。

就中国证券市场而言,目前属于弱式有效市场,究其原因,首先,因为信息不充分、不对称是市场中的常态,同时投资者也没有足够的动力去鉴别证券的优劣。其次,各种与证券市场相关的信息在披露、传输、解析和反馈的过程中发生了不同程度的扭曲。最后,投资者通过证券公司和证券发行者产生联系,证券公司影响着投资者投资决策的实施,因而可能存在欺诈行为。因此,政府及证券监管机构需要对证券从业人员、证券发行和交易等进行监管,承担起克服证券市场信息不对称和信息不完全的重任,制定并执行强制性的信息披露制度,从而为所有投资者营造获取真实、及时、充分的各类信息的市场氛围。

5.1.3 证券监管目标

国际证监会组织(IOSCO)提出了监管的三个目标:保护投资者,保证市场公平、有效和透明,减少系统性风险。概括起来就是保护投资者利益、提高市场效率,即安全性目标和效率性目标。

1. 安全性目标

安全性主要是指降低证券市场的系统性风险。证券市场系统性风险又称市场风险,也是不可分散风险,证券市场系统性风险一旦发生,有可能引发证券市场的危机,这必然会对所有参与者产生极大的负面影响。第一,资产价格暴跌,财富大幅缩水,市场参与者损失惨重。第二,引起中介机构的破产,冲击金融体系,影响金融市场和整个市场体系,投资者因遭受重大损失、丧失信心而退出市场,这又会引起证券市场流动性急剧下降,交易量减少;因市场资金短缺,银行贷款利率上升,加大企业负担,导致企业利润下降、经营困难。第三,引发经济、政治、社会动荡。由于证券市场面临的风险会严重影响市场的安全和投资者的利益,因此加强证券监管的首要目标就是保障市场的安全性,保护投资者的利益。

2. 效率性目标

证券市场监管的效率性目标,不是指证券监管本身的效率,而是指通过证券市场监管,实现证券市场效率。根据证券市场的特点,证券市场效率分为资源配置效率、运行效率和信息效率。

(1) 资源配置效率

证券市场的效率主要指资源配置效率,即能否保证把有效的资源配置到资源利用效率最高的企业和企业家那里。在证券市场中,客观存在着影响资源配置效率的因素:其一,市场的公开程度,信息披露的内容、要求及执行程度,市场相关信息在市场内传播的范围、速度、密度和保真度影响了市场参与者能否容易地获得真实、准确、客观、完整的信息。其二,证券市场的发展程度及规范化程度和市场容量,决定了市场的参与热情和活跃程度。其三,市场的运行规则,包括规则是否完备、严密、稳定等,守规和执行成本,对规则及监管活动反应的灵敏程度。其四,进入市场的难易程度及竞争程度。

(2) 运行效率

所谓证券市场运行效率,按照通常的理解,是指生产信息的效率和交易效率,后者包括证券的发行和交易。因为生产信息的效率难以估算,人们对运行效率的探讨主要集中在交易效率,即证券能否以最低的成本发行,能否以最短的时间、最低的交易成本为交易者完成一笔交易,它反映了证券市场的运行功能、组织功能的效率。

(3) 信息效率

证券市场信息效率理论也称有效市场理论,20世纪60年代由Fama提出,是目前证券市场效率方面影响最大的理论。该理论将证券市场的信息效率定义为市场的有效性,如果证券价格会对所有能影响它的相关信息做出及时、快速的反应,市场即达到了有效状态。在有效率的证券市场中,证券价格既充分表现了它的预期收益,也体现了它的基本因素和风险因素,任何参与者都不可能通过这些信息买卖股票以获得超额收益。有效市场理论重点研究证券市场价格与信息利用之间的关系、投资者行为与信息的效率性的关系,认为不同的信息对价格影响的程度是不同的。

5.2 证券监管体系

证券监管体系是整个证券法律制度十分重要的组成部分。这一监管体系在长期演进的过程中,不仅受到来自一国的法律体系、经济体制和文化传统等因素的影响,而且还受到市场成熟程度、金融监管体制等因素的制约,表现出不同的特质和形式。

5.2.1 证券监管模式

由于各国证券市场发育程度不同,政府宏观调控手段不同,各国证券市场的监管体制也有着不同的特点。按照监管主体分类,传统的证券法研究习惯把各国证券监管体制模式分为集中监管模式、自律监管模式、中间监管模式三类。

1. 集中监管模式

集中监管模型以美国、日本、韩国和新加坡等国为代表。在该模式下,由政府下属的部门,或由直接隶属于立法机关的国家证券监管机构对证券市场进行集中统一监管,而各种自律性组织只起到从旁协助监管的作用。如美国制定了《1933 年银行法》《1933 年证券法》和《1934 年证券交易法》,日本制定了《1948 年证券交易法》《1951 年证券投资信托法》,以此为核心构建了一系列证券专项立法并形成完整的法规体系。该体制也强调设立全国性的证券监管机构负责监督、管理证券市场,如美国的证券交易委员会(SEC)是独立于其他国家机关的专职证券监管机构。

这种监管模式的主要优点是:首先,它制定了一套全国统一的全面综合性的法律制度,市场的所有参与者都要受到这些法律的监管,市场的所有活动都被纳入严格的法律规范,这样,证券行为有法可依,能有效地防止违法行为的发生,从而能高效、严格地发挥监管的作用,确保证券市场的稳定发展;其次,政府作为监管机构能超脱于市场参与者之外,因而提高了监管的权威性,能更严格、公正、有效地发挥监管的作用,更能注重保护投资者利益。缺点是由于证券市场的复杂性、法律的滞后性,再加上监管机构又超脱于证券市场之外,不能及时明察证券市场的发展变化,可能导致监管脱离实际,监管成本高且缺乏效率。

2. 自律监管模式

自律监管模式以英国为典型代表,因两个显著的特点而区别于其他监管模式:① 通常没有制定直接的证券市场管理法规,而是通过一些间接的法规来制约证券市场的活动,如英国在 1986 年以前没有关于证券监管的专门立法,主要由交易所的自我管理规定和《公司法》《反欺诈投资法》《公平交易法》等法规中的有关规定构成完整的证券法制监管体系;② 没有设立全国性的证券管理机构,而是以市场参与者的自我管理、自我约束为主,如英国在 1986 年以前一直是由证券交易所和三个非政府管理机构——证券交易所协会、证券业理事会、企业收购和合并专门研究小组对证券市场进行管理。

这种监管模式的主要优点是:首先,证券交易商参与制定和执行证券市场管理条例,并且被鼓励模范地遵守这些条例,这样的市场管理将更加有效;其次,他们对可能发生的违法行为有充分准备,并且能够对此做出迅速而有效的反应。缺点是过于依赖自律机构的作用与参与者的自觉性,存在巨大的隐患,风险系数大。因此,不少原来实行自律管理的国家,开始向集中监管体制转变,如英国 1986 年开始加强政府监管力量;第一次制定了对证券业进行直接管理的专门法律——《金融服务法》,将自律管理体系纳入法律框架之中;成立了执行该法案的专门机构——证券投资委员会(SIB),负责对全国证券市场的监督,1997 年 SIB 和主要的自律管理机构——证券期货管理局合并后更名为"金融服务局"(FSA),以便进一步加强政府监管力度,提高监管效率。

3. 中间监管模式

中间监管模式是介于集中型和自律型之间的一种模式,以德国、意大利、泰国为典型代表。该模式既强调集中统一的立法监管,又强调自律管理,有时候也被称为分级监管体制,包括二级监管和三级监管两种类型。二级监管是指中央政府和自律机构相结合的监管,三级监管是指中央、地方两级政府和自律机构相结合的监管。例如,在德国,商业银行拥有开展证券业务的权利,银行业与证券业呈现混业经营、混业管理的局面。因此,其证券业便通过中央银行对参与证券业务的商业银行的管理来实现监督,并没有对证券市场进行管理的专门机构。同样的原因,德国也没有一个规定证券市场监管体制、解释市场运行规则的法律实体,关于上市公司及股票发行和交易的规定见于《公司法》《银行法》《投资公司法》《证券交易条例》和《证券交易所法》等相关法律法规中。但德国于1993年年底制定了《内幕交易法》和《持股信息新规则》,并于1994年成立了德国证监会,也表现出趋向集中立法体制的迹象。

从主要国家证券监管体制的现状来看,三种监管体制都能在一定程度上起到对证券市场的监管作用。而且,三种模式的不同主要在于对政府监管和自律管理定位的不同,但在任何一种证券监管体制下,政府监管和自律管理都是缺一不可的。

5.2.2 中国的证券监管体系

中国的证券市场监管体制经历了一个从地方监管到中央监管,从分散监管到集中监管的过程,大致有两个阶段:第一阶段从20世纪80年代中期到90年代初期,证券市场处于区域性试点阶段,股票发行仅限于少数地区的试点企业。1990年,国务院决定成立上海、深圳证券交易所,两地的一些股份公司开始进行股票的公开发行和上市交易的试点。1992年开始选择少数上海、深圳以外的股份公司到上海、深圳证券交易所上市。这一时期证券市场的监管主要由地方政府负责。第二阶段从1992年开始,国务院证券委员会和中国证券监督管理委员会成立,负责对全国证券市场进行统一监管,同时,开始在全国范围内进行股票发行和上市试点。自此,证券市场开始成为全国性市场,证券市场的监管也由地方监管为主改为中央集中监管,逐步走向证券市场集中统一的监管体制。1998年,国务院决定撤销国务院证券委员会,工作改由中国证券监督管理委员会承担,并决定中国证券监督管理委员会对地方证券监管部门实行垂直领导,从而形成了集中统一的监管体系。1999年,《证券法》开始颁布实施,证券监管者得以借助法律来规范证券市场中的各种行为。与此同时,中国证券监督管理委员会派出机构正式挂牌。至此,全国集中统一的证券市场三级监管体制基本建立(见图5-8),证券监督管理委员会负责全国证券市场的监管;其派出机构证券监管办公室、证券监管专员办事处负责区域内上市公司和证券中介机构的日常监管;证券交易所和证券业协会作为自律组织,起到辅助政府监管的作用,且完全服从证券监督管理委员会的领导。

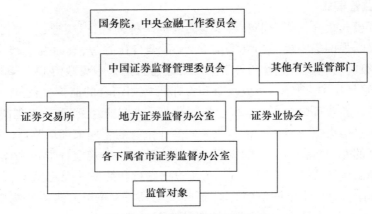

图 5-8 中国证券监管体系框架

1. 国务院证券监督管理机构

中国证券市场政府监管体系由中国证券监督管理委员会及其派出机构(证券监管办公室和证券监管专员办事处)组成。

(1) 中国证券监督管理委员会

中国证券监督管理委员会简称证监会,是国务院直属机构,按照国务院授权履行行政管理职能,依法对全国证券、期货市场进行集中统一监管,维护证券市场秩序,保障其合法运行。

根据中国《证券法》的有关规定,证监会对证券市场实施监督管理中可履行下列职责:① 依法制定有关证券市场监督管理的规章、规则,并依法行使审批或者核准权;② 依法对证券的发行、上市、交易、登记、存管、结算进行监督管理;③ 依法对证券发行人、上市公司、证券公司、证券投资基金管理公司、证券服务机构、证券交易所、证券登记结算机构的证券业务活动进行监督管理;④ 依法制定从事证券业务人员的资格标准和行为准则,并监督实施;⑤ 依法监督检查证券发行、上市和交易的信息公开情况;⑥ 依法对中国证券业协会的活动进行指导和监督;⑦ 依法对违反证券市场监督管理法律、行政法规的行为进行查处;⑧ 法律、行政法规规定的其他职责。

证监会有权采取的监管措施包括:① 对证券发行人、上市公司、证券公司、证券投资基金管理公司、证券服务机构、证券交易所、证券登记结算机构进行现场检查;② 进行涉嫌违法行为发生场所调查取证;③ 询问当事人和与被调查事件有关的单位及个人,要求其对与被调查事件有关的事项做出说明;④ 查阅、复制与被调查事件有关的财产权登记、通信记录等资料;⑤ 查阅、复制当事人和与被调查事件有关的单位及个人的证券交易记录、登记过户记录、财务会计资料及其他相关文件和资料,对可能被转移、隐匿或者毁损的文件和资料,可能予以封存;⑥ 查询当事人和与被调查事件有关的单位及个人的资金账户、证券账户和银行账户,对有证据证明已经或者可能转移或者隐匿违法资金、证券等涉案财产或者隐匿、伪造、毁损重要证据的,经国务院证券监督管理机构主要负责人批准,可以冻结或者查封;⑦ 在调查操纵证券市场、内幕交易等重大证券违法行为时,经国务院证券监督管理机构主要负责人批准,可以限制被调查事件当事人的证券买卖,但限制的期限不得超过15个交易日,案情复杂的,可以延长15个交易日。

(2) 中国证券监督管理委员会派出机构

证监会派出机构为各地证监局,全称为"中国证券监督管理委员会××监管局",简称"××证监局"。根据证监会的授权,证监会派出机构的主要职责为:贯彻执行国家的有关法律法规和方针政策,按照证监会的规定,负责对辖区内的上市公司、证券期货经营机构、证券投资咨询机构及具有证券期货相关业务许可证的律师事务所、会计师事务所、资产评估机构等中介机构的证券期货业务活动进行监管管理;依法查处辖区内监管范围的违法、违规案件,调解证券期货业务的纠纷和争议,履行证监会授予的其他职责。

2. 自律性监管机构

自律是指监管机构和投资者之外的证券市场参与者相互之间的规范和制约,是证券市场实现秩序化和规范化的重要方式。自律管理的优点在于它的高效率,能够迅速对市场发生的问题做出反应,同时它处理问题更富有弹性。从系统层面看,中国证券业的自律性监管机构主要包括证券交易所和证券业协会。

(1) 证券交易所

证券交易所是依法设立并进行证券集中交易的合法场所,在证券交易过程中制定相应的证券交易规则,不仅要接受来自证券监督管理机构的监督,还承担着监管上市公司、证券公司及证券交易的重要职责,是证券市场的一线监管者。

根据中国《证券法》的规定,证券交易所的职能如下:

① 证券交易所依照证券法律、行政法规制定上市规则、交易规则、会员管理规则和其他有关规则,并报国务院证券监督管理机构批准;依据《证券法》的规定,办理证券的上市、暂停上市、恢复上市或者终止上市事务。

② 证券交易所应当为组织公平的集中交易提供保障,公布证券交易即时行情,并按交易日制作证券市场行情表,予以公布。未经证券交易所许可,任何单位和个人不得发布证券交易即时行情。

③ 因突发性事件而影响证券交易的正常进行时,证券交易所可以采取技术性停牌的措施;因不可抗力的突发性事件或者为维护证券交易的正常秩序,证券交易所可以决定临时停市。证券交易所采取技术性停牌或者决定临时停市,必须及时报告国务院证券监督管理机构。

④ 证券交易所对证券交易实行实时监控,并按照国务院证券监督管理机构的要求,对异常的交易情况提出报告。证券交易所应当对上市公司及相关信息披露义务人披露信息进行监督,督促其依法及时、准确地披露信息。证券交易所根据需要,可以对出现重大异常交易情况的证券账户限制交易,并报国务院证券监督管理机构备案。

⑤ 筹集、管理风险基金。证券交易所应当从其收取的交易费用和会员费、席位费中提取一定比例的金额设立风险基金。风险基金由证券交易所理事会管理。风险基金提取的具体比例和使用办法,由国务院证券监督管理机构会同国务院财政部门规定。证券交易所应当将收存的风险基金存入开户银行专门账户,不得擅自使用。

⑥ 证券交易所可以自行支配的各项费用收入,应当首先用于保证其证券交易场所和设施的正常运行并逐步改善。实行会员制的证券交易所的财产积累归会员所有,其权益

由会员共同享有,在其存续期间,不得将其财产积累分配给会员。

(2) 证券业协会

中国证券业协会正式成立于 1991 年 8 月 28 日,是依法注册的具有独立社会法人资格的、由证券公司自愿组成的行业性自律组织。它的设立是为了加强证券业之间的联系、协调、合作和自我控制,以利于证券市场的健康发展。

按照《证券法》的规定,证券公司应当加入证券业协会。中国证券市场较为单一,证券业协会在自律功能的发挥上尚有缺陷,《证券法》(2013 年修正)第一百七十六条将其主要职责归纳如下:

(一) 教育和组织会员遵守证券法律、行政法规;

(二) 依法维护会员的合法权益,向证券监督管理机构反映会员的建议和要求;

(三) 收集整理证券信息,为会员提供服务;

(四) 制定会员应遵守的规则,组织会员单位的从业人员的业务培训,开展会员间的业务交流;

(五) 对会员之间、会员与客户之间发生的证券业务纠纷进行调解;

(六) 组织会员就证券业的发展、运作及有关内容进行研究;

(七) 监督、检查会员行为,对违反法律、行政法规或者协会章程的,按照规定给予纪律处分;

(八) 证券业协会章程规定的其他职责。

中国选择集中立法型监管体制不仅顺应了全球证券监管领域的发展趋势,也符合中国的政治、经济环境和证券市场的发育程度。近几年金融系统中国有银行资产质量下滑、不良资产比率上升,难以执行国家的宏观调控职能,预示着这一责任必然落到了规模不断扩大、深度不断延伸的证券市场上来。从证券市场监管机制的演变就可看出这一趋势,由最初的证监会和中央银行分管到由证监会统一管理,由开始的各地方和中央监管到如今的中央集中统一垂直监管,一方面反映出证券市场的重要性日渐突出,另一方面也说明中央对证券监管集中的意愿逐渐增强,所以说集中立法型监管体制也是中国金融制度变迁的必然结果。另外,中国新兴的证券市场还处在起步阶段,监管尚不完善,证券交易活动中经常出现垄断、操纵、欺诈和内幕交易等违规现象,需要一个集中统一的权威性证券监管机构对证券市场进行有效的监管,以保证证券市场健康、平稳、高效地运行。中国证券市场发展时间比较短,证券从业人员的素质较低,自我管理、自我约束的能力不强,自律意识比较淡薄,证券业也缺乏自律管理的经验。这些也都为中国实行集中统一的证券监管打下了基础。

5.3 证券监管内容

证券监管是指监管主体通过一定的规则和程序对证券市场参与者的行为进行规范和干预,并监督这些规则的执行。纵观全球金融市场,无论是新兴市场国家还是发达市场国家,都建立了较为完备的证券监管制度,目的是通过对证券市场的引导和干预,防范市场失灵,抑制过度竞争,保持市场稳定和有序,有效保护投资者的合法利益。具体而言,证券监管包括对从业人员、中介机构的监管,对证券公司的监管,对证券发行的监管,对证券交易的监管,以及对证券交易所的监管。

5.3.1 对从业人员、中介机构的监管

1. 从业人员

对证券从业人员的监管包括对其从业资格、道德风险的管理和竞业禁止。

(1) 从业资格管理

《证券从业人员资格管理暂行规定》和《证券经营机构高级管理人员任职管理暂行办法》规定:证券从业人员必须品行良好、诚实正直,具有良好的职业道德;在申请前5年未受过刑事处罚或严重的行政处罚;具有证券相关专业大学专科以上学历,或高中毕业并从事2年以上证券业务或3年以上其他金融业务经验,或4年以上证券监督管理委员会认可的其他与证券业务相关的工作经验,经过证券监督管理委员会指定的培训机构举办的证券从业资格证明,或通过其他学习方式达到相应的水平,并通过证券监督管理委员会统一组织的资格考试。

(2) 道德风险

证券从业人员的道德风险主要表现为"老鼠仓"、内幕交易和操纵股价等。"老鼠仓"是指庄家在用公有资金拉升股价之前,先用自己个人(机构负责人、操盘手及其亲属、关系户)的资金在低位建仓,待用公有资金拉升到高位后个人仓位率先卖出获利,最后亏损的是公家资金。内幕交易是指内幕信息(对公司股票价格有重大影响的尚未公开的信息)的知情人,利用内幕信息进行股票交易的行为。内幕交易直接造成了股市信息在内幕交易者和外部交易者之间的不对称,使股市信息结构发生变化,从而对股市运行和交易产生重要影响。

✑ 案例 ✑

韩刚——"老鼠仓"

2010年9月6日,证监会宣布将长城基金原基金经理韩刚移送司法机关追究刑事责任。韩刚也成为国内因"老鼠仓"而获罪的第一人。

自2009年1月6日韩刚担任久富基金经理起至违法行为发现的时间2009年8月21日,韩刚利用职务便利及所获取的基金投资决策信息,与妻子史某等人通过网络下单的方式,共同操作韩刚表妹王某于招商证券深圳沙头角金融路营业部开立的同名证券账户从事股票交易,先于或与韩刚管理的久富基金同步买入并先于或与久富基金同步卖出相关个股,或在久富基金建仓阶段买卖相关个股,涉及"金马集团""宁波华翔""澳洋科技""江南高纤"等股票15只。

资料来源:证监会。

针对证券从业人员存在的道德风险问题,2009年2月28日《中华人民共和国刑法修

正案(七)》规定:对于证券公司、期货经纪公司、基金管理公司等金融机构从业人员,利用职务便利获取的内幕信息以外的其他未公开信息,违反规定,从事与该信息相关的证券、期货交易活动,或者明示、暗示他人从事相关交易活动,依照内幕交易犯罪的规定处罚。情节严重的,处五年以下有期徒刑或者拘役,并处或者单处违法所得一倍以上五倍以下罚金;情节特别严重的,处五年以上十年以下的有期徒刑,并处违法所得一倍以上五倍以下罚金。

(3) 竞业禁止

由于证券从业人员的地位特殊,为推动其集中精力于所在证券公司的职责,避免不正当竞争,规定国家机关工作人员和法律、行政法规定的禁止在公司中兼职的其他人员,不得在证券公司中兼任职务。同时,《证券公司管理暂行办法》规定,证券机构高级管理人员不得从事除本职工作以外的其他任何以营利为目的的经营活动。

2. 中介机构

上市公司在证券市场通过股票、债券等募集了大量的资金,而广大投资者往往分布在全国各地,其对公司经营和运作状况的了解最重要的途径就是公司通过正式渠道所披露的各种信息,中介机构的参与就是为了确保披露信息的准确、及时和完整。然而,中介机构的虚假陈述,严重影响了证券市场的正常运营,必须对其加强监管。

随着《公司法》和《证券法》的出台及其完善,中国初步确立了中介机构承担民事法律责任的一般原则,并规定了处罚方式,对个人的处罚主要包括警告、暂停执业、吊销证书和认定为市场禁入者等;对专业机构的处罚包括罚款、责令停业等。

5.3.2 对证券公司的监管

证券公司作为证券市场运行的中枢,其运作规范和健康发展问题自然受到社会的广泛关注。如何保证证券公司的规范运作和健康发展,已经成了新兴资本市场发展成熟的重要课题之一。本节将从中国新《证券法》的视角,关注证券公司监管的几个重要方面。

1. 市场准入

中国证券公司的设立条件包括:① 有符合法律、行政法规规定的公司章程;② 主要股东具有持续盈利能力,信誉良好,最近三年无重大违法违规记录,净资产不低于人民币二亿元(新增);③ 有符合《证券法》规定的注册资本;④ 董事、监事、高级管理人员具备任职资格,从业人员具有证券从业资格;⑤ 有完善的风险管理与内部控制制度(新增);⑥ 有合格的经营场所和业务设施;⑦ 法律、行政法规规定的和经国务院批准的国务院证券监督管理机构规定的其他条件。

由于前几年发生的一些证券公司的主要股东利用股东身份将证券公司作为融资平台坐庄炒作,挪用客户资金从事违法违规经营,最终部分证券公司因资金链断裂、无力偿债导致无法正常经营而倒闭,给广大投资者造成损失,极大地挫伤了投资者对证券市场的信心,新《证券法》增加了对证券公司主要股东的市场准入设置门槛,强化了对证券公司主要股东的资质要求,这有利于防范证券公司的风险和维护广大投资者的利益。

新《证券法》还取消了原来按照公司综合类与经纪类划分的方法,比较全面地列举了证券公司的业务类型:证券经纪、证券投资咨询、财务顾问、证券承销和保荐、证券自营、证券资产管理以及其他证券业务,按照审慎监管的原则,根据各项业务的风险程度,分类设定准入条件:① 经营证券经纪、证券投资咨询、财务顾问三项业务的注册资本最低限额为人民币五千万元;② 经营证券承销和保荐、证券自营、证券资产管理和其他证券业务之一的注册资本最低限额为人民币一亿元;③ 经营证券承销和保荐、证券自营、证券资产管理和其他证券业务中的任何两项以上的,注册资本最低限额为人民币五亿元。

新《证券法》明确规定证券公司的注册资本应当是实缴资本,而原来《证券法》只规定了设立证券公司的注册资本最低限额,并未明确规定资本实缴,因而就有证券公司分期缴付。

❧ 案例 ❧

中信集团借壳上市投资者是否买账?

对于一家业务范围广泛的中国国有企业而言,上市需要融入市场精神。如果在这一过程中,公开的尽职调查受到制约,那么则不利于市场精神的融入。

中信集团公司(简称"中信集团")向旗下香港上市公司中信泰富有限公司(简称"中信泰富")大规模转移资产、借壳上市就面临着这样一种局面。中信泰富将通过现金和向母公司发行新股的方式来收购母公司的资产。虽然收购总价尚未确定,但根据政府规定,这一价格至少要达到上述资产的账面价值,即360亿美元,这些资产涵盖了银行、经纪、房地产和资源业务。

理论上而言,中信集团的上市交易没有将资产隐蔽在暗处,而把被转移的业务置于投资者严格审视的目光下。此外,未上市母公司迫使上市子公司以人为高价购买母公司资产从而抽取利润的风险也被剔除。中信集团的业务涉及金融、出版、旅游和工程,是个典型的业务分散的国有企业。

实际上,这样做是开了上市审查制度的一个小小后门。通过将资产注入子公司,中信集团可以避开首次公开募股(IPO)的繁琐过程。中信泰富20世纪90年代初也是通过类似办法在香港上市。不过,投资者心里有一系列的问号,特别是最终收购价会是多少。中信集团的很多资产都处于面临压力的领域,估值可能达不到中信泰富按照账面价值所支付的水平。

资料来源:中信集团公告。

2. 内部控制

内部控制在证券公司管理中占有极其重要的地位,近年来中国部分证券公司的倒闭并不是由外部因素造成的,而恰恰是证券公司自身的风险管理和内部控制制度欠缺或不健全所致。

(1) 内部控制制度

内部控制是指证券公司为实现经营目标,根据经营环境的变化,对证券公司经营管理过程中的风险进行识别、评价和管理的制度安排、组织体系和控制措施。

完善证券公司内部控制有几项原则,包括:① 健全性。做到事前、事中、事后控制相统一,不存在内部控制的空白或漏洞。② 合理性。符合法律法规,同证券公司的规模、业务、风险、环境相适应,成本合理。③ 制衡性。部门岗位设置权责分明、相互牵制,前台业务运作与后台管理支持适当分离。④ 独立性。内部控制监督检查部门独立于其他部门。

(2)"中国墙"——一种内部控制制度

"中国墙"(Chinese Wall)是指证券公司建立有效的内部控制和隔离制度,防止研究部、投资部与交易部互泄信息,引致内部交易和操纵市场的行为。采用"Chinese Wall"的说法,意味这种内部控制与隔离像中国的长城一样坚固。证券公司中的"中国墙"结构如图5-9所示。

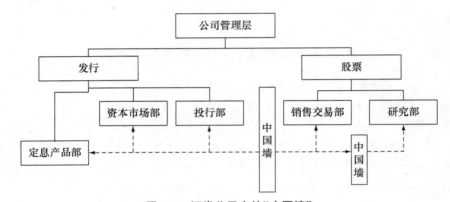

图 5-9 证券公司中的"中国墙"

一级市场与二级市场间的"中国墙"的相关规定有:① 研究员进入一级市场的"过墙"程序:法律部、资本市场部、投行部和研究部会商决定研究员何时"过墙";研究员一旦"过墙",不得发表任何与项目公司有关的评论和报告,不得与销售交易人员和其他研究员谈论该公司;禁止"过墙"的研究员利用任何项目公司的内幕信息撰写二级市场投资报告;只有研究部的负责人可以"跨墙",协调研究部和投行部的工作。② 研究员回到二级市场的程序:项目结束后,经过2—4周的"冷冻期"后,研究员方可回到二级市场;"冷冻期"的要求是为了给出充分的时间,使研究员接触的内幕信息释放到二级市场上,以此消除信息不对称。

研究部与销售部之间的"中国墙"的相关规定有:① 禁止研究员了解公司的自营仓位;② 禁止交易员向研究部透露自营仓位信息;③ 研究员不得提前将研究结果告知销售交易部;④ 禁止销售交易部事先得到将要发表的报告。

"中国墙"是一种信息隔离机制,应从三方面来理解"中国墙"制度的含义:第一,"中国墙"是在综合性证券公司内部设立的一种自律机制;第二,"中国墙"是一系列措施和程序的结合;第三,"中国墙"通过阻挡内幕信息的流动,达到防止内幕交易和解决利益冲突的目的。

"中国墙"有两种功能:证券业务中的功能和证券法上的功能。在证券业务中,建起一道"中国墙"可以预防证券公司一个部门的人员所拥有的内幕信息被另一个部门的人员滥用;在证券法规中,如果证券公司内部设有严格的"中国墙"制度,而证券公司遭受从事内幕交易或者违反对客户的授信义务的指控,证券公司可以以"中国墙"制度来抗辩。

建立"中国墙"有以下原则:① 避免利益冲突;② 严格分隔公开信息和内幕信息;③ 避免信息不对称;④ 研究部通常只能利用公开信息;⑤ 研究部永远对投资者负责。

(3) 内部控制的内容

根据《证券公司内部控制指引》,中国对证券公司内部控制制度的主要内容要求如下。

控制环境:主要包括证券公司所有权结构及实际控制人、法人治理结构、组织架构与决策程序、经理人员权利分配和承担责任的方式、经理人员的经营理念与风险意识、证券公司的经营战略与经营风格、员工的诚信和道德价值观、人力资源政策。

风险识别与评估:及时识别、确认证券公司在实现经营目标过程中的风险,并通过合理的制度安排和风险度量方法对经营环境持续变化所产生的风险及证券公司的承受能力进行适时评估。

控制活动与措施:保证实现证券公司战略目标和经营目标的政策、程序,以及防范、化解风险的措施。主要包括证券公司经营和管理中的授权与审批、复核与查证、业务规程与操作程序、岗位权限与职责分工、相互独立与制衡、应急与预防等措施。

信息沟通与反馈:及时对各类信息进行记录、汇总、分析和处理,并进行有效的内外沟通和反馈。

监督与评价:对控制环境、风险识别与评估、控制活动与措施、信息沟通与反馈的有效性进行检查、评价,发现内部控制设计和运行的缺陷并及时改进。

案例

雷曼兄弟破产

2008 年 9 月 15 日上午 10 点,拥有 158 年历史的美国第四大投资银行——雷曼兄弟向法院申请破产保护。导致雷曼兄弟倒闭的原因是多方面的,而其内部控制的不完善是促成其破产的主要原因之一。

一味追求金融创新,忽视风险控制。雷曼兄弟高估了房贷市场带来的收益,盲目使用大量高杠杆率的金融产品,只专注于快速拓展业务,置风险控制的重要性于不顾。金融创新大大延长了买卖链条,当交易完成后,最终的投资者和最初的借款人彼此毫不了解,对彼此的信用状况更是一无所知。这虽然使整个金融业沉浸在高额投行式收益的狂喜中,却忽视了企业实际的承受能力,忽视了贷款对象的信用状况,因此当贷款人开始违约时,其资金状况不断恶化,造成公司资金流枯竭,最后轰然倒下。

内部控制流于形式。雷曼兄弟曾以良好的内部控制自居,但奖金激励方式极大地助长了管理层的道德风险,为追求高额奖金和红利,管理层盲目创新业务,在使用创新金融工具的过程中缺乏有效的内部控制,即使存在所谓的内部控制政策和程序,在短期利益面前也变得名存实亡了。公司内部控制是一个过程,要确保内部控制制度得到有效执行,必须使内部控制得到有效的监督,并能随时适应新情况,但雷曼兄弟管理层的不正当干预使得其内部监督和外部监督均未能发挥应有的作用。

所持有的不良资产太多，杠杆率过高。杠杆效应是一柄双刃剑，在给公司带来巨额收益的同时，也给公司带来了巨大的潜在风险。公司未能通过有效的内部控制进行风险管理，从而在外部经济环境不稳定时，公司无法有效规避风险。雷曼兄弟作为华尔街上房产抵押债券的主要承销商和账簿管理人，自身拥有很大一部分难以出售的债券，与普通债券相比，并没有一个流通的市场去确定它们的合理价值，投资银行便会以市场上交易的类似产品作为参照物，或者用自己的模型对其进行估价。为了获得巨大的眼前利益，公司可能会利用估值技术的差别追求自身利益最大化，随之而来的是巨大的风险。

3. 风险预警与监管

为准确地衡量并监管证券公司的风险状况，新《证券法》实行以净资本为核心的财务指标监管体系。净资本指标反映了净资产中的高流动性部分，表明证券公司可变现以满足支付需要和应对风险的资金数。

净资本计算公式为：

$$净资本 = 净资产 - 金融资产的风险调整 - 其他资产的风险调整 \\ - 或有负债的风险调整 \\ + / - 中国证监会认定或核准的其他调整项目$$

计算净资本的目的是要求证券公司保持充足、易于变现的流动性资产，以满足紧急需要并抵御潜在的市场风险、信用风险、营运风险、结算风险等，保护客户资产的安全，在证券公司经营失败、破产关闭时，仍有部分资金用于处理公司的破产清算等事宜。

（1）证监会对证券公司各项风险控制指标的标准规定

对各项业务的净资本要求为：① 经营证券经纪业务，净资本不得低于人民币2 000万元；② 经营证券承销与保荐、证券自营、证券资产管理、其他证券业务等业务之一的，净资本不得低于人民币5 000万元；③ 经营证券经纪业务，同时经营证券承销与保荐、证券自营、证券资产管理、其他证券业务等业务之一的，净资本不得低于人民币1亿元；④ 经营证券承销与保荐、证券自营、证券资产管理、其他证券业务中两项及两项以上的，净资本不得低于人民币2亿元。

对主要风险控制指标的要求为：① 净资本与各项风险资本准备之和的比例不得低于100%；② 净资本与净资产的比例不得低于40%；③ 净资本与负债的比例不得低于8%；④ 净资产与负债的比例不得低于20%。

对证券公司经营证券自营业务的要求为：① 自营权益类证券及证券衍生品的合计额不得超过净资本的100%；② 自营固定收益类证券的合计额不得超过净资本的500%；③ 持有一种权益类证券的成本不得超过净资本的30%；④ 持有一种权益类证券的市值与其总市值的比例不得超过5%，但因包销导致的情形和中国证监会另有规定的除外。在计算自营规模时，证券公司应当根据自营投资的类别，按成本价与公允价孰高原则计算。

对证券公司为客户提供融资融券服务的要求为：① 为单一客户融资的业务规模不得超过净资本的5%；② 为单一客户融券业务规模不得超过净资本的5%；③ 接受单只担

保股票的市值不得超过该股票总市值的20%。其中,在衡量融资业务规模时,要对客户融出资金的本金合计以及对客户融出证券在融出日的市值合计。

(2) 证监会对证券公司风险资本准备的计提规定

证券公司在经营证券经纪业务时,要按照托管的客户交易结算资金总额的3%来计算风险资本准备。

证券公司在经营证券自营业务时,对于固定收益类证券,按投资规模的10%来进行风险资本计提准备;对于未进行风险对冲的证券衍生品,按投资规模的30%计提;对未进行风险对冲的权益类证券,按投资规模的20%计提;对已进行风险对冲的权益类证券和证券衍生品,按投资规模的5%计提。

证券公司在经营证券承销业务时,对于再融资项目,按股票金额的30%来计提风险资本准备;IPO项目按股票金额的15%计提;公司债券按金额的8%计提;政府债券按金额的4%计提。

经营资产管理业务时,分别按专项、集合、定向资产管理业务规模的8%、5%、5%计算风险资本准备。

经营融资融券业务时,按照对客户融资规模、融券规模的10%计算风险资本准备。

设立分支机构时,对分公司、证券营业部分别按照每家2 000万元、500万元计算风险资本准备。

证券公司应按照上一年营业费用总额的10%计算营运风险资本准备。

以上只是基准计算标准,在证监会的批准下可做适当调整。

4. 客户资产存管

中国采用独立的客户资产存管制度,包括客户交易结算资金由商业银行存管、证券资产由结算公司集中存管、委托理财资产由第三方独立存管,从制度上维护客户资产安全,防止公司风险扩散为客户风险。

2004年9月23日证监会出台《创新试点类证券公司客户资金独立存管试行标准》(以下简称《标准》),明确了客户资产的含义:客户资产是指客户托管并专户存放的,用于证券交易、结算的资金及其转化形态,包括以货币资金形式存在的客户交易结算资金及以股票、债券等形式存在的客户证券类资产。

《标准》中客户资金独立存管的概念可以这样理解:首先,将客户资金独立于证券公司自有资金,存放在具有一定独立性和必要的监管职责的存管机构;其次,通过一定的组织体系、技术保障体系及制度体系,使客户资金封闭运行、集中管理,最终达到客户资金的安全、透明、完整、可控、可查的状态。行业内对客户交易结算资金的存管机构的理解一般指存管银行,对股票、基金、债券等证券资产的存管机构的理解一般指证券登记公司,但实际状况是目前客户证券资产中的债券、深圳B股的客户证券资产明细还在证券公司的掌控之中。在证券交易所和证券登记公司现有托管体系维持不变的情况下,证券公司无论是实行客户交易结算资金第三方存管模式还是客户交易结算资金独立存管模式,都无法实现真正意义上的客户资金独立存管。因此,证券公司、证券登记公司、证券交易所、存管银行及监管部门对此工作的推进任重而道远。

5.3.3 对证券发行的监管

证券发行指的是发行人以集资或调整股权结构为目的并交付相对人的单独法律行为。根据不同的标准,可以将证券发行分成不同的种类:根据证券种类的不同,分为股票发行、债券发行和证券投资基金发行;根据发行人的不同,分为公司发行、金融机构发行和政府发行;根据发行对象范围的不同,分为公募发行和私募发行;根据发行人是否委托证券公司承销,分为直接发行和间接发行。

1. 证券发行模式及其监管

国外的证券发行审核制度一般有两种:注册制和核准制。中国在早期实行行政审批制,目前已转变为核准制,未来的发展方向是注册制。

(1) 注册制

注册制即所谓的"公开原则",是指证券发行者在公开募集和发行证券前,需要向证券监管部门按照法定程序申请注册登记的同时依法提供与发行证券有关的一切资料,并对所提供的资料的真实性、可靠性承担法律责任。在注册制下,监管部门的权力仅限于保证发行人所提供的资料无任何虚假的陈述或事实。其理念在于投资者能够理性地做出决策,监管机构只需要创造高度透明度的市场,提供一个公平竞争的场所,投资者在竞争中实现优胜劣汰和资金的优化配置。注册制的代表国家是美国和日本。

注册制的核心内容是申请文件公开,证券监管机构只进行形式审查,给投资者创造一个信息畅通的投资环境,也为筹资者提供一个公平竞争的市场环境,充分体现了市场经济下市场自我调节的本质。其优点如下:① 注册制能够充分反映证券市场的供求状况。在注册制下,任何一个发行人只要有发行证券的要求,就可以依法向证券监管机构提出注册申请,由市场自身的竞争力决定优胜劣汰。② 由于证券监管机构只对申请文件进行形式审查,不涉及发行申请人及所发行证券的实质条件,因而工作量大大降低,提高了效率。③ 注册制能够减少行政干预和暗箱操作及权力寻租的可能,提高整个市场的运作效率。

然而,注册制仍然存在缺陷,它既要求具备健全的市场机制和完善的法制环境,还要求投资者有能力做出正确合理的判断。事实上,大多数投资者并不具备充分的证券投资知识和经验,如果盲目做出错误的判断,就会进而影响证券市场的效率和秩序。同时,注册制也不利于发挥政府宏观调控的功能。

因此,注册制比较适合于证券市场发展历史悠久、市场已进入成熟阶段的国家。

(2) 核准制

核准制即所谓的"实质管理原则",是指证券发行人不仅必须公开所发行证券的真实情况,而且所发行的证券还必须符合《公司法》和《证券法》中规定的若干实质性条件,证券监管机构有权否决不符合实质条件证券的发行申请。核准制的代表国家主要有中国和英国。中国实行核准制时一般会考虑以下因素:发行公司的营业性质,管理人员的资格能力;发行公司的资本结构是否健全;发行所得是否合理;各种证券的权利是否公平;所有公开的材料是否充分、真实;发行公司的发展前景及事业的成功机会等。

核准制在信息公开的基础上,又附加了一些规定,从而把一些低质量、高风险的公司排除在证券市场门外,在一定程度上保护了投资者的利益,减少了投资的风险性,有助于新兴的证券市场的发展和稳定。

然而,核准制的缺点也是显而易见的:① 不符合效率原则。发行人从申请到核准再到发行,经历周期长,市场的融资效率低。② 审核的标准和条件难以具体化,不能真正体现公平原则。③ 不利于培养投资者的投资风险意识和提高其证券知识水平与投资技能。在核准制下,投资者会认为经政府审查过的发行公司发行的证券一定是质优价廉的,从而不去判断,无法培养其独立的市场风险意识。④ 容易使一些高成长性、高技术和高风险并存的公司上市阻力加大,而这些公司的发展对国民经济的高速发展具有巨大的促进作用。

因此,核准制比较适合于证券市场历史不长、经验不多、投资者素质不高的国家和地区。

案例

证券发行审核案例——海南凯立案

海南凯立中部开发建设股份有限公司是由海南长江旅业公司等六家企业发起设立的股份有限公司。1997年4月24日,凯立公司取得国家民委的上市额度指标,1998年6月,凯立公司向中国证监会上报了A股发行申请材料。

1999年6月,凯立公司收到了国务院有关部门转送的中国证监会《关于海南凯立公司上述问题有关情况的报告》,该报告称:凯立公司97%的利润虚假,严重违反《公司法》,不符合发行上市的条件,决定取消其发行股票的资格。

2000年4月18日,凯立公司又收到了中国证监会以办公厅的名义发出的五十号文,该文认定凯立公司"发行预选材料前三年财务会计资料不实,不符合上市的有关规定,经研究决定退回其A股发行预选申报材料"。

2000年8月16日,凯立公司因不服中国证监会对其采取的上述行政行为,向北京市第一中级人民法院提起行政诉讼。2000年12月18日,北京市第一中级人民法院对中国证监会的行政行为的程序合法性进行了审查,认为中国证监会的具体行政行为是在《证券法》和《中国证监会股票发行核准程序》施行后做出的,中国证监会退回材料的行为不符合法定程序,判定中国证监会退回凯立公司A股预选申报材料的行为违法,责令中国证监会恢复对凯立公司股票发行的核准程序。

2001年1月,中国证监会向北京市高级人民法院提出上诉。北京市高级人民法院于2001年7月5日做出终审判决:驳回中国证监会的上诉,维持由北京市第一中级人民法院做出的一审判决。二审法院做出该判决的理由是:

① 五十号文认定事实的证据不充分。二审法院认为:"凯立公司的财务资料所反映的利润是否客观真实,关键在于其是否符合国家统一的企业会计制度。中国证监会在审查中发现有疑问的应当委托有关主管部门或者专业机构对其财务资料依照公司、企业会计核算的特别规定进行审查确认。中国证监会在未经专业部门审查确认的情况下发出

的证监办函(2000)五十号文,认定事实证据不充分。"

② 退回行为违法。2000年3月中国证监会根据《证券法》的有关规定制定了核准程序,并在其中对于1997年发行计划内申请发行的企业做出了保护性的规定,因此,凯立公司应当适用核准程序。而按照该核准程序,中国证监会应当做出核准或者不予核准的决定,因而中国证监会五十号文退回其预选申报材料的行为违法。一审法院要求其限期重做是正确的。

这个案例挑战了现行的证券发行审核体制,法院的司法审查权干涉了中国证监会的行政自由裁量权和对发行人上市申报材料会计资料真实性的审查权。

从司法对行政的监督角度看,法院对行政机关行政行为的司法审查权通常仅限于对具体行政行为的合法性进行审查,对于其行为的合理性一般不进行审查。

资料来源:证监会。

2. 证券发行的保荐制度

所谓保荐,是指符合法定资格的证券机构推荐符合条件的公司公开发行和上市证券,并对所推荐的证券及发行人所披露的信息提供规定的持续督促、指导和担保。中国《证券发行上市保荐制度暂行办法》(以下简称《暂行办法》)第二十条规定,保荐机构在推荐发行人首次公开发行股票前,应当按照中国证监会的规定对发行人进行辅导。按照规定,保荐人的保荐职责有以下几个方面。

（1）首次公开发行股票前的辅导

《暂行办法》在第二十条中规定:"保荐机构在推荐发行人首次公开发行股票前,应当按照中国证监会的规定对发行人进行辅导。保荐机构推荐其他机构辅导的发行人首次公开发行股票的,应当在推荐前对发行人至少再辅导6个月。"

保荐人在对首次公开发行股票的拟发行人进行辅导时,主要围绕以下几项内容进行:

① 促进辅导对象建立良好的公司治理。必须使其治理结构符合《公司法》的要求,公司机构健全,股权结构清晰等。

② 形成独立运营和持续发展的能力。法律规定需要运用保荐发行的公司,其发行股票一种是向公众发行,一种是定向发行超过200人,还有就是法律另有规定。三种情况中前两种因为涉及投资人众多,为了保障广大投资人的投资安全,必须要求公司具备持续发展能力;后一种往往涉及国家金融安全,即使投资人数少,也要求保荐发行,利用保荐人对拟发行人的经营和发展能力进行初步审查。

③ 督促公司的董事、监事、高级管理人员全面理解发行上市有关法律、法规、证券市场规范运作和信息披露的要求;树立进入证券市场的诚信意识、法制意识。为了保证公司上市后的运作符合要求,还要求持有公司5%以上(含5%)股份的股东接受辅导。

④ 具备进入证券市场的基本条件,及符合《公司法》《证券法》《中华人民共和国会计法》等相关法律法规的要求。

⑤ 促进辅导机构及参与辅导工作的其他中介机构履行勤勉尽责义务。

(2) 推荐发行人证券上市

保荐机构享有审查、核查和判断职责。证券在上市前要经过发行环节。前一部分辅导合格后,保荐机构方可推荐其股票上市。发行必须符合法律规定的条件,避免欺诈和鱼目混珠现象的发生,保证证券市场稳定与安全。

《暂行办法》第二十二条规定:"保荐机构推荐发行人证券发行上市,应当按照法律、行政法规和中国证监会的规定,对发行人及其发起人、大股东、实际控制人进行尽职调查、审慎核查,根据发行人的委托,组织编制申请文件并出具推荐文件。"

根据《证券法》第十一条第二款及其他相关规定,保荐人受聘承担证券发行上市的保荐职责,应当遵守保荐业务规则和行业规范。本着诚实信用和勤勉尽责原则,对发行人的申请文件和信息披露资产进行审慎核查,督导发行人规范运作。本书所讲的核查和判断职责不仅是保荐人对发行人行为的审查,对其他服务中介的行为也要独立、审慎地核查和判断。所谓独立,是指保荐机构应当独立于发行人及其控制股东以及其他中介机构开展保荐工作;所谓审慎,是指保荐机构不仅应全面了解发行人的各种相关情况,对发行人的发行条件进行合法性审查,而且还应本着诚实守信和勤勉尽责的职业准则,对发行人进行专业的合法、合规性审查。

(3) 持续督导职责

持续督导也是保荐人的重要职责或义务之一,中国法律也有关于持续督导的明文规定。

保荐机构应当遵守法律、行政法规、证监会的规定和行业规范,诚实守信,勤勉尽责,尽职推荐发行人证券发行上市;发行人证券上市后,保荐机构应当持续督导发行人履行规范运作、信守承诺信息披露等义务。《暂行办法》第二十八条规定,保荐机构应当针对发行人的具体情况确定持续督导的内容和重点,并承担下列工作:① 督导发行人有效执行并完善防止大股东、其他关联方违规占用发行人资源的制度;② 督导发行人有效执行并完善防止高管人员利用职务之便损害发行人利益的内部控制制度;③ 督导发行人有效执行并完善保障关联交易公允性和合规性的制度,并对关联交易发表意见;④ 督导发行人履行信息披露的义务,审阅信息披露文件及向中国证监会、证券交易所提交的其他文件;⑤ 持续关注发行人募集资金的使用、投资项目的实施承诺事项;⑥ 持续关注发行人为他人提供担保等事项,并发表意见;⑦ 中国证监会规定及保荐协议规定的其他工作。

5.3.4 对证券交易的监管

1. 市场操纵监管

操纵市场是证券市场上最主要的不当行为之一,其历史与证券市场一样古老。世界上最早的操纵市场案件是英格兰 1814 年的 Rex v. de Berenger 案件。一份有关拿破仑死亡的传闻导致伦敦股票市场价格飞涨,后因发现传闻不实又大幅跌落。Berenger 和他的朋友抓住机会,大幅沽售,获利颇丰。法院认定他们的行为违法,主张公众有权参与一个自然而自由的市场,同时主张判定他们有罪,无须证明他们的行为给国家带来损害或他们是否获利。在 1892 年的另一个判例中,法院认为无法区分以散布虚假信息操纵股价和以其他方式操纵。这两个案例奠定了"自由而开放的公众市场理论"(Free-and-open-public Market Doctrine)。市场操纵行为扭曲了证券价格形成的正常规律,扰乱了证券市场秩序,危害金融安全,严重侵犯了投资者的合法权益。为了保护投资者的利益,维护正常的证券市场秩序,各国证券法都严格禁止市场操纵行为。

中国最早禁止操纵证券市场行为的法规是上海人民政府于 1990 年颁布的《上海证券交易管理办法》,该办法第三十九条明确禁止任何单位和个人在证券市场交易中进行操纵市场的行为。其后,深圳市人民政府颁布的《深圳经济特区证券管理暂行办法》第七十四条也对操纵市场进行了规定。中国对市场操纵的立法规定历程如表 5-2 所示。

表 5-2 中国市场操纵立法进程

时间	法律法规	条款
1993 年	《股票发行与交易管理暂行条例》	第七十四条第一款第(三)、(四)、(五)、(六)项
1993 年	《禁止证券欺诈行为暂行办法》	第七、第八条
1998 年	《证券法》	
2005 年	《证券法(2005)》	第七十七条
2007 年	《市场操纵认定办法》	
2013 年	《证券法(2013)》	第七十七条

《证券法》规定禁止下列市场操纵行为:连续交易操纵、约定交易操纵、自买自卖操纵以及其他操纵行为。

(1) 连续交易操纵

《证券法》第七十七条规定,"单独或者通过合谋,集中资金优势、持股优势或者利用信息优势联合或者连续买卖,操纵证券交易价格或者证券交易量",构成连续交易操纵。

其中,"资金优势"的标准为:在当期价格水平上,可以买入相关证券的数量达到该证券总量的 5%、该证券实际流通总量的 10%、该证券当期交易量的 20%,且应显著大于当期交易相关证券一般投资者的买卖金额。"持股优势"的标准是直接、间接、联合持有的股份数量符合下列标准之一:持有相关证券总量的 5%;持有相关证券实际流通总量的 10%;持有相关证券的数量大于当期该证券交易量的 20%,且应显著大于相关证券一般投资者的持有水平。"信息优势"的标准则包括:当事人能够比市场上的一般投资者更方便、更及时、更准确、更完整、更充分地了解相关证券的重要信息。

(2) 约定交易操纵

该种行为又称相对委托或对敲。《证券法》第七十七条规定:"与他人串通,以事先约定的时间、价格和方式相互进行证券交易,影响证券交易价格或者证券交易量",构成约定交易操纵。

"约定的时间"包括某一时点附近、某一时期之内或某一特殊时段;"约定的价格"包括某一价格附近、某种价格水平或某一价格区间;"约定的方式"包括买卖申报、买卖数量、买卖节奏、买卖账户等各种与交易相关的安排。

(3) 自买自卖操纵

该行为也叫冲洗买卖,又称洗售。《证券法》第七十七条规定,"在自己实际控制的账户之间进行证券交易,影响证券交易价格或者证券交易量",构成自买自卖操纵。

"自己实际控制的账户"包括当事人拥有、管理、使用的账户。

(4) 其他操纵行为

《市场操纵认定办法》除对《证券法》第七十七条就连续交易操纵、约定交易操纵和自买自卖操纵行为的认定进一步细化之外，还增加了其他五种操纵行为的认定。

① 蛊惑交易操纵。蛊惑交易可以理解为：操纵市场的行为人故意编造、传播、散布虚假重大信息，误导投资者的投资决策，使市场出现预期中的变动而自己获利。

在互联网时代，蛊惑交易的危害性和严重性更应该引起高度关注。通过论坛、QQ、MSN、博客等网络传播手段，一个虚假消息可以在短时间内迅速传播，网状扩散，贻害无穷。

蛊惑交易操纵行为包括：编造、传播、散布虚假信息；在虚假重大信息发布前后买卖或者建议他人买卖相关证券；相关证券的价格或成交量受到影响。虚假重大信息是有关股票价格或成交量变动的重要原因。

② 抢先交易操纵。抢先交易是指，行为人对相关证券或其发行人、上市公司公开做出评价、预测或者投资建议，自己或建议他人抢先买卖相关证券，以便从预期的市场变动中直接或者间接获取利益的行为。

在现行市场环境中，公开做出评价、预测或者投资建议的情形有多种，比如，在报刊、电台、电视台等媒体，在各类电子网络媒介上，利用传真、短信、电子信箱、电话、软件等工具面对公众、会员或特定客户，对股票或其发行人、上市公司做出评价、预测或投资建议。但显然，事实上的公开评价行为并不止这些，所以监管部门执法时也不会限于这些情形。

抢先交易操纵的认定：证券公司、证券咨询机构、专业中介机构及其工作人员对相关证券或其发行人、上市公司公开做出评价、预测或者投资建议，而在公开做出评价、预测或者投资建议前后买卖或者建议他人买卖相关证券，并且直接或者间接在此过程中获取利益。

③ 虚假申报操纵。虚假申报操纵是指，行为人持有或者买卖证券时，进行不以成交为目的的频繁申报和撤销申报，制造虚假买卖信息，误导其他投资者，以便从期待的交易中直接或间接获取利益的行为。

行为人在同一交易日内，在同一证券的有效竞价范围内，连续或者交替进行三次以上申报和撤销申报，可认定为频繁申报和撤销申报。

为了将操纵行为和正常竞价行为区分开，只有符合特定情形的，才可以被认定为虚假申报操纵：行为人频繁申报和撤销申报；申报笔数或申报量，占统计时段内总申报笔数或申报量的20%；行为人能够从中直接或间接获取利益。

▶ 知识链接 ◀

许多投资者都目睹过如下一幕：在看盘面的时候，在卖2、卖3等价位上出现了巨量卖单，顿时慌乱起来，害怕大量抛单会造成股价下跌，为避免损失，也赶紧卖出手中筹码，但是没想到很快这些巨量卖单又消失得无影无踪。事实上，这种"主力"惯用的释放烟幕弹、扰乱视听的行为就属于虚假申报操纵。

④ 特定价格操纵。特定价格操纵是指行为人通过拉抬、打压或者锁定手段,致使相关证券的价格达到一定水平的行为。

理解这种操纵手段,要首先明确两组术语,一是"特定价格",二是"拉抬、打压或者锁定"。"特定价格"是指以相关证券某一时点或某一时期内的价格作为交易结算价格、某些资产价值的计算价格,以及证券或资产定价的参考价格。具体操作中,可依据法律、行政法规、规章、业务规则的规定或者依据发行人、上市公司、相关当事人的协议内容进行认定。"拉抬、打压或者锁定"则是指行为人以高于市价的价格申报买入致使证券交易价格上涨,或者以低于市价的价格申报卖出致使价格下跌,或者通过买入或者卖出申报致使证券交易价格形成虚拟的价格水平。

⑤ 特定时段交易操纵。二级市场上股票每天的价格走势中,开盘价和收盘价最为关键,然而在市场上,经常存在操纵开盘价和收盘价的现象,从而制造假象,干扰投资者的正常决策。

特定时段交易操纵行为又分为尾市交易操纵和开盘价格操纵。尾市交易操纵是指在收市阶段,通过拉抬、打压或者锁定等手段,操纵证券收市价格的行为。开盘价格操纵是指在集合竞价时段,通过抬高、打压或者锁定等手段,操纵开盘价的行为。

对市场操纵行为的处罚已有明确规定,《证券法》第七十七条规定:"操纵证券市场行为给投资者造成损失的,行为人应当依法承担赔偿责任。"《证券法》第二百零三条也有规定:"操纵证券市场的,责令依法处理非法持有的证券,没收违法所得,并处以违法所得一倍以上五倍以下的罚款;没有违法所得或者违法所得不足三十万元的,处以三十万元以上三百万元以下的罚款。单位操纵证券市场的,还应当对直接负责的主管人员和其他直接责任人员给予警告,并处以十万元以上六十万元以下的罚款。"

✍案例✍

市场操纵行为惩处案例——汪建中案

2001年,汪建中和其前妻合伙创办了北京首放投资顾问有限公司(以下简称"北京首放"),汪建中成为公司大股东并担任总经理。2003年开始的熊市让汪建中在证券投资界声名鹊起。当时,北京首放在每周五推荐股票,到下周一,这些股票就"神奇"地位居沪深股市涨幅榜前列。

汪建中案事发偶然,监管部门先是发现汪建中的两个哥哥涉嫌在安徽转移大笔资金,进而查明此笔资金正是汪建中操作所得,汪建中从而进入监管部门视线。

2008年8月,证监会经过调查,认为在2007年1月1日至2008年5月29日期间,汪建中利用北京首放及其个人在证券投资咨询业的影响,借向社会公众推荐股票之机,通过"先行买入证券,后向公众推荐,再卖出证券"的手法操纵市场,并非法获利。

据证监会调查,汪建中以上述方式买卖的证券包括"万科A""工商银行""中国联通""中国石化""ST夏新"等38只股票和权证。

据统计,其在2007年1月至2008年5月期间,交易操作了55次,买卖了38只股票或权证,买入证券金额累计52.6亿余元;卖出金额累计53.8亿余元。上述账户买卖证券行为合计55次,其中45次合计获利1.5亿余元,10次合计亏损0.25亿余元,累计净获利1.25亿余元。

2008年11月21日,北京首放因涉嫌操纵市场被证监会依法撤销证券投资咨询业务资格,公司执行董事、总经理汪建中被罚款1.25亿元。

资料来源:证监会。

2. 内幕交易监管

内幕交易是内幕信息知情人和非法获取内幕信息的人,在内幕信息公开前买卖相关证券,或者泄露该信息,或者建议他人买卖相关证券的行为。内幕交易为内部人带来好处的同时,给外部投资者带来损失,影响了市场的公平性和投资者信心。

《证券法》第七十六条规定:"证券交易内幕信息的知情人和非法获取内幕信息的人,在内幕信息公开前,不得买卖该公司的证券,或者泄露该信息,或者建议他人买卖该证券。""持有或者通过协议、其他安排与他人共同持有公司百分之五以上股份的自然人、法人、其他组织收购上市公司的股份,本法另有规定的,适用其规定。""内幕交易行为给投资者造成损失的,行为人应当依法承担赔偿责任。"

中国证券内幕交易主要有三种类型。

(1) 分红型内幕交易

分红是上市公司的经常性行为,而分红方式又对公司股价有着至关重要的影响,所以分红型内幕交易是中国证券市场最常见的一种内幕交易。由于处在一个不成熟的市场中,中国证券市场的广大投资者对上市公司的现金分红毫无兴趣,但是对送红股及资本公积金转增股本的分红方式趋之若鹜,采用这两种分红方式的公司股价也会大幅上涨,因此,有关上市公司是否采用送股或资本公积金转增股本的分红方式,就成为一种重要的内幕信息。

(2) 并购型内幕交易

当一家质量较差的公司被别的公司并购后,后者将会对前者进行资产置换与重组,从而使其脱胎换骨,公司基本面将会发生重大变化,相应地,被并购公司的股价也会大幅上涨,因此,能够提前知悉有关公司并购信息的投资者将会获得巨大的好处。由于公司并购事件经常发生,因此并购型内幕交易也经常在中国证券市场发生。

(3) 重大事件内幕交易

根据《证券法》的规定,下列事件属于重大事件:公司的经营方针和范围的重大变化;公司的重大投资行为和重大的购置资产的决定;订立重要合同,可能对公司的资产、负债、权益和经营成果产生重要影响;公司发生重大债务和未能清偿到期重大债务的违约情况;公司发生重大亏损或者重大损失;公司经营的外部条件发生的重大变化等。由于上述重大事件对公司股价有着重大的影响,因此几乎每一起上市公司发生的重大事件都成了内幕人员谋利的工具。

中国对内幕交易信息的泄露有着相关的惩罚方法。《证券法》第二百零二条规定:

"证券交易内幕信息的知情人或者非法获取内幕信息的人,在涉及证券的发行、交易或者其他对证券的价格有重大影响的信息公开前,买卖该证券,或者泄露该信息,或者建议他人买卖该证券的,责令依法处理非法持有的证券,没收违法所得,并处以违法所得一倍以上五倍以下的罚款;没有违法所得或者违法所得不足三万元的,处以三万元以上六十万元以下的罚款;单位从事内幕交易的,还应当对直接负责的主管人员和其他直接责任人员给予警告,并处以三万元以上三十万元以下的罚款;证券监督管理机构工作人员进行内幕交易的,从重处罚。"

✍案例✍

内幕交易惩处案例——黄光裕案

2010年4月,黄光裕案在北京市二中院开庭审理,被诉非法经营、内幕交易、行贿三罪名。

经审理查明,2007年4月至9月,黄光裕作为北京中关村科技发展(控股)股份有限公司的实际控制人、董事,在决定该公司与其他公司资产重组、置换事项期间,指使他人使用其实际控制的85个股票账户购入该公司股票,成交额累计人民币14.15亿余元。至上述资产重组、置换信息公告日,上述股票账户的账面收益额为人民币3.09亿余元。

2010年8月30日黄光裕案二审宣判。黄光裕三罪并罚被判14年有期徒刑以及罚没8亿元人民币的判决维持不变。

资料来源:证监会。

5.3.5 对证券交易所的监管

1. 对上市公司的管理

证券交易所管理上市公司,是其一项重要的职能,具体包括上市管理和信息披露管理两个方面。

上市管理包括制定和执行上市标准。证券交易所规定了企业进入交易所市场的资格和门槛,对其考核的指标有业务和业绩、股本和股东、内部治理结构、信息披露四个方面。以深圳证券交易所为例,在股本方面,规定首次公开发行股票在交易所上市的条件包括:公司股本总额不少于人民币5 000万元;公开发行的股份达到公司股份总数的25%以上;公司股本总额超过人民币4亿元的,公开发行股份的比例为10%以上;等等。

信息披露管理方面,证券交易所规定:上市公司及相关信息披露义务人应当根据法律、行政法规等相关规定,及时、公平地披露信息,并保证所披露的信息真实、准确、完整,不得有虚假记载、误导性陈述或重大遗漏。同时,对违背规则的人员和公司进行通报批评、公开谴责,情节严重的会追究法律责任。

2. 对会员或者市场参与人的管理

证券交易所对会员或者市场参与人的管理包括资格管理和行为管理两个方面。

资格管理方面,证券交易所为会员或市场参与人设置了一定的准入标准,通常包括资本金、经营状况、市场声誉等要求。

行为管理方面,主要包括对与财务状况有关的行为和与交易活动有关的行为的管理。交易所管理会员的财务状况,督促会员建立有效的内部控制体系,设计财务状况指标督促会员健康运营。

3. 对交易的管理

对证券交易进行管理通常是所有证券交易所的核心职责。总体上来说,包括:制定交易规则;对证券交易实施实时监控,若发现潜在的市场违规行为,及时采取相应的制止措施;执行交易规则,对违反规则的市场主体采取纪律处分行动,向监管机构报告违规行为。

5.3.6 对投资者的监管

在证券市场上,凡是出资购买股票、债券等有价证券的个人或机构,统称为证券投资者。证券投资者可以分为个人投资者和机构投资者。个人投资者即以自然人身份从事股票买卖的投资者,机构投资者则主要是指一些金融机构,包括银行、保险公司、投资信托公司、信用合作社、国家或团体设立的退休基金等组织。机构投资者的性质与个人投资者不同,在投资来源、投资目标、投资方向等方面都与个人投资者有很大差别。因此,对个人投资者和机构投资者的监管政策是不同的。

中国法律对个人投资者的监管相对宽松,只在投资资格和投资途径等方面做出了规定。《证券法》第一百一十一条明确指出投资者应当与证券公司签订证券交易委托协议,并在证券公司开立证券交易账户,以书面、电话以及其他方式,委托该证券公司代其买卖证券。

相比之下,对机构投资者的监管则比较严格。在证券市场,交易所负责对机构投资者的行为进行一线直接监管,中国结算公司负责从登记结算方面对机构投资者的活动进行监督,创建了独立完整的登记结算技术系统,建立了包括结算风险基金、清算交收备付金制度、待交收机制和交收风险监控制度在内的风险管理体系,来控制结算风险。证监会则根据交易所和中国结算公司的举报,根据需要设置相应的监管部门对机构投资者进行各方面的监管;机构监管部负责拟定证券公司的实施细则,监管其业务活动,审核其高级管理人员的任职资格,并对境外的机构投资者进行审核;基金管理部是专门针对证券投资基金的监管部门,负责基金、基金管理公司、基金托管机构的审核、设立、高级管理人员任职资格的审核,并且与国家外汇管理局共同负责 QFII 的设立审核;稽查一局、二局按照各自的分工对机构投资者出现的违规行为进行具体的查处。三个部门互相配合,共同监管机构投资者,维护证券市场有序运行。

5.4 信息披露机制

中国的信息披露是解决证券市场有效性下降问题的起源和关键,必须对信息披露进行监管。中国现行《证券法》第六十三条规定:"发行人、上市公司依法披露的信息,必须真实、准确、完整,不得有虚假记载、误导性陈述或者重大遗漏。"

强制信息披露是指一国证券法规定的上市公司在一定情况下,必须通过一定的媒介载体向社会公众发表或公布他人尚未得知的信息的过程。

5.4.1 信息披露的功能

公开原则是证券法的精髓,是证券市场赖以建立和发展的首要条件,也是证券监管所追求的目标。作为公开原则的具体体现,增加证券市场透明度、借以保障投资者利益和建立市场理性与信心的披露制度,不仅是证券投资和行使知情权的有力保障,更是证券市场存在和发展的重要基础。纳入监管范围的信息应同时具备以下两个条件:具有非对称性或非完全性;足以影响以证券价格为核心的投资者(主要指中小投资者)利益。

(1) 保护投资者利益

这是信息披露制度最根本的目的。信息披露对投资者合法权益的保护体现在两个方面。首先,信息披露制度有利于投资者做出科学的投资决策。投资者只有在取得有关上市公司的真实信息,对公司的生产经营状况及资信财力有充分了解的基础上,才可能做出投资判断,以达到最大利益、最小风险之功效。其次,信息披露制度为投资者提供了均等获取信息和投资收益(或损失)的机会,以抑制过度投机、欺诈和内部交易行为,实现市场的公平理念。同时,信息披露制度规定,对证券欺诈、误导、虚假陈述等不法行为予以制裁,使受损者得到必要的经济补偿,也是对投资者合法权益的保护。

(2) 有利于上市公司的经营与管理

信息披露制度可以促使上市公司改善经营管理,有利于制止不法行为。通过信息公开,可置上市公司的经营管理于社会公众的监督之下,形成激励约束机制,使其在经营活动中不断自我约束、自我完善,以保护或增强其对投资的吸引力。

(3) 确保证券市场的稳健运行

证券监管机构通过对证券发行人披露的信息进行监督和检查,保证上市公司的质量。而且,由于信息披露制度的实施增加了上市公司内部管理和财务状况的透明度,证券监管机构可根据所获得的信息,有针对地对投资方向进行调控、引导,规范投资行为,及时发现和查处违规操作,保障证券市场稳健发展。

(4) 有利于实现资源配置的有效性

证券市场的效率实现的关键因素之一就是市场信息的公开程度。证券发行与证券投资是实现社会资源配置的过程,上市公司的证券发行行为取决于市场需求和投资者的投资能力,而证券投资又是一个选择过程,投资者根据上市公司提供的信息科学地对投资方向和数量做出决策。信息系统越流畅,越能发挥市场机制的调节功能,使资金流向优质企业,资源配置也就越合理,也越能保证证券市场的高效运作。

5.4.2 上市公司信息披露的要求

上市公司信息披露的核心有两个方面:一是决策程序要合法合规;二是对外披露要及时、真实、准确、完整、公平。

具体而言,信息披露有以下基本要求:一是真实性,披露信息的真实性是信息披露者最根本也是最重要的义务,要求上市公司披露的信息应当以客观事实或具有事实基础的判断和意见为依据,如实反映实际情况,不得有虚假记载。二是准确性,要求上市公司在披露信息时,客观实际,不得夸大其辞,不得有误导性陈述。三是完整性,上市公司在信息披露时,应当内容完整,文件齐备,格式符合规定要求,不得有重大遗漏。四是及时性,要求公开发行证券的公司从发行到上市的持续经营活动期间内,向投资者披露的资料应当是最新的、最及时的。五是公平性,避免选择性披露,不同的投资人要在同一时间得到相同的信息。公司向股东、实际控制人及其他第三方报送文件涉及未公开重大信息的,应当及时向监管机构报告,并依照相关规定披露。

5.4.3 中国的信息披露体系

中国在发展证券市场的过程中,证监会一直重视上市公司信息披露规范的制定工作,在主要借鉴美国和中国香港等国家与地区经验的基础上,现已初步形成了上市公司信息披露的基本规范。首次披露、定期报告和临时报告等分别由《证券法》《公司法》《股票发行与交易暂行条例》《公开发行股票公司信息披露实施细则》《公开发行股票公司信息披露内容与格式准则》等相关条文来规范。图5-10、表5-3和图5-11分别是中国上市公司信息披露的形式和主要内容以及信息披露法规体系的层次结构。

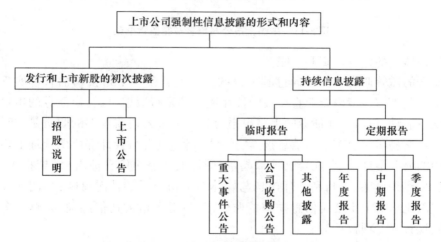

图5-10 中国上市公司信息披露的形式和主要内容

表5-3 中国信息披露法规体系的层次结构

第一层次	最高立法机关(全国人大)制定的证券基本法律	《公司法》 《证券法》等
第二层次	政府(国务院)制定的证券基本法规	《股票发行与交易管理暂行条例》 《股份有限公司境内上市外资股的规定》等
第三层次	证监会发布的规章	《上市公司信息披露管理办法》 《证券市场禁入暂行规定》 《公开发行股票公司信息披露实施细则》等
第四层次	自律性规则	《股票上市规则》及相关的通知、指引等

目前,中国对上市公司信息披露进行监管的部门主要是证监会、沪深交易所及注册

会计师协会,它们的职责各有不同。如图 5-11 所示,证监会享有最为广泛的权利,也是最权威的监管者。沪深交易所处于一线监管地位,主要负责对上市公司持续性信息披露的监管,其享有的权限相对有限。注册会计师协会对上市公司信息披露的监管较为间接,主要是通过对会计师事务所的监督和管理来实现。

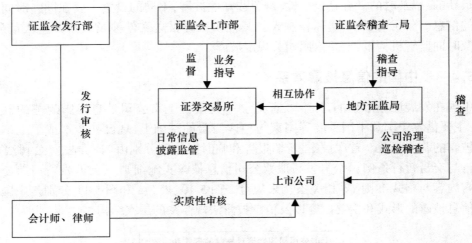

图 5-11　中国上市公司信息披露监管框架

（1）证监会的监管职责和权限

证监会的监管职责主要是通过其下设的发行监管部和上市公司监管部实现。发行监管部主要负责审核境内企业直接或间接在境内外发行股票、可转换债券的申报材料并监管其发行活动,审核企业债券的上市申报材料。上市公司监管部的职责是:指导、督促和检查证券交易所对上市公司信息披露的一线监管;负责与会计部协调处理上市公司信息披露中的财务会计问题,配合会计部起草、修订上市公司信息披露（定期报告、临时报告）的规则;组织收集、分析和处理市场与媒体对上市公司的情况反映;协调证券交易所与各地派出机构对上市公司信息披露的监管工作;对上市公司信息披露、财务会计报告进行巡回检查和专项核查等。

证监会有处罚权和调查取证权。处罚权包括:单处或并处警告;没收非法所得;罚款;暂停违法者从事证券业务或撤销其从事证券业务的资格。调查取证权包括:进入违法行为发生场所调查取证;询问当事人,要求其对与被调查事件有关的事项做出说明;查阅、复制当事人和与被调查时间有关的单位及个人的证券交易记录、登记过户记录、财务会计资料及其他相关文件和资料;对可能被转移或者隐匿的文件和资料,可以给予封存;查询当事人和与被调查事件有关的单位及个人的资金账户、证券账户,对证据证明有转移或者隐匿违法资金、证券迹象的,可以申请司法机关予以冻结。

（2）证券交易所的监管职责和权限

证券交易所的监管职责主要是对上市公司的年度报告、中期报告和临时报告的信息披露进行监管,并对上市公司进行日常监管。深圳证券交易所由上市公司管理部负责,上海证券交易所由上市部负责。证券交易所对信息披露的日常监管框架如图 5-12 所示。

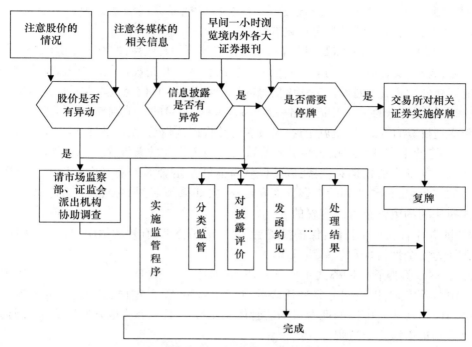

图 5-12 证券交易所对信息披露的日常监管

证券交易所享有处罚权,具体包括警告、公开批评和公开谴责等。证券交易所没有对上市公司的调查取证权,只能不断要求上市公司就问题提供解释。

(3) 注册会计师协会的监管职责和权限

注册会计师协会的监管职责包括:拟定业务报备管理制度和业务检查制度,组织实施业务报备工作及年度业务检查工作;拟定对有关执业机构和执业人员职业道德、执业质量方面的投诉举报管理制度、办法,组织处理有关投诉举报专项查处工作,协调有关方面对行业职业道德和执业质量方面的监督、检查和处罚事项;拟定对违法违规的执业人员的处罚制度、办法,组织实施有关处罚处理工作等。

注册会计师协会享有对注册会计师和会计师事务所的处罚权。对注册会计师的处罚权包括:警告;没收违法所得;罚款;暂停执行部分或全部业务,暂停执业期限最长为 12 个月;吊销有关执业许可证;吊销注册会计师证书。对会计师事务所的处罚包括:警告;没收违法所得;罚款;暂停执行部分或全部业务,暂停执业期限最长为 12 个月;吊销有关执业许可证;撤销会计师事务所。注册会计师协会没有对上市公司的调查权。

 本章小结

1. 如果在一个证券市场中,价格完全反映了所有可以获得的信息,那么就称这样的市场为有效市场。衡量证券市场是否具有外在效率有两个标志:一是价格是否能自由地根据有关信息而变动;二是证券的有关信息能否充分地披露和均匀地分布,使每个投资者在同一时间内得到等量等质的信息。据此,可以把证券市场划分为三个层次:强式有效市场、半强式有效市场和弱式有效市场。

2. 实现证券市场有效需要四个条件:① 信息公开的有效性,即有关证券的全部信息都能够充分、真实、及时地在市场上得到公开;② 信息从公开到被接收的有效性,指被公开的信息能够充分、准确、及时地被关注该信息的投资者获得;③ 信息接收者对信息判断的有效性,意味着得到信息的投资者能做出一致的、合理的、及时的价值判断;④ 信息接收者依据其判断实施投资的有效性,也就是说,投资者能够根据其判断,做出准确、及时的行动。

3. 法律的不完备性理论认为引入监管需要两个具体的条件:一是对导致损害结果的行为类型要能够有所预期和把握,以使监管者能够制定合适的监管内容以及为监管者确定合适的权限;二是预期到的损害程度要足够高,如果预期到的损害程度低,事后立法和被动式执法的约束则是可以容忍的。

4. 证券监管的三个目标:保护投资者,保证市场公平、有效和透明,减少系统性风险。可以概括为安全性目标和效率性目标。

5. 各国证券监管体制模式主要有三种,分别是以美国、日本、韩国和新加坡等国为代表的集中监管模式,以英国为典型代表的自律监管模式,以德国、意大利、泰国为典型代表的中间监管模式。中国的证券市场监管体制则经历了一个从地方监管到中央监管,由分散监管到集中监管的过程。

6. 证券监管的内容:对从业人员的监管,包括从业资格、道德风险的管理和竞业禁止等方面;对证券公司的监管,如市场准入、内部控制、风险预警与监管、客户资产存管等方面;对证券发行的监管;对证券交易的监管,包括市场操纵监管和内幕交易监管;对证券交易所的监管;对投资者的监管。

7. "中国墙"是指证券公司建立有效的内部控制和隔离制度,防止研究部、投资部与交易部互泄信息,引致内部交易和操纵市场的行为。应从三方面来理解"中国墙"制度的含义:第一,"中国墙"是在综合性证券公司内部设立的一种自律机制;第二,"中国墙"是一系列措施和程序的结合;第三,"中国墙"通过阻挡内幕信息的流动,达到防止内幕交易和解决利益冲突的目的。

8. 净资本指标反映了净资产中的高流动性部分,表明证券公司可变现以满足支付需要和应对风险的资金数。计算净资本的目的是要求证券公司保持充足、易于变现的流动性资产,以满足紧急需要并抵御潜在的市场风险、信用风险、营运风险、结算风险等,保护客户资产的安全。

9. 国外的证券发行审核制度一般有两种:注册制和核准制。中国在早期实行行政审批制,目前已转变为核准制,未来的发展方向是注册制。

10. 保荐制度是指符合法定资格的证券机构推荐符合条件的公司公开发行和上市证券,并对所推荐的证券及发行人所披露的信息提供规定的持续督促、指导和担保。

11. 信息披露的功能:① 保护投资者利益;② 有利于上市公司的经营与管理;③ 确保证券市场的稳健运行;④ 有利于实现资源配置的有效性。

12. 上市公司信息披露的要求主要包括两个方面:一是决策程序要合法合规;二是对外披露要及时、真实、准确、完整、公平。

13. 中国对上市公司信息披露进行监管的部门主要是证监会、深沪交易所及注册会计师协会,它们的职责各有不同。证监会享有最为广泛的权利,也是最权威的监管者。沪深交易所处于一线监管地位,主要负责对上市公司持续性信息披露的监管,其享有的权限相对有限。注册会计师协会对上市公司信息披露的监管较为间接,主要是通过对会计师事务所的监督和管理来实现。

本章重要概念

证券市场失灵	强式有效市场	半强式有效市场	弱式有效市场
法院失灵	证券监管目标	集中监管模式	自律监管模式
中间监管模式	证券监管内容	市场准入	内部控制
中国墙	净资本	注册制和核准制	保荐制度
市场操纵	内幕交易	信息披露	客户资产存管制度

练习题

1. 证券监管的目标是什么?
2. 简述有效市场理论。
3. 什么是"中国墙"? 建立"中国墙"的原则是什么? 有何作用?
4. 注册制和核准制作为两种主要的证券发行审核制度各自的优势和劣势是什么?
5. 证券交易中有哪些违规行为? 如何有效进行监管?
6. 如何有效规范中国的证券市场并促进其发展?
7. 2014年3月,上海超日太阳能科技股份有限公司无法向投资者支付其两年前所借资金的8 980万元人民币利息,中国迎来首次真正的公司债券违约,这一事件会对中国证券市场的发展带来怎样的影响? 对完善证券监管又有怎样的启示?

第6章

保险业监管

　　保险业作为一个技术含量高、业务专业性强的复杂行业,信息不对称和不完全的问题十分突出。2002年5月22日,平安保险公司徐州中心支公司(寿险)与徐州发电厂签下了一单"十年期鸿祥附加定期寿险"。当年,这单业务在业内可谓人尽皆知:年保费980万元,10年保费9800万元。这在当年全国七大保险公司寿险业务中名列第三,而在平安保险公司内部,这是当年最大的一单寿险业务。此亿元保单作为平安保险公司当年最大的一单寿险个险业务轰动全国。两年后,此亿元保单再次轰动全国,因为它是一起瞒天过海的假保单事件!

　　然而,保险经营具有广泛的社会性,一旦保险公司出现问题,影响十分广泛,以涉案的平安保险公司为例,它是中国第一家股份制商业保险企业,开创了中国保险业的营销时代,就是在这样一家以诚信为本的保险公司中,却暗藏着一起保费近亿元的假保单案件。所以,对保险业进行监管十分必要。

6.1 保险业监管概述

保险业是中国金融体系和社会保障体系的重要组成部分。自保险业对外开放以来，中国保险业呈现出蓬勃发展的良好局面。保险市场体系逐步完善，形成了包括保险（金融）控股集团、保险公司、保险中介机构在内的多层次市场结构。保险市场主体的不断增加，不仅营造了充分的市场竞争环境，而且促使保险公司从单一的经济保障功能向经济补偿、资金融通和社会管理的复合型功能转变，强化了保险在经济、社会生活中的突出作用。

但是，保险业是经营风险的特殊行业，是社会经济补偿制度的一个重要组成部分，对社会经济的稳定和人民生活的安定负有很大责任。保险经营与风险密不可分，保险事故的随机性、损失程度的不可知性、理赔的差异性使得保险经营本身存在着不确定性，加上激烈的同业竞争和道德风险及欺诈的存在，使得保险业成了高风险行业。保险公司经营亏损或倒闭不仅会直接损害公司自身的利益，还会严重损害广大被保险人的利益，危害相关产业的发展，从而影响社会经济的稳定和人民生活的安定。所以，对保险业进行严格监管是有效保护与保险活动相关的行业和公众利益的制度保障。

所谓保险业监管是指政府对保险业的监督管理，是保险监管机构依法对保险公司、保险市场进行监督管理，以确保保险市场的规范运作和保险人的稳健经营，保护被保险人利益，促进保险业健康、有序发展的整个过程。按照保险业监管的领域来看，保险业监管仅限于商业保险领域，不涉及社会保险。

表 6-1 显示了中国近几年保险业的发展趋势，从中发现：第一，保险业最主要的收入就是保费，保费收入很大程度上决定了保险公司在经营中的决策，如投资方向、投资力度、未来的偿付能力等。第二，保险业总资产快速增加，从 2008 年的 334 184 386.7 万元发展到 2013 年的 828 869 456 万元，年平均增长率高达 19.99%。究其原因有四点：① 较快的国民经济增长为保险业的发展奠定了经济基础；② 国有保险公司的体制改革为其发展奠定了制度基础，如 2003 年中国人保、中国人寿和中国再保险公司等国有保险公司体制改革基本完成；中国人民财产保险股份有限公司和中国人寿保险股份有限公司海外上市成功；③ 保险公司增资扩股和保险市场主体的增加推动了保险业总资产的增长；④ 保险市场对外开放程度加大，外资保险公司增加促进了保险业总资产的增长。第三，从保险业资金运用来看（见表 6-2），闲置资金与银行存款占了很大部分，保险公司对自己资金的运用能力和风险控制能力还有待于进一步提高。

表 6-1　2008—2013 年保险业经营情况　　　　　　　　（单位：万元）

年份	2008	2009	2010	2011	2012	2013
原保费收入	97 840 966.41	111 372 989.22	145 279 714.55	143 392 512.22	154 879 298.09	172 222 375.23
① 财产险	23 367 097.78	28 758 335.46	38 956 424.71	46 178 231.58	53 309 273.47	62 122 577.83
② 人身险	74 473 868.63	82 614 653.76	106 323 289.84	97 214 280.64	101 570 024.62	110 099 797.40
养老保险公司企业年金缴费	2 054 823.00	1 666 158.66	3 574 376.60	4 104 683.73	28 163 316.38	5 887 621.45

(续表)

年份	2008	2009	2010	2011	2012	2013
原保险赔付支出	2 971 1659.83	31 254 826.89	32 004 291.64	39 293 732.38	47 163 184.60	62 129 030.29
① 财产险	14 183 324.57	15 757 845.21	17 560 273.50	21 869 338.06	28 163 316.38	34 391 379.13
② 人身险	15 528 335.26	15 496 981.68	14 444 018.14	17 424 394.32	18 999 868.23	27 737 651.16
业务及管理费	10 795 228.27	12 340 586.65	15 383 514.70	18 823 799.47	21 714 623.69	24 595 864.37
银行存款	80 875 509.19	105 196 831.70	139 099 714.30	177 371 710.30	234 460 040.30	226 409 772.30
投资	224 652 161.10	268 974 324.00	321 366 512.90	377 366 746.60	450 965 776.20	542 324 291.60
资产总额	334 184 386.70	406 347 543.40	504 816 086.50	601 381 032.40	735 457 303.90	828 869 456.00
养老保险公司企业年金受托管理资产	4 736 396.10	6 380 825.02	10 391 435.90	13 781 773.16	20 090 059.76	24 953 391.99
养老保险公司企业年金投资管理资产	3 773 747.90	4 804 699.26	7 089 593.60	13 246 962.68	17 111 617.63	21 675 214.21

表 6-2 保险公司资金运用 (单位:亿元)

年份	资金运用余额	银行存款	国债	金融债券	企业债券	证券投资基金
2004	10 778.62	5 071.10	2 618.44	1 026.25	639.73	666.32
2005	14 092.69	5 165.55	3 590.65	1 804.71	1 204.55	1 107.00
2006	17 785.40	5 989.11	3 647.01	2 754.25	2 121.56	912.08
2007	26 647.81	6 503.44	3 956.56	4 897.84	2 799.76	2 519.41
2008	30 552.83	8 087.49	4 208.26	8 754.06	4 598.46	1 646.46
2009	37 417.12	10 519.68	4 053.82	8 746.10	6 074.56	2 758.78
2010	46 046.62	13 909.97	4 815.78	10 038.75	7 935.69	2 620.73
2011	55 192.98	17 692.69	4 741.90	12 418.80	8 755.86	2 909.92
2012	68 542.58	23 446.00	4 795.02	14 832.57	10 899.98	3 625.58

资料来源:中华人民共和国国家统计局.中国统计年鉴2013[M].北京:中国统计出版社,2013.

6.1.1 保险业监管的必要性

1. 保险业影响的社会性

保险业与银行业类似,对整个社会有着极大的影响,具有广泛的社会性。从范围上看,一家保险企业涉及众多家庭和企业的安全保障;从期限上看,一家保险企业可能涉及投保人的终身生活保障,一旦一家保险企业经营失败,众多家庭和企业将失去保障,众多被保险人的晚年生活可能会失去着落。如果保险企业破产倒闭或退出,负面影响比一般企业大得多,将使广大投保人即社会公众的利益受到损害,影响社会稳定。因此,"为了规范保险活动,保护保险活动当事人的合法权益,加强对保险业的监督管理,维护社会经济秩序和社会公共利益,促进保险事业的健康发展",2009年2月28日第十一届全国人民代表大会常务委员会第七次会议修订的《保险法》将社会公共利益从投保人和保险企业订立保险合同的原则提升至立法宗旨以及从事保险活动的基本原则之一。

2. 保险交易中的信息不对称性

在普通行业中,市场中的销售者和购买者都很难拥有充分信息,交易双方存在信息不对称问题。相比之下,保险行业作为一个技术含量高、业务专业性强的复杂行业,信息不对称和不完全问题更为突出。例如,保险合同属于格式合同,保险产品定价和保险合同条款的制定往往由保险企业单方面拟定,投保人、被保险人对保险费率、保险责任、退保等重要事项的了解有限,一般只能在接受合同和拒绝合同之间选择。表6-3总结了保险交易中的信息不对称的各种表现方式。因此,如果缺乏外部监管,保险企业就很有可能利用信息不对称和信息透明度较低的优势损害投保人的利益。

表6-3 保险交易中的不对称信息

		隐藏信息	隐藏行为	模型
事前	保险公司	实际偿付能力、内部经营管理状况		信号传递
		损失概率、保险条款		逆选择、信号传递
	投保人	风险状况、保险标的状况		逆选择
事后	保险公司	风险程度增加	违规操作	道德风险
	投保人		疏于防范	道德风险

3. 保险产品的特殊性

保险业是一个特殊的行业,而保险产品与一般产品相比,存在很大的差异性。人们购买一般商品后,生产企业的后续经营和客户利益的相关度不高,而保险产品的供给和消费具有一定的特殊性,其价值表现为保险企业对被保险人的承诺,而这种承诺时间跨度往往相当大,因此承诺的兑现存在不确定性;此外,投保人实际上是通过消费保险产品来减少当前消费,换取对未来的保障,而保险企业依靠诚信经营来吸取资金,其经营成败关系到未来投保人发生风险时保险承诺是否可以兑现。而前文指出,保险涉及广泛的公众利益,一旦保险企业破产倒闭,没有足够的偿付能力兑现承诺,负面影响将比一般企业大得多。因此,为了保证社会公众的利益,确保保险产品承诺的兑现,仅靠保险企业的自我约束来保证承诺的有效性是远远不够的,政府有必要对保险业进行监管。

4. 保险业的垄断性

保险业很容易形成垄断,出现不正当竞争。首先,保险业作为一个具有广泛社会影响力的行业,进入壁垒很高。例如,英国的法律规定股份保险公司的资本金必须达到或超过10万英镑;韩国将人寿保险公司的最低资本金从2亿韩币提高到100亿韩币,将非寿险公司的最低资本金从3亿韩币提高到300亿韩币;日本把设立保险公司的最低资本金从3000万日元调高到10亿日元;德国人身险公司的最低资本限额不得少于300万马克;而中国的《保险法》规定,要求申请开业的保险公司注册资本的最低限额为2亿元人民币,且必须为实缴货币资本。其次,保险业保费的制定十分复杂,消费者很难得到有关保费制定的确切信息,这会使得保险公司之间很容易形成垄断组织,任意提高保险率,增加投保人负担。因此,加强保险监管、防止保险市场上出现垄断是非常重要的。

案例

价格联盟组织

"新车中心""电话买车险多省15%",相信大家对铺天盖地的类似电话车险广告并不陌生。然而,湖南娄底市的新车车主们却发现,便宜的电话车险似乎注定与他们无缘,按照规定,他们刚买的新车车险只能在"新车中心"买,电话车险价格优惠,他们却不能自由选择。

所谓"新车中心"其实是一个价格联盟组织。根据湖南价格监督检查与反垄断局的调查,2007年6月,由娄底市保险行业协会牵头,组织中国人民财产保险、中国平安财产保险、天安财产保险、中华联合财产保险、中国太平洋财产保险、安邦财产保险、阳光财产保险、中国人寿财产保险、都邦财产保险、渤海财产保险、中国大地财产保险等11家财产保险公司与湖南瑞特保险经纪有限公司,共同组建娄底市新车保险服务中心,由娄底市保险协会领导。该价格联盟组织签订的"合作协议"规定,所有新车保险业务必须集中在该中心办理,并划分了各公司在新车保险业务中的市场份额,在"新车中心"外办理新车保险业务,按实收保费的两倍处以违约金,同时扣减当年市场份额一个百分点。

2012年,经过长达7个月的调查,娄底市物价局认定湖南娄底市保险行业协会、娄底市11家财产保险公司和湖南瑞特保险经纪公司实施"价格联盟",对当地新车保险市场构成垄断,随后对涉案单位处以219万元的行政处罚。

6.1.2 保险业监管的目标

1. 保证保险企业有足够的偿付能力

保险是一种经济补偿制度,保险企业的偿付能力是保险企业经营管理的核心,因此,保证保险企业具有足够的偿付能力,维护被保险人的利益,是国家对保险企业进行监督管理的首要目标,同时也是国家、政府对保险市场监督管理的核心内容。为了实现这一目标,各国的保险法主要从两个层面对其加以监管:一是业务技术,包括业务范围、条款、费率、再保险和资金运用等;二是财务监管,包括资本充足率、准备金提取、公积金、最低偿付能力的确定和财务报告制度等。

目前,国际上流行的方法是用"现金流量分析法"判断偿付能力,它是一种偿付能力分析的精算工具,通过对许多变量(诸如利率、死亡率、费用率、投资收益率等)在未来一段时间内可能变动范围的模拟,计算在各种模拟情况下的资产现金流量和负债现金流量,并以会计报表形式将得到的数据记录下来,编制为相关的计划财务报表,对每一种可能情况下企业的准备金及资本充足状况予以分析,以此来判断保险企业的偿付能力。

中国保险业已经进入了全面开放的新时期,这不仅对保险业的发展目标、发展道路和发展模式等提出了新的问题,也对中国的保险业监管提出了更高的要求。自2008年9月起,保监会开始实施新的监管规定——《保险公司偿付能力监管规定》,将保险企业的偿付能力状况作为衡量和防范风险的核心监管依据。新规定的实施将有助于提高监管效率,在保险监管制度的建设与完善过程中具有里程碑式的意义。不过,中国目前的保险业监管与以偿付能力为核心的监管体系还存在一定的差距,偿付能力监管制度也只是初步完成了框架性的工作,还需要不断地完善和丰富。

2. 防止保险欺诈行为

保险欺诈主要有来自保险企业的欺诈行为、投保人或被保险人的欺诈行为和非法保险活动。保险企业的欺诈行为主要表现为:缺乏必要的偿付能力或超出核定的业务经营范围;利用拟定保险条款和保险费率的优势欺诈投保人或被保险人,甚至逃避其应承担的保险责任。对这种行为,各国保险法一般通过规定保险经营范围与保险条款的行政审批制度来防范和抑制。

投保人或被保险人的欺诈行为主要表现为利用保险谋取不正当的经济利益。例如,通过故意制造保险事故,或事故发生后不采取积极施救措施,任其损失扩大或故意夸大损失。总之,其目的就是骗取保险赔偿款,获取额外的经济利益。对这些行为,各国一般是通过保险法规定保险利益原则、损失补偿原则、保险企业责任免除等加以控制和防范。

来自非法经营保险业务人的欺诈行为主要指一些保险企业以外的其他组织或个人未经相关主管机关批准,盗用保险企业或保险代理人、经纪人的名义招摇撞骗的非法保险经营活动,或与保险企业工作人员内外勾结,骗取保险金等行为。对此,各国保险法和其他相关法律中均有具体的处罚规定,以制止和打击这些违法犯罪行为。

3. 保证保险合同的公正性

保险合同是一种专业性很强的、复杂的合同,对其具体条款,投保人大多不熟悉。保险的价格(费率)也与一般商品的价格不同,费率的确定具有很强的技术性。因此,大多数国家的监管机构要求在合理定价的基础上,给出一个价格的弹性区间,例如实施最低限价或最高限价,各保险企业可以在此区间内,根据自己的偿付能力和经营策略进行必要的调整。这样可以保证保险企业和投保人之间的公平交易,使保险企业之间在同等保险费率条件下公平竞争,提高保险服务的质量。

6.1.3 保险业监管的方式

在保险业发展的不同历史阶段,各国对保险业的监管方式也不尽相同,归纳起来主要有三种。

1. 公示主义

公示主义又称为公告管理,是监管方式中最宽松的一种。此种管理方式下,政府对保险企业不加以任何直接的干预和监督,仅要求保险企业必须定期按照法定的格式和内容,把资产负债、营业结果以及其他相关事项呈报主管机关并予以公告。通过公告的方式,可以将保险企业的经营置于社会监督之下,但并不对保险企业的经营做任何评价。至于保险企业的组织形式、保险合同的格式、资金的运作等,均由保险企业自我管理,政府并不加以干预,保险企业可以在较为宽松的环境中发展。历史上只有英国等少数国家采取过这种方法。随着保险业的发展,竞争日渐激烈,政府对保险业的监管愈加严格,这种方式也逐渐消失。

2. 准则主义

准则主义又称规范管理,是指由国家制定一系列与保险经营有关的法律、法规,要求保险业共同遵守,如最低资本金要求。中国的《保险法》规定,要求申请开业的保险公司注册资本的最低限额为2亿元人民币,且必须为实缴货币资本。对于保险资金运用的结构,一些国家和地区都相应规定了各项投资的最高限额。例如,美国规定最低限度投资中至少应将60%以上的资金投资联邦债券;新加坡规定必须将保险企业资产中的18.5%用于购买官方金融管理局发行的政府长期公债;中国台湾地区"保险法"规定,每一保险企业企购入每一生产企业之股票及公司债券总值,不得超过该保险企业资金及各种责任准备金总额的10%,每一单位放款金额,不得超过其资本金及各种责任准备金总额的5%,放款总额不得超过30%。2014年2月19日,中国保监会发布实施《关于加强和改进保险资金运用比例监管的通知》,在大类资产分类基础上,制定不同大类资产的投资总量及集中度监管比例上限,同时调整优化监管比例计算基数,以此进一步推进保险资金运用体制的市场化改革,加强和改进保险资金运用比例监管,防范系统性风险。

这种管理方式注重保险经营形式上的合法性,对形式上不合法者给予处罚,只要形式上合法,有关机构便不加以干预。这种方式比公示主义严格,但从实践来看,由于保险技术性强且十分复杂,这种方式仍未触及保险业经营管理的实体,容易使形式上合法但实质上不合法的行为钻法律的空子,不能很好地实现国家对保险业的监管。

3. 批准主义

批准主义又称实体监管,是指由国家制定完善的管理规则,保险监管部门根据法律规定和给予的权力,对保险业尤其是保险市场进行全面有效的监管。保险企业的设立要首先获得政府的批准,由政府对申请人提交的必备文件、资料进行逐个审查,只有完全符合要求的才能获准经营保险业。这种方式赋予保险监管机构较高的权威和灵活处理的权力,加之对保险企业从设立到经营乃至清算的全面、严格的审查,从而使保险企业在社会上的信誉得以提高,不法经营者受到打击和制裁,社会公众的利益得到保护。因此,此种方式逐渐取代各种方式并为各国广为采用,目前中国也采取这种方式。

6.1.4 保险业监管的途径

1. 现场监管

现场监管是指保险监管机构及其分支机构派出监管小组到各保险企业进行实地检查。现场监管可分为常规检查和专项检查。常规检查一般每年或每隔若干年对一家保险企业进行一次,其目的是全面检查、核实保险企业在一个或者若干个年度内的业务状况、财务状况和资金运用状况。专项检查根据需要随时进行,但有时是根据举报而对保险企业进行的临时检查,其目的是检查、核实某一业务经营或财务、资金管理中的具体问题。

现场监管可以为监管机构提供日常监督无法获得的信息。监管机构可以通过现场检查评估管理层的决策过程及内部控制能力,制止企业从事不法行为;监管机构还可以借现场监管的机会分析某些规章制度产生的影响,搜集制定规则所需的信息;通过对企业的风险结构和承受风险的能力进行比较,监管机构可以找出任何有可能影响企业对投保人承担长远义务的能力的问题,并找到解决的办法。

2. 非现场监管

非现场监管是保险监管部门对保险企业的经营管理和财务信息进行动态分析,借以及时发现保险企业存在的问题,并对其经营情况和风险状况进行评价,根据评价结果采取不同监管措施的一种监管方式。非现场检查的程序:一是采集数据;二是对有关数据进行核对、整理;三是形成风险监管指标值;四是风险监测分析和质询;五是风险初步评价与早期预警;六是指导现场检查。以美国人身保险非现场监管为例,它以定量分析为主,包括保险监管信息系统(IRIS)、财务分析和偿付能力追踪系统(FAST)、计算风险资本(RBC)和现金流量测试(CFT)。其中,IRIS是由全美保险监督官协会(NAIC)编制并推荐给各州保险监管当局采用的一套监管指标体系,从基本财务状况、投资状况、保单持有者盈余状况及经营变化趋势四个方面监测人寿/健康保险公司的风险状况。与IRIS相比,FAST更严格,也更完善,除对最近年度法定报表指标进行分析外,还进一步分析保险企业近五年内财务状况的变化情况。

IRIS和FAST的结果用于评定各保险企业需要监管部门关注的优先级别。对优先级别较高的保险企业,保险监管机构通常会采取以下措施:① 实施现场检查;② 针对具体的不正常的指标运用风险资本要求方法(RBC)计算风险资本,以确定资本盈余的充足性;③ 针对具体的不正常指标,要求保险企业的精算师进行现金流量测试,并向保险监管机构呈交精算师报告;④ 在真正查出指标不正常的原因后,采取相关的监管措施。

国际经验表明,非现场监管与现场监管相辅相成、互为补充,它通过对各种信息进行分析,找出被监管对象业务发展和内部管理中的薄弱环节与风险点,指引现场检查,提高现场检查的针对性,因而在保险业监管中发挥了非常重要作用,是监管部门及时发现风险的重要途径和实施分类监管的重要依据。同时,现场监管通过现场核对、校验来获取新的信息,修正非现场监管的偏差。

6.2　保险监管体系

保险监管体系是指控制保险市场市场参与者市场行为的完整体系。这个体系由保险监管者和被监管者及其行为构成,其中监管者包括政府保险监管机构、保险行业自律组织和保险评级机构;被监管者包括保险企业和保险中介。一般而言,政府对保业的监管是保险监管的基础,行业自律是补充,保险信用评级是保险监管有效的辅助工具。

6.2.1　政府监管

从各国保险实践来看,保险监管职能主要由政府依法设立的保险监管机构行使。但由于各国政治制度、金融体制、文化传统和保险监管历史进程的差异,具体的保险监管机构也不尽相同:美国的保险监管机构是各州政府保险监理署,并由联邦级的保险监督官协会对其进行协调;英国的保险监管机构是金融服务局(FSA);日本的保险监管在1998年以前是由大藏省负责,1998年金融监督厅成立后,接管了大藏省的大部分保险监管职能。

目前,中国的保险监管机构是中国保监会,其组织架构如图6-1所示。1998年11月18日,保监会正式成立,取代中国人民银行监管保险业。保监会根据国务院授权履行行政管理职能,依照法律、法规统一监督管理全国保险市场,维护保险业的合法、稳健运行。其主要职责:一是拟定保险业发展的方针政策,制定行业发展战略和规划;起草保险业监管的法律、法规;制定业内规章。二是审批保险公司及其分支机构、保险集团公司、保险控股公司的设立;会同有关部门审批保险资产管理公司的设立;审批境外保险机构代表处的设立;审批保险代理公司、保险经纪公司、保险公估公司等保险中介机构及其分支机构的设立;审批境内保险机构和非保险机构在境外设立保险机构;审批保险机构的合并、分立、变更、解散,决定接管和接受;参与、组织保险公司的破产、清算。三是审查、认定各类保险机构高级管理人员的任职资格;制定保险从业人员的基本资格标准。四是审批关系到社会公众利益的保险险种、依法实行强制保险的险种和新开发的人寿保险险种等的保险条款和保险费率,对其他保险险种的保险条款和保险费率实施备案管理。五是依法监管保险公司的偿付能力和市场行为;负责保险保障基金的管理,监管保险保证金;根据法律和国家对保险资金的运用政策,制定有关规章制度,依法对保险公司的资金运用进行监管。六是对政策性保险和强制保险进行业务监管;对专属自保、相互保险等组织形式和业务活动进行监管。归口管理保险行业协会、保险学会等行业社团组织。七是依法对保险机构和保险从业人员的不正当竞争等违法、违规行为以及对非保险机构经营或变相经营保险业务进行调查、处罚。八是依法对境内保险及非保险机构在境外设立的保险机构进行监管。九是制定保险行业信息化标准;建立保险风险评价预警和监控体系,跟踪分析、监测、预测保险市场运行状况,负责统一编制全国保险业的数据、报表,抄送中国人民银行,并按照国家有关规定予以发布等。

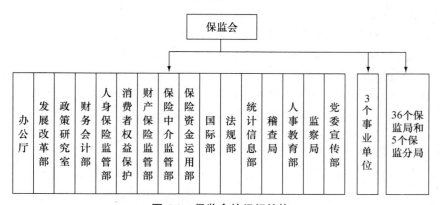

图6-1 保监会的组织结构

6.2.2 行业自律

保险行业自律组织是指在保险及其相关领域从事活动的非官方组织,具有独立的社会团体法人地位,属于非经济组织,不经营保险业务。保险行业自律组织有三大任务:一是维护保险业的利益;二是协调关系、沟通信息;三是行业自律。此外,保险行业自律组织的地位也因国而异,大致可分为两种情况:一种是充当政府与保险公司、被保险人及社会大众之间的桥梁,保险公司通过保险行业自律组织与政府保险监管机构进行沟通;另一种是保险行业自律组织不具有约束力,只是提供同业沟通的场所,本身不具有管理职能。

在大多数国家或地区,保险行业自律组织比较普遍,例如,英国有英国保险协会、劳合社承保人协会、伦敦承保人协会、人寿保险协会;美国有人寿保险协会、保险公司协会等;日本有日本损害保险协会、日本生命保险协会、日本保险学会等(见表6-4)。中国的保险行业自律组织是中国保险行业协会(China Insurance Association)。截止到2014年1月,根据中国保险行业协会的工作报告,中国保险行业协会共有会员单位260家。其中,保险公司会员159家,专业中介机构会员61家(经纪公司29家、公估公司15家、代理公司17家),地方协会会员36家,保险相关机构4家。会员覆盖面大幅提升,行业代表性得到充分体现。同时,中国保险行业协会制定了《会员管理办法》,进一步明确了会员的职责与义务,加强了对公司会员的自律管理。

表6-4　各国保险行业自律组织形式

国家	保险行业组织形式
英国	英国保险人协会、劳合社承保人协会、伦敦承保人协会、经纪人委员会、人寿保险协会
美国	人寿保险协会、保险公司协会、美国相互保险协会等
日本	日本损害保险协会、日本生命保险协会、日本保险学会等
中国	中国保险行业协会

总体上,良好、健全的保险行业自律组织在规范保险市场、维护保险市场正常的竞争秩序方面,发挥着政府监管机构所不具备的横向协调作用。当前,中国保险机构和保险市场迅猛发展,费率市场化快速推进,非理性竞争导致的行业内耗比较严重。通过行业自律,可以在一定程度上控制非理性竞争行为,保护行业整体利益,提升经济效益和抗风险能力。但是,与政府保险监管机构相比,保险行业自律组织的作用是有限的:一是政府保险监管机构是依据法律和法规进行监管,其监管具有法律的强制性,而保险行业自律只是出于保险同行的自愿,无法达到强制效果;二是政府保险监管机构的管理范围涵盖整个保险市场,而保险行业自律管理的范围只涉及保险市场的一部分。

6.2.3　社会监督

社会监督中最主要的方式是保险评级,它是由独立的社会信用评级机构对保险公司信用等进行评定,在一定程度上反映企业的信用程度。保险评级的优势在于能将保险公司复杂的业务与财务信息转变成既反映其经济实力又通俗易懂的符号或级别。同时,信用评级机构通过提供评级信息、增强保险业的透明度影响保险监管机构、保险业本身和保险消费者。但与政府监管、保险行业自律相比,保险信用评级也有无法克服的缺陷。因为保险业是经营风险的特殊行业,风险变化莫测,一个好的信用级别只是表明保险公司的安全性较高,并不能保证它会长久生存下去;相反,相对较低的信用级别,也只是表明该保险公司倒闭的可能性较大。此外,考虑到评级机构自身的道德风险,保险评级不仅起不到监督保险业的作用,甚至会与保险公司进行合谋,共同欺诈消费者,从而破坏保险市场的健康运行,损害公众利益。

除了保险评级之外,独立审计机构和社会媒体也对保险业实施监管。独立审计机构主要指对保险公司的会计报表及相关资料进行独立审计并发表审计意见的注册会计师事务所和审计师事务所。社会媒体直接影响着保险公司的企业形象和市场份额,广泛而潜在地引导着消费者的判断和选择,在某种程度上还会引起监管部门的注意,影响其政策取向。

▶ 知识链接 ◀

穆迪公司(以下简称"穆迪")是美国著名的三大信用评级公司之一,其对保险公司信用评级的方法在世界范围内都被广泛采纳。穆迪对保险公司进行信用评级时,主要针对保险公司能否按时支付保单持有人理赔和保险责任的能力而做出评估意见,方法涵盖了重要的定性分析和定量分析,并包括了经验丰富的分析师评估意见。穆迪考虑的定性因素包括行业因素及公司因素。行业因素包括影响行业的趋势、整体经济环境、行业内的集中度、人口和竞争问题、金融行业的一体化和合并的影响、会计和监管环境。公司因素则包括组织结构、所有权以及公司管治、战略问题、管理素质、公司特许权、销售网络和产品特征等。

穆迪主要通过一些比率来进行定量分析。以非寿险公司和寿险公司为例,穆迪为前者设计了 9 个比率,而为后者设计了 11 个比率(见表 6-5)。

表 6-5 穆迪公司对保险公司的定量分析指标

分析领域	寿险公司	非寿险公司
资本充足性	巩固资本化 法定盈余的增长 无形资产占股东权益的百分比 总承保杠杆	基于 NAIC 风险的资本比率
财务和运营杠杆	财务杠杆 利息和优先股红利的现金储备 税前利息储备	税前利息储备 财务杠杆 综合杠杆
盈利能力	资本的法定运营回报	已收保费的核心保险回报 保单持有人盈余的净收入回报
资产负债管理及流动性	流动性资产可退保年金保险责任的比率	运营现金流占净承保保费的比率
资产质量和投资风险	风险资产占资本的百分比	
业务基础	市场份额	市场份额多样化得分
准备金充足性		损失准备金的发展

资料来源:孙建林.美国穆迪公司及其信用评级[J].国际金融研究,1989(3).

6.2.4 企业内部控制

相对于一般工商企业,保险公司具有规模大、分支机构多、资金进出频繁等特点,风险程度更高,管理难度也更大。因此,建立一个健全的内部控制制度,在微观层面上防范和化解风险,确保合法、高效、优质的保险公司经营具有重要的意义。加强保险公司内部控制管理制度建设的目的是在新的市场和法律环境下,将以往保险监管部门的部分监管责任转变为保险公司的管理责任。国际上一般将内部控制按职能划分为内部会计控制和内部管理控制两类。前者包括涉及直接与财产保护和财务记录可靠性有关的所有方法和程序,包括分支机构授权和批准制度、责任分离制度以及对财产的实物控制和内部审计等。后者包括与管理层业务授权相关的组织机构的计划、决策程序、控制环境、风险评估、控制手段、信息交流、监督管理以及各种内部规章制度的执行状况等。

在内部控制制度下,保险公司总公司必须全面掌握分支公司的有关情况,如分支公司经营范围和经营规模是否相适应,内部控制管理制度建设是否完备和完善,权力与责任的平衡是否对称,重要职能和关键岗位的设立是否相互制约,独立的内部稽核和公正的外部审计是否健全等。所有这些内容要求保险公司必须建立科学完善的内部控制管理体系,提高操作效率,确保现有规章制度的执行。同时,保险监管部门必须对保险公司内部控制管理制度的建设和执行情况进行认真检查与监督指导。

此外,保险公司的组织结构是保证公司各部门和总分支公司各司其职、有序结合、分工明确、有效运作的组织保障。合理的组织管理结构可以把分散的力量聚集成强大的集体力量;可以使保险公司每个员工的工作职权在组织管理结构中以一定形式固定下来,保证保险公司经营活动的连续性和稳定性;有利于明确经营者的责任和权力,避免相互推诿,克服官僚主义,提高工作效率;可以确保公司领导制度的实现。

总体上,健全的内部控制制度应该具有以下特征:稳健的经营方针和健全的组织结构;恰当的职责分离;严格的授权和审批制度;独立的会计和核算体制;科学高效的管理信息系统;有效的内部审计。

▶ 知识链接 ◀

中国人寿系统内部控制框架标准

中国人寿系统内部控制主要框架标准包括治理结构、机构设置及权责分配、内部审计、人力资源政策、企业文化等方面的内容。各单位在健全内部控制的过程中,要按照监管要求和现代企业治理要求,进一步完善公司治理结构,完善决策机制,建立相应的激励约束机制,建立良好的人力资源管理机制,建立科学合理的组织机构,保证不兼容岗位的分离,塑造全员参与、全过程控制的内部控制文化,为内部控制的有效运行和经营管理的有效开展创造有利的环境。

借鉴国际先进理念和技术,结合本系统实际,中国人寿系统内部控制采用"四目标、六要素、十二模块"的标准。"四目标"分别为企业战略、经营目标、报告目标和合规目标。

"六要素"分别为控制目标、控制流程、风险控制点、控制措施、控制制度、检查与调试。"十二模块"分别为中国人寿系统内部控制基本原则、集团管控系统、寿险业务系统、年金业务系统、财险业务系统、资产管理系统、实业管理系统、人力资源管理系统、财务管理系统、信息管理系统、监控系统、内部控制运行机制(见图6-2)。

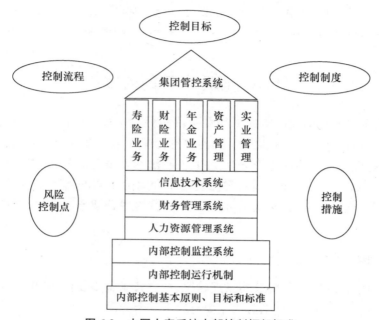

图6-2 中国人寿系统内部控制框架标准

1. 控制目标

主要描述内部控制需要达到的目标,包括此项工作对于公司经营管理、部门职责所要实现的目标,保证此项工作符合监管要求,控制此项工作开展过程中的潜在风险等。

2. 控制流程

对现有工作流程进行梳理,并从提高工作水平、防范金融风险的角度出发,对工作流程进行优化。主要描述工作步骤和流程,对于目前的工作流程中所存在的不足进行合理优化和完善,以提高内部控制的管理效率和有效性。

3. 风险控制点

在描述控制流程的基础上,进行风险识别、评估,查找梳理操作和管理工作中具有潜在风险的主要环节。每一项工作的风险控制点一般应为对本项工作控制目标的实现具有重要意义的控制事项。在选定的风险控制点中,一般应选取本项工作中最为重要的一个控制事项,确定为关键控制点。

4. 控制措施

在风险识别的基础上,进行风险控制和管理。描述实现此项工作内部控制所采取的主要管理措施和控制措施。一个事项的控制措施不以数量为标准,关键在于针对性和有效性。

5. 控制制度

在梳理优化流程、识别、评估、控制风险的基础上,建立规章制度,确保有章可循。描述公司针对此项工作已经建立的控制制度以及准备建立的制度。

6. 检查与调试

从系统工程的角度,对操作和管理过程进行检查与调试,以确保切合实际。

6.3 保险监管的内容

保险监管就是政府通过一定的途径和手段对保险市场及保险公司的经营活动进行监督和管理。这种监督是必不可少的,在西方流行着这样一句话:"保险是法律的产儿。"也就是说,保险业是在法律的监管下存在的,没有法律就没有保险业。从监管内容上看,保险监管既包括对市场准入的限制、对保险费率和保险条款的管理,也包括对偿付能力等方面的监管。归纳起来,其实就是对保险公司、保险经营业务、保险公司财务和保险中介的监管。

6.3.1 保险公司监管

由于各国的经济体制、保险公司发展状况、社会背景各不相同,各国对保险公司的具体监管内容也有所不同。但概括起来主要有以下三个方面。

1. 准入与退出监管

有进有退、优胜劣汰,是成熟市场的表现。只有建立健全的保险市场准入与退出机制,才能确保保险机构及时履行义务,从而使消费者的权益得到充分保护。因此,对保险机构准入与退出的监管是世界各国保险监管的核心内容之一。

(1) 保险机构的组织形式

综观各个国家的保险立法,对保险机构的组织形式要求各不相同,但是综合起来主要有六种形式:股份有限公司、相互保险公司、国有独资企业、自保公司、保险合作社和保险相互社等。其中股份有限公司是最常见的组织形式,英国劳合社比较特殊,采用的是个人承保的组织形式。

中国《保险法》第七十条规定保险公司应该采取股份有限公司和国有独资公司这两种形式。但是,目前只有中国出口信用保险公司①属于国有独资公司,中国人民财产保险公司、中国人寿保险公司、中国再保险公司、中华联合财产保险公司等曾经的国有独资保险公司都先后完成了股份制改革,改革后的集团公司(控股公司)不再直接经营新的保险业务,而是由新成立的股份制子公司来经营具体的保险业务。其实,目前中国保险实践中还存在着自保组织、保险合作社、保险相互社等非营利性保险组织。例如,2005年1月,经保监会批准,中国成立了第一家相互制保险公司——阳光农业相互保险公司。但

---

① 中国出口信用保险公司是一家经营政策性出口保险业务的公司。

是,在现行的《保险法》中并没有对这些组织形式予以明确的规定。

(2) 保险机构的设立

保险机构作为经营风险的金融性法人,其设立必须经政府的金融监管部门批准,取得经营保险业务的许可证,并到国家工商行政管理部门办理登记手续,取得营业执照,方能经营保险业务。政府对保险机构的设立实行审批制,这样更有利于切实有效地加强对保险机构的监督管理,中国《保险法》规定在中国境内经营保险业务要经过保监会的批准。

对于设立保险机构政府还要求必须符合一定的条件。中国《保险法》第六十八条规定:设立保险公司,应该具备以下条件:① 要符合本法和公司法规定的章程;② 主要股东具有持续盈利能力,信誉良好,最近三年内无重大违法违规记录,净资产不低于人民币二亿元;③ 注册资本最低限额为人民币二亿元;④ 有具备任职专业知识和业务工作经验的董事、监事和高级管理人员;⑤ 有健全的组织机构和管理制度;⑥ 有符合要求的营业场所和与经营业务有关的其他设施;⑦ 法律、行政法规和国务院保险监督管理机构规定的其他条件。

同时,根据中国《保险法》第七十四至第七十九条以及第七至第十二条的规定,设立保险机构必须经过申请设立、审批(包括风险教育)、筹建、申请开业、核准开业、办理公司登记、提交保证金等七个环节。

(3) 保险机构的退出

政府对保险机构进行监管的目的是避免保险机构破产,以保护被保险人(受益人)的合法权益。当保险机构由于经营不当发生财务危机时,国家一般采取扶助政策,利用各种措施帮助其解决财务困难,继续营业,避免破产。

保险机构的解散和清算主要适用公司法、破产法的有关规定。但是,绝大多数国家的保险法也做了一些特别规定。如为保持保险关系的稳定,对因经营不善而被解散或停业的保险机构,多采用保险合同转让制度,避免进入破产清算程序,以保护被保险人的利益。例如,中国《保险法》第八十九至第九十三条对该问题做了如下规定:

① 保险公司因分立、合并或者公司章程规定的解散事由出现,经保险监督管理机构批准后解散。保险公司应当依法成立清算组,进行清算。经营有人寿保险业务的保险公司除分立、合并外,不得解散。

② 保险公司违反法律、行政规定,被保险监督管理机构吊销经营保险业务许可证的,依法撤销。由保险监督管理机构依法及时组织清算组,进行清算。

③ 保险公司不能支付到期债务,经保险监管机构同意,由人民法院依法宣告破产。保险公司被宣告破产的,由人民法院组织金融监督管理部门等有关部门和有关人员组成清算组,进行清算。

④ 经营人寿保险业务的保险公司被依法撤销的或者被依法宣告破产的,其持有的人寿保险合同及准备金,必须转移给其他经营有人寿保险业务的保险公司;不能同其他的保险公司达成转让协议的,由保险监督管理机构指定经营有人寿保险业务的保险公司接受。

⑤ 保险公司依法破产的,破产财产优先支付其破产费后,按照下列顺序清偿:所欠职

工工资和劳动保险费用、赔偿或者给付保险金、所欠税款、公司债务。破产保险不足清偿同一顺序清偿要求的,按照比例分配。

⑥ 保险公司依法终止其业务活动,应当注销其经营保险业务许可证。

2. 保险从业人员监管

保险从业人员包括企业的高级管理人员和保险机构的业务人员。由于保险行业本身是一种风险性极强的行业,这一特点使得保险从业人员的素质对机构的经营和发展有重大影响。为了保证保险机构的良好经营,保护被保险人的合法权益,必须要求从业人员具有一定的专业水平和工作经验,从各方面规定任职资格,保证保险从业人员良好的素质。

世界各国对保险公司的高级管理人员任职都有较高的要求,并进行严格的资格审查,不符合法律规定的任职条件,不能担任公司的高级管理职务;合格的管理人员没有达到法定数量,公司不能营业。中国《保险法》第六十八条第四款规定设立保险公司必须"有具备任职专业知识和业务工作经验的高级管理人员",具体条件由保监会的《保险机构高级管理人员任职资格管理规定》进行说明。

保险公司还需要对从业人员进行培训和教育。对保险公司的各种专业人员,如核保员、理赔人员和精算人员、会计师等专业技术人员的配备,各国法律都有相应规定。中国的《保险公司管理规定》第二条规定:"经营寿险业务的全国性保险公司,至少要有三名经中国保监会认可的精算人员;经营寿险业务的区域性保险公司,至少要有一名经中国保监会认可的精算人员。"

3. 外资保险公司监管

外资保险公司与国内保险公司的设立条件也有所不同。根据《外资保险公司管理条例》的规定,外国保险公司申请在中国境内设立外资保险公司同样要经过以上程序,且需满足以下条件:① 经营保险业务 30 年以上;② 在中国境内已经设立代表机构 2 年以上;③ 提出设立申请前 1 年末总资产达 50 亿美元;④ 所在国家或地区有完善的保险监管制度,并且该外国保险公司已经受到所在国家或地区有关主管当局的有效监管;⑤ 符合所在国家或地区偿付能力标准;⑥ 所在国家或地区有关主管当局同意其申请;⑦ 中国保监会规定的其他审慎性条件。

外资保险公司的业务范围由国家监管部门批准。外资保险公司的税后利润在按规定提取各项基金和准备金后,才可以向境外汇出。此外,根据《外资保险公司管理条例》第二条的规定,外资保险机构只能以分公司、合资公司或独资公司的形式进入中国市场。

6.3.2 保险经营业务监管

1. 营业范围监管

营业范围监管,是指政府通过法律或行政命令,规定保险机构所能经营的业务种类和范围,一般表现为兼业的监管和兼营的监管。

(1) 兼业的监管

兼业的监管主要指保险机构是否可以兼营保险以外的其他业务,非保险机构是否可以兼营保险或类似的保险业务。由于全球金融体系发展与信息技术的突飞猛进,国际金融市场趋于紧密结合,并朝向全球化发展。这不仅使金融产品推陈出新,更使银行业、证券业、保险业间的业务差异趋于模糊,导致金融混业经营。正是在混业经营盛行的背景下,世界各国纷纷修改保险法和其他金融法案,实现保险业与银行业、证券业等其他金融行业的综合经营。例如,为适应金融业混业经营的发展,1999年12月,美国废除了《格拉斯-斯蒂格尔法案》,并颁布了《金融服务现代化法案》,开始了混业经营的新纪元。

欧洲大陆国家的金融业一直都是混业经营的。以德国为例,德国一直采用混业经营的金融业经营体制,即同一家金融集团可以通过设立子公司的方式同时经营银行、证券和保险业务。德国的安联保险公司通过兼并法国AGP集团、兼并美国从事固定利息投资的皮姆科资产管理公司和收购美国的尼古拉斯-阿普吉格特金融管理公司,资产由4 000亿欧元迅速上升至近7 400亿欧元,一跃成为世界上最大的保险业集团,并同时经营多项金融业务。

20世纪80年代以来,发生在银行业、证券业和保险业之间的业务彼此渗透,使得英国金融业混业经营的趋势加强。特别是20世纪90年代以后掀起的金融业并购热潮,使得银行、保险、证券和信托各行业之间实现了跨行业的强强联合、优势互补,银行与非银行机构之间的业务界限开始模糊。混业经营的日益发展,使得英国成为世界上混业经营程度最高的国家之一。因此,为了适应形势的发展,2000年6月,英国女皇正式批准了《2000年金融服务和市场法》,正式批准英国开始混业经营。

1992年中国的金融市场秩序一度混乱,为了整顿和规范金融市场秩序,1993年年底,国务院发布《关于金融体制改革的决定》,明确要求"对保险业、证券业、信托业和银行业实行分业经营"。现行《保险法》第九十五条规定:"保险公司的业务范围:人身保险业务,包括人寿保险、健康保险、意外伤害保险等保险业务;财产保险业务,包括财产损失保险、责任保险、信用保险、保证保险等保险业务;国务院保险监督管理机构批准的与保险有关的其他业务。保险人不得兼营人身保险业务和财产保险业务。但是,经营财产保险业务的保险公司经国务院保险监督管理机构批准,可以经营短期健康保险业务和意外伤害保险业务。保险公司应当在国务院保险监督管理机构依法批准的业务范围内从事保险经营活动。"此规定表明,《保险法》禁止作为独立法人的保险公司直接从事其他非保险业务,也禁止保险业通过设立新企业的方式进入非保险行业。

但是,2004年,经国务院同意,保监会和证监会联合发布《保险机构投资者股票投资管理暂行办法》,允许保险资金直接入市进行股票投资,为保险公司通过买卖股票来并购非保险机构,涉足其他产业提供了理论上的可能。而且,在现实中,中信公司仍然坚持走集团化发展战略,光大银行于1996年正式介入证券业,平安保险公司仍然"顽固"地坚持其以保险为主,融证券、投资、信托于一体的战略构想。可以说,现在要求中国的金融业实行严格的分业经营已经不太现实。2006年10月,保监会允许保险公司参股商业银行,金融业分业经营的禁令逐渐解除。

(2)兼营的监管

兼营的监管主要是指同一保险机构是否可以同时经营性质不同的保险业务。世界上大多数国家的法律一般都禁止同一保险公司兼营财产和寿险业务,禁止的主要依据是保险公司所承保的寿险业务和财险业务的风险性质与保险期限有很大的不同。但随着

金融监管学

金融业的发展,禁止财产和寿险兼业经营已经难以满足经济环境变化的需求。同时,曾用来限制寿险、财险兼业的依据——风险和保险期限的差异呈现出缩小的倾向。同时,如果能将这两种保险的风险适当地区分开来,实现兼业经营也是有可能的。在这种背景下,很多国家纷纷对保险法做出相应的修改,以适应经济环境发展的变化。

20世纪50年代末开始,美国许多人寿和健康保险公司收购或成立了财产和责任保险公司;同样地,财产和责任保险公司也收购或成立了人寿和健康保险公司,其方式是直接拥有,或是通过一个金融集团来控制,结果就形成了许多全险种集团。

1979年,欧盟《第一人寿保险共同规则》规定,所有成员国新设立的人寿保险公司,只能经营人寿保险业务,不得兼营非人寿保险业务,至于有些以前一直允许兼业经营的国家,则要求在指令生效之后,将人寿保险公司和非人寿保险公司的资产分开,分别设立自己的账户,以保证寿险业务免受非寿险业务损失的牵连。但1992年,欧盟颁布了《第三寿险共同规则》和《第三非寿险共同规则》,修改了1979年规则关于禁止寿险和非寿险分业经营的规定,但同时要求保险公司必须分开经营这两项业务。例如,法国的安盛集团和安盟集团,旗下既有财产保险公司又有寿险公司。

在英国贯彻欧盟《第一人寿保险共同规则》之前,英国的保险市场上一直存在同时经营寿险和非寿险的"混合式"保险公司,寿险和财险的兼业经营在原则上是给予承认的。但在贯彻指令之后,英国于1982年在《保险公司法》里规定长期业务和普通业务要分业经营,而在1982年之前被核准的公司仍可以继续兼营,但在会计和资金上必须分开核算,而两种业务还必须分别维持其最低保险的法定偿付能力。至于通过子公司的控股公司实行兼营,在英国已是司空见惯。

在中国,1995年颁布的《保险法》第九十一条第二款规定:"同一保险人不得同时兼营财产保险业务和人身保险业务。"自当年起,中国确立了保险业实行财险、寿险分业经营的基本原则。而在此之前,中国允许一家保险公司同时经营所有保险业务。而且,当时立法的本意是要在中国确立严格的财险、寿险分业经营原则,即财险、寿险相互之间不能有产权关系。在此背景下,监管部门开始要求兼营财险、寿险业务的保险公司开始改组,1998年将原中国人民保险(集团)公司拆分为中国人民财产保险公司、中国人寿保险公司和中国再保险公司三家,同时把新疆生产建设兵团保险公司的寿险业务分开,交给中国人寿保险公司。

但是,20世纪90年代以来,以某种适当的形式实现财险、寿险经营已经是一种世界性的发展趋势。而且,对于1995年《保险法》第九十一条第二款的规定完全可以理解为"作为一个独立的法人实体的保险公司不得同时经营财产保险业务和人身保险业务,但是并不禁止财险、寿险公司通过控股子公司的形式相互进入对方的领域"。因此,中国太平洋保险公司和中国平安保险公司在随后的几年里,并没有遵照监管部门的意愿对财险、寿险业务实行严格的分业经营。后来,监管部门也逐渐认识到由于市场竞争的不断加强,保险同时兼营财险、寿险不可逆转,最终同意了中国太平洋保险公司和中国平安保险公司的在集团内实现财险、寿险分业经营的改组方案,两公司终于在2002年和2003年先后完成了集团化的改组。

2002年全国人大对《保险法》进行修改时,对这一经营方式予以了明确确认。2002

年《保险法》第一百零五条第三款规定:"保险公司的资金不得用于设立证券经营机构,不得用于设立保险业以外的企业。"2014 年 8 月 31 日修订通过《保险法》第九十五条规定:"保险人不得兼营人身保险业务和财产保险业务。但是,经营财产保险业务的保险公司经国务院保险监督管理机构批准,可以经营短期健康保险业务和意外伤害保险业务。"这表明,保险资金可以用来设立各种保险机构,而不管该机构是经营财险业务还是寿险业务。也就是说,中国的保险业监管、经营原则由过去的绝对分业转变为现在的相对分业。如今,为了适应立法和监管形势的变化,为了利用财险、寿险兼营的优势,国内很多保险公司都在着力进行保险控股集团的建设。

2. 偿付能力监管

偿付能力是指某人偿还债务的能力,是衡量其财务实力大小的一个重要因素,具体表现为是否有足够的资产来抵偿其负债。保险公司的偿付能力是指保险公司对其所承担的保险责任在发生保险合同约定的保险事故时履行赔偿或者给付的能力。狭义的偿付能力是指当实际总索赔额超出预期总索赔成本时保险公司所具有的经济补偿能力,数值上等于认可资产减去认可负债(见图 6-3)。保险公司是通过分析以往大量风险的发生概率,依据一定的数理模型,计算出该类风险将来损失的平均值以确定该保单的纯保费(认可负债)。由于风险发生的随机性以及风险计算的技术误差,实际发生的损失额与预计的损失平均值之间通常有偏差,当前者大于后者时,该保险公司就面临着偿付能力问题。

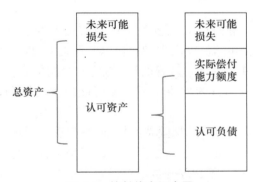

图 6-3 偿付能力示意图

许多国家都将偿付能力监管作为保险监管的首要目标;一是因为消费者购买保险的目的是在发生保险事故时,他们能得到经济上的保障,如果保险公司没有偿付能力,它就无法提供这个保障,这就失去了保险的本意;二是因为保险公司的风险最终表现在保单债务上,偿付能力就是保险公司偿还保单债务的能力。

目前中国对于偿付能力监管的相关要求是:

(1) 财险公司

财险公司应具备的最低偿付能力额度为下述两项中数额较大的一项:最近会计年度公司自留保费减营业税及附加后 1 亿元人民币以下部分的 18% 和 1 亿元人民币以上部分的 16%;公司最近 3 年平均综合赔款金额 7 000 万元以下部分的 26% 和 7 000 万元以上部分的 23%。

（2）寿险公司

寿险公司最低偿付能力额度为长期人身险业务和短期人身险业务最低偿付能力额度之和。① 长期人身险业务最低偿付能力额度为以下两项之和：投资联结类产品期末寿险责任准备金的 1% 和其他寿险产品期末寿险责任准备金的 4%；保险期间小于 3 年的定期死亡保险风险保额的 0.1%，保险期间为 3—5 年的定期死亡保险风险保额的 0.15%，保险期间超过 5 年的定期死亡保险和其他险种风险保额的 0.3%。② 短期人身险业务最低偿付能力额度的计算适用财险公司最低偿付能力额度的规定。

（3）偿付能力充足率

偿付能力充足率为衡量保险公司经营状况的核心指标，充足率＝（实际偿付能力额度／最低偿付能力额度）×100%。

根据保险公司偿付能力状况，中国保监会将保险公司分为三类：一是不足类公司，指偿付能力充足率在 100% 以下的保险公司；二是关注类公司，指偿付能力充足率在 100%—150% 之间的保险公司；三是正常类公司，指偿付能力充足率在 150% 以上的保险公司。

偿付能力充足率在 100% 以下的保险公司，中国保监会应当对该公司采取以下一项或多项监管措施：责令增加资本金或限制向股东分红；限制董事、高级管理人员的薪酬水平和在职消费水平；限制商业性广告；限制增设分支机构、限制业务范围、责令停止开展新业务、责令转让保险业务或责令办理分出业务；限制资金运用渠道；等等。

3. 费率和条款监管

保险条款是保险公司和投保人双方关于权利与义务的约定，是保险合同的核心内容。保险合同的基本条款包括保险标的、保险金额、保险费、保险责任、除外责任、保险期限和保险赔付等内容。对保险合同监管的目标是：对合同的自由原则进行适当的限制，消除保险合同当事人双方因订约地位不平等而可能产生的不利影响，保障社会公众的利益。

保险费率是保险公司用以计算保险费的标准，是保险商品的价格。费率的合理确定对于保险市场上各方都具有重要意义，公平合理的费率能保证保险公司具有足够的偿付能力并获取合理的经济效益，不合理的费率对保险市场会产生很多负面的影响。费率监管的目标是保证费率的充足性和适当性。

从世界范围看，保险费率及条款监管制度大体可以分为三种模式：以市场自律为主导的松散型模式，以政府监管部门为主导的严格型模式以及两者兼而有之的混合型模式。松散型模式指国家一般只规定保险公司有一定的接受检查义务和资料公开义务，而对其经营不直接进行干涉，以英国及中国香港地区为代表。严格型模式指国家颁布了完善的保险监管法律、法规，保险监管机构也有较强的权威，对保险公司的整个经营过程和全部经营活动进行具体而全面的监管（如统一保险市场的条款和费率），以改革之前的日本、德国为典型。混合型模式指国家以法律形式规定保险业的准入条件，规定保险公司从业遵守的准则，对某些方面的重大事项进行直接监管，以美国、韩国及中国台湾地区为代表。

与注重市场自律的监管模式相比，采用干预型监管模式的国家数量日益增多。一些原来在传统上比较注重市场自律的国家也都开始强调国家干预，但这种被强化的、强调外在干预的监管模式,普遍遇到的问题是如何健全对这种庞大的外在权力的制约机制,以免权力失控,对市场造成不应有的损害。

过度强调国家干预,往往不利于市场机制有效发挥作用,反而会阻碍本国、本地区保险市场的发展。因此,20世纪70年代以来,伴随着凯恩斯主义逐渐为新古典主义所取代,各国在对待保险费率及条款的监管问题上,渐渐采取了逐步、逐点、分阶段的市场自由化进程。而20世纪末期,随着经济全球化成为不可逆转的潮流,保险市场开始面临更为激烈的内外竞争,各国对保险费率和条款的监管出现了较为复杂的局面。一方面,政府需要保留适度对保险费率和条款最低限度的监控,以维护本国保险从业机构的利益,保证广大保民的利益,维持本国保险市场的稳定;但另一方面,政府也需要适度放开保险费率和条款的监管,以便于本国市场与国际市场接轨,培育本国保险从业机构的竞争力,从而在国际竞争中占据有利地位。因此,越来越多的国家选择混合型模式作为本国监管的方案,而这些国家对保险费率和条款监管方案的选择、调整历程,实质上也就是寻求最佳结合点的一种探索、试错过程。

▶ **知识链接** ◀

域外国家与地区保险条款、费率监管制度

1. 日本

日本保险业监管共经历了四个阶段,分别为农商务省时代、商工省时代、大藏省时代和金融厅时代。随着保险监管机构的变迁,保险监管方式也发生了很大的变化。

在大藏省时代,日本对保险业进行严格监管,保险条款的设立和变更均需经过批准。保险公司的保险费率是统一的,各家保险公司原则上一律采用保险协会制定的统一费率。日本的保险监管方式使得自第二次世界大战后至20世纪90年代中期的50余年里,保险市场上没有一家保险公司破产。但是这种严格监管存在的固有缺陷也成为日本在泡沫经济破灭之后进行保险业改革的根本原因。

1996年12月中旬达成的《日美保险协议》,使得日本最终放松了保险业管制。1996年,日本的新保险业法调整了损害保险费率算定会的地位,保险费率算定会制定的保险费率只供保险公司参考。此后,日本出台了一系列相关法律,自1997年7月开始,废除了火灾保险、机动车辆保险必须使用费率算定会所计算的费率的义务,开始实行费率自由化。自1998年7月1日开始,保险公司无须再强制使用由费率算定会所计算的统一费率(但强制车险和地震保险除外),可以使用自己的费率。但是,保险商品仍须送交金融厅审核后才能开始销售。金融厅对保险商品条款和费率进行实质性审查,而对于商业保险领域的商品则采取核备制。商业保险领域的商品的自由附加条款则不需要送审。

保险监管大变革的结果是出现了更为开放的市场。保险市场的这种新变化导致了日本保险监管方式的根本转变,即由原先对保险公司的经营行为进行严格控制的微观监管转向基于偿付能力调整的宏观监管,将监管重点从长期以来注重的保险条款和费率转移到偿付能力上。

2. 德国

1910年,德国《保险合同法》实施,1993年,德国又颁布了《保险监管法》。德国保险监管的内容,主要集中在对保险市场准入的监管、对保险市场行为的监管、对财务风险的监管以及对保险资金运用的监管等方面,德国于1994年放松保险市场的监管,取消一般保险条款的审批制度。自此,保险公司可以在遵守既定法律框架的基础上自行制定一般保险条款。所以,《保险监管法》对保险监管内容的规定一般不涉及具体的保险条款,而是从总体上予以控制,采取以偿付能力监管为主与监管部门进行干涉相结合的方式。

德国保险费制度主要规定于《保险合同法》,包含保险费交付时间、交付地点、保险费增加或减少、保险费的返还和保险合同终止等内容。总体来说,保险费由公司精算人员测算完成,并由独立的精算机构审核,最终报国家保险监管部门备案。如对保险费进行调整,保险公司则应向保险监管部门申报,并提供详细的论证材料,得到批准后新保险费方可执行。

需要注意的是,20世纪80年代金融自由化以后,德国在保险费率的监管、保险条款的审定、竞争约束、资金运用等方面的管理都有所松动,保险费率的调整主要由行业自律组织来厘定和调整。目前,欧盟成员国已经统一了监管标准,各国基本上按照英国的监管模式,对保险条款和费率不做过多干预。在这种大势之下,德国保险条款和费率监管也将进一步放开。

3. 美国

美国各州的保险法在美国保险监督官协会的努力下,内容上已无多大差别。对保单条款监管的内容主体是费率监管,保险费率通常是通过自由竞争机制确定的,自由竞争在保险种类和费率的确定中起着重要的作用。费率监管一般主要有三种方式:一是事先批准式。这种方式要求保险公司在使用某险种费率前应得到州监管部门的批准。美国半数以上的州规定,财产与责任保险的费率实行事先批准式。公司报批其保险费率(及以后的增加和减少)必须有重组的精算依据和损失数据分析,然后由监管官决定是否合理。但是,即使是批准过后,监管官如果发现不妥仍有权否决已经批准的保险费率。二是开放费率式。这种方式允许保险公司使用自己选择的费率,但使用后必须将费率在州监管部门归档,并允许监管部门随时提出废除任何正在使用的费率。监管部门一般对个人寿险、健康保险、海洋货物运输保险等费率采用这种方式。这种方式既保留了保险公司享有的自由使用费率的权利,又保留了州监管部门的监管权利。三是统一费率式。在某些险种中,如汽车责任保险和火灾保险,各保险公司往往都是用美国财产保险费率制定局(ISO)等费率组织提供的统一费率。但这种方式违反了联邦反托拉斯法,有联合制定价格之嫌。而且,由于大公司统计数据齐全,明显在竞争中占有优势,1989年,ISO首先宣布不再向其成员保险公司提供费率,以后只是提供损失成本的趋势,成员保险公司可以免费使用这些损失数据,然后结合自己的费用来制定自己的费率。从1990年开始,其他费率组织也相继采取了这种措施。

美国各州保险价格(即保险费率)管理的目标是:保险费率公平、足够和无歧视,不破坏竞争,不损害保险公司的偿付能力。监督官要确知由保险合同确定的费率是否反映保险公司的预期损失与预期费用,监督官要确知该费率不是不足或过多。在条款监管方面,人寿保险,特别是意外和健康保险保单中必须包括某些条款的强制性规定,而对商业财产和意外保险的限制却不多。

4. 韩国

韩国关于保险监管的法规主要有《保险监管规定》和《保险监管规定实施细则》。韩国对于保险费率及条款的监管采取审批制。具体内容体现在《保险监管规定》第7章"监管"中。而纵观该章规定,其对保险条款及费率的限制相对较少,且较为原则。而在保险费率方面,除了长期非寿险和机动车保险外,费率表制度停止使用,保险公司通过承保成绩制定费率。2000年4月起,保险价格已全面放开,通过市场进行定价。总体而言,韩国保险条款及费率监管的特点在于:一是在监管重点上,放松对固定费率及条款的干预,以偿付能力监管作为基础;二是在监管方式上,采取严格监管与松散监管有效结合的方式。此外,韩国车险费率自由化的发展历程也值得我们关注。

5. 中国香港

中国香港的保险条款和费率监管制度主要具有以下三个特点:一是与放松市场行为监管相合拍。进入20世纪90年代中期以来,香港保险费率的监管也呈现出逐步放松的趋势。香港保险相关法律明确规定,保险业监理处不得干预保险公司产品开发和保险产品的费率确定。因此,香港保险公司可以自由设计险种,订立保单条款,厘定费率。二是与降低市场准入门槛相结合。在香港放松费率监管的趋势中,降低市场准入的门槛是其前提条件。因为费率市场化必然要求强化竞争,通过竞争将费率降到最低,所以就有必要尽可能增加市场竞争的主体。降低准入门槛表现为:一方面是资本金要求较低。对不经营法定业务的一般保险公司、不经营综合业务的专业再保险公司以及经营长期业务的保险公司,最低股本要求为1 000万港元;对经营法定业务的保险公司、经营综合业务的专业再保险公司,要求的最低股本也仅仅为2 000万港元。另一方面是审查内容相对比较简单。仅对拟设定公司的3年或5年业务发展计划、高级管理人员的任职资格及再保险安排进行审查。三是与加强行业自律作用相互动。香港费率监管还依赖于行业自律的作用。对于保险中介的监管主要是依靠行业自律,并根据有关准则监管整个行业以及业内所有从业人员。对这些人员加强监管,降低佣金,可以减少投保的成本,间接对保险费调整产生影响。

资料来源:保监会。

在中国保险市场,监管部门很长一段时间内主要通过制定与审批保险条款和费率对保险市场实施严格监管。1995年《保险法》颁布后的一段时间里,监管部门在探索偿付能力监管的同时加强了保险条款监管。《保险法》第一百零六条规定:"商业保险的主要险种的基本保险条款和保险费率,由金融监督管理部门制定。保险公司拟定的其他险种的保险条款和保险费率,应当报金融监督管理部门备案。"2002年修正后的《保险法》第一百零七条规定:"关系社会公众利益的保险险种、依法实行强制保险的险种和新开发的人寿保险险种等的保险条款和保险费率,应当报保险监督管理机构审批。其他保险险种的保险条款和保费率,应当报保险监督管理机构备案。"2003年车险条款和费率的市场化在全国展开,标志着财险条款和费率市场化改革迈出实质性步伐。2005年11月,中国保监会发布《财产保险公司保险条款和保险费率管理办法》,进而规范了财险条款和费率的监管。

4. 再保险业务监管

政府对再保险业务进行监管,有利于保险公司分散风险,保持经营稳定。监管方法主要有直接控制和间接限制两种。直接控制主要是通过建立国有再保险公司,限制外资保险公司和再保险公司进入市场,强制再保险分出和建立地区再保险集团等;间接限制主要有外汇管制,要求再保险公司提存各种准备金,规定再保险公司的纳税规则等。一般而言,保险业发达的国家,保险市场比较成熟完善,保险公司自律能力比较强,所以很少对再保险实行直接监管。相反,保险业比较落后的国家,保险公司实力不强,自我约束机制也不完善,国家为了控制保险公司的经营风险,防止保险费过度外流,都对再保险业务做出了规定。

2014年8月31日修订通过的《保险法》第一百零三条、一百零五条、一百四十条规定,保险公司对每一危险单位,即对一次保险事故可能造成的最大损失范围所承担的责任,不得超过其实有资本金加公积金总和的10%;超过的部分应当办理再保险。保险公司应当按照国务院保险监督管理机构的规定办理再保险,并审慎选择再保险接受人。保险公司未依照本法规定提取或者结转各项责任准备金,或者未依照本法规定办理再保险,或者严重违反本法关于资金运用的规定的,由保险监督管理机构责令限期改正,并可以责令调整负责人及有关管理人员。

2010年4月12日,中国保监会办公会审议通过的《再保险业务管理规定》进一步规范再保险业务的管理。例如,第九条规定:再保险业务分为寿险再保险和非寿险再保险。保险人对寿险再保险和非寿险再保险应当单独列账、分别核算。第十一条规定:除航空航天保险、核保险、石油保险、信用保险外,直接保险公司办理合约分保或者临时分保的,应当符合下列规定:(一)以比例再保险方式分出财产险直接保险业务时,每一危险单位分给同一家再保险接受人的比例,不得超过再保险分出人承担直接保险合同部分的保险金额或者责任限额的80%;(二)每一临时分保合同分给投保人关联企业的保险金额或者责任限额,不得超过直接保险业务保险金额或者责任限额的20%。第十二条规定:保险人对危险单位的划分应当符合中国保监会的相关规定,并于每年3月31日之前,将危险单位的划分方法报中国保监会备案。第十六条规定:保险人和保险经纪人可以利用金融工具开发设计新型风险转移产品。保险人应当按照有关规定向中国保监会报告。

目前,国内再保险市场上除了中国财产再保险股份有限公司、中国人寿再保险股份有限公司两家中资专业再保险机构,还有德国慕尼黑再保险公司中国分公司(北京)、瑞士再保险公司中国分公司(北京)、美国通用再保险公司中国分公司(上海)三家外资专业再保险机构。另外,从事原保险业务的直接保险公司一般也从事相应的再保险业务。

6.3.3 保险公司财务监管

承保业务和投资业务是现代保险业的两大支柱,在保险市场竞争日益激烈、巨灾事故频繁发生的情况下,资金运用对保险公司的保值增值、偿付能力的维持和增强,具有十分重要的意义。因此,各国监管当局都把保险资金运用作为保险公司财务监管的主要内容。

根据《保险资金运用管理暂行办法》《保险机构投资者股票投资管理暂行办法》这两个法规,保险资金的运用限于下列形式。

1. 银行存款

保险资金办理银行存款的,应当选择符合下列条件的商业银行作为存款银行:资本充足率、净资产和拨备覆盖率等符合监管要求;治理结构规范、内控体系健全、经营业绩良好;最近三年未发现重大违法违规行为;连续三年信用评级在投资级别以上。

2. 有价证券投资监管

保险机构投资者的股票投资限于下列品种:人民币普通股;可转换公司债券;中国保监会规定的其他投资品种。保险机构投资者的股票投资可以采用下列方式:一级市场申购,包括市值配售、网上网下申购、以战略投资者身份参与配售等;二级市场交易。法规对保险机构投资者的投资比例也做了具体规定。保险机构投资者持有一家上市公司的股票不得达到该上市公司人民币普通股的30%。保险机构投资者投资股票的具体比例,由中国保监会另行规定;保险资产管理公司不得运用自有资金进行股票投资。上市公司直接或者间接持有保险机构投资者10%以上股份的,保险机构投资者不得投资该上市公司或者其关联公司的股票。

保险资金投资证券投资基金的,其基金管理人应当符合下列条件:公司治理良好,净资产连续三年保持在人民币一亿元以上;依法履行合同,维护投资者合法权益,最近三年没有不良记录;建立有效的证券投资基金和特定客户资产管理业务之间的防火墙机制;投资团队稳定,历史投资业绩良好,管理资产规模或者基金份额相对稳定。同时,投资同一投资基金的账面余额,不超过该基金发行规模的20%。

3. 不动产投资监管

保险资金投资的不动产,是指土地、建筑物及其他附着于土地上的定着物。保险资金可以投资基础设施类不动产、非基础设施类不动产及不动产相关金融产品。

保险公司投资不动产(不含自用性不动产),应当符合以下比例规定:投资不动产的账面余额,不高于本公司上季度末总资产的10%,投资不动产相关金融产品的账面余额,不高于本公司上季度末总资产的3%;投资不动产及不动产相关金融产品的账面余额,合计不高于本公司上季度末总资产的10%;投资单一不动产投资计划的账面余额,不高于该计划发行规模的50%,投资其他不动产相关金融产品的账面余额,不高于该产品发行规模的20%。

4. 其他资金运用监管

近年来,随着中国金融市场的完善和监管水平的提高,对保险资金运用的限制有所放宽,国务院先后批准保险资金进入同业拆借市场,通过证券投资基金间接进入证券市场,直接进入股市投资,外汇资金进行境外运用,参与大型基础设施投资,投资于银行股权等。这些措施对增强保险公司的偿付能力、推动中国保险业的发展产生了积极的作用。

6.3.4 保险中介监管

保险中介即保险代表人。对保险代理人的监管主要包括政府对保险代理人的监管、保险代理人行业自律性监管、保险公司对其代理人的监管、保险代理人自身的管理等。

1. 保险代理人资格监管

世界保险业比较发达的国家和地区都要求保险代理人必须向监管部门注册并得到许可方可从业。各国对保险代理人资格监管的主要内容有：一是要通过有关资格考试，二是要获得许可证和营业执照，三是要接受培训。中国同样对专业保险代理人、保险兼业代理人和个人保险代理人的资格条件分别做出了规定及要求。

(1) 专业保险代理人资格的监管

专业保险代理人即保险代理公司。第一，政府确定了专业保险代理人的许可制度，《保险代理机构管理规定》第二条规定："在中华人民共和国境内设立保险代理机构及其分支机构，应当经中国保险监督管理委员会（以下简称中国保监会）批准。未经中国保监会批准，任何单位、个人不得在中华人民共和国境内经营或者变相经营保险代理业务。"

第二，规定了专业保险代理人的组织形式，《保险代理机构管理规定》第七条规定："保险代理机构可以采取下列组织形式：(一) 合伙企业；(二) 有限责任公司；(三) 股份有限公司。"

第三，规定了设立专业保险代理人的条件，《保险代理机构管理规定》第八条规定："设立保险代理机构，应当具备下列条件：(一) 注册资本或者出资达到本规定的最低金额；(二) 公司章程或者合伙协议符合法律规定；(三) 高级管理人员符合本规定的任职资格条件；(四) 持有《保险代理从业人员资格证书》（以下简称《资格证书》）的员工人数在2人以上，并不得低于员工总数的二分之一；(五) 具备健全的组织机构和管理制度；(六) 有固定的、与业务规模相适应的住所或者经营场所；(七) 有与开展业务相适应的计算机软硬件设施；(八) 至少取得一家保险公司出具的委托代理意向书。"

第四，规定了从业人员资格，《保险代理机构管理规定》第四十五条第二款规定："保险代理业务人员应当通过中国保监会组织的保险代理从业人员资格考试，取得《资格证书》。"第四十六条规定："参加保险代理从业人员资格考试的人员，应当具有初中以上文化程度。"第四十八条规定："保险代理从业人员资格考试成绩合格，且具备下列条件的人员，由中国保监会颁发《资格证书》：(一) 具有完全民事行为能力；(二) 品行良好。"

第五，规定了专业保险代理人高级管理人员的任职资格，《保险代理机构管理规定》第六十五条规定："保险代理机构及其分支机构高级管理人员应当具备下列条件：(一) 大学专科以上学历；(二) 持有《资格证书》；(三) 从事经济工作2年以上；(四) 品行良好。具有金融保险工作10年以上经历的人员，可以不受前款第(一)项的限制。具有企业管理工作3年以上经历的人员，可以不受前款第(二)项的限制。"

(2) 保险兼业代理人资格的监管

首先，规定了保险兼业代理人许可制度，《保险兼业代理管理暂行办法》第六条规定：

"保险兼业代理人资格申报及有关内容的变更,应由被代理的保险公司报中国保险监督管理委员会(以下简称中国保监会)核准。"其次,规定了申请保险兼业代理人的资格条件,《保险兼业代理人管理暂行办法》第七条规定:"申请保险兼业代理资格应具备下列条件:(一)具有工商行政管理机关核发的营业执照;(二)有同经营主业直接相关的一定规模的保险代理业务来源;(三)有固定的营业场所;(四)具有在其营业场所直接代理保险业务的便利条件。"北京、辽宁两地的《保险兼业代理机构管理试点办法》第十二条将该条件进一步完善为:"申请保险兼业代理资格应当具备以下基本条件:(一)依法登记注册;(二)具备持有《保险代理从业人员资格证书》(以下简称《资格证书》)的保险代理业务人员;(三)具有保险兼业代理业务管理和台账制度,能够实现对保险代理业务档案的规范管理;(四)主营业务运转正常;(五)无违法违规经营行为等不良信用记录;(六)具备在经营场所内兼营保险代理业务的便利条件;(七)事业单位须取得相关主管部门的批准;(八)许可证被吊销后重新申请的,申请人应当已经向中国保监会报送整改报告并得到认可,其申请日应当距许可证被吊销之日一年以上;(九)承诺按照中国保监会的规定缴存保证金。"

(3)个人保险代理人资格的监管

《保险营销员管理规定》对个人保险代理人的资格做了一系列要求,第六条规定:"从事保险营销活动的人员应当通过中国保监会组织的保险代理从业人员资格考试(以下简称资格考试),取得《保险代理从业人员资格证书》(以下简称《资格证书》)。"第七条规定:"《资格证书》是中国保监会对个人具有从事保险营销活动资格的认定。《资格证书》由中国保监会统一印制。"第八条规定:"参加资格考试的人员应当具有初中以上文化程度。"第十条规定:"资格考试成绩合格,具备下列条件且无本规定第十一条规定情形的人员,自考试成绩公布之日起20日内,由中国保监会颁发《资格证书》:(一)具有完全民事行为能力;(二)品行良好。"

2. 保险代理人业务监管

(1)业务范围

《保险代理机构管理规定》和《保险兼业代理机构管理试点办法》规定专业保险代理人与保险兼业代理人的业务范围是:(一)代理销售保险产品;(二)代理收取保险费;(三)代理相关保险业务的损失勘查和理赔;(四)中国保监会批准的其他业务。具体代理权限在以上范围内由委托代理合同约定。《保险兼业代理管理暂行办法》规定:"保险兼业代理人只能同时为一家财产保险公司和一家人寿保险公司代理保险业务,不能同时为两家财产保险公司或两家人寿保险公司代理保险业务,代理业务范围以《保险兼业代理许可证》核定的代理险种为限。"《保险法》第一百二十五条规定,个人保险代理人在代为办理人寿保险业务时,不得同时接受两个以上保险人的委托;《保险营销员管理规定》进一步要求,保险营销员应当在所属保险公司授权范围内从事保险营销活动,自觉接受所属保险公司的管理,履行委托协议约定的义务。

(2)经营活动

为了有效地规范保险代理人的活动,使保险代理人能在公平竞争的环境中展开业务,各国都明确规定了保险代理人的业务经营原则。例如,在中国根据《保险代理机构管理规定》《保险兼业代理管理暂行办法》以及《保险营销员管理规定》的要求，保险代理人从事保险代理业务必须与所代理的保险公司签订代理合同或委托协议。《保险代理机构管理规定》要求，除中国保监会另有规定外，保险代理机构的经营区域为其住所地所在的省、自治区或者直辖市，保险代理分支机构的业务范围、经营区域不得超出其所属保险代理机构的业务范围、经营区域。《保险兼业代理管理暂行办法》和《保险兼业代理机构管理试点办法》要求，保险兼业代理机构仅限于在主营业务场所内利用其便利条件开展保险代理业务，不得在其主营业务场所外另设代理机构或派出人员开展保险代理业务，如遇特殊情况需要在主业营业场所之外代理保险业务的，应报当地中国保监会派出机构备案。另外，相关管理规定和办法都要求保险代理人从事保险代理业务时不得欺骗和误导保险公司、投保人、被保险人及受益人，也不能有各种不正当的竞争行为。

3. 保险代理人财务监管

（1）收入来源

根据《保险法》对保险代理人的定义，保险代理人的收入来源于按代理业务收入的一定比例提取手续费或佣金，不允许向投保人或有关客户收取任何其他费用。

中国的保险代理人佣金制度在设计上采取了与保险代理人保费收入直接挂钩的形式，即佣金按保费收入的一定比例提取，一般分为首期佣金和续期佣金。

《保险法》中有明文规定：代理手续费支付总额最高不得突破实际保费的8%。公司向专门推销寿险业务的个人代理人支付的佣金支出，最高支付总额不得突破缴费期内实收保费的5%。现行的佣金制度第一年的佣金高达40%。这种方式虽然在一定程度上激发了代理人开拓市场的潜能，但是代理人也容易受到高回报的诱惑，误导消费者参与短期的保险行为，破坏了保险业的发展。续期佣金按后续年度所缴保费提取。一般而言，保险代理人能获得5%—10%，且续期佣金逐年递减，一般只提取3—5年。由于续期佣金总共加起来还没有首期佣金多，使代理人后期没有忧虑，这样做的后果就是之前的那些保单成了孤单，消费者得不到合理的服务，破坏了保险公司的声誉，影响了保险业的健康发展。

简而言之，保险代理人作为非直接民事责任主体，客观上有着很大的趋利动机，而保险代理人佣金制度作为影响保险业健康发展的重要因素，我们应该更多地从源头上去完善制度本身，这样才能进一步促进和保障保险业的快速、良性发展。

（2）财务报告制度

《保险法》第一百二十三条规定："保险代理人、保险经纪人应当有自己的经营场所，设立专门账簿记载保险代理业务或者经纪业务的收支情况，并接受保险监督管理机构的监督。"《保险代理机构管理规定》第九十一条规定："保险代理机构及其分支机构应当开设独立的代收保险费账户，不得挪用代收保险费账户的资金或者坐扣保险代理手续费。保险代理机构及其分支机构在会计账户上应当以被代理保险公司为单位，对代收保险费进行明细反映。保险代理机构及其分支机构应当在委托代理合同约定期限内将代收保险费交付被代理保险公司。"《保险兼业代理管理暂行办法》第二十六条规定："保险兼业代理人应按照保险兼业代理合同的规定，与保险公司按时结算保费和交接有关单证。保费结算时间最长不超过一个月，不得用保费抵扣代理手续费。"第二十七条规定："保险兼业代理人应设立独立的保费收入账户并对保险兼业代理业务进行单独核算。"第二十八条规定:"保险兼业代理人应建立业务台账,台账应逐笔列明保单流水号、代理险种、保险金额、保险费、代理手续费等内容。"《保险兼业代理机构管理试点办法》还规定:"与多家保险公司开展保险代理业务的保险兼业代理机构,应当以所代理的每一家保险公司为单位,对代收保险费情况进行明细反映,并按中国保监会制定的格式于每季度结束后的10日内报送电子数据。"《保险营销员管理规定》中也严令禁止个人保险代理人挪用、截留、侵占保险费、保险赔款或者保险金。

6.4 中国保险业监管现状及改革展望

6.4.1 中国保险业监管现状

新中国成立以来,特别是改革开放以来,中国保险业经历了曲折反复的艰难发展历程。与之相伴,中国保险业监管体系也经历了从无到有、从审批到监管、从市场行为监管到偿付能力监管的复杂制度变迁。目前,中国已形成了以风险监管为本,并以市场行为监管、偿付能力监管和保险公司治理结构监管为支柱的监管框架(见图6-4)。

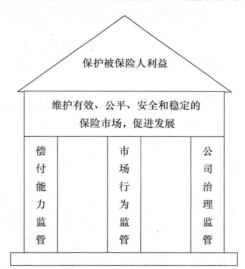

图6-4 以风险为本的保险业监管体系框架

三支柱保险业监管体系是一个有机结合体,较全面地涵盖了现代保险监管的核心内容。偿付能力监管是风险监管的核心;完善的治理结构、内部控制管理和风险管理体系是顺利实施以风险为本的监管手段的重要基础与必要前提;市场行为监管则是维护市场秩序、从源头上防范风险、保护保单持有人利益的有效手段。三者互为补充,共同作用,构筑成一个完整的保险风险监管体系。

1. 偿付能力监管

中国保险业监管在从注重市场行为监管到市场行为监管与偿付能力监管并重,再到目前提出的偿付能力、公司治理结构和市场行为监管为支柱的监管理念与实践演变过程中,逐步建立起了一套较为完善的偿付能力监管相关的制度,具体体现在四个方面。

一是较为完善的静态偿付能力监管体系。通过《保险法》《保险公司管理规定》《保险公司最低偿付能力及监管指标管理规定》,以及对前述规定修订后形成的《保险公司偿付能力额度及监管指标管理规定》《保险公司偿付能力报告编报规则》等相关法律法规和制度的建立,构建了较为完整的静态偿付能力监管制度体系,明确了严格的偿付能力监管要求,初步建立起了偿付能力风险评估体系,完善了偿付能力额度监管制度,制定了财产保险业务和人寿保险业务的最低偿付能力计算方式与实际偿付能力的计算方法,并且分别给出了两类不同业务的监管指标。此外,还明晰了偿付能力的监管措施,对于实际偿付能力额度低于最低偿付能力额度的保险公司,要求其采取有效措施,改善偿付能力状况;对偿付能力充足率低于100%的保险公司,中国保监会可以将其列为重点监管对象,根据具体情况采取要求公司增加资本、限制业务范围、限制向股东分红、限制增设分支机构、转让保险业务、停止开展新业务直至依法接管等监管措施。

▶ 知识链接 ◀

《保险公司偿付能力额度及监管指标管理规定》关于偿付能力额度的规定

第十六条 偿付能力充足率等于实际偿付能力额度除以最低偿付能力额度。对偿付能力充足率小于100%的保险公司,中国保监会可将该公司列为重点监管对象,根据具体情况采取以下监管措施:

(一)对偿付能力充足率在70%以上的公司,中国保监会可要求该公司提出整改方案并限期达到最低偿付能力额度要求,逾期未达到的,可对该公司采取要求增加资本金、责令办理再保险、限制业务范围、限制向股东分红、限制固定资产购置、限制经营费用规模、限制增设分支机构等必要的监管措施,直至其达到最低偿付能力额度要求。

(二)对偿付能力充足率在30%到70%之间的公司,中国保监会除采取前款所列措施外,还可责令该公司拍卖不良资产、责令转让保险业务、限制高级管理人员的薪酬水平和在职消费水平、限制公司的商业性广告、责令停止开展新业务以及采取中国保监会认为必要的其他措施。

(三)对偿付能力充足率小于30%的公司,中国保监会除采取前两款所列措施外,还可根据《保险法》的规定对保险公司进行接管。

第十七条 在本规定施行前按本规定计算的偿付能力充足率已经小于100%的保险公司,应积极采取有效措施改善自身的偿付能力状况。除适用第十六条的规定外,中国保监会还可根据各公司的特殊情况,采取必要的监管措施,促使公司提高偿付能力。

二是较为规范的投资监管制度。《保险资金运用管理暂行办法》第六条、第十五条、第十六条规定对投资种类、可投资比例和条件进行了明确规定,并逐步拓宽了资金运用渠道;对资产安全性保障措施和风险控制手段做了明确规定,要求保险公司资金运用应遵循资产负债匹配管理原则,制订资产战略配置计划和投资指引,健全投资风险管控和内部控制制度。

▶ **知识链接** ◀

《保险资金运用管理暂行办法》对保险资金投资种类、可投资比例和条件的规定

第六条 保险资金运用限于下列形式：

（一）银行存款；

（二）买卖债券、股票、证券投资基金份额等有价证券；

（三）投资不动产；

（四）国务院规定的其他资金运用形式。

保险资金从事境外投资的,应当符合中国保监会有关监管规定。

第十五条 保险集团（控股）公司、保险公司从事保险资金运用,不得有下列行为：

（一）存款于非银行金融机构；

（二）买入被交易所实行"特别处理""警示存在终止上市风险的特别处理"的股票；

（三）投资不具有稳定现金流回报预期或者资产增值价值、高污染等不符合国家产业政策项目的企业股权和不动产；

（四）直接从事房地产开发建设；

（五）从事创业风险投资；

（六）将保险资金运用形成的投资资产用于向他人提供担保或者发放贷款,个人保单质押贷款除外；

（七）中国保监会禁止的其他投资行为。

中国保监会可以根据有关情况对保险资金运用的禁止性规定进行适当调整。

第十六条 保险集团（控股）公司、保险公司从事保险资金运用应当符合下列比例要求：

（一）投资于银行活期存款、政府债券、中央银行票据、政策性银行债券和货币市场基金等资产的账面余额,合计不低于本公司上季末总资产的5%；

（二）投资于无担保企业（公司）债券和非金融企业债务融资工具的账面余额,合计不高于本公司上季末总资产的20%；

（三）投资于股票和股票型基金的账面余额,合计不高于本公司上季末总资产的20%；

（四）投资于未上市企业股权的账面余额,不高于本公司上季末总资产的5%；投资于未上市企业股权相关金融产品的账面余额,不高于本公司上季末总资产的4%,两项合计不高于本公司上季末总资产的5%；

（五）投资于不动产的账面余额,不高于本公司上季末总资产的10%；投资于不动产相关金融产品的账面余额,不高于本公司上季末总资产的3%,两项合计不高于本公司上季末总资产的10%；

（六）投资于基础设施等债权投资计划的账面余额不高于本公司上季末总资产的10%；

（七）保险集团（控股）公司、保险公司对其他企业实现控股的股权投资，累计投资成本不得超过其净资产。

三是较为完善的保险公司负债监管规定。《保险公司非寿险业务准备金管理办法》与《保险公司非寿险业务准备金管理办法实施细则》明确了保险公司准备金提取要求、计算方法和破产处置方法，详细规定了认可负债的估值方法。

▶ 知识链接 ◀

《保险公司非寿险业务准备金管理办法》对保险公司准备金提取要求的规定

第十一条　未到期责任准备金的提取，应当采用下列方法之一：

（一）二十四分之一法（以月为基础计提）；

（二）三百六十五分之一法（以天为基础计提）；

（三）对于某些特殊险种，根据其风险分布状况可以采用其他更为谨慎、合理的方法。未到期责任准备金的提取方法一经确定，不得随意更改。

第十二条　保险公司在提取未到期责任准备金时，应当要对其充足性进行测试。当未到期责任准备金不足时，要提取保费不足准备金。

第十三条　对已发生已报案未决赔款准备金，应当采用逐案估计法、案均赔款法以及中国保监会监管部门认可的其他方法谨慎提取。

第十四条　对已发生未报案未决赔款准备金，应当根据险种的风险性质、分布、经验数据等因素采用至少下列两种方法进行谨慎评估提取：

（一）链梯法；

（二）案均赔款法；

（三）准备金进展法；

（四）B-F法等其他合适的方法。

第十五条　对直接理赔费用准备金，应当采取逐案预估法提取；对间接理赔费用准备金，采用比较合理的比率分摊法提取。

第十六条　对含投资或储蓄成分的保险产品，其风险保障部分按照上述方法提取未到期责任准备金和未决赔款准备金。

第十七条　保险公司提取的各项准备金不得贴现。

四是形成了较为完善的保险公司解散和退出市场监管规定。《保险公司非寿险业务准备金管理办法》规定了在处理保险公司偿付能力不足或解散保险公司时，对保单持有人利益的保护措施，如保单转让、保户优先受偿和设立保险保障基金对保单持有人进行救济等。

2. 市场行为监管

市场行为是指保险公司的行为和保险中介的行为，以及保险机构相互之间的市场行为。市场行为监管是偿付能力监管的有力保证，对偿付能力监管有着重要影响，也是中国保险业监管的重要内容之一。

目前，中国在市场行为监管方面的法律法规体系已基本建立，如《保险公司管理规定》《保险代理公司管理规定》《保险经纪公司管理规定》《保险公估公司管理规定》《财产保险公司分支机构监管指标》《人身保险新型产品精算规定》《关于购买人身保险新型产品有关注意事项的公告》《中国保险监督管理委员会保险统计现场检查工作规程》等，都明确了监管重点和原则，制定了经营规范和监管标准。大致来说：一是建立了完善的市场准入制度，对保险公司和保险中介的市场准入行为进行规范；二是对保险公司和保险中介的经营规则做了较为全面的规范，制定了较为完善的保险监管规程，编写了现场检查手册和保险统计现场检查方案；三是制定了一系列关于保险消费者保护的规定，就公平对待保险消费者、防止误导和欺诈、保险信息公开透明、保证消费者知情权、建立良好的理赔机制、保护被保险人的利益等内容做了较为详尽的规范。

在具体的市场行为监管方面，保险监管部门不断加大保险市场整顿和规范工作力度，根据现场检查规程，定期开展现场检查；针对保险市场存在的突出问题，重点对车险、短期意外险、万能保险、团体寿险、银行代理以及统计数据质量和资金运用情况进行专项执法检查，并对违法违规行为进行严肃处理，从而有效规范保险市场秩序。

3. 公司治理监管

由于监管理念落后，中国的公司治理监管起步较晚，相关的监管要求内容分散在《公司法》《保险法》《保险公司管理规定》等法律法规中，较为集中的制度是1999年8月出台的《保险公司内部控制制度建设指导原则》和2004年1月颁布的《关于规范保险公司治理结构的指导意见（试行）》等。这些制度和规定对保险公司的公司治理监管提出了明确的规范要求，构成了保险公司公司治理监管基本的制度框架。

在治理结构监管方面，一是要求保险公司规范保险公司治理结构，在《关于规范保险公司治理结构的指导意见（试行）》中，明确提出了保险公司应当做到如下六点：① 强化主要股东义务；② 加强董事会建设；③ 发挥监事会作用；④ 规范管理层运作；⑤ 加强关联交易和信息披露管理；⑥ 治理结构监管。二是明确董事会是公司治理的重点，规定了董事会在公司治理结构中的作用，明确董事会应对公司内部控制、风险、合规等事项负最终责任；强化了主要股东的义务；规范了管理层的运作机制，强化了总精算师、合规负责人等关键岗位的职责。三是对公司股权变更、关联交易、业务转移、信息披露等内容进行了规范。四是明确了关于保险公司治理结构的监管手段，要求公司审计委员会负责定期审查内部审计部门提交的内部控制评估报告、风险管理部门提交的风险评估报告以及合规管理部门提交的合规报告，并就公司的内部控制、风险和合规方面的问题向董事会提出意见与改进建议，审计委员会负责提名外部审计机构。

在内部控制监管方面，一是相继出台了内部控制建设方面的指导性文件，如1999年8月出台了《保险公司内部控制制度建设指导原则》。二是初步建立了寿险公司内部控制评价和监管制度体系，2006年1月中国保监会借鉴国际经验，出台了《寿险公司内部控制评价办法(试行)》,标志着中国寿险公司内部控制建设与监管进入了实质性的推动阶段。三是对保险投资活动提出内部控制监管要求,要求保险资产管理公司内部设立投资决策部门和风险控制部门,建立相互监督的制约机制。

在风险管理监管方面,一是出台了保险产品条款费率监管制度。二是构建起了比较完备的保险投资风险监管制度体系,2004年4月,中国保监会出台了《保险资金运用风险控制指引(试行)》,其中第五条、第六条对保险公司资金运用风险控制体系的原则提出了明确的指导意见。三是初步建立了寿险公司风险评估体系,中国保监会通过制定和实施《寿险公司非现场监管规程》,有效提高了监管的有效性和监管效率。①

▶ 知识链接 ◀

《保险资金运用风险控制指引(试行)》中风险控制基本原则

第五条 保险公司和保险资产管理公司建立保险资金运用风险控制体系应遵循以下原则:

(一)独立制衡原则,保险资金运用各相关机构、部门和岗位的设置应权责分明、相对独立、相互制衡;

(二)全面控制原则,保险资金运用风险控制的过程应涵盖资金运用的各项业务、各个部门、各级人员以及与保险资金运用相关的各个环节;

(三)适时适用原则,保险资金运用风险控制体系应同所处的环境相适应,以合理的成本实现内控目标,并根据保险公司、保险资产管理公司内外部环境的变化,适时进行相应的更新、补充、调整和完善;

(四)责任追究原则,保险资金运用风险控制的每一个环节都要有明确的责任人,并按规定对违反制度的直接责任人以及对负有领导责任的高级管理人员进行问责。

第六条 保险公司和保险资产管理公司的保险资金运用风险控制制度应满足以下要求:

(一)能够确保资金运用的合法合规、内部规章制度的有效执行及执行情况的监督检查;

(二)能够确保推行科学有效的资产负债管理,在保证安全性和流动性的前提下,追求长期稳定的投资收益;

(三)能够确保资金运用集中管理,专业化运作,建立标准化风险控制流程和科学民主的决策机制;

(四)能够确保保险公司和保险资产管理公司管理资产的安全、完整;

---

① 《寿险公司非现场监管规程》共包括五部分:一、正文《寿险公司非现场监管规程》对非现场监管的原则、程序、档案管理、职责分工等进行了明确。二、附件《寿险公司业务风险监测体系》包括监测指标构成、监测方法两部分,选用收入类、支出类、营销管理类、结构类共四类72个业务指标,通过对指标进行监测分析,实施异动预警。三、附件《寿险公司法人机构风险评估体系》和《寿险公司分支机构风险评估体系》分别明确了寿险公司法人机构和分支机构的潜在风险水平、风险管理能力、综合风险与风险变化方向的评估要点和标准。四、附件《寿险公司非现场监管文书格式》主要对非现场监管过程中涉及的文书格式进行了规范。

（五）能够确保业务记录、财务记录和其他信息的安全、可靠和完整；

（六）能够确保支持各级保险资金运用管理人员具备足够的风险控制意识和职业道德操守。

6.4.2 中国保险业监管中存在的问题

中国的保险业监管采取的是政府主导型的严格监管模式和监管理念。在中国保险业发展的初期，这种政府主导型的严格监管模式对于促进保险市场发展、规范保险活动、维护平等的竞争环境起到了积极有效的作用。然而，在日益复杂的监管环境下，中国的保险业监管面临着诸多问题。

1. 保险业监管目标和理念有待进一步明确

这一点的主要表现就是对保险业监管目标、监管理念、监管定位的选择还不清晰。尽管保监会已经明确提出了"以偿付能力监管为核心"的监管理念，但是中国偿付能力监管的内容和功能相对简单。长期以来中国一直坚持严格监管理念，执行严格监管模式，尤其是通过市场行为监管，以确保保险业稳定发展。这种监管模式，一方面保障了投保人利益，维护了保险市场秩序，保证保险业健康有序发展；另一方面也抑制了新监管模式的发展，抑制了保险产品创新和效益提升，不利于市场配置保险资源，换个角度看，从某种程度上也阻碍了保险业的发展。随着中国经济社会的快速发展，中国保险市场也发生了巨大变化，保险业监管也在不断改进过程中。但是，目前中国的保险业监管理念缺乏战略性和前瞻性，存在多重化的监管目标却又往往难以全面兼顾，既想顺应宽松监管的发展趋势又想继续保留严格监管的已有做法，既想进行保险机构监管又想同时强化保险从业监管，既想提高监管效率又不想放弃行政导向，最终保险业监管只能是被动地跟着市场走，没有充分发挥保险从业行业协会的重要作用。保险监管机构同时承担了监管主体和行业主导两种角色，混淆了"裁判员"和"运动员"的不同任务，使中国在推进保险市场化和提高保险经营效率等方面进展缓慢。例如，对保险代理人管理体制改革、保险产品创新以及保险资金运用等方面缺少整体设计。面对国内国际经济社会环境的新变化，中国保险业监管要明确监管目标，树立监管理念，理清发展思路，健康、有序、高效地推进中国保险业监管，真正发挥保险提供保障和推动经济社会发展的重要作用。

2. 保险业监管的法律体系还不健全

目前，尽管中国已经制定了《保险法》以及其他相关法律法规，已经建立起来比较完善的保险监管法律法规体系，但是，随着保险业的发展以及监管环境的变化，中国保险监管法律体系仍需要不断完善。主要表现在以下几个方面：一是部分保险新领域的法律法规需要完善。例如，近年来保险电子商务快速发展，其中出现的很多问题在现有法律法规体系中没有依据，因此迫切需要完善相关法律体系，加强监管，保证保险电子商务的健康发展。二是保险业与其他行业交叉领域的法律法规需要完善。例如，保险业与银行可以交叉持股后，对于银行的保险中介代理业务以及自营保险业务如何进行监管也需要完善。三是已有保险法律法规部分内容也需要不断补充和完善。例如，财产保险中定损理赔权的归属问题、保险纠纷中的裁决问题以及保险监管机构的责任制约问题等都需要细化和明确。四是中国保险立法环境需要改善,保险执法不严和力度不够,监管处罚实际效果不明显等,在一些推进保险业自律和提高保险从业人员素质等方面的制度建设上也存在不足。五是中国保险法律法规还存在与国际接轨和对外开放的问题,不能与WTO服务贸易协议中的相关内容相抵触,部分内容需要修补、完善和调整。

3. 保险偿付能力监管和公司治理结构监管还需要完善

目前,中国偿付能力监管的核心地位仍没有真正体现出来,表现在多个方面:首先,偿付能力风险评估体系尚不完善。偿付能力评估方法相对落后,目前的评估方法以单指标度量为主,多指标评价为辅。以资本充足率为主的偿付能力评估方法实际运用效果不佳。很多信用风险、经营风险和事件风险等无法量化的风险因素,无法通过资本充足率来揭示和评估,现行风险评估体系风险揭示不足,评估过于片面。其次,偿付能力监管措施执行不到位。因为部分监管措施设计不够具体,可操作性不强,保监会各部门、各层级机构之间缺少有效的分工与合作。再次,偿付能力监管的配套制度不合理。一方面,信息披露的信息技术不准,缺乏系统性;另一方面,会计制度对评估结果影响很大,现在使用的监管会计准则不能准确反映真实的财务状况。最后,市场退出机制不完善。涉及保险公司退出机制的相关法律法规较少,具体操作程序的规定更少。对保险公司的兼并、收购和重组的研究与准备不足,保险保障基金制度需要进一步完善。

目前,中国保险公司治理结构已基本上实现了股权结构多元化,但是国有产权控股保险公司的现象更明显,如中国人寿、中国人保的国有股比例均超过了50%。在这种情况下,保险公司治理结构中最突出的问题是股东大会、董事会、监事会和经理层之间的相互监督制衡机制没有充分发挥作用。由于目前保险公司股权多以国有股为主导,容易导致国有控股股东决定大局,小股东参与积极性不高,董事长往往又是大股东的利益代言人,因此股东大会对董事会的监督制衡作用减弱。另外,董事会集权特别是在董事长兼总经理的情况下,公司的生产经营计划、投资方案、机构设置、财务事项和高管聘任等重大问题,基本上在董事长等个别人的控制下,监事会和独立董事很难发挥作用,同时,董事会与经理层之间很难形成良性互动,出现决策失误等情况很难被纠正。另外,国有控股保险公司由于委托代理链条较长,代表国家利益的"出资人缺位"容易导致"内部人控制"的现象,对董事和高管人员缺乏实际约束,使其利用手中职权谋取自身利益,损害中小股东利益和被保险人等利益相关者的利益。

4. 保险业监管滞后于混业监管的发展趋势

目前,世界发达国家金融领域普遍出现了银行、保险、证券、信托等混业经营的发展趋势。中国在混业经营浪潮的推动下,金融集团化趋势不断加快,出现了很多综合经营银行、证券和保险业务的金融集团,保险成为金融集团综合业务中的一部分。同时,金融衍生品和保险产品创新不断加快,投连险等综合性的保险产品打破了传统保险产品的界限,不断给保险监管的传统模式提出了新课题。混业经营和金融集团的形成与发展给中国现行的分业监管模式带来了巨大的挑战。一是保险与其他金融机构的交叉性业务逐渐增多。这些业务往往涉及多个监管部门,而目前中国"一行三会"的金融监管体制是建立在分业经营的基础上的,分业监管模式落后于市场发展,可能导致部分监管失灵和监管低效。二是金融集团的出现容易导致保险业垄断的产生。目前,中国保险市场集中度较高,大的保险集团往往涵盖财险、寿险、资产管理、健康险、养老险、保险代理和保险经纪等所有保险业务,中国人寿、中国平安等几家大的保险集团占据了主要保险市场。以平安集团成立平安银行为代表,保险企业积极进入银行和证券等其他金融业务,通过重组、并购等方式发展成为具有国际竞争力的保险控股(集团)公司。保险领域的竞争逐步演变成为大型金融集团综合实力的竞争,市场力量在不断整合,中小保险企业逐步处于被支配地位。三是交叉持股的趋势现象越来越普遍。目前,银行已获准参股保险公司,积极参与保险业务。保险企业以保险公司的控股公司为主体,通过资本运作控制银行、证券等非保险金融机构,同时,各保险企业之间交叉持股的现象也越来越多,这势必引发对于银行和保险行业格局的冲击。在这样的发展趋势下,保监会尽管出台了《关于保险机构投资商业银行股权的通知》《关于加强银保深层次合作和跨业监管合作谅解备忘录》等跨业监管措施,但是中国保险业监管难以有效跟进混业经营的发展变化,这制约了保险业的深远发展。

5. 保险业监管的微观基础不牢固

一是保险机构的内部控制制度不完善。国际经验表明,保险公司的内部控制制度是防范经营风险的制度基础。中国部分保险公司法人治理结构不完善,经营管理理念、风险管理、内部控制、审计稽核以及激励约束机制缺陷较大,粗放式经营现象一直存在。二是行业自律尚未真正建立起来。目前,中国已经建立起中国保险行业协会,保险行业自律机制逐步建立起来。但是,保险业监管不完善、粗放经营惯性和激烈的市场竞争导致部分保险企业不能主动遵守市场规则,采取恶意压低保费、随意提高折扣、销售误导和违规支付手续费等手段,既抬高了保险经营成本,也加大了保险业监管难度,损害了被保险人的利益。"重展业、轻理赔;重保费、轻管理"的现象长期存在。同时,社会全民投保意识不强,骗保、套保现象时有发生。三是保险监管机构的能力和水平有待进一步提高。目前,保险监管制度供给、监管工具创新滞后于行业发展。监管透明度不足,监管信息不对称,事后绩效考评和责任追求难以真正落实,保险业监管的激励相容机制还没有真正建立起来。四是社会公众和舆论监督的作用还没有发挥出来。与行政式严格监管不同,社会公众和舆论监督具有低成本和高效率的优点。目前,中国规范的保险统计制度和全面的保险信用体系还没有真正建立起来,缺少标准化的监管指标体系,没有完善的保险统计和计算体系,现代信息化手段在保险业监管中使用不足,这些都是制约中国保险业监管改革发展的主要问题。

6. 互联网保险的挑战

随着金融交易已从传统的专网不断向互联网渗透,如今,互联网已将金融跨时间、跨空间的价值交换发挥到极致,一些保险公司开始尝试通过电商网络、社交网络甚至是微信平台等推广自己的品牌或是销售产品。来自艾瑞咨询《2012—2013 年中国保险销售电商化研究报告》的统计数据显示,2012 年中国保险电子商务市场在线保费收入规模达到 39.6 亿元,较 2011 年增长 123.8%。目前来看,在线销售的保险产品已经从最初主打的车险、意外险拓展至万能险、投连险和健康险等,销售品种日趋丰富。而在 2013 年 3 月,备受业界关注的"三马"共同发起筹建的众安在线财产保险股份有限公司(以下简称"众安在线")正式获得保监会批复。保监会批复称:"同意浙江阿里巴巴电子商务有限公司、深圳市腾讯计算机系统有限公司、中国平安保险(集团)股份有限公司等9家公司共同发起筹建众安在线,进行专业网络财产保险公司试点。"

2011年9月,保监会发布《保险代理、经纪公司互联网保险业务监管办法》。与此前的征求意见稿不同,该办法的规制主体由原来的保险公司、保险代理公司和保险经纪公司缩小到仅为保险代理公司和保险经纪公司。可以看出,监管部门一直以来是在以积极的态度支持互联网金融创新,为创新提供制度保障和宽松环境。然而,互联网保险的快速发展也需要保险业监管与时俱进,尽快制定全面而规范的监管细则,以维护互联网保险的健康发展。同时,需要注意的是,不要简单地用原有的金融机构的标准、金融业务的标准、金融行为的标准去衡量它,要根据实体经济和金融发展的总趋势来研究中国金融监管制度、方法和改革,从而使中国金融真正在这个过程中实现转型。

6.4.3 中国保险业监管改革方向

美国金融危机席卷全球,危机背后暴露出来的是创新与监管严重失调。但是,危机本质上不是金融创新本身的问题,而是监管的问题。虽然中国保险业得益于对外开放度较小、监管有力等因素,受此次危机影响相对较小,但作为保险监管部门,应始终密切关注后危机时代的国际金融监管改革演变趋势,从而对正越来越紧密地融入国际经济社会、市场化改革不断深化的中国保险业监管形成明确目标和正确思路。就当前中国保险业存在的如上问题而言,我们认为,政府应从以下几个方面加强保险业监管体制建设和改革。

1. 加强保险业监管法律法规体系建设

发达国家一般都具有成熟的保险法律体系,如德国和日本均有成文的保险合同法和保险业法,英美法系一般只有成文的保险业法。在监管手段上,各国大多采用了非现场监管和现场监管两种方式。保险监管制度的实施都必须以法律为依据,中国必须要不断加强法律法规体系建设。首先,考虑分别制定《保险合同法》和《保险业法》。前者属于民事合同范畴,调整保险合同当事人和关系人;后者的调整对象是保险机构,属于公法范畴,将两者分开制定有利于细化保险监管内容,定位和性质更加明确,避免目前《保险法》统一立法存在的问题。其次,要进一步补充和完善保险法律法规体系。在遵循《保险法》的前提下,不断出台具体的配套实施细则来对保险业监管的具体内容和方式进行详细的、可操作性的规定,使保险法律监管能落到实处,同时弥补现有《保险法》中的法律空白。再次,要完善对保险集团监管的法律条款。目前出现了很多横跨银行、保险、证券等金融类业务的综合性金融控股集团,但是无论是《保险法》还是《商业银行法》或其他法律都没有明确提出金融控股公司的概念。尽管2010年制定了《保险集团公司管理办法》,但是还需要加强与银监会、证监会机构之间的分工合作,提高金融监管的有效性。最后,完善保险市场退出相关法律制度,为保险公司破产和退出市场提供依据及具体的实施办法,制定科学系统的保险市场退出标准,建立规范的保险市场退出操作规程,明确积极稳妥的保险市场退出方式,进一步加强保险保障基金制度。

2. 逐步转向以偿付能力为主的保险业监管

发达国家的保险业监管几乎无一例外地以偿付能力监管为核心，而其他的监管目标在放松管制的趋势下逐渐通过行业自律机制和公司自我约束机制来实现。市场行为监管尽管作用直接、效率较高，但是过多的市场行为监管不仅束缚了市场的发展，而且占用了大量的监管资源，导致监管效率低下。而偿付能力监管作为一种事后监管方式，具有监管成本低、效果好等特点，并且给予保险公司更大的经营空间，从根本上保护了被保险人的利益。

自 2005 年以来，中国监管机构提出了构建以偿付能力监管为核心、公司治理结构监管为基础、市场行为监管为保障的三支柱监管体系，但是中国的偿付能力监管还存在一定问题。如偿付能力的风险评估体系尚不完善，忽视保险公司内部风险管理的基础作用，信息披露机制不健全，偿付能力监管执行不力，市场退出渠道尚不畅通，难以解决保险集团与再保险的偿付能力监管等新问题。此外，中国保险业的经营环境发生了巨大变化，对偿付能力监管提出了许多新要求。为了进一步巩固偿付能力监管的核心地位，发挥偿付能力监管的重要作用，可以考虑采取以下具体措施：一是完善定量资本监管，体现风险导向；二是完善定性监管，激励内部控制；三是完善信息披露制度，加强市场约束；四是完善监管行动机制，确保监管效果。在技术层面，通过引入资产负债管理技术（ALM），使用现金流测试和动态偿付能力测试，克服传统偿付能力工具的弊端。总之，监管机构要不断总结偿付能力监管中的经验，着力解决主要问题。

3. 进一步完善保险信息披露制度

考察发达国家保险业监管的成功经验，可以看到，发达国家保险业监管基本上都建立了比较完善的信息披露制度。而中国已经出台《保险公司信息披露管理法》，初步建立起保险信息披露制度，但是仍存在机制不健全的问题，阻碍了市场监督力量的发展。因此，要进一步完善保险信息披露制度。首先，监管部门要进一步完善保险公司信息公开披露制度，帮助保单持有人等利益相关者正确理解保险公司的经营活动、财务状况，并了解保险公司所面临的风险。而且，要根据经济、社会和保险市场的发展及时调整信息披露要求。其次，要鼓励评级中介机构对保险公司的财务状况和风险状况进行多维度的评估，以方便保单持有人、市场投资者、信用评级机构等广大的利益相关者及时、准确、全面地获得保险公司业务经营活动和财务状况的信息，从而强化对保险公司的市场约束与监督。再次，要发挥市场监督在保险信息披露制度中的地位。通过电视、报纸、网络等公共媒介报道，推动保险企业将更多的保险信息，以通俗易懂和容易接受的方式向市场公开，同时通过正面引导让保险企业意识到信息公开和市场监督的积极意义。最后，要提高保险业监管的信息化水平，为保险信息披露提供更可靠的技术支持。加强与其他金融监管部门在信息披露上的合作，注重信息披露的常态性、预警性和有效性。推进保险业的标准化工作，加快财务系统的改造与优化，促进保险信息共享和资源整合。

4. 强化对监管者的激励和约束机制

首先，要建立监管执法制度和监管责任制度。中国还没有建立对监管者处罚的法律法规制度，导致市场行为监管的实际效果大打折扣。因此，在关注保险业监管立法的同时，要明确保险业监管执法的具体使用程序和规则，建立一套明晰的监管责任制度，将保证保险业监管的正当性和合法性,提高监管效率。其次,保监会要处理好监管和发展的关系。中国保监会肩负着监管和促进行业发展两大重任,保监会一方面要通过监管营造公平有序的市场环境,实现保险业的自主良性发展,另一方面要依据保险市场的基本发展规律,发挥好市场机制的基础性作用,确立保险业监管的最优限度和边界,真正实现保险业监管的不缺位、不越位和不错位。最后,在保监会进行监管的同时要发挥众多监管机构的作用。在保监会之外,保险业协会、信用评级机构、独立审计机构、社会媒体等都是监管主体的重要组成部分,因此,要促进监管主体多元化,弥补政府监管的缺陷。如英国、日本、美国等国家除了国家保险监管机构外,保险业协会形成了良好的行业自律氛围,实际上也对保险企业起到一定的约束作用。此外,美国在保险业监管中还引入信用评级机制,通过对保险公司经营和财务进行评级,为消费者选择保险公司提供咨询,也起到一定的监管作用。

5. 积极防范混业经营可能带来的风险

根据发达国家的经验,银行业、保险业、证券业相互融合与渗透的趋势越来越明显,统一监管模式越来越常见。如英国、日本以及德国就是由金融监管机构统一对银行、证券和保险机构进行监管。目前,中国的金融综合经营已初具雏形,银行业、保险业、证券业之间相互融合与渗透,对中国的保险业监管提出了挑战。尽管目前中国还没有针对三大金融行业制定统一的资本充足率要求和建立统一的监管体系,但是为了应对金融综合经营提出的挑战,保险监管部门可以加强金融监管协调和信息共享,进一步提高金融监管水平。首先,将原先的机构监管向功能监管转变。功能监管是指根据金融业务的基本功能进行监管,对综合性的金融业务也要明确监管主体,同时加强不同监管主体之间的合作。功能监管能有效解决监管真空和多重监管的问题。可以借鉴美国的伞式监管体制。其次,应以资本充足率为监管核心,关注系统性风险。对母公司、子公司和整个集团公司的资本充足率进行分别监管,建立和完善防火墙制度,防范系统性风险。最后,要积极推动保险企业建立和完善风险内部控制制度。提高保险企业的风险防范能力和控制能力是防范混业经营风险的根本举措。在风险防范上,要在机构管理、风险评估、财务风险控制、风险管理工具引进等方面有所作为;在风险处理上,要合理运用风险控制、风险转移和风险分散机制,有效化解和应对风险,切实提高保险企业的风险防控能力。

✍案例✍

"三马"卖保险

事情概况

2012年4月,阿里巴巴马云、腾讯马化腾、中国平安马明哲,"三马""桃园结义",交出互联网金融创新结晶"众安在线财产保险公司"(以下简称"众安在线")的筹备申请。就在蛇年新春过后,备受业界关注的"'三马'卖保险"一事终获保监会批准筹备。简单地说,"三马"即将在网上卖保险了。

据了解,众安在线注册资本金为10亿元,注册地在上海,阿里巴巴控股19.9%,中国平安和腾讯各持有15%，不设分支机构；将从事网络安全、电子商务、网购消费者权益保护、社交网络等互联网相关的财产保险业务；目标客户包括所有互联网经济的参与方，如互联网平台与服务提供商、电子商务商家、网络购物消费者、社交网络参与者、公司客户和个人客户等。来自不同行业的翘楚共谋一事，让业内外兴奋不已。外界称"三马"联手意味着新模式的诞生，将由此开启一个新的网络金融时代。

联合原因

随着众安在线正式获得保监会批准，社会大众不由议论纷纷："三马"为何会联合卖保险？其他传统金融保险公司是否也可以效仿此模式？

其实，"三马"联合卖保险的原因很简单，就是优势互补。阿里巴巴拥有大量企业及个人客户，不但可以成为财产保险的购买者，其信用水平及交易记录亦可成为众安在线研发新产品的载体。而中国平安擅长于保险产品研发、精算、理赔，旗下拥有庞大的销售及理赔团队。腾讯则拥有广泛的个人用户基础、媒体资源和营销渠道。其余中小股东在网络科技上也具有一定的资源及人才优势。马云有"道"（网络渠道），马明哲有"术"（保险产品），马化腾有连接"线上线下"的接口，"三马"联手，专业、人脉、平台全齐了。因此，并非所有的金融机构都能效仿"三马"结盟的合作途径。受资本掣肘、资源不匹配等制约，目前，多数保险公司都不具备与互联网巨头股权合作的条件。

事件影响

1. 颠覆传统保险业

据众安在线负责人介绍："众安在线全线上的交易模式避免了传统保险推销员强行推销和电话骚扰的弊病。互联网保险是一种公开、透明的销售方式，主要靠产品优势去吸引人们主动了解保险。从卖保险转变为让客户自助买保险。"此外，从产品设计角度来说，众安在线针对网络交易安全、网络服务等方面进行产品创新，为互联网用户提供解决方案，在经营模式及业务流程上有着深层次的创新，具有尊重客户体验、强调交互式营销、主张平台开放等新特点。

2. 目前对传统保险公司影响不大

由于传统保险公司和网络保险公司的目标群体有差别，多家保险公司纷纷表示短期内不会对其产生大的冲击。"网络保险是一个有益的尝试，但相对于网络购物等来说，目前仍处在一个培育阶段，所以对于传统保险的冲击力还是有限的。"据中国人寿财险湖南省分公司某负责人表示，在产品研发上，众安在线避开了传统车险业务，而专攻责任险、保证险这两大非车险专业险种，这两个险种的市场发展还不充分，网络销售占比很小。但是，值得注意的是，众安在线的保险产品能借助阿里巴巴与腾讯的渠道，在向众多阿里巴巴商铺店主与腾讯活跃用户推荐保险产品时取得"优先"地位，按照中国平安"一个客户，多个金融产品"的经营策略，一旦这些网络商户成为中国平安的用户，将削弱其他保险公司互联网营销的拓展空间。

3. 推动互联网保险业的进一步发展

在中国，从银行、证券、保险这三大金融业支柱领域与互联网的结合程度来看，相比之下，保险业的网络化目前应该算是最为滞后的，远远跟不上市场的发展需求。随着"80

后"和"90后"这些网络主力军逐渐成长为消费主力军,网络金融必将会产生越来越大的影响力,保险网销亦是大势所趋,这是任何一个商界的有识之士都不会漠视的。虽然众安在线的定位和传统保险的业务交集不大,但是"三马"合作的这种品牌效益对整个保险业的美誉度也是有很大帮助的。另外,从保险的覆盖面来说,公安在线弥补了目前传统保险业到不了的地方,像信用保险、保证保险等。业内人士表明,众安在线的这次网络"试水"将进一步带动其他公司进军网销,传统营销亦将向网络化营销升级。

资料来源:欧阳晓红."三马"卖保险[N].经济观察报,2012-10-13.

本章小结

1. 为保证在进入市场时具备一定的质量,各国的保险法都对保险机构的设立以及外资保险公司进入本国市场制定了详细的标准和规则。其中,对保险机构的设立方式、设立程序及相关要件都有明确的规定,最为重要的一项量化考核指标是保险机构的资本金数量。在对保险机构市场准入的监管上,机构设立监管和资本金监管两项内容是监管的核心。

2. 保险机构的特殊地位要求其在经营活动中尽可能规避风险。监管机构对保险机构的业务活动、资金运用、偿付能力等进行监管,从外部扼制保险机构的市场经营风险。对业务活动监管的注意力主要集中在保险条款、保险费率和保险合同方面。对资金运用的监管主要是规定资金的运用和限额。对保险机构偿付能力的监管具有较强的技术性,通过建立能够准确、及时反映财险和寿险偿付能力变化的信息指标体系来对保险机构加以检查。

3. 由于各国具体经济环境不同,对保险机构的跨国业务监管难以采用一致的措施。因此,各国应当基于对保险机构监管的广泛性原则,建立适合本国经济特点的监管体系。对保险机构跨国业务的监管,需要各国之间进行信息交流与合作,保险机构的母国和东道国对监管信息的需求各有侧重。在交流的过程中,应当注意信息交流的保密性。

4. 由于各种原因,保险机构会出现市场退出。市场退出形式包括被收购兼并、解散、撤销和破产等。各国监管当局通过立法方式对保险机构市场退出的事由、程序及事后清算做出严格的规定,维持保险业的整体信誉,避免发生对公众利益的严重损害。

本章重要概念

保险业监管信息不对称	保险偿付能力	公示主义	准则主义	批准主义
现场检查	非现场检查	保监会	保险评级	企业内部控制
市场退出	兼业兼营	资本充足率	保险费率	再保险业务
有价证券	保险中介	市场行为监管	信息披露	

练习题

1. 保险机构市场准入监管中的资本金监管对确保保险机构的正常经营活动有何意义？
2. 试述保险机构偿付能力监管指标体系的结构及其构建基础。
3. 简要叙述保险机构跨国业务监管中监管信息交流的内容。
4. 简述保险机构市场退出的主要形式和程序。
5. 2013年3月21日，保监会项俊波主席发布了"守信用、担风险、重服务、合规范"的保险业核心价值观，你对此价值观有什么自己的看法？

21世纪经济与管理规划教材

金融学系列

第 7 章

其他金融机构监管

2013年,中国信托公司信托资产总规模为10.91万亿元,与上年7.47万亿元相比,同比增长46%。2014年信托业继续保持快速增长,早在2012年年末,信托就已超越保险成为中国资产规模的第二大金融行业。同信托一样,金融租赁、财务公司以及政策性金融机构都是中国金融业的重要组成部分,因此,对这些金融机构的监管也成为中国金融监管体系的重要组成部分。

7.1 信托业监管

7.1.1 信托业概述

信托最早的萌芽与古罗马和古埃及的遗嘱执行有关,即与遗产继承和遗产管理密不可分。公元前2548年埃及人的遗嘱中,就有指定妻子继承财产,或为其子指定监护人的事项,信托的萌芽已暗含其中。

信托,即"受人之托,代人理财",是指信托投资机构作为受托人,按照委托人的要求或指明的特定目的,收受、管理或运用资金及其他资产的金融业务。根据中国对信托的定义,信托的构成要素主要包括信托行为、信托主体以及信托客体,如表7-1所示。

表7-1 信托的构成要素

信托行为	信托主体			信托客体
以信托为目的的法律行为	委托人	受托人	受益人	是指信托关系的标的物,即信托财产
	把财产权委托给受托人管理和经营	管理经营信托财产的自然人或法人	在信托关系中享有信托受益权的人	

作为一类金融业务,信托具有如下职能:

财产管理职能。指受委托人之托,信托机构为之经营、管理或处置财产的职能,即"为人管业、代人理财",这是信托的基本职能。

融通资金职能。信托作为金融业的一个重要组成部分,生而具有调剂资金余缺的职能,同时,还可为国家发展生产和加快建设筹措长期、稳定的资金。

沟通和协调经济关系职能。信托业务具有多边经济关系,受托人作为委托人与受益人的中介,是天然的横向经济联系的桥梁和纽带。通过信托业务的办理,受托人可以与经营各方建立相互信任的关系,为经营者提供可靠的经济信息,为委托人的财产寻找投资场所,从而加强了横向经济联系和沟通。

社会投资职能。指信托机构通过开展信托业务来参与社会投资活动的职能,只有当信托机构拥有投资权并且投资方式适当时,其财产管理职能才有基础。

为社会公益事业服务职能。指信托机构可以为欲捐款者或资助社会公益事业的委托人服务,以实现其特定目的的职能。

依据中国信托业协会的数据,2013年,信托公司信托资产总规模已然达到了10.91万亿元,与上年的7.47万亿元相比,同比增长46%,在中国金融行业中仅次于银行业位居第二。回顾2009—2012年,信托公司管理资产规模均保持50%以上的同比增长率(见图7-1)。

作为"影子银行"体系中的一个重要角色,信托贷款在社会融资中的比重一直变化较大,受银信合作产品被叫停的政策影响,信托贷款类产品的发行量一度跌至冰点。不过,随着宏观经济的进一步企稳好转,市场信心有所增强,投资者对风险相对较高的产品的接受度也有所增强,信托贷款类产品的发行又出现了回暖迹象。从2006—2012年的新

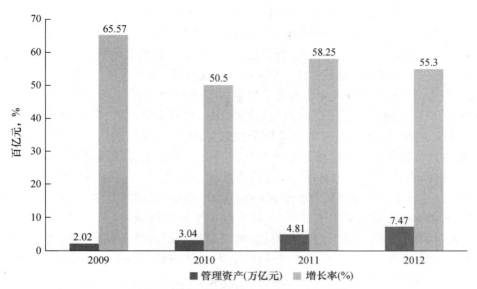

图 7-1　信托资产规模 2009—2012 年比较

增信托贷款在社会融资总额中的比重(见图 7-2)来看,自 2008 年金融危机以来,直到 2011 年,信托贷款的比重一直呈下降趋势。2012 年信托贷款增长迅猛,该项融资全年增加了 1.29 万亿元,同比多增 1.09 万亿,增长接近翻倍。

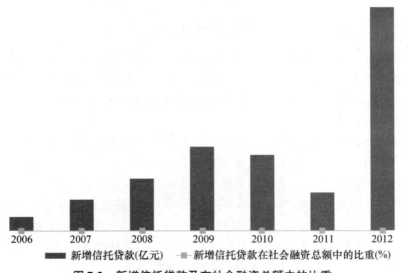

图 7-2　新增信托贷款及在社会融资总额中的比重

但是在 2013 年,信托业发展的外部环境充满了前所未有的不确定性。经济下行增加了信托公司经营的宏观风险,利率市场化加大了信托公司经营的市场风险,年中和年末的两次"钱荒"引发了对流动性风险的担心,频繁发生的个案风险事件引起了对信托业系统性风险的担忧;继 2012 年"资产管理新政"以来,2013 年商业银行和保险资产管理公司资产管理计划的推出,全面开启了"泛资产管理时代",进一步加剧了竞争;财政部等四部委2012年年底发布的规范地方政府融资行为的"463号文"以及2013年3月银监会发布的规范商业银行理财业务投资运作的"8号文",增加了信托公司政信合作业务和银信合作业务的不确定性。所有这一切使信托业一直处于社会的关注热点之中,不少人认为信托业又站在了发展的十字路口上,为保障信托业持续、健康发展,监管环节不可或缺。自2014年1月15日国务院下发《关于加强影子银行业务若干问题的通知》("107号文")以来,决策层规范影子银行的力度有所加大。政策偏紧之下,影子银行快速发展的趋势也有所缓解。2014年1月的社会融资数据显示,当月银行表内贷款激增至1.32万亿元,且占社会融资规模的比重连续5个月回升至一半以上,以银行信贷为主的间接融资又一次占据主导地位。相对而言,信托贷款大幅回落,1月为1 068亿元,同比少增1 040亿元,这显示了决策层防范金融风险的意图。2014年信托到期量相比上年已有大幅上升,大多数信贷款集中于房地产、政府融资平台等风险较高且又与宏观经济周期高度相关的领域,一旦经济下行趋势持续,相关信托产品必将面临较大压力。2014年1月曝光的"'诚至金开1号'兑付危机事件"让我们认识到,信托公司风险管理中很重要的,第一个是预防风险,第二个是处置风险。当风险出现后,简单的封存、最后拍卖,不一定是最优的办法。"诚至金开1号"如何处置的问题,不仅关系到投资者的利益,也关系到山西当地的一些政府部门、行业、企业员工等各方的利益,牵涉的范围很大。

案例

房地产信托计划

2010年下半年,房地产信托监管收紧,信托公司被迫减少房地产类信托业务占比。与此同时,矿产资源信托替补效应显现,相关矿产资源信托产品的发行数量迅速提升。在这种背景下,"诚至金开1号"集合信托计划于2011年2月1日应运而生。

1. 信托计划的基本情况

"诚至金开1号"集合信托计划为期3年,募集资金规模达30.3亿元,预期年化收益率为9.5%—11%。募资资金全部用于对山西振富能源集团有限公司(以下简称"振富集团")进行股权增资,具体用于该公司煤炭整合过程中煤矿收购价款、技改投入、洗煤厂建设等。增资后,信托计划持有振富集团49%的股权,按信托计划约定在到期前3个月,控股股东王于锁父子需陆续对该部分股权进行溢价回购。为提升安全性,该信托计划划分为优先级受益权和一般级受益权,其中,一般级受益权3 000万元由控股股东王于锁父子认购,并且其持有的另外51%的股权也质押给中诚信托。

这一信托计划由工商银行代为发行,在短短1个月内即分两期顺利募集到所有资金,投资者达到700余人。此外,在费率方面,工商银行收取4%的发行费用,中诚信托则提取2‰的中介费。

2. 信用风险初现

2011年12月底,投资者顺利收到首次信托净收益分配。然而,不到半年,一则关于振富集团实际控制人之一王平彦因非法集资被刑拘的消息流入市场,引发市场关注。随后,中诚信托发布临时报告承认振富集团及其关联公司均因账外民间融资而涉及多起诉讼案件。2012年下半年,市场媒体调查发现,振富集团核心资产白家峁煤矿的采矿权属存在重大纠纷,公司下属矿产只有内蒙古准格尔旗杨家渠煤矿已办理股权过户及质押手续。

虽然该信托计划的信用风险初见端倪,但由于2012年年底第二期信托净收益如期分配,且离本金兑付期限尚远,至此并未引发市场的普遍担忧。

3. 兑付危机爆发

2013年12月20日,由于信托专户余额不足,该计划第三次付息金额比前两次大大缩水,年化收益率仅为2.85%,且临近兑付大限,振富集团股东并未履行回购义务,信托专户时点余额无法实现全额兑付。

兑付风险暴露后,在市场和投资人存在普遍担忧的情况下,中介机构的态度却暧昧不明:中诚信托表示"不排除通过诉讼方式向相关主体主张权利,以最大限度维护受益人的利益";工商银行则认为自身只是托管方和代销方,按协议及相关规定,不应承担代偿义务。同时,山西省金融办也发布消息表示,媒体关于"山西省政府为中诚信托兑付兜底""山西省政府可能会出面兜底50%"的报道内容不实。上述几方的态度直接导致了市场紧张情绪进一步蔓延,投资者风险规避意图明显。受此影响,2014年1月集合信托发行量同比大幅下降。

4. 刚性兑付再现

随着兑付期限的逼近,在当地政府和监管机构的介入协调下,振富集团旗下的交城神宇煤矿取得换发的采矿许可证,而邻县白家峁村也宣布无条件配合并支持白家峁煤矿审批事宜,从而解决信托计划标的资产转让的核心问题。此外,中诚信托和工商银行也积极与有意向的接盘方进行接洽。最终,临近期限前三天,中诚信托在官网发布《诚至金开1号集合信托计划临时报告(五)》,报告称,中诚信托作为受托人"已与意向投资者达成一致"。这意味着"诚至金开1号"集合信托计划已经找到接盘方,中诚信托宣布全额兑付该项信托计划的本金,兑付危机事件也暂告一段落。

从短期金融市场的稳定性来看,信托刚性兑付的好处貌似不少:第一,信托公司保住了品牌信誉,可以继续发行新产品,且融资的成本仍然不用包含信托产品违约的风险溢价。第二,代销银行仍然可以源源不断地发行各种理财产品(其中很大一块是信托产品),赚取高额手续费,刚性兑付使得银行的客户把信托产品看成和存款一样安全,无形中扩大了该类理财产品的佣金收入(利差)。

但从金融市场的资源配置和经济结构调整的角度来看,信托刚性兑付的弊端显而易见。2013年中国社会融资总额为17.28万亿元,按照12月的结构统计,其中银行信贷只占43%(包括人民币和外币贷款),而信托产品的存量总额却高达11万亿元。金融市场的流动性越来越紧张,其实和信托产品大量吸收社会资金具有密切关系。

从资金用途来看,目前信托类的融资项目有一多半属于营运现金流很弱甚至基本没有现金流的"僵尸"项目(企业),它们不断通过借新还旧来维持"生存",只要信托业刚性兑付继续维持下去,这类机构就可以继续从市场上获得资金,他们提供的"高收益"使得市场资金源源不断地流向信托项目,造成整个社会资源配置的逆向选择。

2013年广义货币量增速13.6%,高于名义经济增速近5个百分点,而市场利率却节节攀升,这种奇怪现象的产生和信托等影子银行密切关联。高风险、低效率的"僵尸"项目和低效企业通过信托项目实现"借新还旧",从而产生了与企业业务增长无关的资金需求,这种需求端的虚热形成的"供不应求"人为地造成金融市场的流动性紧张,推动利率中枢上移,导致实体经济的融资成本上升,抑制企业利润的增长,尤其是新兴行业的成长速度。

根据世界大型企业联合会的报告,中国的全要素生产率已经从2007年的4%降至2012年的-1%,这种资源利用效率的连连下降,就是资源错配的直接后果。2014年中国宏观经济的结构调整效率,很大程度上将取决于"杠杆转移"的成效。这要求金融部门通过实质性的减杠杆,迫使部分低效企业、"僵尸"项目退出市场,然后将有限的资金资源送往环保、医疗、电子及其他新兴行业。所谓"先减杠杆再加杠杆",即在保持整体负债率稳定的情况下,使得资源流向高效率、高成长的企业和新兴行业,实现国民经济的结构调整。因此,信托刚性兑付能不能突破,关乎金融杠杆转移能否顺利实现,关乎经济结构调整能否有效实现。

打破刚性兑付,会引起金融市场局部的震荡,但这种"阵痛"是治病的痛,是宏观经济消炎、痊愈的代价。继续让信托导管养着那些"僵尸"项目、"僵尸"企业,还是置之死地而后生,这是一个抉择。

资料来源:新浪财经。

7.1.2 信托业监管的必要性

金融监管源于金融业的内在不稳定性以及经营过程中存在的巨大风险,信托业作为金融业的一个分支亦是如此。广义的信托业监管包括以特定监管机构为主体的政府监管、信托行业协会的自律规范、社会媒体的监督和信托机构的内部控制;狭义的信托业监管是指一个国家或地区的金融监管当局依据法律赋予的权力,依法对管辖范围内的信托经营主体及其所从事的信托业务活动进行监督、管理和约束,以维护信托业的稳定发展和正常秩序。

信托业作为金融业的四大支柱之一,同样存在市场失灵问题。信息不对称、不完全甚至虚假信息会增加交易成本,从而造成资源浪费,还可能导致逆向选择和道德风险;信托机构由于其性质会背负资本回报的压力,因而有逐利需求,开展风险较大的信托业务,这其中投机成分不可避免;信托机构个体对于信托体系有很强的负外部性,单一信托机构的兑付困难经过发酵可能会影响整个信托体系甚至金融体系。2013年信托兑付风险事件共有11例被曝出,其中地产信托9例、涉煤信托2例,如1月的中信信托——舒斯贝尔特定资产收益权投资集合信托兑付危机、3月的安信信托——昆山-联邦国际资产收益财产权信托兑付危机等,引发了社会对信托业系统性风险的担忧。市场失灵是政府干预存在的理由,是信托业需要监管的根本原因。

案例

昆山纯高案

随着2013年6月上海市第二中级人民法院(以下简称"二中院")的一纸判令,备受金融界、法律界乃至地产界关注的安信信托"昆山-联邦国际资产收益财产权信托案"(以下简称"昆山纯高案")终于有了阶段性的"官方结论"。

案情回顾

昆山纯高案源起双方于2009年9月签署的《昆山-联邦国际资产收益财产权信托合同》(以下简称《财产权信托合同》),根据合同,由昆山纯高投资开发有限公司(以下简称"昆山纯高")作为该信托计划的委托人将其合法拥有的"昆山-联邦国际"项目的基础资产收益权作价6.27亿元交由安信信托投资股份有限公司(以下简称"安信信托")设立财产权信托,其中优先信托受益权规模不低于人民币2.15亿元,由社会公众投资人投资取得,一般信托受益权则由委托人昆山纯高持有。由于房地产交易中心不接受《财产权信托合同》作为主合同办理抵押登记手续,故双方于同日另行签署了一份《信托贷款合同》,并以此作为主合同并签署抵押协议而办妥基础资产的抵押登记。

2012年9月贷款期届满,昆山纯高未能履行还本付息的义务,安信信托在多次交涉无果后,最终将昆山纯高告上法庭,起诉的理由为信托贷款合同纠纷,要求昆山纯高返还贷款本金1.284亿元以及高达5 385万余元的违约金(含利息、违约金、罚息和复利)。但昆山纯高辩称《财产权信托合同》才是合法有效的合同,双方的纠纷应为资产收益权信托纠纷;而《信托贷款合同》掩盖非法目的,为无效合同,故基于该合同项下的抵押协议应为无效协议,担保人的担保也应属无效,其附属协议《资金监管协议》约定的各项利息、违约金、罚息和复利的约定也无效,根据《财产权信托合同》的约定,罚息仅有1 000余万元。就此,安信信托和昆山纯高掀起了一场信托界令人瞩目的资产收益权纠纷争议。

判决结果

二中院就昆山纯高案出具的判决书为:"综上,一方面信托合同成立在先,本案信托的设立、投资人资金的募集,都具有公示效力,且已履行完毕;另一方面,贷款资金来源于信托募集资金,在支付2.15亿元的特种转账借方传票摘要中亦分别载明支付信托优先受益权转让款、优先受益权转让款;《信托贷款合同》的还款方式采用信托合同中对信托专户最低现金余额的约定方式,该合同依附于信托合同而产生,原告发放的贷款又有违信托合同的约定。故原告将2.15亿元以贷款方式发放给昆山纯高,现以被告未偿贷款为诉由,显属不当,法院认为,该案纠纷的性质应定为营业信托纠纷。"换言之,二中院支持昆山纯高其收取的融资资金为信托受益权转让价款而非信托贷款的主张。基于此判决,安信信托根据《信托贷款合同》诉请中高达年利率40%的罚息和违约金等均未得到支持,但根据《财产权信托合同》,判决昆山纯高偿还安信信托受益权本金1.06亿元和支付罚息1 400万元。

分析总结

在昆山纯高案中,资产收益权信托及阴阳合同的操作模式引发了相应法律效力的广泛讨论,法院虽在判决中做出了相对有利于信托公司的认定,但案件反映的法律瑕疵仍值得引以为戒。通过昆山纯高案,我们应当了解目前的司法实践对资产收益权信托提出了更高的创新要求,信托行业需要的并不是新旧模式无序结合的量化增长模式,而是需要一种在法律框架内真正的业务创新。不仅对于资产收益权信托,而且包括业界比较流行的"股权类信托",均为四证不全的房地产项目融资所创设,也都不能与当前的司法环境脱节,否则将面临严峻的挑战。

创新是保持金融业持续发展的基础,信托业尤为如此。信托产品种类繁多、范围极广,可以涉足社会生活的各个方面,包括家庭理财、投资基金、融资、公益事业、社会保障甚至国际合作开发项目,近年来还出现了艺术品信托、票据信托等,信托因而也被称为"金融百货公司"。但是,新产品的出现一方面是客观需要,另一方面则是利用监管漏洞获得收益。因此,针对信托业的这一特点,监管必不可少。

信托业作为市场经济的组成部分,面临市场风险、信用风险、流动性风险、操作风险和道德风险等诸多风险,防范和化解风险是稳定信托市场、促进信托业发展的关键。同时,由于信托产品的灵活性和创新性,相应的风险也会随着新产品的出现而到来。因而,需要合适的监管机制来克服信托业发展过程中隐藏的风险,保障信托的目的及其对经济社会发展的作用。

7.1.3 国外及国内信托业监管

1. 国外信托业监管

科学、有效的监管模式是信托业监管的前提。目前,全球范围内信托业监管的主要模式包括三种:单层多头监管、双层多头监管和集中监管。

(1)单层多头监管

单层多头监管模式是指政府根据职能设立一个统一的监管机构对整个金融行业进行监管,监管机构中又分别对金融行业的不同方向设立了专业化的监管部门。这一监管模式的典型代表是英国。

信托制度源于英国,信托法律也因此在英国首先确立。19 世纪以来,英国颁布的各种信托相关法令不下数十种,从早期的《受托人法》(1893)、《司法受托人法》(1896)等到现代的《金融服务业条例》(1986)、《银行业条例》(1987)等。英国的信托业以个人受托为主,占总业务量的 80% 以上。营业信托主要集中于银行和保险公司,其中有 90% 以上集中于四大商业银行,即国民威斯敏特银行、密特兰银行、巴克莱银行和劳埃德银行。由于英国没有专门"信托业"的说法,信托业务多是涵盖于"投资业"下,因而对其监管是秉承传统信托法理念对投资活动中"受托人"信托义务的履行进行监督指导,分散在银行、证券和保险等各种投资活动的监管之中。英国的单层多头监管模式始于 1997 年金融体制改革,当时英国政府将多个金融监管机构和自律监管组织合为一体,设立了对整个金融体系进行监管的单一法定机构——金融服务管理局(Financial Services Authority,

FSA)。2004年4月,FSA组建完成;2004年年末,依据金融市场业务,FSA内部设立了八个"STS"(Sectorteams)。FSA的建立是由于金融市场日益融合;STS的设立则是为了加强和拓宽监管人员的专业技能,使其能够尽快识别监管过程中的问题,针对监管目标提出解决方案。

(2) 双层多头监管

双层多头监管模式的典型代表是美国。美国信托业较之英国更为发达,美国立法体制的特点以及经营信托业务的金融机构的注册机关不同,因此美国信托业监管是双层多头型。"双层"是指监管机关和立法依据都可以分为联邦和州两个层次;"多头"是指信托机构受多个监管主体监管,其中联邦监管机关主要有通货管理署、联邦储备银行、联邦存款保险公司和储备检查办公室,州监管机关主要是各州银行管理机构。

美国信托业呈现出以下特点:① 商业银行和信托公司可以兼营对方业务,即银行、信托可混业经营,但须分业管理;② 个人信托和法人信托并驾齐驱,以民办私营经营为主;③ 发达的资本市场和较为完善的法制使得证券信托成为美国信托业的主要业务;④ 信托业基本被大型商业银行的信托部垄断,信托财产高度集中于大银行手中。

美国信托业受联邦和州的双重监管,各级监管机构是国会和州立法机构通过国家相关法律及各州的银行法授权产生的。所有信托机构都应接受监管机构定期和不定期的检查,检查内容包括信托账户设立、信托业务运行、信托部门投资策略等。检查结束后工作人员须向所属监管机构提交详细报告,监管机构研究后将报告转给信托机构董事会,并针对信托机构的业务和管理提出相关意见。

除联邦和州两级政府监管机构外,美国信托业还有三大自律组织:① 全国证券交易商协会,主要职能是设置共同基金最高销售费率、审查会员券商的广告和营销的文字表述、仲裁会员券商的纠纷、主办会员不同级别从业人员的资格考试;② 投资公司协会,主要职能是行业统计、学术研究、编撰行业目录等;③ 保护投资者协会,主要目标是保护投资者利益。

(3) 集中监管

对信托业实行集中监管的典型代表是日本。日本于20世纪初从美国引入信托制度,发展至今,其信托业务主要集中在三井、三菱等七家大信托银行。

日本信托业监管的职权高度统一,始终隶属于银行监管部门。1998年6月以前,日本的金融监管由大藏省负责,之后则由新成立的金融监管厅负责,而监管信托业的银行局则同时由大藏省移至金融监管厅。此后,虽然经历了金融监管厅扩大职能形成金融厅等诸多变迁,但是信托业监管一直保持稳定。

日本的信托业监管保持稳定的另一重要原因是建立了系统化的信托法制体系:基本法性质的《信托法》《有价证券和信托财产等管理文件》《文部大臣管辖的公益信托许可及监督规程》和《公益信托主管机关权限委任规则》;商事信托法性质的《贷款信托法》《担保公司债信托法》;信托业监管法性质的《信托法业》及其施行细则、《金融机构兼营信托业务的法律》及其施行细则、《金融监督留意事项》《信托公司以国债持有信托财产登记办法》《信托公司营业保证金》等。其中,最具特色的就是颁布了专门规范信托业监督管理的法律——《信托业法》。因此,信托机构的经营和监管机构的监管都有法可依。

2. 国内信托业监管

（1）中国信托业监管历史

1980年以前,中国金融业高度统一,中国人民银行承担了中央银行和商业银行的双重角色,金融格局无法满足经济建设需要。同时,经济体制改革需要设立新型金融机构,就这样,信托被引入中国金融体系之中。1979年,中国银行总部成立信托咨询部;同年,中国国际信托投资公司在北京成立。由于中国信托业的出现并非市场需求,而是政府在经济体制改革和筹集建设资金等多种需求下的一种措施,因此信托机构的设立需要行政性审批。1980年国务院和中国人民银行"要求各地积极开办信托业务"的文件把审批地方性信托机构的权限下放到与省级政府有隶属关系的中国人民银行省级分行。至此,在中国信托业形成初期,形成了中央和地方分别审批的两级监管体制。

信托业作为中国金融体制改革的试验田,从产生之初便与"整顿"密切相关,截至2002年"一法两规"出台,先后经历了五次整顿。

① 第一次整顿。1982年国务院发出《关于整顿国内信托机构业务和加强更新改造资金管理的通知》,重点为机构整顿,停办地方信托公司,非银行金融信托机构被清理,信托业务由中国人民银行或其指定的专业银行办理。

② 第二次整顿。1985年中国人民银行颁布《金融信托投资机构资金管理暂行办法》,1986年国务院和中国人民银行分别颁布《银行管理条例》和《金融信托投资机构管理暂行规定》,重点为明确信托公司的经营范围、资金来源和机构设置等,并首次在法律上确定了信托业在中国金融体系中的地位,确定了中国人民银行对信托机构的管理和领导。

③ 第三次整顿。1988年中国人民银行发出《关于暂停审批各类非银行金融机构的紧急通知》,1989年国务院发出《关于进一步清理整顿金融性公司的通知》。重点是将信托公司的审批权统一收至中国人民银行总行,并由中国人民银行负责信托机构的组织、核查和验收。

④ 第四次整顿。1993年中国人民银行发出《关于严格金融机构审批的通知》,要求包括信托公司在内的金融机构的设立均需中国人民银行批准并核发经营金融业务许可证。1995年国务院出台《中国人民银行关于中国工商银行等4家银行与所属信托投资公司脱钩的意见》,此后相继颁布《商业银行法》和《证券法》,明确了银信分离和证信分离的原则。

⑤ 第五次整顿。1999年,为使信托业回归"受人之托,代人理财"的本质,中国开始进行自1979年信托业产生以来最为全面和严厉的整顿。首先是对信托机构的整顿,经过一系列的关闭、整合,信托公司数量下降到60家以下;其次是颁布了若干监管法规,其中最重要的是2001年颁布的《信托法》、2007年颁布的《信托投资公司管理办法》和《信托投资公司资金信托管理暂行办法》,即"一法两规"。

"一法两规"为中国信托业监管的规范化发展奠定了基础。2003年银监会成立,信托业的监管部门由中国人民银行调整为银监会;2005年,中国信托业协会成立,中国的信托业拥有了行业自律组织。这为中国信托业监管更加规范化发展提供了有力保障。

在第五次整顿中,中国经历了1998年的东南亚金融危机,中国为全局、为整体信用保持人民币汇率坚挺,开始了一波金融整顿反腐潮和大批中小金融机构的倒闭潮,标志性事件就是广信破产案,标志性人物是王岐山。

▶ **知识链接** ◀

1998年年初,王岐山临危受命担任广东省常务副省长。作为中国改革开放的窗口,广东面临非银行金融机构1 000亿元人民币支付硬缺口的严峻挑战。王岐山拿出"广信破产"与粤海重组方案,重组、关闭843家农金会、150家城信社、28家信托公司、48家证券营业部,涉及2 000多个营业网点和200多万自然人的地方中小金融机构。

广东国际信托投资公司(以下简称"广信")是中国第一家破产的金融机构,也是迄今为止唯一一家通过破产关闭的金融机构。1999年1月11日,广信向广东省高级人民法院递交了破产申请书。与此同时,广信属下的三家全资子公司广信企业发展公司、广东国际租赁公司、广信深圳公司因出现严重的资不抵债,也向广州市中级人民法院、深圳市中级人民法院提出破产申请。广信破产时的资产总额为214.71亿元,负债为361.65亿元,资产负债率为168.23%,资不抵债146.94亿元。广信破产在国内外引起了强烈震撼,并对中国金融业改革产生了强烈影响。

1998年是广信的还债高峰年,广信到期外债超过12亿美元。当时面对东南亚金融危机,国家为应付金融危机,确保中国的对外经济安全,开始加强对外汇市场的管理。由于广信存在违规嫌疑,中国人民银行调查小组在1998年6月进驻广信,广信债务危机随即被揭露。

2003年2月28日,历经四年,广东省高级人民法院宣布,广信破产案终结破产程序,广信及其三个全资子公司的破产清偿率分别为12.52%、28%、11.5%、19.48%。清偿率低于欧债危机时的希腊银行债权人。广信之所以必须破产,是因为公司混乱、严重资不抵债,无法应付国际债主们在金融危机时的不停逼债。同时,支付危机在广东各地蔓延,各省数百家信托投资公司如一团乱麻,无能力也无意愿进行清偿。

1980年成立的广信进行了大量的金融与实体运作,失去管控的巨额投资风险之高令人难以想象,内部管理之混乱令人瞠目。1998年10月6日中国人民银行决定将其关闭时,公司高层管理者都不知道公司究竟有多少资产、多少企业、多少人员、多少银行账户。

中国大型金融机构破产与国际接轨,走上法制轨道,政府不为隐性政府背书买单,建立国家主权信用、地方政府信用和企业信用,实行"谁的孩子谁抱走",债务倒逼之下不得不建立基本的信用体制。时任广东省常务副省长的王岐山接受采访时坦承,境外投资者与广东都付出了代价,一些外资银行和机构给中国窗口公司贷款,却没有按国际惯例行事,把风险都抵押在地方政府和部门违规甚至是违法开具的担保、承诺和"安慰函"上,进而将上述各种承诺混淆于主权信用,以为一定由中国政府保本付息。通过广信,境外投资机构得到了教训,而广东"既损失了钱,又在一定程度上损失了信用"。

为了保证以专业精神执行破产、不受债权人诟病、建立典型案例,广东省政府雇用全球五大会计师事务所之一的毕马威进行财务清算,以清算组顾问的名义扮演清盘官的角色,境内外律师事务所密切合作。这是中国金融危机案例中以程序正确、信息公开著称的案例,虽然境外债权人的权益受损,但包括《华尔街日报》在内的媒体对中国政府建立信用的努力给予了赞赏。

现在的中国金融市场与 1998 年时已经不可同日而语,主要银行均已上市成为公众公司,政府手握 3 万亿美元外汇储备,官方与民间拥有 5 000 吨左右的黄金。风险在于资金回流到欧美市场,影子银行摇摇欲坠,依靠房地产、矿山等作为抵押的融资风险巨大,虽然不会像 1998 年那样发生全局性的金融危机,但局部崩塌可以预料。最终政府不会为民间金融市场的受损者买单,企业、信托等公司承担各自的责任。存款保险制度建立后,高风险的中小金融机构的存款不再"保险"。不同的是,已经上市的、具有全局重要性的金融机构将以资产管理公司的方式,由政府隐性托盘。彼得森国际经济研究所研究员 Nicholas Borst 认为,中国的不良资产管理公司已经偏离传统的坏账管理业务模式,演变成推动监管套利的大型影子银行机构。政府如果能够保持融资抵押物的稳定,保持人民币汇率的稳定,保证大型金融机构的健康,对于这轮洗牌过程将乐观其成。

(2) 中国信托业监管现状

2004 年,银监会、证监会和保监会签订《中国银行业监督管理委员会、中国证券监督管理委员会、中国保险监督管理委员会在金融监管方面分工合作备忘录指导原则》,明确中国金融监管体制实施分业经营、分业监管,其中,信托业由银监会及各地银监局负责监管。因此,现阶段中国信托业监管是以政府监管为主,行业自律为辅。

A. 监管依据

为使信托机构定位更加清晰,信托业务更加回归信托本质,同时促进中国信托业良性发展,2007 年,证监会在"一法两规"的基础上重新修订并颁布了《信托公司管理办法》和《信托公司集合资金信托计划管理办法》,形成"新一法两规"。这也成为现阶段中国信托业监管的最重要依据,此外还包括陆续出台的一些通知、办法、指引等。为了对信托业监管法有一个整体上的了解,表 7-2 罗列了中国 2007 年后出台的信托业监管法规。

表 7-2 中国 2007 年后出台的信托业监管法规

出台时间	法规名称	机构
2007 年 1 月	《信托公司治理指引》	银监会
2007 年 3 月	《信托公司受托境外理财业务管理暂行办法》	银监会
2008 年 6 月	《信托公司私人股权投资信托业务操作指引》	银监会
2008 年 10 月	《信托公司监管评级与分类监管指引》	银监会
2008 年 12 月	《银行与信托公司业务合作指引》	银监会
2008 年 12 月	《关于进一步加强信托公司银信合作理财业务风险管理的通知》	银监会
2009 年 1 月	《信托公司证券投资信托业务操作指引》	银监会
2009 年 2 月	《信托公司集合资金信托计划管理办法》	银监会

(续表)

出台时间	法规名称	机构
2009年3月	《关于支持信托公司创新发展有关问题的通知》	银监会
2009年3月	《中国银监会关于当前调整部分信贷监管政策促进经济稳健发展的通知》	银监会
2010年2月	《关于加强信托公司结构化信托业务监管有关问题的通知》	银监会
2010年8月	《信托公司净资本管理办法》	银监会
2010年8月	《关于规范银信理财合作业务有关事项的通知》	银监会
2011年1月	《关于印发信托公司净资本计算标准有关事项的通知》	银监会
2011年5月	《关于规范银信理财合作业务转表范围及方式的通知》	银监会
2011年6月	《中国银监会关于印发信托公司参与股指期货交易业务指引的通知》	银监会
2014年4月	《关于信托公司风险监管的指导意见》	银监会

B. 监管内容

信托业监管的内容包括对信托机构即信托公司的监管和对信托业务的监管两部分。根据2007年3月1日起施行的《信托公司管理办法》，信托公司所从事的信托业务是指以营业和收取报酬为目的，以委托人身份承诺信托和处理信托事务的经营行为。中国银监会对信托公司及其业务活动实施监督管理。

a. 对信托机构的监管

设立。设立信托公司，应当采取有限责任公司或者股份有限公司的形式，应当经银监会批准，并领取金融许可证。未经银监会批准，任何单位和个人不得经营信托业务，任何经营单位不得在其名称中使用"信托公司"字样。法律法规另有规定的除外。设立信托公司，需具备如下条件：有符合《公司法》和银监会规定的公司章程；有具备银监会规定的入股资格的股东；具有最低限额的注册资本，即3亿元人民币或等值的可自由兑换货币，注册资本为实缴货币资本；有具备银监会规定任职资格的董事、高级管理人员和与其业务相适应的信托从业人员，银监会对信托公司的董事、高级管理人员实行任职资格审查制度；具有健全的组织机构、信托业务操作规程和风险控制制度；有符合要求的营业场所、安全防范措施和与业务有关的其他设施；银监会规定的其他条件。此外，未经银监会批准，信托公司不得设立或变相设立分支机构。

经营。信托公司管理运用或者处分信托财产，需维护受益人的最大利益。信托公司对委托人、受益人以及所处理信托事务的情况和资料负有依法保密的义务。信托公司应当妥善保存处理信托事务的完整记录，定期向委托人、受益人报告信托财产及其管理运用、处分及收支的情况。委托人、受益人有权向信托公司了解对其信托财产的管理运用、处分及收支情况，并要求信托公司说明。信托公司应当将信托财产与其固有财产分别管理、分别记账，并将不同委托人的信托财产分别管理、分别记账。信托公司应当依法建账，对信托业务与非信托业务分别核算，并对每项信托业务单独核算。信托公司开展信托业务时，不得有下列行为：利用受托人地位谋取不当利益；将信托财产挪用于非信托目的的用途；承诺信托财产不受损失或者保证最低收益；以信托财产提供担保。信托公司开展关联交易，应以公平的市场价格进行，逐笔向银监会事前报告，并按照有关规定进行信息披露。信托公司经营信托业务,应依照信托文件约定以手续费或者佣金的方式收取报酬,应当向受益人公开,并向受益人说明收费的具体标准。信托公司违反信托目的处分信托财产,或者因违背管理职责、处理信托事务不当致使信托财产受到损失的,在恢复信托财产的原状或者予以赔偿前,信托公司不得请求给付报酬。信托公司因处理信托事务而支出的费用、负担的债务,以信托财产承担,但应在信托合同中列明或明确告知受益人,信托公司以其固有财产先行支付的,对信托财产享有优先受偿的权利,因信托公司违背管理职责或者管理信托事务不当所负债务及所受到的损害,以其固有财产承担。信托公司违反信托目的处分信托财产,或者管理运用、处分信托财产有重大过失的,委托人或受益人有权依照信托文件的约定解任该信托公司,或者申请人民法院解任该信托公司。信托公司每年应当从税后利润中提取5%作为信托赔偿准备金,但该赔偿准备金累计总额达到公司注册资本的20%时,可不再提取,信托公司的赔偿准备金应存放于经营稳健、具有一定实力的境内商业银行,或者用于购买国债等低风险、高流动性的证券品种。

变更。信托公司有下列情形之一的,应当经银监会批准:变更名称;变更注册资本;变更公司住所;改变组织形式;调整业务范围;更换董事或高级管理人员;变更股东或者调整股权结构,但持有上市公司流通股份未达到公司总股份5%的除外;修改公司章程;合并或者分立;银监会规定的其他情形。

终止。信托公司出现分立、合并或者公司章程规定的解散事由,申请解散的,经银监会批准后解散,并依法组织清算组进行清算;信托公司不能清偿到期债务,且资产不足以清偿债务或明显缺乏清偿能力的,经银监会同意,可向人民法院提出破产申请,银监会也可直接提出对该信托公司进行重整或破产清算的申请;信托公司终止时,其管理信托事务的职责同时终止,清算组应当妥善保管信托财产,做出处理信托事务的报告并向新受托人办理信托财产的移交。

b. 对信托业务的监管

范围。信托公司可以申请经营下列部分或全部本外币业务:资金信托;动产信托;不动产信托;有价证券信托;其他财产或财产权信托;作为投资基金或者基金管理公司的发起人从事投资基金业务;经营企业资产的重组、购并及项目融资、公司理财、财务顾问等业务;受托经营国务院有关部门批准的证券承销业务;办理居间、咨询、资信调查等业务;代保管及保管箱业务。此外,信托公司可以根据《信托法》等法律法规的有关规定开展公益信托活动。信托公司管理运用或处分信托财产时,可以依照信托文件的约定,采取投资、出售、存放同业、买入返售、租赁、贷款等方式进行。信托公司不得以卖出回购方式管理运用信托财产。信托公司固有业务项下可以开展存放同业、拆放同业、贷款、租赁、投资等业务。投资业务限定为金融类公司股权投资、金融产品投资和自用固定资产投资。信托公司不得以固有财产进行实业投资,但银监会另有规定的除外。信托公司不得开展除同业拆入业务以外的其他负债业务,且同业拆入余额不得超过其净资产的20%。信托公司可以开展对外担保业务,但对外担保余额不得超过其净资产的50%。信托公司经营外汇信托业务,应当遵守国家外汇管理的有关规定,并接受外汇主管部门的检查、监督。

信托设立。以信托合同形式设立信托时,合同应载明以下事项:信托目的;委托人、受托人的姓名或者名称、住所;受益人或者受益人范围;信托财产的范围、种类及状况;信托当事人的权利义务;信托财产管理中风险的揭示和承担;信托财产的管理方式和受托人的经营权限;信托利益的计算,向受益人交付信托利益的形式、方法;信托公司报酬的计算及支付;信托财产税费的承担和其他费用的核算;信托期限和信托的终止;信托终止时信托财产的归属;信托事务的报告;信托当事人的违约责任及纠纷解决方式;新受托人的选任方式;信托当事人认为需要载明的其他事项。以信托合同以外的其他书面文件设立信托时,书面文件的载明事项按照有关法律法规规定执行。

c. 监管方式

与其他金融业监管方式一样,目前,中国信托业监管以非现场监管和现场监管为主,其他方式为辅(见图7-3)。

图7-3 信托监管方式

其中,行业自律即中国信托业协会的自律监管,其作用体现在如下方面:第一,信托业协会有助于政府监管部门对信托公司进行监督,加强与主管机构及信托公司之间的业务执法和信息交流,落实行业发展规划;第二,信托业协会可以促进同行业之间的业务交流,建立标准化信托品种的行业标准,树立信托公司的对外形象,组织研究建立信托业的配套制度,以实现信托业的整体提高;第三,信托业协会有助于向社会普及信托知识,组织信托从业人员的培训,承担对信托从业人员资格考试和注册上岗制度的执行。

但是,我们需要看到的是,银监会对信托公司和商业银行采取同质化的监管思维与模式。尽管信托公司与商业银行是不同的金融机构,但由于同受银监会监管,银监会将对银行监管的思维模式用在信托公司上。这种同质化的监管思维和模式,对信托业的发展造成了不良影响。实际上,经营存贷业务、赚取差额利益是银行的基本特征。信托公司的主要业务是信托合同所设立的委托理财业务,所得手续费是其主要收入。银行所受的监管主要是资本充足率等一系列审慎性管理指标与措施实施情况,而对信托业风险防控主要是通过对信托合同的设立、执行进行审查来实现的。二者在监管理念和监管要求方面有很大差别,不应当采取同质化的监管思维和模式。

7.2 金融租赁业监管

金融租赁是1952年在美国诞生的一种金融工具,是一种通过特定程序把资金和设备相结合的融资方式。国际会计准则委员会制定的《国际会计标准(17号)》中对金融租赁的定义为:"金融租赁是指出租企业实质上将属于资产所有权上的一切风险和报酬转移给承租企业的一种租赁。租赁期结束时名义所有权可以转移也可以不转移给承租企业。"金融租赁是租赁这一经济活动中的一种,按照租赁物资产风险承担方式的不同,租赁可分为金融租赁和经营租赁。金融租赁作为被引入中国的概念,有时也被译为融资租赁,在学术和实务界二者均会被使用且为同义。

中国财政部于2001年1月8日颁布的《企业会计准则——租赁》对金融租赁定义为:"融资租赁是指实质上转移了与资产所有权有关的全部风险和报酬的租赁。所有权最终可能转移,也可能不转移。"中国银监会于2007年颁布并于2014年重新修订的《金融租赁管理办法》对金融租赁定义为:"本办法所称融资租赁,是指出租人根据承租人对租赁物和供货人的选择或认可,将其从供货人处取得的租赁物按合同约定出租给承租人占有、使用,向承租人收取租金的交易活动。适用于融资租赁交易的租赁物为固定资产。"由以上的融资租赁定义可见,融资租赁与传统租赁有明显的区别,融资租赁涉及出租人、承租人和供货商三方当事人(见图7-4)。

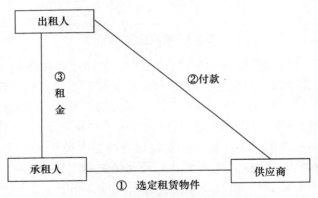

图 7-4 融资租赁的基本交易结构

《金融租赁管理办法》同时还规定:"本办法所称金融租赁公司,是指经中国银行业监督管理委员会批准,以经营融资租赁业务为主的非银行金融机构。"因此,在中国同样经营金融租赁业务的公司包括"金融机构"和"非金融机构的一般企业"两类,且分属于银监会和商务部管理。

金融租赁发展至今,有如下几种基本形式:

① 直接租赁。这是最基本、最典型的租赁形式,即由出租人自行筹措资金向供货厂商购买设备,然后直接租赁给承租人。此方式租赁期较长,一般为3—5年,大型设备可达10—20年。

② 转租赁。是指标的物为同一物件的多次租赁,在这一形式下,存在两份租赁合同,

第二份合同受第一份合同的约束,包括租期、退租条件、最终承租人能力要求等。

③ 出售回租。是指承租人将自有物件出售给出租人,然后再由出租人处租回,一般发生在企业需要某种设备但资金不足的情况下。

④ 杠杆租赁。出租人在购买拟出租设备时,以该设备的第一抵押权、租赁合同及租金收益权、保险权益作为抵押,向银行等机构借入大部分购买设备所需资金。银行等贷款人提供贷款时对出租人无追索权,其还款保证在于设备本身和租赁费、保险费。承租人违约,被清偿的资产仅限于租赁资产,不涉及出租人的其他资产。

⑤ 厂商租赁。是指设备的制造商或经销商作为出租人对所生产或经销的设备购买者提供租赁融资服务。

中国的金融租赁行业近些年来发展迅猛,企业数、行业规模呈几何级数增长,截至2013年年底,全国在册运营的各类金融租赁公司(不含单一项目金融租赁公司)共约1 026家,比2012年的560家增加466家,增长83.2%。其中,金融租赁23家,增加3家;内资租赁123家,增加43家;外商租赁增加较多,达到约880家,增加约420家(见表7-3)。

表7-3 2013年全国金融租赁企业发展概况

	2013年年底企业数(家)	2012年年底企业数(家)	2013年比上年增加(家)	企业数量增长(%)	企业数量所占比重(%)
金融租赁	23	20	3	15.0	2.2
内资租赁	123	80	43	53.8	12.0
外资租赁	880	460	420	91.3	85.8
总计	1 026	560	466	83.2	100.0

资料来源:中国租赁联盟多元视角信息中心。

同时,截至2013年12月底,全国融资租赁合同余额约为21 000亿元人民币,比上年年底的15 500亿元增加约5 500亿元,增长幅度为35.5%。其中对于金融租赁而言,合同余额约8 600亿元,比上年年底的6 600亿元增加2 000亿元,增长30.3%,业务总量约占全行业的40.9%;对于内资租赁而言,合同余额约6 900亿元,比上年年底的5 400亿元增加1 500亿元,增长27.8%,业务总量约占全行业的32.9%;对于外资租赁而言,合同余额约5 500亿元,比上年年底的3 500亿元增加2 000亿元,增长57.1%,业务总量约占全行业的26.2%(见表7-4)。

表7-4 2013年全国金融租赁业务发展概况

	2013年年底业务总量(亿元)	2012年年底业务总量(亿元)	2013年年底比上年年底增加(亿元)	2013年年底比上年年底增长(%)	2013年年底业务总量所占比重(%)
金融租赁	8 600	6 600	2 000	30.3	40.9
内资租赁	6 900	5 400	1 500	27.8	32.9
外资租赁	5 500	3 500	2 000	57.1	26.2
总计	21 000	15 500	5 500	35.5	100.0

资料来源:中国租赁联盟多元视角信息中心。

据中国租赁联盟统计,在2006—2010年的"十一五"期间,中国金融租赁业一直呈几何级数增长,业务总量由2006年的约80亿元增至2010年的约7 000亿元,增长了86倍(见表7-5)。

表7-5　2006—2010年全国金融租赁业务总量　　　　　　　　（单位:亿元）

年份	全国业务总量	金融租赁	内资租赁	外资租赁
2006	80	10	60	10
2007	240	90	100	50
2008	1 550	420	630	500
2009	3 700	1 700	1 300	700
2010	7 000	3 500	2 200	1 300

资料来源:中国租赁联盟多元视角信息中心。

7.2.1　金融租赁业监管的必要性

金融租赁业作为金融业的一个分支,本身存在市场失灵的可能,而实施监管,一方面可以提高行业资信状况,另一方面可以提高行业的风险控制能力。因此,与银行业、证券业等一样,金融租赁业同样需要监管。此外,金融租赁业不同于普通工商及服务业,既有金融特性,又有服务贸易特性,业务模式处于不断发展、创新阶段,因此,合适的监管是促进行业健康、良性发展的保障。

中国的金融租赁业发展至今,从事金融租赁或融资租赁业务的公司分为两类:一类是作为非银行金融机构由银监会负责监管的金融租赁公司,另一类是作为非金融机构的一般企业由商务部负责监管的开展金融租赁业务的租赁公司。其中,后者又可分为外资企业和内资企业。本书所述金融租赁业监管专指对第一类公司的监管。

金融行业监管目标可分为单一目标、双重目标和多重目标三类。其中,单一目标的代表是德国、加拿大等,其金融监管主要是为保护存款人的利益;双重目标的代表是日本,金融监管目标首先是要防范和化解金融风险,维护金融体系的稳定与安全,其次是要促进公平竞争、提高金融效率;多重目标的代表是美国,其目标包括保障银行等金融体系的安全、建立有效竞争的金融体系、维护消费者的利益、允许银行体系适应经济变化而变化以增强本国金融业的国际竞争力。可见,尽管不同国家的金融监管目标有所不同,但都与本国经济发展和金融业发展相适应。

中国的金融租赁业监管目标为:第一,保证金融租赁公司的正常经营活动,鼓励其积极开拓市场、开发新产品,进一步提高租赁行业的市场渗透率,为中国经济发展添加新的活力;第二,为金融租赁业营造一个公平竞争的良好环境,鼓励金融租赁公司积极参与市场竞争,提高经营效率;第三,规范金融租赁公司的运行,防范金融租赁业的整体风险;第四,促进中国金融租赁业健康、快速发展,鼓励国内金融租赁公司参与国际金融租赁市场的竞争,逐步增强国内金融租赁行业在国际市场上的竞争力。

金融租赁是一种金融业务,也是一种特殊的金融工具。为了最大限度地减少系统风险,除了企业内部加强对自身风险的控制以外,监管部门也应承担起在宏观上控制风险、保护社会大多数人利益的责任。法律监管制度应当设立相应的该行业准入、退出制度，制定行业规则，尤其是行业的风险控制的详细标准、方法和措施，预设发生风险后的救济措施，对于无视或轻视金融风险而违规操作的融资租赁企业，依法给予惩处、警示。这样就可以从法律强制性的角度控制企业潜在的风险，减轻融资租赁业发生风险时对社会经济的冲击和影响。

7.2.2 国外及国内金融租赁业监管

1. 国外金融租赁业监管

（1）美国监管模式

美国是金融租赁的发源地，自1952年世界第一家金融租赁公司在美国成立以来，美国的租赁业无论在交易量还是市场渗透率①方面都处于遥遥领先的地位，占据了全球一半左右的租赁市场，所以对美国租赁业的研究有着深远的意义。

美国对金融租赁业采取的是市场约束的监管模式，即不实施强制性的官方监管，而是依靠市场机制自行调节，租赁公司除了经营租赁业务以外，还可以从事房地产业务、贷款业务、发行商业票据及其他金融业务，业务范围很广。具体表现为不设立市场准入的审批程序、不设立最低资本金限制等。因此，美国经营金融租赁业务的机构呈现多元化，而美国的金融租赁正是在这种监管模式下为企业更新设备、改造技术、融资等发挥了无可替代的作用。

美国对金融租赁业采取市场约束的监管模式主要基于两方面因素：首先，美国拥有健全的法律体系，与金融租赁相关的法律法规、会计准则、税收政策等经过多次修改，很好地适应了金融租赁业不断演化、业务品种不断创新的状况，并趋于成熟；其次，美国市场机制成熟，融资渠道多样，金融租赁公司可通过发行企业债等方式在发达的资本市场融资而无须完全依赖银行，因而企业个体的经营状况对整个金融市场的影响不大。

（2）日本监管模式

日本自1963年成立第一家租赁公司——日本租赁株式会社起，该行业逐渐成为一个具有勃勃生机的新兴产业，20世纪80年代保持了年均20%的高速递增趋势。目前租赁业已成为日本民间设备投资融资的主要方式之一，在促进日本中小企业技术革新、推动国内经济建设等方面发挥了重大作用，并在国际租赁市场一跃成为紧跟美国的全球第二大租赁市场。

日本对金融租赁业采取的是监管与扶持相结合的监管模式，即通过制定一系列的行业促进政策引导金融租赁企业向健康有序的方向发展，从而促进金融租赁业的发展，达到有效监管的目的。这些扶持政策主要有：① 政策性信贷优惠，如果金融租赁公司的情况达到政府相关政策规定的标准条件，那么公司将有机会获得比一般市场信贷优惠的贷款；② 财政性补贴，如果金融租赁公司的租赁项目是属于政府产业政策鼓励发展的项目，那么公司将得到政府给予的财政补贴，或者有机会得到政府政策性基金的使用权；③ 租赁资助事业，符合资助条件的中小企业通过金融租赁方式引进符合条件的机械设备时，

---

① 市场渗透率＝租赁交易额/全社会设备投资额。

在租金方面可获得政府资助。这些扶持政策相当于一种有条件的激励机制,金融租赁企业为了能够达到享受政府提供的优惠政策所需要的条件,一般都会优化企业自身的管理体制,提高资本质量,自觉遵守市场秩序,这样整个金融租赁业就会遵循一条健康的轨道发展。因此,日本政府通过将监管与扶持相融合的方法对金融租赁业进行间接监管,很好地实现了引导金融租赁业持续健康发展的目标。

(3) 韩国监管模式

韩国租赁业始于 1972 年,是发展中国家中租赁业发展得比较成功的几个国家之一,租赁业的发展速度高于经济增长速度。韩国对金融租赁的监管在两个阶段采取了两种截然不同的模式。在韩国,金融租赁被归为金融行业,实行同样的监管政策,因此金融租赁跟随整个金融行业从开始时严格监管的许可证制度,发展为后来的金融自由化的路径,管制逐步放松。

金融租赁从美国引入韩国后,由于经济发展较弱,金融租赁又具有很强的融资功能,因此韩国将金融租赁划为金融机构,实行严格的金融监管。韩国政府规定财政部为金融租赁的监管主体,统一监管金融租赁公司。在市场准入和退出方面,实行行政审批,未经批准,金融租赁公司不得随意设立、关闭、合并或者解散分支机构,不得随意迁址、修改公司章程;在业务经营方面,金融租赁公司每月向财政部提交经营报告,包括经营类型、融资状况和资金比例等,财政部可以派人到金融租赁公司进行现场检查、调阅其经营账目和财务报告等。

1998 年,韩国一方面被西方国家要求开放金融市场,另一方面认为在经济快速发展的当时,保证市场竞争力的一系列法规制度日趋完善,政府的监管能力也得到极大提高,可以实施金融自由化,而对于不吸收公众存款的金融租赁公司,完全可以通过市场机制来规范其发展,同时也不必给予其额外的政策支持。因此,韩国政府颁布了《金融业特别信用法案》,取消了金融方面的管制,同时取消了金融租赁业的准入门槛,采用登记备案制度代替原来的许可证制度。金融租赁公司作为一般工商企业管理,不需要再申请金融牌照。作为现行法律的《金融业特别信用法案》规定金融监督委员会(Financial Supervisory Commission)是金融租赁业的登记备案和监管部门,财政部不再具有审批和监管职能,但仍是政策制定部门。金融监督委员会的监管内容为:有权要求企业公开经营状况等信息;有权制定经营指导标准;有权检查企业的业务和财务情况并要求企业提交业务和财务报告。如果金融监督委员会认为企业违反相关法规,存在扰乱金融秩序的可能,可采取的措施有:向企业或董事提出警告或问责、责令限期纠正、要求解雇董事等,在法定条件下,金融监督委员会有权取消企业的经营资格,但必须举行听证会。

2. 中国金融租赁业监管

虽然金融租赁进入中国已有三十多年,但是真正的租赁理念却是在中国加入 WTO 的过程中逐渐完善的。自 2011 年中国的金融租赁交易额就已经排在世界第二位,2012 年以来中国租赁业发展更是迅猛。商务部在 2013 年 7 月和 9 月先后颁布《关于加强和改善外商投资金融租赁公司审批与管理工作的通知》和《融资租赁企业监督管理办法》,旨在全面、深入了解金融租赁企业的经营状况,进一步加强对金融租赁企业的规范和引导。中国的金融租赁业已经进入快速发展阶段,然而,相比其他行业的高速发展,金融租赁监管则稍显滞后。目前,《金融租赁法》尚未正式出台,监管主要依据银监会于 2006 年 12 月 28 日通过、2007 年 3 月 1 日起施行并于 2014 年 3 月 13 日重新修订的《金融租赁公司管理办法》,这次修订重点对准入条件、业务范围、经营规则和监督管理等内容进行了修订完善。

(1) 对金融租赁机构的监管

设立。申请设立金融租赁公司应具备下列条件:① 具有符合本办法规定的出资人。主要出资人为中国境内外注册的具有独立法人资格的商业银行的应具备:满足所在国家或地区监管当局的审慎监管要求;最近 1 年年末资产不低于 800 亿元人民币或等值的自由兑换货币;最近 2 年连续盈利;遵守注册地法律法规,最近 2 年内未发生重大案件或重大违法违规行为;具有良好的公司治理结构、内部控制机制和健全的风险管理制度;入股资金为自有资金,不得以委托资金、债务资金等非自有资金入股;承诺 5 年内不转让所持有的金融租赁公司股权、不将所持有的金融租赁公司股权进行质押或设立信托,并在拟设公司章程中载明。主要出资人为中国境内外注册的租赁公司的应具备:最近 1 年年末资产不低于 100 亿元人民币或等值的自由兑换货币;最近 2 年连续盈利;遵守注册地法律法规,最近 2 年内未发生重大案件或重大违法违规行为;入股资金为自有资金,不得以委托资金、债务资金等非自有资金入股;承诺 5 年内不转让所持有的金融租赁公司股权、不将所持有的金融租赁公司股权进行质押或设立信托,并在拟设公司章程中载明。主要出资人为在中国境内注册的、主营业务为制造适合融资租赁交易产品的大型企业的应具备:最近 1 年的营业收入不低于 50 亿元人民币或等值的自由兑换货币;最近 2 年连续盈利;最近 1 年年末净资产率不低于 30%;主营业务销售收入占全部营业收入的 80% 以上;信用记录良好;遵守注册地法律法规,最近 2 年内未发生重大案件或重大违法违规行为;入股资金为自有资金,不得以委托资金、债务资金等非自有资金入股;承诺 5 年内不转让所持有的金融租赁公司股权、不将所持有的金融租赁公司股权进行质押或设立信托,并在拟设公司章程中载明。② 具有符合本办法规定的最低限额注册资本,金融租赁公司的最低注册资本为 1 亿元人民币或等值的自由兑换货币,注册资本为实缴货币资本。银监会根据融资租赁业发展的需要,可以调整金融租赁公司的最低注册资本限额。③ 具有符合《公司法》和《金融租赁公司管理办法》规定的章程。④ 具有符合银监会规定的任职资格条件的董事、高级管理人员和熟悉金融租赁业务的合格从业人员。⑤ 具有完善的公司治理、内部控制、业务操作、风险防范等制度。⑥ 具有合格的营业场所、安全防范措施和与业务有关的其他设施。⑦ 银监会规定的其他条件。金融租赁公司的设立需经过筹建和开业两个阶段。申请筹建时,需要向银监会提交的文件包括:① 筹建申请书,内容包括拟设立金融租赁公司的名称、注册所在地、注册资本金、出资人及各自的出资额、业务范围等。② 可行性研究报告,内容包括对拟设公司的市场前景分析、未来业务发展规划、组织管理架构和风险控制能力分析、公司开业后 3 年的资产负债规模和盈利预测等内容。③ 拟设立金融租赁公司的章程(草案)。④ 出资人基本情况,包括出资人名称、法定代表人、注册地址、营业执照复印件、营业情况以及出资协议。出资人为境外金融机构的,应提供注册地金融监管机构出具的意见函。⑤ 出资人最近 2 年经有资质的中介机构审计的年度审计报告。⑥ 银监会要求提交的其他文件。筹建工作完成之后,应向银监会提出开业申请,并提交以下文件:① 筹建工作报告和开业申请书。② 境内有资质的中介机构出具的验资证明、工商行政管理机关出具的对拟设金融租赁公司名称的预核准登记书。③ 股东名册及其出资额、出资比例。④ 金融租赁公司章程。金融租赁公司章程至少包括以下内容:机构名称、营业地址、机构性质、注册资本金、业务范围、组织形式、经营管理、中止清算等事项。⑤ 拟任高级管理人员名单、详细履历及任职资格证明材料。⑥ 拟办业务规章制度和风险控制制度。⑦ 营业场所和其他与业务有关设施的资料。⑧ 银监会要求的其他文件。金融租赁公司的开业申请经批准后,领取金融机构法人许可证,并凭该许可证到工商行政管理机关办理注册登记,领取企业法人营业执照后方可开业。

变更。金融租赁公司在变更名称、改变组织形式、调整业务范围、变更注册资本、变更股权、修改章程、变更注册地或营业地址、变更董事及高级管理人员、合并与分立及银监会规定的其他变更事项时,需报经银监会批准。

终止。金融租赁公司有以下情况之一的,经银监会批准后可解散:① 公司章程规定的营业期限届满或者公司章程规定的其他解散事由出现;② 股东(大)会决议解散;③ 因公司合并或者分立需要解散;④ 依法被吊销营业执照、责令关闭或者被撤销;⑤ 其他法定事由。有以下情形之一的,经银监会批准后可向法院申请破产:① 不能支付到期债务,自愿或其债权人要求申请破产的;② 因解散或被撤销而清算,清算组发现该金融租赁公司财产不足以清偿债务,应当申请破产的。金融租赁公司不能清偿到期债务,并且资产不足以清偿全部债务或者明显缺乏清偿能力的,银监会可以向法院提出对该金融租赁公司进行重整或者破产清算的申请。金融租赁公司已经或者可能发生信用危机,严重影响客户合法权益的,银监会依法对其实行托管或者督促其重组,问题严重的,有权予以撤销。

(2) 对金融租赁业务的监管

范围。经银监会批准,金融租赁公司可经营的本外币业务包括:① 融资租赁业务;② 转让和受让融资租赁资产;③ 固定收益类证券投资业务;④ 接受承租人的租赁保证金;⑤ 吸收非银行股东3个月(含)以上定期存款;⑥ 同业拆借;⑦ 向金融机构借款;⑧ 境外外汇借款;⑨ 租赁物品残值变卖及处理业务;⑩ 经济咨询;⑪ 银监会批准的其他业务。此外,金融租赁公司不得吸收银行股东的存款,业务中涉及外汇管理事项的,需遵守国家外汇管理的有关规定。售后回租业务的标的物必须由承租人真实拥有并有权处分。金融租赁公司不得接受已设置任何抵押、权属存在争议或已被司法机关查封、扣押的财产或其所有权存在任何其他瑕疵的财产作为售后回租业务的标的物。售后回租业务中,金融租赁公司对标的物的买入价格应有合理的、不违反会计准则的定价依据作为参考,不得低值高买。

指标。金融租赁公司须遵循以下监管指标:① 资本充足率。金融租赁公司资本净额与风险加权资产的比重不得低于银监会的最低监管要求。② 单一客户融资集中度。金融租赁公司对单一承租人的融资余额不得超过资本净额的30%。③ 单一集团客户融资集中度。金融租赁公司对单一集团的全部融资租赁业务余额不得超过资本净额的50%。④ 单一客户关联度。金融租赁公司对一个关联方的融资余额不得超过金融租赁公司资本净额的30%。⑤ 全部关联度。金融租赁公司对全部关联方的全部金融租赁业务余额不得超过资本净额的50%。⑥ 单一股东关联度。对单一股东及其全部关联方的融资余额不得超过该股东在金融租赁公司的出资额,且应同时满足本办法对单一客户关联度的规定。⑦ 同业拆借比例。金融租赁公司同业拆入资金余额不得超过金融租赁公司资本净额的100%。

风险及财务。金融租赁公司应实行风险资产五级分类制度(见表7-6);金融租赁公司应当按照有关规定制定呆账准备制度,及时足额计提呆账准备,否则不得进行利润分配;金融租赁公司应在每会计年度结束后4个月内向银监会或其派出机构报送前一会计年度的关联交易情况报告,内容包括关联方、交易类型、交易金额及标的、交易价格及定价方式、交易收益与损失、关联方在交易中所占权益的性质及比重等;金融租赁公司应建立定期外部审计制度,并在每个会计年度结束后的4个月内,将经法定代表人签名确认的年度审计报告报送银监会及其派出机构。

表7-6 风险资产五级分类制度

级别	判断标准
正常	交易对手能够履行合同或协议,没有任何理由怀疑债务本金及利息不能按时足额偿还
关注	尽管交易对手目前有能力偿还,但存在一些可能对偿还产生不利影响的因素
次级	交易对手的偿还能力出现明显问题,完全依靠其正常经营收入无法足额偿还债务本金及利息,即使执行担保,也可能会造成一定损失
可疑	交易对手无法足额偿还债务本金及利息,即使执行担保,也肯定要造成较大损失
损失	在采取所有可能的措施或一切必要的法律程序之后,资产及收益仍然无法收回,或只能收回极少部分

注:后三类合称为不良资产。对于资产的五级分类,按照金融租赁资产、经营租赁资产、拆借资产、抵债资产、固定资产、在建工程、应收账款、长期投资、担保九个维度进行考察。

7.3 财务公司监管

财务公司又称金融公司,是为企业技术改造、新产品开发及产品销售提供金融服务,以中长期金融业务为主的非银行机构。由于各国经济发展水平、金融体系以及金融制度的差异,对财务公司的定义和功能定位各不相同。

世界上最早的财务公司于1716年创办于法国,随后,英国、美国等相继成立了财务公司。美联储把财务公司定义为:任何一个公司(不包括银行、信用联合体、储蓄和贷款协会以及共同储蓄银行),如果其资产所占比重最大的部分由以下一种或者多种类型的应收账款组成,如销售财务应收款、家庭或个人的私人现金贷款、中短期商业信用、房地产二次抵押贷款等,则该公司就称为财务公司。除自有资金外,美国财务公司的资金来源主要是银行贷款、发行商业票据和长期债券,因此,财务公司是最大的举债公司,它们运用负债管理以创造信用。美国的财务公司按照业务功能划分,大体可以分为消费型财务公司、销售型财务公司和商业型财务公司三种模式:消费型财务公司,也称为小额贷款公司,主要为个人或家庭发放小额分期付款信贷,期限由几个月到一两年不等,主要用于购买耐用消费品;销售型财务公司,主要为消费者分期付款购买大型耐用消费品提供信用服务,许多大公司设立此类财务公司的目的在于推销商品;商业型财务公司,主要对企业提供融资服务,既可以提供用于购买存货、工业或制造业原材料的流动资本融资,同时也可以提供用于购买机器、厂房、运输工具等的长期融资。

2006年12月28日,中国银监会修订的新的《企业集团财务公司管理办法》开始施行,其中,将中国财务公司定义为:以加强企业集团资金集中管理和提高企业集团资金使用效率为目的,为企业集团成员单位提供财务管理服务的非银行金融机构。根据中国银监会对财务公司的定义可以看出,中国财务公司是依附于企业集团,服务于企业集团,为企业集团提供金融服务、内部结算等业务的企业集团内部组织,因此,中国的财务公司全称为企业集团财务公司。

中国自从1987年成立了第一家财务公司以来已经有近三十年了,在这三十年当中,财务公司数量已从1987年的仅仅7家增加至2013年的184家,规模不断增大,业务不断创新,金融服务逐渐全方位发展,不仅完善了中国金融市场,而且为中国企业集团规模化、跨国化发展创造了有利条件。表7-7和图7-5为中国企业集团资产总额在2000—2013年的变化情况。

表7-7 中国企业集团财务公司2000—2013年的变化情况　　　　　　（单位:亿元）

年份	2000	2001	2002	2003	2004	2005	2006
资产总额	1 608.2	2 236.7	3 081.0	3 887.1	4 508.3	5 845.4	6 689.0
年份	2007	2008	2009	2010	2011	2012	2013
资产总额	10 399.4	12 486.8	12 291.9	16 776.3	18 214.3	34 416.3	42 996.4

当前中国财务公司的业务已经由过去简单的"存贷结"发展到提供资金集中管理、投资理财、财务顾问等全方位金融服务。2012年,财务公司为成员单位办理结算业务1 996亿笔,结算金额280万亿元人民币,办理结售汇及外汇买卖业务2 200亿美元。大型企业集团是中国企业的脊梁。财务公司如何找准市场定位、发挥独特作用、服务企业集团至关重要。财务公司在中国金融领域的作用越来越突出,加强对财务公司的监管是非常必要的。

7.3.1 财务公司监管的必要性

中国的企业集团财务公司作为非银行金融机构,具有以下三大属性:

① 金融性。财务公司是专门从事企业集团内部资金管理、筹集及融资结算业务的非银行金融机构。它负责吸收成员单位的本、外币存款,发行财务公司债券,同业拆入资金以及向成员单位发放本、外币贷款,买卖各种债券,向成员单位办理票据承兑、票据贴现,对成员单位的购买者提供买方信贷等各种金融业务。

② 企业性。财务公司是独立的企业法人,独立核算、自担风险、自主经营、自负盈亏。其经营管理模式与一般企业类似,也是以营利为目的。财务公司要通过经营活动来提高整体的经济效益,所以财务公司作为特殊的金融企业,也要参与市场竞争,不断壮大自身的实力,并追求利润最大化。

③ 产业性。财务公司必须为企业集团整体的战略发展目标服务,财务公司的目标核心在于将自身的金融实力转化为集团的发展动力,促进集团的发展。同时,只有企业集团做大做强,财务公司才有发展的潜力和空间。

财务公司的属性决定其在中国经济发展过程中承担如下职能:

① 准银行职能。中国的企业集团财务公司的本质定位为"内部银行",即从事集团内部的转账结算、存贷款业务等,同时,财务公司所从事的这类业务可以通过方式上的创新降低财务费用并提高业务的效率。例如,中石化通过财务公司的集中结算和控制取得了显著成效,加快了企业货款回笼,促进了资金的周转,企业的应收账款也大幅下降,2006 年年末为 261.87 亿元,到 2008 年年末降为 129.89 亿元。中石化内部结算的实际天数较以往通过银行结算快 10 天左右。

② 资金集中管理职能。可以说这是财务公司的核心职能,作为集团内部的资金集中管理平台,财务公司可以从全局角度监控到集团各成员单位的经营状况、财务状况、资金流向等信息,通过对成员单位现金流向、现金流动性风险等指标的监控与分析,可有效反映各企业的经营实质性变化。从管控的角度看,实现资金的集中管理还与企业的全面预算、绩效考核等多项管理措施密切相关,为企业集团开展全面预算、绩效考核等工作提供科学、有效的数据支持。例如,2002 年海尔设立了财务公司,并将其定位在"海尔集团国际化经营的全球金融运作中心"。海尔财务公司在成立之后的两年中,利用对集团内人民币资金的集约管理,累计置换外部贷款 30 多亿元,向成员单位提供票据融资累计近 60 亿元,共节约资金成本约 2 亿多元。

③ 融资职能。对于企业集团,其财务公司作为一个经营法人,可以通过自身的专业地位获取资金,扮演融资平台的角色。如财务公司可以进入银行间同业拆借市场获取短期资金,也可以根据自身的经营情况发行财务公司的金融债券获取中长期资金,从而强化企业集团的融资能力。例如,上汽集团财务公司成立以后,该集团 90% 以上的资金都是通过财务公司在集团内部循环,基本消灭内部三角债,全集团公司加快了资金周转速度,据统计,仅仅在成立财务公司的前 4 年,就降低企业集团的企业财务费用达 2 亿多元。

④ 金融中介职能。财务公司的金融中介职能主要包括对集团及其成员单位办理财务和融资顾问咨询、保险代理及其他咨询业务。随着中国资本市场不断加深对外开放,企业集团在金融市场中的活动日益频繁,兼并、重组、收购等扩张整合都促进了企业集团的核心竞争力塑造。在此环境下,企业集团对金融机构的依赖也与日俱增,财务公司作为企业集团内部的金融机构,介入金融市场提供企业集团所需咨询服务成为大势所趋。财务公司承担金融中介职能,可利用自身优势调动金融资源,从而提升为企业集团服务的能力。同时,目前中国金融中介机构的实力参差不齐,能否很好地为企业集团提供所需服务有待实践考察,而能够站在企业集团立场行事的财务公司承担中介职责既可以有力地维护企业集团的利益,又可以为财务公司增加利润增长点,从而实现良性循环。

从上述所承担职能可以看出,财务公司作为中国产融结合的产物,是一类特殊的金融机构,所面临的风险除了市场风险、流动性风险、经营性风险、操作性风险等一系列一般金融机构所面临的风险外,还有体制性风险,即由于财务公司与企业集团的依附关系,其发展会受到企业集团运行状况的影响。同时,经过多年发展,中国的财务公司已经呈现出混业经营的特征。因此,在中国目前市场还不是很成熟的情况下,对财务公司的监管是必要的。

7.3.2 国外及国内财务公司监管

1. 国外财务公司监管

（1）美国监管模式

美国的财务公司有附属型和独立型两种。附属型财务公司是指由母公司提供资本,隶属于母公司的财务公司。附属型财务公司进一步细分为外部型和内部型两种:内部型财务公司主要为促进母公司产品销售而对经销商或最终用户融资,如通用汽车财务公司;外部型财务公司所从事的业务则更为广泛,可以与母公司产品有关,也可以从事与母公司产品完全不相关的业务,如通用电气财务公司。独立型财务公司是指资本由个人或零售商提供,归出资人所拥有的财务公司,出资人可以是个人也可以是银行。

目前,美国的大型财务公司主要集中在制造产业,这些财务公司成立之初的定位是从事销售、消费金融服务。由于美国不允许财务公司吸收存款,因此财务公司不会直接对社会产生很大影响,对其监管也相对宽松,采取的是业务监管,没有专门的监管法规和监管部门,而主要受州及联邦法律就某一个具体的业务种类的管制,如证券发行的单向法律监管等。这也为美国的财务公司营造了宽松的发展环境,虽然不能吸收公众存款,但这并不影响其业务范围向综合化、多元化方向发展,很多财务公司在从事传统业务外,还积极拓展了信用卡和保险等新业务。

（2）德国监管模式

德国金融业实行的是混业经营,一家金融机构只要领取了执照,就可以开展金融业的所有业务。如果一家机构从欧盟内的其他国家取得了银行执照,在德国设立分支机构时就无须批准。德国的金融机构分类较为简单,除了银行都可以归为金融服务机构,财务公司就属于金融服务机构。财务公司又可分为两类:一类是大企业投资的,领取银行业执照。在社会上运作的主要是汽车银行,如大众、宝马等。另一类是只在集团内运作,不对第三方发生借贷关系,因此不受银行业的监督,如西门子金融服务集团,但这类财务公司在从事某种特定业务时需要得到管理部门的批准(西门子金融服务集团为管理年金而在美国申领了年金管理的业务许可证)。

德国对财务公司的监管则依据其两种类型分别加以对待。对于仅服务于企业集团内部的采取积极扶持的态度,这类财务公司的设立无须经政府监管部门的审批,这主要是由于这类财务公司带来的风险仅在集团内部传导,而不会过度影响公众,造成对金融市场的破坏,同时,由于德国的金融业监管整体水平较高,对于与企业集团及其内部财务公司发生交易的其他金融主体,又有着较高的监管要求,也就相当于给由内部财务公司带来的金融风险设置了有效的防火墙。而对于服务于社会公众的财务公司,则采取了审慎的态度,不仅机构设立须经过监管部门的准入审批,比如应具备的条件包括:充足的资本;至少2位具有2年银行从业经验的总经理,熟练运用德语,并在本地(欧盟内)运作;令人信服的3年业务计划,包括如何进行管理;银行必须实行资本公司即股份有限公司形式;"全执照"允许开展所有银行业务,"部分执照"只能做规定的部分业务,其经营的业务品种也要经过逐一审批,从而维护金融市场的稳定。

2. 中国财务公司监管

(1) 中国财务公司监管历史

中国的财务公司发展至今有二十多年的历史,是随着央企政企改革而逐渐诞生的,对财务公司的监管可依据其发展进程分为四个阶段。

A. 探索阶段:1987—1991年

1987年5月,中国第一家财务公司——东风汽车工业财务公司经中国人民银行批准成立。成立的依据是《关于组建和发展企业集团的几点意见》(1987)的第十六条"经过中国人民银行批准,企业集团可以设立财务公司。财务公司在集团内部融通资金,并可同银行或其他金融机构建立业务往来关系,也可以委托某些专业银行代理金融业务"。这个时期的财务公司业务范围较窄,主要是集团内部存贷款,所受监管来自中国人民银行,主要为市场准入。

B. 初步发展阶段:1991—1996年

1991年12月,国务院批复同意国家计委、国家体改委、国务院生产办公室《关于选择一批大型企业集团进行试点的请示》,财务公司开始在中国初步规模化发展。1992年11月,中国人民银行、国家计委、国家体改委、国务院经贸办联合发布《关于国家试点企业集团建立财务公司的实施办法》,对财务公司的机构性质、业务范围、设立条件、申报程序、中国人民银行监管等内容进行了规范,这一办法也成为该阶段中国人民银行对财务公司实施监管的主要依据。

C. 调整阶段:1996—2004年

这一阶段对财务公司的监管逐渐走向严格,《企业集团财务公司管理暂行办法》(1996)、《关于加强企业集团财务公司资金管理等问题的通知》(1996)、《企业集团财务公司管理办法》(2000)、《财务公司进入全国银行间同业拆借市场和债券市场管理规定》(2000)、《中国人民银行关于〈企业集团财务公司、金融租赁公司非现场监管指标及填报说明〉的通知》(2000)等一系列管理办法、规范性文件相继出台。

D. 专业化阶段:2004年至今

2004年8月,银监会正式发布新的《企业集团财务公司管理办法》。新办法进一步明确了财务公司在中国金融体系中的地位和作用以及发展方向,修订并细化了对财务公司风险控制和业务监管方面的内容。这部管理办法也成为对财务公司监管走向专业化的开端,同时,这一阶段的监管主体也由中国人民银行变为银监会。

(2) 中国财务公司监管现状

目前,中国财务公司作为非银行金融机构由银监会按照"分类监管、区别对待、扶优限劣"的基本原则负责监管,监管的主要依据是2004年9月1日起施行的《企业集团财务公司管理办法》。

A. 对财务公司机构的监管

设立。申请设立财务公司应具备如下条件:① 财务公司母公司满足条件:符合国家的产业政策;申请前1年,母公司的注册资本金不低于8亿元人民币;申请前1年,按规定并表核算的成员单位资产总额不低于 50 亿元人民币,净资产率不低于 30%;申请前连续 2 年,按规定并表核算的成员单位营业收入总额每年不低于 40 亿元人民币,税前利润总额每年不低于 2 亿元人民币;现金流量稳定并具有较大规模;母公司成立 2 年以上并且具有企业集团内部财务管理和资金管理经验;母公司具有健全的公司法人治理结构,未发生违法违规行为,近 3 年无不良诚信记录;母公司拥有核心主业;母公司无不当关联交易;母公司董事会应当做出书面承诺,在财务公司出现支付困难的紧急情况时,按照解决支付困难的实际需要,增加相应资本金,并在财务公司章程中载明。② 确属集中管理企业集团资金的需要,经合理预测能够达到一定的业务规模。③ 有符合《公司法》和本办法规定的章程。④ 有符合本办法规定的最低限额注册资本金 1 亿元人民币,且应当是实缴的人民币或者等值的可自由兑换货币;经营外汇业务的财务公司,其注册资本金中应当包括不低于 500 万美元或者等值的可自由兑换货币。⑤ 有符合银监会规定的任职资格的董事、高级管理人员和规定比例的从业人员,在风险管理、资金集约管理等关键岗位上有合格的专门人才。⑥ 在法人治理、内部控制、业务操作、风险防范等方面具有完善的制度。⑦ 有符合要求的营业场所、安全防范措施和其他设施。⑧ 银监会规定的其他条件。设立财务公司应当经过筹建和开业两个阶段。申请筹建财务公司,应当由母公司向银监会提出申请,并提交下列文件、资料:① 申请书,其内容应当包括拟设财务公司名称、所在地、注册资本、股东、股权结构、业务范围等。② 可行性研究报告,其内容包括母公司及其他成员单位整体的生产经营状况、现金流量分析、在同行业中所处的地位以及中长期发展规划;设立财务公司的宗旨、作用及其业务量预测;经有资质的会计师事务所审计的最近 2 年的合并资产负债表、损益表及现金流量表。③ 成员单位名册及有权部门出具的相关证明资料。④ 企业集团登记证、申请人和其他出资人的营业执照复印件及出资保证。⑤ 设立外资财务公司的,需提供外资投资性公司及其投资企业的外商投资企业批准证书。⑥ 母公司法定代表人签署的确认上述资料真实性的证明文件。⑦ 银监会要求提交的其他文件、资料。财务公司筹建工作应在收到银监会批准文件 3 个月内完成,并向银监会提出开业申请,需提交的材料包括:① 财务公司章程草案;② 财务公司经营方针和计划;③ 财务公司股东名册及其出资额、出资比例;④ 法定验资机构出具的对财务公司股东出资的验资证明;⑤ 拟任职的董事、高级管理人员的名单、详细履历及任职资格证明材料;⑥ 从业人员中拟从事风险管理、资金集中管理的人员的名单、详细履历;⑦ 从业人员中从事金融、财务工作 5 年及 5 年以上有关人员的证明材料;⑧ 财务公司业务规章及风险防范制度;⑨ 财务公司营业场所及其他与业务有关设施的资料;⑩ 银监会要求提交的其他文件、资料。财务公司的开业申请经银监会核准后,由银监会颁发金融许可证并予以公告。财务公司凭金融许可证到工商行政管理机关办理注册登记,领取企业法人营业执照后方可开业。

变更。财务公司在变更名称、调整业务范围、变更注册资本、变更股东或调整股权结构、修改章程、更换董事或高级管理人员、变更营业场所及银监会规定的其他变更事项时,需要经过银监会的批准。

整顿。财务公司出现下列情形之一的,银监会可以责令其进行整顿:① 出现严重的支付危机;② 当年亏损超过注册资本金的 30% 或者连续 3 年亏损超过注册资本金的

10%；③ 严重违反国家法律、行政法规或者有关规章。整顿时间最长不超过1年，期间应当暂停经营部分或者全部业务。财务公司已经或者可能发生支付危机，严重影响债权人利益和金融秩序的稳定时，银监会可以依法对财务公司实行接管或者促成其机构重组。

终止。财务公司出现下列情况时，经银监会核准后，予以解散：① 组建财务公司的企业集团解散，财务公司不能实现合并或改组；② 章程中规定的解散事由出现；③ 股东会议决定解散；④ 财务公司因分立或者合并不需存在的。财务公司有违法经营、经营管理不善等情形，不予撤销将严重危害金融秩序、损害公众利益的，银监会有权予以撤销。财务公司解散或者被撤销，母公司应当依法成立清算组，按照法定程序进行清算，并由银监会公告。银监会可以直接委派清算组成员并监督清算过程，清算组在清算中发现财务公司的资产不足以清偿其债务时，应当立即停止清算，并向银监会报告，经银监会核准，依法向人民法院申请该财务公司破产。

B. 对财务公司业务的监管

范围。财务公司可以经营下列业务：① 对成员单位办理财务和融资顾问、信用鉴证及相关的咨询、代理业务；② 协助成员单位实现交易款项的收付；③ 经批准的保险代理业务；④ 对成员单位提供担保；⑤ 办理成员单位之间的委托贷款及委托投资；⑥ 对成员单位办理票据承兑与贴现；⑦ 办理成员单位之间的内部转账结算及相应的结算、清算方案设计；⑧ 吸收成员单位的存款；⑨ 对成员单位办理贷款及融资租赁；⑩ 从事同业拆借；⑪ 银监会批准的其他业务。符合条件的财务公司，可以向银监会申请从事下列业务：① 经批准发行财务公司债券；② 承销成员单位的企业债券；③ 对金融机构的股权投资；④ 有价证券投资；⑤ 成员单位产品的消费信贷、买方信贷及金融租赁。条件为：财务公司设立1年以上，且经营状况良好；注册资本金不低于3亿元人民币，从事成员单位产品消费信贷、买方信贷及金融租赁业务的，注册资本金不低于5亿元人民币；经股东大会同意并经董事会授权；具有比较完善的投资决策机制、风险控制制度、操作规程以及相应的管理信息系统；具有相应的合格的专业人员；银监会规定的其他条件。此外，财务公司不得从事离岸业务。

资产负债比例。财务公司经营业务应满足如下对资产负债比例的要求：① 资本充足率不得低于10%；② 拆入资金余额不得高于资本总额；③ 担保余额不得高于资本总额；④ 短期证券投资与资本总额的比例不得高于40%；⑤ 长期投资与资本总额的比例不得高于30%；⑥ 自有固定资产与资本总额的比例不得高于20%。

风险及财务。财务公司应当分别设立对董事会负责的风险管理、业务稽核部门，制订对各项业务的风险控制和业务稽核制度，每年定期向董事会报告工作，并向银监会报告。财务公司董事会应当每年委托具有资格的中介机构对公司上一年度的经营活动进行审计，并于每年的4月15日前将经董事长签名确认的年度审计报告报送银监会。财务公司应当按规定向银监会报送资产负债表、损益表、现金流量表、非现场监管指标考核表及银监会要求报送的其他报表，并于每一会计年度终了后的1个月内报送上一年度财务报表和资料。

7.4 合作金融业监管

合作金融是在合作经济的基础上产生的。合作经济是指劳动者自愿联合、民主管理,使用共同占有的生产资料,共同进行劳动的经济形式。合作经济的主要组织形式是合作社,国际合作联盟对合作社的定义为:合作社是社员共同所有及民主管理的企业体,也是社员为满足共同的经济、社会、文化之需求与欲望,而自愿结合之自治团体。合作社以自助、自我负责、平等、公正、团结之价值为基础,社员承袭创立者之传统,秉持公正、公开对社员责任及关怀他人之伦理价值为信念。当合作经济发展到信用合作领域时,合作金融便应运而生。

合作金融是指劳动群众及其经济组织在经济活动中,为改善生产和生活条件、获取较低成本的融资,以入股资本联合为基础,由出资者实行民主管理,主要为合作者提供互助性服务的一种信用活动形式。合作金融机构依据其从事领域可分为合作性信贷机构和合作性保险机构,狭义的合作金融仅指前者,根据范围又可分为信用合作社和合作银行,其区别在于客户是否仅限于自己的成员。合作金融作为金融体系的一部分,同商业金融、政策性金融一样,具有跨时空转移资源、清算和支付结算、聚集和分配资源、管理风险、提供信息和解决激励问题等一般性功能。除此之外,合作金融还具有下列特殊的经济与金融功能:

附属性功能。该功能是指合作金融机构在其发展过程中,自身利益是次要的,而其成员的利益是主要的,也即成员利益最大化是合作金融机构的根本目标。

互助性功能。一般情况下合作金融是被商业金融拒绝或者忽视的客户群体内部自发的相互扶助、相互融资的行为,因而其突出特点便是互助互惠。统计数据表明,大多数国家或者地区的合作金融机构的存贷利差小于商业银行。

补充性功能。合作金融的产生与存在有其社会和经济基础,因而同商业金融和政策性金融一样,是金融体系不可或缺的一部分。但是,由于合作金融具有非营利的特征,且其服务领域和服务对象都有一定限制,因此,尽管业务品种逐渐丰富,其整体行业规模依然与商业金融无法相比。

世界上第一个信用合作社于1849年诞生于德国,因而德国被公认为是信用社的发源地。美国的农业信用合作体系是在政府的倡导下建立和发展起来的,分为联邦土地银行及基层合作社、联邦中期信用银行及生产信用合作社、合作银行三大部分,美国的合作金融是现阶段世界上最为发达的。

7.4.1 中国合作金融业发展历程

中国的合作金融包括农村合作金融和城市合作金融,其中,城市合作金融大部分已经改制成为城市商业银行,因此,农村合作金融是目前中国合作金融的主要形式。2007年1月,第三次全国金融工作会议中提出,加快建立健全农村金融体系,推进农村金融组织创新,适度调整和放宽农村地区金融机构准入政策,降低准入门槛,鼓励和支持发展适合农村需求特点的多种所有制金融组织,积极培育多种形式的小额信贷组织。这与此前银监会出台的降低农村金融业准入门槛的意见交相辉映,奠定了未来农村合作金融改革的方向和格局。依据2014年3月13日银监会公布的《中国银监会农村中小金融机构行政许可事项实施办法》,农村合作金融(亦为农村中小金融机构)包括农村商业银行、农村合作银行、农村信用社、村镇银行、贷款公司、农村资金互助社。中华人民共和国成立后,随着政治、经济和社会的发展,农村合作金融先后经历了六个阶段。

1. 普及发展阶段:1949—1957年

1951年,中国人民银行召开全国农村金融工作会议后,《农村信用合作社章程准则》《农村信用互助小组公约》陆续颁布,为了加快农村信用合作社的发展步伐,同时结合各地经济发展情况,共提出三种合作金融的发展形式:一是在条件比较成熟的地区,以乡或行政村为基本单位,直接设立农村信用合作社;二是在金融体系比较薄弱的地区,尤其是北方一些乡村,在供销社内增设信用部;三是在其他地区先建立信用互助小组,经过培育和规模发展后扩建为农村信用合作社。这一时期农村信用合作社的建立重在数量和规模的扩张,由于可以满足农户生产发展急需购置农机具等信贷需求,因而成为农民唯一的信贷金融机构。截至1956年年初,全国1亿多农户入社,信用合作社数量发展到16万多家,覆盖了全国97.5%的乡镇。

在农村信用合作社快速发展的同时,1953年,中国人民银行建立了信贷计划管理体系,旨在控制信贷计划、统一调度全国资金。然而,这种高度集中的金融管理体系与信用合作思想并不匹配,于是围绕农村信用合作社是否应该继续在中国社会主义建设中存在展开了讨论,反对的观点有:农村信用合作社按股份分红,股金分红是"不劳而获",不完全符合社会主义特性,应将其改造为国家银行,或并入农业生产合作社;农村信用合作社只为部分农民提供短期小规模贷款,与社会化大生产错位,是小集体性质的机构,应予以改造;农村信用合作社是打击旧社会高利贷的机构,合作化运动后高利贷在农村地区基本消失,农村信用合作社胜利完成了历史任务,应及时退出历史舞台。支持的观点有:农村信用合作社是为农民服务的金融机构,只要有入社资格的农户大部分或全部入社,那么农村信用合作社就是集体公有制的性质,有利于社会主义建设;农村信用合作社是农民合作组织,农民比较贫困,生产力低下,急需临时、小量的贷款用于生产和生活,农村信用合作社符合农户的现实需求,经营比较灵活自主,能更好地服务于农村经济;农村信用合作社按股份分红的规模很小,只要给予严格限制,不会产生严重后果;农村地区幅员广阔,农民自发成立农村信用合作社方便快捷,比设立国家银行更经济。这一讨论也在国家决策层面展开,最终于1956年中央统一了认识,决定农村信用合作社继续存在。

2. 曲折发展阶段:1958—1978年

1958年,国务院颁发《关于适应人民公社化的形势改进农村财政贸易管理体制的决定》,将银行营业所与信用社合并为信用部,由人民公社领导和管理。这一做法对农村信用合作社的发展产生了较大影响:首先,银行营业所和农村信用合作社是两种所有制,将这两种所有制金融机构合并的结果是公有制改造了合作制,农村信用合作社产权问题自此出现;其次,人民公社领导和管理农村信用合作社开启了农村信用合作社由民办走向官办的路径,人民公社领导和管理下的农村信用合作社基本丧失了经营独立性,公社对农村信用合作社资金包括社员存款随意支配的现象比较严重,农村信用合作社的生存发展面临危机。

1959年，国务院颁发《关于加强农村人民公社信贷管理工作的决定》，将人民公社信用部重新拆分，银行营业所由国家收回，信用社变为信用分部交由生产大队管理。生产大队对信用社人员任用、工资待遇、资金调配、业务经营等都具有决定权，而且由于生产大队在生产建设、财务管理方面有较大实权，因而利用农村信用合作社渠道以虚存虚贷方式强迫征用社员财物的现象严重，对农村信用合作社业务经营和信誉造成严重侵害。鉴于此，1962年，国家对农村信用合作社进行了新的定位：农村信用合作社以独立组织的形式充当国家银行的助手，它在业务上由中国人民银行领导和管理。

"文化大革命"期间，农村信用合作社的组织制度、人事制度等经过多次调整，管理权也经历了中国人民银行——公社或生产大队下设贫下中农管理委员会——中国人民银行的循环转变。

1977年，国务院在《关于整顿和加强银行工作的几项规定》中指出，农村信用合作社既是集体金融组织，又是农业银行在农村的基层机构，由农业银行负责管理。这一规定使农村信用社的经营管理重新走上正轨，经营状况有所好转。

3. 恢复"三会"阶段：1979—1995年

十一届三中全会以后，中国农村地区展开了以家庭联产承包责任制为核心的农村经济体制改革，随着土地所有关系的转变和农业产业结构的调整，农村金融市场有了新的转变，信贷资金需求由集体转向个体，农户、家庭经营、个体工商户等经济组织成为农村信用合作社的服务对象。1980年，国务院召开银行工作会议，提出把农村信用合作社办成真正的集体金融，农业银行也据此开始试点改革，但由于农村信用合作社仍被作为农业银行的基层金融机构，因此改革收效甚微。1984年，中央发文要求加快改革，农业银行迫于压力加大对信用社的放权，改革成果主要为：大部分农村信用合作社建立了社员大会、理事会、监事会等"三会"，试图重建合作金融系统；农业银行对农村信用合作社减少指令性业务指标，主要通过经济手段管理农村信用合作社，逐步落实农村信用合作社独立经营、自负盈亏；健全农村信用合作社民主管理制度，涉及业务、财务、人事等方面的重大事务由社员大会或理事会决定。这次改革有一定的实际意义，因为农业银行运用较规范的银行管理制度启动并深化了农村信用合作社的制度创新，帮助农村信用合作社业务经营和机构设置步入正轨，为农村信用合作社的进一步发展打下了良好的基础。

1988年前后，农村信用合作社依据政策组建县级联社，由县联社领导基层社。1993年，国务院文件提出对农村信用合作社进行清资核股、增股扩股，以农村信用联社为基础组建农村合作银行，然后从农业银行中分离出来，同时规定农村合作银行为集体合作金融机构，国有商业银行可以参股农村合作银行。1995年，中国人民银行正式被确立为中央银行，工商银行、农业银行、中国银行、建设银行四大国有银行开始转制为商业银行，因此，身为商业银行，农业银行也不宜继续管理农村信用合作社。于是，随后的两年里，农业银行为行社"脱钩"做准备，同时依照政策规定支持农村信用联社发展。

4. 规范发展阶段：1996—2002年

20世纪90年代初，农村产业结构调整，第二、第三产业逐渐兴起，乡镇企业迅速发展，农村信用社提供的金融服务已不能满足农村贷款需求，民间高利贷、合作基金会等非正规金融产生,农村金融市场呈现出混乱局面。为改变这种情况,中央从1996年开始对以信用社为主的农村金融体制进行改革,指出要按照合作制的原则把信用社办成由社员入股、社员民主管理、满足社员贷款需求的机构。具体行动则是让农村信用合作社脱离于农业银行的行政隶属关系,业务管理由县联社负责,同时,监管职责由中国人民银行承担。中国人民银行接管后重新对农村信用社的运营进行了规定:股权设置方面,在原有的股权结构上增加团体股,鼓励农户、农村信用社职工和农村集体经济组织入股农村信用社,以达到充实信用社股本的目的;民主管理方面,实行"一人一票"的民主管理制度,恢复"三会"的作用;服务方向方面,坚持为社员服务的原则,对农村种养业的贷款需求给予重点扶持;财务管理方面,按合理比例缴纳存款准备金,提取留存备付金,按照资产负债比例对资金的运营进行管理。

2000年,中国人民银行在江苏进行了新的试点工作,将所有具有法人资格的农村信用社、县(市)级联社合并成以县(市)为单位的统一法人,再由83家县(市)级联社入股组建省级联社,江苏省农村信用社联合社是隶属于江苏省政府的地方性金融机构,于2001年9月正式开业。2001年12月,中国人民银行选择了八家农村信用(联)社进行农村信用社利率市场化改革的试点工作,试点的农村信用(联)社的存款利率可以在法定基准利率的基础上再上浮20%—50%,贷款利率可以上浮100%。2001年,国内首家在农村信用社基础上改制组建的张家港市农村商业银行获得中国人民银行批准,于2001年11月正式挂牌营业,进行了农村信用社由合作制向股份制商业银行发展的尝试。

5. 深化改革阶段:2003—2005年

农村金融体制改革的同时,国有商业银行也在进行改革,随着改革的深入,四大国有商业银行都撤出农村金融市场,撤销了县域以下的营业网点,这样为农民提供信贷服务的基本只有农村信用合作社。2003年6月,国务院出台的《深化农村信用社改革试点方案》指出:"按照'明晰产权关系、强化约束机制、增强服务功能、国家适度支持、地方政府负责'的总体要求,加快信用社管理体制和产权制度改革,把信用社逐步办成由农民、农村工商户和各类经济组织入股,为农民、农业和农村经济服务的社区性地方金融机构。"同时将吉林、山东、江西、浙江、陕西、重庆、贵州和江苏八省(市)列为改革的试点单位。

在总结试点工作经验的基础上,2004年8月开始在全国范围内推进农村信用社改革方案。此次改革的主要内容主要包括三个方面。首先,改革农村信用社产权制度和法人治理结构,各省市可根据本地区的具体经济发展情况选择适合的改革模式。在经济较为发达、农村信用社资产规模较大的地区,可以按照张家港市农村商业银行模式,将农村信用社改组为股份制的农村商业银行;在农业生产主产区、农村信用社资能抵债的地区,可以按照江苏模式在原有农村信用社框架内进行重组,将基层农村信用社和县(市)级农村信用社联社合并为以县(市)为单位的统一法人,入股组建省级联社;对少数资不抵债且支农服务较少的农村信用社,按照《金融机构撤销条例》予以撤销;其他地区的农村信用社可在完善合作制的基础上,继续实行原有体制。在具体的产权制度和组织形式选择上主要有以下几种:一是按照股份制的原则实行农村商业银行模式,二是按照股份合作制的原则实行农村合作银行模式,三是按照合作制的原则实行以县(市)为单位统一法人模式或乡镇信用社、县(市)联社各为法人模式。其次,改革农村信用社管理体制,由省级政府负责管理。最后,将此前中国人民银行对农村信用社的监管职责转移到新成立的银监会和各地银监局。省级联社的具体管理职能包括:监督和帮助农村信用社做好支农工作;监督农村信用社的依法经营情况和人事任免决定;帮助农村信用社做好风险防控和处理预案;帮助信用社回收贷款,维护农村金融秩序稳定。银监会和各地银监局的主要职责是对农村信用社在设立、变更、终止、业务范围及其经营过程的合规性和合法性进行监督与评价。

6. 全面改革阶段:2006 年至今

2006 年 12 月,银监会下发《关于调整放宽农村地区银行业金融机构准入政策,更好支持社会主义新农村建设的若干意见》,实施农村金融"新政"以来,村镇银行、小额贷款公司和农村资金互助社等新型农村金融机构相继成立,拉开了农村金融组织"增量"改革的序幕,迈出了探索创新农村金融组织的形式的步伐。2007 年 1 月,第三次全国金融工作会议中提出,加快建立健全农村金融体系,推进农村金融组织创新,适度调整和放宽农村地区金融机构准入政策,降低准入门槛,鼓励和支持发展适合农村需求特点的多种所有制金融组织,积极培育多种形式的小额信贷组织。这与此前银监会出台的降低农村金融业准入门槛的意见交相辉映,奠定了未来农村合作金融改革的方向和格局。2014 年 3 月银监会公布的《中国银监会农村中小金融机构行政许可事项实施办法》指出,农村中小金融机构包括农村商业银行、农村合作银行、农村信用合作社、村镇银行、贷款公司、农村资金互助社。在此次最新的修订中,取消了农村中小金融机构筹建开业延期、证券投资基金托管、股票质押贷款业务和部分高级管理人员任职资格等 13 个审批项目;简化了准入条件,最大限度地缩短了行政许可链条,如简化了农村商业银行和农村信用合作社的组建条件,为各类资本参与农村金融体系建设提供了便利;下放了部分机构、业务和高级管理人员的审批权限,为申请提供快捷高效服务。

农村合作金融机构是目前服务农村的主力军,截至 2011 年年末,全国共有法人农村合作金融机构 2 954 家,占比为全国银行业金融机构的 78.5%;其中包含营业性网点 75 856 家,占全国银行业营业网点的 38.8%。农村合作金融机构涉农贷款余额 3.9 万亿元,占全国银行业金融机构涉农贷款的 32.9%。涉农贷款中农户贷款 2 万亿元,占全部银行业金融机构农户贷款的 78%。由此可见,农村合作金融机构对农村经济的发展起着举足轻重的作用。建立健全农村合作金融机构对农民和农村中小企业的金融需求有着极为重要的现实意义。

7.4.2 合作金融业监管的必要性

1. 合作金融的内在脆弱性

随着中国合作金融的发展以及农业产业结构调整,合作金融信贷对象逐渐丰富至包括农户、个体工商户、乡镇企业及其他经济合作组织等多种类型。其中,农户和农业经济组织在从事农业生产、加工、销售等活动时面临自然和市场的双重风险,因而其效益具有较大不确定性,且农业保险等补偿机制严重缺失,使得农村信用合作社的风险屏障较为脆弱;个体工商业及乡镇企业等农村中小型企业由于总体产业技术水平较低、布局较分散,因而很难形成规模经济,这也为农村金融机构为其提供贷款增加了风险。

此外，农村合作金融机构在为其对象提供贷款前，有相应的评估环节，但是，受技术手段及工作人员专业水平的限制，一些农村经济组织、农村工商业的财务记录很不完善，以致农村合作金融机构无法做出全面、客观的评估，因而以获得承诺利息的收益保障作为贷款安全边界较难实现。

2. 合作金融市场失灵

第一，随着中国四大国有银行商业化，大量县域以下营业网点被撤销，以农村信用合作社为主的农村合作金融机构逐渐占据农村正式金融市场的垄断地位，截至2006年6月末，农村信用合作社的农业贷款占全国金融机构农业贷款总量的比例达到92%。垄断地位会使得农村合作金融机构在提供金融服务时缺乏激励，因此，农村合作金融内部是合作制的，外部则需要按市场规则运作，而通过监管可以促进农村合作金融机构产权明晰，形成良好的法人治理结构，规范其市场化运行。

第二，农村合作金融机构与存款者、贷款者之间都存在信息不对称。受客观条件的限制，存款者很难了解农村合作金融机构的安全性、流动性和盈利性等技术指标，其在选择存款机构时多是从地理位置、服务态度等角度考虑，农村存款者更是如此，这样农村合作金融机构在其经营过程中来自存款者的压力或动力相对较低，从而放大经营风险。农村合作金融机构在提供贷款时，一方面贷款者自身的信用状况、经营状况、财务状况等信息记录不完全，另一方面农村合作金融机构由于条件限制对贷款者的经营能力、还贷能力等信息了解不完全，同时，部分贷款是政府为支持乡镇企业的指令性贷款，因此，不良贷款率较高。

7.4.3 国外及国内合作金融业监管

1. 国外合作金融业监管

（1）德国监管模式

德国是合作金融的发源地，其现有合作金融体系呈金字塔形，共有三级：第一级是全国合作金融组织的协调机关——德意志中央合作银行；第二级是三家区域性合作银行，即GZB银行、西部合作银行和慕尼黑房地产银行；第三级是地方性农村合作银行。德国合作金融体系的三级合作银行均为独立的法人，它们之间不存在隶属关系，实行自下而上入股，自上而下服务。中央合作银行的主要任务是为区域性合作银行和各地方合作银行提供服务和指导，促进全国信用合作银行的发展；三大区域性合作银行为各地方合作银行保管存款保险金，吸纳地方合作银行的闲置资金，并为各地方商业银行提供贷款；各地方合作银行的主要任务是向农业、商业和制造业的经营者提供贷款支持，促进本国工业、农业、商业的发展。

德国合作金融的监管主体包括政府机构和非政府机构。其中，政府机构为联邦金融监察局和联邦中央银行，这两个机构是德国金融业的统一监管机构，分别负责对合作银行进行非现场和现场监管；非政府机构主要是行业自律组织，是德国全国信用合作联盟，德国各级合作银行都是这一联盟的会员，联盟的职能包括向会员提供信息服务、协调合作银行与政府之间的关系、帮助合作银行处理公共关系、管理信贷保证基金等。

德国成熟的合作金融体系基于其完善的监管。首先，建立了自上而下的资金融通渠道和完备的结算系统,下级合作银行将自身剩余资金存于上级合作银行,这样当其资金短缺时可得到上级合作银行的支持,结算系统则可使地方合作银行的资产状况得到监管,以预防风险;其次,建立了发达的审计体系,行业审计协会受联邦金融监察局的委托,每年都会对合作金融机构的财务、业务、管理、制度执行等情况进行全面审计,审计协会对于发现的问题有建议权和部分处置权;最后,建立了存款保险制度,有效减小了合作银行金融危机给全国金融市场和存款者带来的损害。

(2) 美国监管模式

美国的合作金融体系为多元复合模式,主要由美国联邦土地银行、联邦中期信贷银行和合作银行三大农村合作金融系统构成。联邦土地银行成立于1916年,设有统一的中央管理机构,全国分为12个农业信用区,每个农业信用区设有一个分行,每个分行在辖区内下设多个信用社,联邦土地银行的主要业务是向农民提供长期抵押贷款,期限为30—50年;联邦中期信贷银行成立于1923年,机构构成与联邦土地银行一样,主要业务是向农民提供短期贷款,期限一般为一年,最长为七年,是美国农村最重要的合作金融组织;合作银行成立于1933年,机构构成同上述二者一样,其主要业务是向农业生产合作社提供支持农产品创新与出口、农场基础建设方面的贷款。这三大金融系统都是政府为应对经济形势出资设立的,都不以营利为目的。随着经济的好转和农村合作金融组织的壮大,政府资金已经淡出这三大金融系统,现如今是真正为农场主掌握的农村合作金融组织。

美国对农村合作金融的监管采取了不同于商业银行的监管体系,该体系由监管机构、行业自律协会、资金融通清算中心和信合保险组成。政府监管机构中最重要的是美国信用社联邦管理局,该机构于1970年成立,其主要职责是对全国的农村信用社的市场准入和退出、日常经营等实施监管,预防金融风险,并管理农村信用社存款保险金;行业自律协会成立于1934年,主要职责是研究和推行政府出台的相关政策,为信用社提供宣传教育、信息和法律咨询等服务;资金融通清算中心包括联社和美国信用社资金融通清算中心,信用社可自愿加入任何一个联社,联社则为其成员提供资金清算、投资代理、资金调节、异地结算等服务;信合保险由信用社存款保险基金和信合保险集团两部分组成,前者为参加该基金的信用社提供存款保险以保护存款人利益,后者为其会员提供多种类型的保险,是美国信用社发展强有力的风险屏障。

(3) 日本监管模式

第二次世界大战后,日本为发展农村经济,成立了农业协同组织(以下简称"农协"),日本的合作金融即是依附于农协组织的一个子系统,但同时具有独立融资功能。日本的合作金融体系由三个层次组成:基层农协的信用组织,都道府县的信用农业协同联合会(以下简称"信农联"),中央级的农、林、渔业中央金库。农户入股参加基层农协,基层农协入股参加信农联,信农联入股参加中央金库。三级金融合作组织独立核算、自主经营,无行政隶属关系,上级主要通过经济手段指导下级的业务活动,并对下级负有提供信息和资金上支持的责任。

日本对合作金融业的监管包括行政监管和系统内部监管,其中系统内部监管是重点,主要方式则是建立完善的农村信用保险制度,主要包括农业信用保证保险制度、存款保险制度、相互援助制度等。

农业信用保证保险制度是日本政府为保障农村合作金融机构在资金融通过程中的利益而建立,该保险体系是当前农村信用保险体系中规模最大、实力最强的。农业信用保证保险体系主要由保证系统和保险系统构成,保证系统是农村信用基金协会负责对经其审查同意的借款人债务承担连带保证责任,保险系统是农、林、渔业信用基金协会对各个农业信用基金协会替人偿还债务的事项进行保证保险,也对较大数额的融资提供融资保险。

存款保险制度是为保障存款人利益而设立的保险制度。根据相关法律规定,存款保险制度是一项强制保险,各个合作金融机构必须加入该保险。农民只要在农协系统存款,就自动与保险机构成立保险关系,无须缴纳任何费用。当农协发生挤兑风险时,保险机构直接向存款人支付最高不超过1 000万日元的保险金。另外,保险机构提供利息贴现、资金援助和债券保证等服务。

相互援助制度是一种保证保险制度,它是农协系统自己设立的,以互帮互助为工作宗旨。相互援助制度是为保护农协的正常经营、维护其信用而设立的,并不是用来保护存款人利益的。虽然各农协为独立法人,独立经营,但是当一个农协出现信用危机时,可能会波及其他农协,造成挤兑风险。相互援助制度的建立可以有效地防止信用风险的发生,保障各农协的健康发展。

2. 中国合作金融业监管

目前,中国合作金融业监管的总体要求是:国家宏观调控、加强监管,省级政府依法管理、落实责任,信用社自我约束、自担风险。实施原则是:职责清晰,分工明确;加强协调,密切配合;审慎监管,稳健运行。根据中央农村工作会议、2014年中央一号文件精神和2014年全国银行业监督管理工作会议的有关部署,监管部门应该加强监管能力建设,强化农村金融差异化监管。

(1) 监管主体

2004年5月,银监会、中国人民银行联合发布《关于明确对农村信用社监督管理职责分工的指导意见》,对农村合作金融的监管主体做了明确分工。

省级人民政府的职责为:① 按照国家有关要求,结合本地实际,对当地信用社改革发展的方针政策、目标规划等重大事项进行研究决策,并通过省级联社或其他形式的信用社省级管理机构实现对当地信用社的管理、指导、协调和服务。② 督促信用社贯彻执行国家金融法律、行政法规和金融方针政策,引导信用社坚持为"三农"服务的经营宗旨,提供地方经济发展政策信息,指导信用社搞好金融服务;组织有关部门对信用社业务经营及管理行为是否合法合规进行检查。③ 坚持政企分开的原则,对信用社依法实施管理,不干预信用社的具体业务和经营活动。④ 按照有关法律、法规和行政规章,指导信用社省级管理机构制定当地信用社行业自律性管理的各项规章制度,并督促信用社省级管理机构组织落实。⑤ 按照有关规定,组织有关部门推荐,并经银监会核准任职资格后,按规定程序产生信用社省级管理机构高级管理人员;负责对信用社省级管理机构领导班子的日常管理和考核。⑥ 组织信用社省级管理机构和有关部门依法对信用社各类案件进行查处;负责对信用社省级管理机构主要负责人的违法违纪行为做出处理,并督促信用社省级管理机构和有关部门对信用社违法违纪人员做出处理。⑦ 帮助信用社清收旧贷,打击逃废债,维护农村金融秩序稳定,为信用社发展营造良好的信用环境。⑧ 信用社党的关系可实行省委领导下的系统管理,也可实行属地管理,地方党委要加强对信用社党的领导,做好信用社干部职工的思想政治工作。

省级信用联社的职责为:① 建章立制,加强监督管理。结合当地信用社实际,制定信用社业务经营、财务核算、劳动用工、分配制度、风险控制等管理制度并督促执行。② 指导信用社健全法人治理结构,完善内部控制制度,逐步形成决策、执行、监督相制衡,激励和约束相结合的经营机制。督促信用社依法选举理事和监事,选举、聘用高级管理人员。③ 对信用社业务经营、财务活动、劳动用工和社会保障及内部管理等工作进行培训、辅导和稽核检查。逐步扩大对外部股东、社员代表、理事、监事的培训,提高其参与信用社决策的能力。④ 改进和完善当地信用社的资金清算和结算的技术支持系统,提高资金清算和管理效率。办理或代理信用社的资金清算和结算业务。⑤ 为当地信用社提供业务指导和信息咨询服务。及时提供资金需求信息,鼓励法人之间开展同业拆借等同业融资活动。在平等自愿、明确债权债务关系和法律责任的前提下,为基层信用社融通资金。⑥ 代表信用社协调有关方面关系,维护信用社的合法权益。⑦ 省级人民政府授权行使的其他管理职责。

银监会的监管职责为:① 根据有关法律、行政法规,制定监管制度和办法。② 审批机构的设立、变更、终止及其业务范围。③ 依法组织现场监管和非现场监管,做好信息统计和风险评价,依法查处违法违规行为。建立信用社监管评级体系和风险预警机制,根据信用社评级状况和风险状况,确定对其现场监管的频率、范围和需要采取的其他措施。④ 审查高级管理人员任职资格,并对其履行职责情况进行监管评价。⑤ 向省级人民政府提供有关监管信息和数据,对风险类机构提出风险预警,并协助省级人民政府处置风险。⑥ 对省级人民政府的专职管理人员和省级联社的高级管理人员进行培训。⑦ 受国务院委托,对省级人民政府管理信用社的工作情况进行总结评价,报告国务院。

(2) 市场准入

由银监会修订并于 2014 年 3 月 13 日起实施的《中国银监会农村中小金融机构行政许可事项实施办法》对中国农村合作金融机构的市场准入做了详细规定。

农村信用合作联社的设立条件为:有符合银监会有关规定的章程;在农村信用合作社及其联合社基础上以新设合并方式发起设立;注册资本为实缴资本,最低限额为 300 万元人民币;股权设置合理,符合法人治理要求;有符合任职资格条件的理事、高级管理人员和熟悉银行业务的合格从业人员;有健全的组织机构、管理制度和风险管理体系;有与业务经营相适应的营业场所、安全防范设施和其他设施;建立与业务经营相适应的信息科技架构,具有支撑业务经营的必要、安全且合规的信息科技系统,具备保障信息科技系统有效安全运行的技术与措施;银监会规定的其他审慎性条件。

村镇银行的设立条件为:有符合《公司法》《商业银行法》和银监会有关规定的章程;发起人应符合规定的条件,且发起人中应至少有一家银行业金融机构;注册资本为实缴资本,在县(区)域设立的,最低限额为 300 万元人民币;在乡(镇)设立的,最低限额为 100 万元人民币;具有符合任职资格条件的董事、高级管理人员和熟悉银行业务的合格从业人员;具有必需的组织机构和管理制度;具有清晰的支持"三农"和小微企业的发展战略;具有与业务经营相适应的营业场所、安全防范设施和其他设施;建立与业务经营相适应的信息科技架构,具有支撑业务经营的必要、安全且合规的信息科技系统,具备保障信息科技系统有效安全运行的技术与措施;银监会规定的其他审慎性条件。

在县(市)及其以下地区贷款公司的设立条件为:有符合银监会有关规定的章程;注册资本为实缴资本,最低限额为 50 万元人民币;有具备任职专业知识和业务工作经验的高级管理人员;有具备相应专业知识和从业经验的工作人员;有必需的组织机构和管理制度;有与业务经营相适应的营业场所、安全防范设施和其他设施;银监会规定的其他审慎性条件。

农村资金互助社的设立条件为:有符合银监会有关规定的章程;以发起方式设立且发起人不少于 10 人;注册资本为实缴资本,在乡(镇)设立的,最低限额为 30 万元人民币;在行政村设立的,最低限额为 10 万元人民币;有符合任职资格的理事、经理和具备从业条件的工作人员;有必需的组织机构和管理制度;有与业务经营相适应的营业场所、安全防范设施和其他设施;银监会规定的其他审慎性条件。

农村商业银行的设立条件为:有符合《公司法》《商业银行法》和银监会有关规定的章程;在单家农村合作银行或农村信用合作社基础上变更组织形式设立,在两家及两家以上农村商业银行、农村合作银行或农村信用合作社基础上以新设合并方式设立;注册资本为实缴资本,最低限额为 5 000 万元人民币;有符合任职资格条件的董事、高级管理人员和熟悉银行业务的合格从业人员;有健全的组织机构和管理制度;有与业务经营相适应的营业场所、安全防范措施和其他设施。设立农村商业银行,还应符合其他审慎性条件,至少包括:具有良好的公司治理结构;具有清晰的农村金融发展战略和成熟的农村金融商业模式;具有健全的风险管理体系,能有效控制各类风险;具备有效的资本约束与资本补充机制;具有科学有效的人力资源管理制度,拥有高素质的专业人才;建立与业务经营相适应的信息科技架构,具有支撑业务经营的必要、安全且合规的信息科技系统,具备保障信息科技系统有效安全运行的技术与措施;最近一年无严重违法违规行为和因内部管理问题导致的重大案件;主要监管指标符合审慎监管要求;所有者权益大于等于股本(即经过清产核资与整体资产评估,且考虑发起人出资置换不良资产及历年亏损挂账等因素,拟改制机构合并计算所有者权益剔除股本后大于或等于零);单个自然人及其近亲属合计投资入股比例不得超过农村商业银行股本总额的 2%;职工自然人合计投资入股比例不得超过农村商业银行股本总额的 20%;单个境内非金融机构及其关联方合计投资入股比例不得超过农村商业银行股本总额的 10%;并购重组高风险农村信用合作社组建农村商业银行的,单个境内非金融机构及其关联方合计投资入股比例一般不超过农村商业银行股本总额的 20%;因特殊原因持股比例超过 20% 的,待并购后农村商业银行经营管理进入良性状态后,其持股比例应有计划地逐步减持至 20%;银监会规定的其他审慎性条件。

(3) 风险管理

为全面、客观地评价农村合作金融机构的金融风险,提高金融监管的有效性,督促农村合作金融机构增强金融风险的自我防范、自我控制和自我化解能力,促进其健康稳定地发展,银监会于 2004 年 1 月发布《农村合作金融机构风险评价和预警指标体系》。这一指标体系由定量指标和定性指标组成,其中,定量指标由五大类共17个指标组成,定性指标为管理能力,每个指标的权重以分值表示,总分为100分,如表7-8所示。

表 7-8 中国农村合作金融机构风险评价指标分值

指标类别	分值	指标名称	指标分值	指标值	计分公式
资本充足率指标	20分	资本充足率	16分	8%至0%	16 −(8% − 指标值)/0.5%
		核心资本充足率	4分	4%至0%	4 −(4% − 指标值)/1%
流动性指标	10分	备付金比例	5分	5%至0%	5 −(5% − 指标值)/1%
		资产流动性比例	2.5分	60%至10%	2.5 −(60% − 指标值)/20%
		拆入资金比例	2.5分	0%至10%	2.5 − 指标值/4%
安全性指标	30分	不良贷款比例	5分	10%至50%	5 −(指标值 − 10%)/8%
		不良贷款预计损失比例	5分	5%至30%	5 −(指标值 − 5%)/5%
		不良贷款预计损失抵补率	5分	30%至0%	5 −(30% − 指标值)/6%
		对最大一户贷款比例	2分	30%至70%	2 −(指标值 − 30%)/20%
		对最大十户贷款比例	4分	150%至350%	4 −(指标值 − 150%)/50%
		对最大十户贷款欠息比例	4分	0%至40%	4 − 指标值/10%
		不良非信贷资产比例	5分	10%至50%	5 −(指标值 − 10%)/8%
效益性指标	20分	资产利润率	10分	1%至0%	10 −(1% − 指标值)/0.1%
		利息回收率	10分	95%至55%	10 −(95% − 指标值)/4%
综合发展能力指标	10分	存款增长率	4分	10%至0%	4 −(10% − 指标值)/2.5%
		不良贷款余额下降率	4分	20%至0%	4 −(20% − 指标值)/5%
		固定资产比例	2分	50%至100%	2 −(指标值 − 50%)/25%
管理能力	10分	法人治理结构	1分		
		风险管理能力	3分		
		内部控制制度的健全性	1分		
		内部控制制度的有效性	3分		
		报表资料的真实性	2分		

此外,农村合作金融机构要定期按时向当地监管部门报送会计报表资料。其中,需报送月报、季报、年报的资料为:业务状况表、备付金比例情况表、拆入资金比例情况表、不良贷款比例情况表、不良贷款预计损失比例情况表、单户贷款余额占资本总额比例超过30%(不含)情况统计表、最大一户及十户贷款比例情况表、不良非信贷资产比例情况表、支付缺口测算表、支付缺口测算汇总表。需报送季报、年报的资料为:资产负债表、财务损益表、资本充足率情况表、加权风险资产计算表、资产流动性比例情况表、固定资产比例情况表。需报送年报的资料为:资产利润率情况表、利息回收率情况表、存款增长率情况表、不良贷款余额下降率情况表。

本章小结

1. 对信托公司的监管,主要是机构的市场准入、变更和市场退出,以及业务的开展等方面的监管。由于信托公司业务的特殊性,监管当局督促其建立严密的财务内部控制制度,对出纳、资金和财物加强自我约束、自我管理。

2. 对金融租赁公司的监管主要集中在机构和业务两方面。在机构市场准入上，金融租赁公司不以自然人作为股东，经营涉外业务的必须有一定的外币资本金。在业务上，对金融租赁公司的业务范围有严格的规定，要求建立严格的内部和外部财务审计制度。

3. 企业集团财务公司有特殊性，因此，监管措施也有所不同。在财务公司的市场准入上，对财务公司自身有严格的要求，其所属企业集团也有限制。在业务上，主要限制其为企业集团成员单位服务。为了便于监管，设置了非现场监管指标体系，要求财务公司在指标限定的范围内开展业务。

4. 合作金融是在合作经济的基础上产生的。中国的合作金融包括农村合作金融和城市合作金融，其中，城市合作金融大部分已经改制成为城市商业银行，因此，农村合作金融是目前中国合作金融的主要形式。新中国成立后，随着政治、经济和社会的发展，农村合作金融先后经历了六个阶段。对农村合作金融的监管主体包括省级人民政府、省级信用联社、银监会。农村信用合作联社、村镇银行、农村资金互助社、农村商业银行必须符合银监会规定的市场准入条件。对信用合作社的监管主要是针对农村信用合作联社的监管。省联社由社员单位出资入股成立，职能主要是贯彻执行国家的金融方针政策，为社员社提供服务，促进社员社发展；在省联社的组织机构和人员任职资格上，有严格的要求。对市、县农村信用合作联社的监管，参照执行。

本章重要概念

信托	刚性兑付	信息不对称	市场风险
信用风险	流动性风险	操作风险	道德风险
单层多头监管	双层多头监管	集中监管	变更
终止	现场检查	非现场检查	金融租赁
融资租赁	资本充足率	注册资本金	同业拆借比例
财务公司（金融公司）	合作金融	农村信用合联社	村镇银行
农村资金互助社	农村商业银行		

练习题

1. 简述中国对信托投资公司监管的主要内容。
2. 如何通过金融监管提高金融租赁公司的作用？
3. 对企业集团财务公司的监管应当有哪些改进？
4. 简述中国金融合作业的发展历程。
5. 简述中国对合作金融业的监管。
6. 怎么样理解近几年出现的信托"刚性兑付"危机？
7. 简述金融租赁和融资租赁的相同与不同。
8. 城乡一体化进程中，农村合作金融的作用越来越明显，你对此有什么看法？对合作金融的监管会产生什么新的要求？

21世纪经济与管理规划教材

金融学系列

第 8 章

金融监管协调

2013年8月22日,国务院批复了由中国人民银行提交的《中国人民银行关于金融监管协调机制工作方案的请示》,同意建立由中国人民银行牵头的金融监管协调部际联席会议制度。至此,金融监管联席会议制度最终得到确定。

随着新金融的发展,各行业间的界限正在变得模糊,国内机构的综合经营、交叉经营正在扩大,这对当前分业经营、分业监管造成了冲击,急需监管各部门之间相互协调配合,建立一套完整的金融监管协调体制。

8.1 金融监管协调概述

8.1.1 金融监管协调的含义

关于"协调"一词,《汉语大词典简编》的解释是"和谐一致,配合得当",而《韦氏大辞典》第十版的解释是"为取得最佳效果,(整体的)各部分所采取的和谐行动"。这两种解释都强调了协调的本质特征——和谐。而从经济学的角度来看,在存在多个监管主体的情况下,如果各个主体之间缺乏适当的配合,行动不和谐,就会产生诸如重复监管、监管盲点、监管冲突等后果,从而降低监管的效率,甚至造成监管失效。

根据纳入协调范围的监管主体数量的多少,有广义的监管协调与狭义的监管协调之分。狭义监管协调的主体主要特指金融监管的政府机构,包括中央银行、专门的金融监管机构(如银监会、证监会、保监会)和政府有关部门(如财政部门、审计部门)。广义监管协调的主体既包括狭义监管协调的主体,也包括一国或地区的民间自律性质的金融同业行会和各种专门服务机构,如会计师事务所、资信评级机构等,还包括有关国家的金融监管机构和国际上的金融监管组织,如巴塞尔委员会、国际证券委员会组织和国际保险监管者协会等。一般而言,纳入协调范围的监管主体数量越多,考虑问题的视角就越开阔,就越可能达到监管工作的协调一致,但随着监管主体数量的增多,协调的成本与难度也会增大。本书的金融监管协调指的是狭义的金融监管协调。

8.1.2 金融监管协调的必要性

在20世纪30年代以前,大部分国家经历的是自由市场时期,人们相信市场这只"看不见的手"对经济的自动调节作用,政府则被赋予了"守夜人"的角色,从事监管活动的机构数量不多,自然也不存在真正意义上的金融监管协调。然而,随着金融领域出现了一系列的变化,传统的、缺乏协调的金融监管模式受到了严重的挑战,监管者们也逐渐意识到了金融监管协调的重要性。

1. 改变监管者的信息劣势

信息的不完备和不对称使得市场经济不能像古典经济学所描述的那样完美运作。在金融体系中,这种信息的不完备和不对称不仅表现在金融机构和客户之间的关系上,还表现在金融机构和监管者之间的关系上:被监管者总是比监管者了解更多有助于做出正确监管决策的信息,因为被监管者出于种种考虑,总是试图隐瞒对其不利的信息。只有监管者之间的信息交流顺畅,各监管者才能获得尽可能多的有用信息。

2. 防止监管冲突

金融监管的总体目标是保护投资者的利益,维护金融体系的安全与稳定,不同的监管主体实际上都是围绕这一目标来展开工作的。但在实践中,不同的监管主体会从各自的职责出发,对同一个或不同的监管对象设置具体目标,如果这些目标相互抵触,就会产生监管冲突,甚至造成金融秩序混乱。一个监管机构不能漠视另一个监管机构的监管要求,二者必须进行某种形式的协调,否则会大大影响监管的有效性与效率。

3. 监管者相互监督的需要

根据 Williamson 的机会主义和有限理性的假设，监管者也会犯错误（由于私利或判断失误），而且监管者的失误往往会造成灾难性的后果，巴林银行、大和银行纽约分行、里昂信贷银行等一大批实力雄厚的跨国金融机构的相继倒闭就和监管失败有直接的关系。各监管主体之间建立沟通渠道，彼此协商，是各监管者避免错误发生的有效途径。比如，金融同业公会作为民间自律性组织，可以与官方监管机构合作，相互监督。同业公会往往比监管当局更熟悉金融市场，同各监管主体的联系也更紧密，因此在监管方面和监管当局相比有一定的优势；而监管当局的监管工作更加规范，更具权威性。如果二者建立沟通渠道，互相监督，就可以同时发挥二者的优势，尽力避免监管失败。

4. 混业经营的需要

目前混业经营已成为世界潮流，如何对多元化经营的金融控股公司或全能银行实行监管，成为各国政府面临的难题。各国基本上都按以下两个思路来解决这一问题：一是实行统一监管，并强调统一监管机构内部各职能部门的协调；二是保持原有的分业监管模式不变或进行局部的调整，并进一步强化各部门之间的协调。第一种思路的典型国家是英国、日本、韩国。英国于1997年成立了金融服务局，负责对银行业、证券业和保险业实行综合监管；第二种思路的典型国家是美国、中国。美国明确指定美联储为金融控股公司的主要监管者，并要求美联储在监管工作中必须尊重金融控股公司内部不同附属公司监管当局的权限，尽可能采用其检查结果。

案例

美国——金融监管协调不到位带来的监管重叠和监管真空

在2007年，美国货币监理署模拟了经营所有金融业务的"全能金融控股公司"，结果发现，有权对这家控股公司进行直接监管的机构就有九家。在实际运行中，根据货币监理署对花旗、摩根大通的调查，发现对这两家集团有监管权的机构远远超过该数字，这表明美国金融监管重叠现象十分严重。

以花旗银行为例，它不但要受到货币监理署、联邦储备银行、联邦存款保险机构、储蓄机构监管署以及证券交易委员会的监管，还要受到50个州的地方监管者的监管。这些机构之间存在着交叉和重复监管的现象。没有任何单一金融监管机构拥有监控市场系统性风险所必备的信息与权威，现有金融监管部门之间在应对威胁金融市场稳定的重大问题时缺乏必要的协调机制。由于监管目标不同，各监管机构在金融机构新设标准、信息报送格式和程序、内部风险控制制度、资本充足率标准、高级管理人员资格审查、金融机构兼并收购等各个方面几乎都存在不同的规定。大型金融集团每年仅在年报的准备和报送上就得花费至少两个月的时间。金融机构还会因同一件事、在同一个部门不停地接受不同监管机构的现场检查。

就监管真空而言，像CDO（债务担保证券）、CDS（信用违约掉期）这样的金融衍生品，到底该由美联储、储蓄管理局还是证券交易委员会监管并没有明确的法律规定。多头监管的存在,使得没有一家机构能够得到足够的法律授权负责整个金融市场和金融体系的风险,这也在一定程度上导致了美国次贷危机的爆发。

8.1.3 金融监管协调与独立性的关系

从严格监管的要求出发,应该强调监管主体的独立性,巴塞尔银行监管委员会在《有效银行监管的独立性原则》中就指出:在一个有效的银行监管体系下,参与银行监管的每个机构都要有明确的责任和目标,并享有操作上的自主权和充分的资源。但各监管主体的监管工作都服务于一个总目标,金融监管是一个系统性的工作,按照系统论,整体的良好运转有赖于各部分的密切合作。一方面,监管机构只讲独立性,不讲协调,只不过是通过牺牲整体的长远效率来换取部门的短期高效率,并可能积累部门内部乃至系统性风险;另一方面,只讲协调,排斥必要的独立性,也会使各监管部门的监管失效。如何把握协调性与独立性的度,在某种程度上需要各国通过实践来检验。

8.1.4 金融监管协调的成本—收益分析

进行金融监管协调的目的之一就是提高监管的有效性与效率,了解了影响协调的成本与收益因素,监管部门就可以努力减少成本,增加收益,从而提高监管的有效性与效率。

一般来讲,协调的成本包括:① 为建立协调机制各方进行协商进而立法的成本,该成本的大小与协商的困难程度成正比,而与立法程序的效率成反比;② 协调的成本,即各监管主体在协调机制下进行配合行动的各项开支产生的成本,该成本与纳入协调范围的监管主体数目成正比,与各监管主体的分工明确程度成反比;③ 被监管者在协调机制下可能耗费的资源成本,这项成本与耗费的资源量成正比。

同时,协调也会带来可观的收益,主要包括:① 因协调而减少政策失误所转化的收益;② 因协调而导致整个金融体系效率提高而产生的收益;③ 潜在收益,即因金融体系效率提高而推动经济发展所产生的收益。

下面我们从博弈论的角度来分析一下金融监管协调的成本和收益。

考虑单一监管机构的情形。影响金融监管效率的因素有很多,我们可以用一个综合因素即金融核心监管力来表示,那么金融监管效率 $F(x)$ 就取决于监管部门的核心监管能力及与之相关的收益 $R(x)$ 和成本 $C(x)$ 的大小,用数学表达式可以表述为:

$$F(x) = R(x) - C(x)$$

其中,$\dfrac{dR}{dx}>0,\dfrac{d^2R}{dx^2}<0$ 且 $\dfrac{dC}{dx}>0,\dfrac{d^2C}{dx^2}>0$,易知 $F(x)$ 必然存在最大值。当 $F'(x) = R'(x) - C'(x)$ 时,$F(x)$ 可取到其极值,也就是说,当边际收益等于边际成本时,即 $MR = MC$,金融监管的效率最大,如图 8-1 所示。

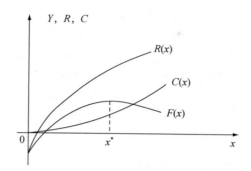

图 8-1　金融监管的成本—收益

对于存在多个监管主体的情形,它们之间的协调净收益函数可以表示为:

$$F_i(x) = R_i(x) - C_i(x), \quad i = 1, 2, 3, \cdots$$

其中,i 代表不同的监管主体(中央银行,证监会,银监会,保监会等)。$F_i(x)$ 代表协调监管的有效性。$R_i(x)$ 和 $C_i(x)$ 分别代表金融监管协调的收益和成本,同样有 $\dfrac{dR_i}{dx} > 0$,$\dfrac{d^2 R_i}{dx^2} < 0$ 且 $\dfrac{dC_i}{dx} > 0$,$\dfrac{d^2 C_i}{dx^2} > 0$,$x$ 代表协调力度,由协调深度和协调广度共同决定。

这里仅考虑两种监管主体的市场,用一个简单的完全信息下的博弈模型来表示合作双方的选择。假设两个监管机构 1 和 2 的协调成本分别为 $C_1(x)$ 和 $C_2(x)$,双方选择不合作的时候,收益均为 0。一方合作、一方不合作的时候,双方也有收益,存在"搭便车"的情形。若双方均选择合作,则会产生合作溢价,各自的收益都会上升。博弈矩阵如下:

		2	
		协调	不协调
1	协调	$m_1 R_1(x) - C_1(x),\ m_2 R_2(x) - C_2(x)$	$R_1(x) - C_1(x),\ R_2(x)$
	不协调	$R_1(x),\ R_2(x) - C_2(x)$	0, 0

要达到金融协调监管的最优状态,防止因徒困境的情况发生,双方均参与合作必然成为唯一的纳什均衡,此时应该满足:

$$m_1 R_1(x) - C_1(x) > R_1(x)$$
$$m_2 R_2(x) - C_2(x) > R_2(x)$$
$$R_1(x) - C_1(x) > 0$$
$$R_2(x) - C_2(x) > 0$$

经过整理得到:

$$m_1 > \frac{R_1(x) + C_1(x)}{R_1(x)}$$
$$m_2 > \frac{R_2(x) + C_2(x)}{R_2(x)}$$

$$R_1(x) > C_1(x)$$
$$R_2(x) > C_2(x)$$

上述式子说明合作带来的收益越小、成本越高时,所需要的合作溢价越大。同时,合作的收益必须是正数,从而不会出现双方均选择不合作的情形。

8.1.5 金融监管协调的主要内容

1. 监管协调的主体

各国金融监管体制不同,金融监管协调的主体也各不相同。一般来说,承担监管职责的主要是一国的监管当局、中央银行以及政府有关部门。为实现监管协调的有效性,首先,各国要在统一框架下明确监管主体的具体职责分工。其次,各个监管主体要在监管目标理念、方式手段、人员素质等各方面努力提高自身的监管能力和水平,否则将难以实现更高层次上的监管协调。另外,可以探索在比金融监管主体更高的层次水平上,由国家出面组织成立专门机构或制定专门部门负责管理各监管主体日常的监管协调工作,以及在必要时担任最高指挥官和最终决策者的角色。

2. 监管协调的法律体系

随着金融混业经营和金融自由化、国际化的迅速发展,各国原有的金融监管法律、法规已不能适应新的金融发展要求。要建立起良好的金融监管协调机制,必须尽快改革、充实现有的法律体系和有关制度规定,建立完善的金融监管协调法律框架,以便为监管协调提供可靠的法律依据和保障。

3. 监管协调的机制

作为监管主体的行为准则,协调机制是指在监管主体之间达成的有关协调行动的一系列临时性或制度性安排,这些安排一般包括:① 日常的信息交流与协商。目前各国都很重视统一金融监管数据库的建设,在信息收集方面则规定各监管机构和中央银行应避免向同一机构收集同样的信息,并就具体的信息收集主体、方式等进行明确规定。② 监管主体高层的互相参与制度。指各监管当局的高层领导人分别在其他监管机构中担任重要职位,这样不但能及时了解其他监管机构的决策,还能综合考虑其影响,减少协调行为的阻力。③ 定期或不定期的监管联席会议。多方监管联席会议可以使各方深入交换看法,解决分歧,及时判定新的金融衍生物的归属,并确立针对具体问题的解决方法和协调方式。④ 召开研讨会。这是对监管联席会议的补充。在监管联席会议代表的基础上,再邀请相关政府部门负责人、金融专家、民间监管代表等召开研讨会,针对当前的重大经济金融问题展开讨论。⑤ 危机管理。指当面临金融危机时,各监管主体及时进行磋商,采取一致行动应对危机,尤其要加强与国外监管机构及国际金融监管组织的合作。

案例

各国的金融监管协调

美国

1. 金融监管协调机制

美国的法律明确规定各金融监管机构职责的划分,特别是对于银行、金融控股公司的监管分工合作范围及职责权限做出明确界定,要求伞式监管人与功能监管人相互协调,以避免重复监管和过度监管;同时,成立由联邦储备银行、财政部货币监理局、联邦存款保险公司储蓄性金融机构监管局等联邦级监管机构组成的联邦金融机构监察委员会,各家机构轮流担任主席。监察委员会负责制定统一的监管原则、标准,以及协调和统一联邦级与州级监管机构的监管政策和业务。

2008年的金融危机暴露了美国金融监管体系的重大缺陷,为了弥补这些缺陷,美国众议院通过了《金融监管改革法案》。在新的改革方案中,美联储成为超级监管者,不仅对银行业进行监管,而且对所有具有系统重要性的机构(如通用资本公司等)进行监管,同时还对整个支付、清算和结算体系进行监督。根据该法案还成立了独立于现有监管机构的金融服务监管委员会,优化了金融监管体系的组织结构,加强了彼此间的协调合作。

2. 金融监管协调的主要做法

除了立法之外,美国在信息收集与共享、履行检查职能等实际操作上也做了一系列具体的制度安排:① 由联邦金融监察委员会制定统一的报表格式和标准,并规定由委员会统一收集五家监管机构的监管对象数据;② 监管机构之间相互协调所掌握的数据与信息,建立监管信息资源的共享机制,以避免重复收集数据;③ 各监管机构除了共享数据、信息外,还共享检查、调查报告及其与金融机构的往来文件等,使各监管机构能够及时了解和掌握各个监管环节的活动和进展情况。另外,在现场检查方面,联邦金融监察委员会为了减轻各监管机构的负担,还对各监管机构的检查活动进行统一部署和安排协调,有效地防止了重复监管和监管"真空"的出现,提高了监管效率。

英国

1. 金融监管协调机制

虽然金融服务局是英国唯一的监管机构,负责综合性监管,并具有较高的独立性,但它与其他金融管理部门的有效协调与合作仍然是必不可少的。首先,为了克服审批程序多、监管政出多门的弊端,金融服务局、英格兰银行和财政部三方签署了谅解备忘录,建立维护金融稳定的协调合作框架;其次,三方根据备忘录建立了协调机构——常务委员会,每月召开会议讨论与金融稳定有关的重大问题,任何一方都要作为牵头机构与另两方协商解决其职责范围内的问题;最后,三方高层领导可以相互兼职,如英格兰银行负责金融稳定的副行长兼任金融服务局理事会的理事,金融服务局主席兼任英格兰银行理事会的理事等,三方工作人员之间还可以相互借调。以上措施都进一步促进了金融监管机构之间的交流与协调合作。

2. 金融监管协调的主要做法

在监管信息方面,由金融服务局负责全面收集被监管机构的数据和信息,英格兰银行在其职责范围内收集所需信息。二者为避免重复工作,就由一方负责具体的工作,双方及时达成协议,同时,建立信息共享制度,双方可以共享收集的所有与其职责有关的信息。在监管检查方面,英格兰银行不再担任此项工作,全部由金融服务局负责。在提供服务方面,金融服务局和英格兰银行之间建立了有效的服务合作安排,对所提供服务的性质、时间、费用、期限、标准等都做了详细的规定。在政策变化协调方面,金融服务局、英格兰银行、财政部对于政策变化有互相通知或征询彼此意见的义务。

日本

1. 金融监管协调机制

日本的金融监管主体主要是金融监督厅、中央银行以及财务省、农林水产省、劳动省等行政部门,并在监管机构内部及外部均设立了负责监管协调工作的总务机构及总务课。作为日本金融监管的最高权力机构,除政策性金融机构由财务省负责监管外,银行、证券、保险等商业性金融机构都由金融监督厅独立监管或与其他相关专业部门共同监管。财务省以及劳动省等行政部门作为金融监督厅的协作机构,依据金融监督厅的授权或相关法律规定对相关金融机构实施监管。此外,日本还新设了金融服务检察官,负责对监管机构人员进行调查和再监督。

2. 金融监管协调的主要做法

在监管信息方面,金融监督厅下设总务企划局、检查局、监督局三个职能部门和六个专门委员会,各局都设有总务课,专门负责监管工作的协调与信息沟通。在监管检查方面主要由金融监督厅负责,由于金融监督厅没有地方分支机构,对于中小型金融机构的监管检查工作则委托财务局下属分支机构代为实施。

资料来源:中国人民银行国际司。

8.2 中国的金融监管协调机制

合理的金融监管协调机制是实现监管资源有效配置和提高金融监管效率的基础。在前文中,我们考察了各个国家的金融监管协调机制,在此基础上,分析中国的监管协调现状和不足,并对此提出完善建议。

8.2.1 中国金融监管协调的现状

中国的金融监管协调机制起步较晚,资料不完备,仍处于探索、发展和完善之中。

1. 中国金融监管协调的规范体系

目前国内银行、证券、保险机构的业务合作已日趋加强,促使四大监管部门之间开始协调合作。《中国人民银行法》第九条规定:"国务院建立金融监督管理协调机制,具体办法由国务院规定。"《证券法》第一百八十五条、《保险法》第一百五十八条分别规定了证监会、保监会在行使各自的监督检查职能时,其他有关部门有协调配合的义务,《中国人民银行法》《证券法》《保险法》《银行业监督管理法》都对"一行三会"之间的信息共享机制做出了原则性规定。此外,还有一些条例规章等也有相关规定(如《证券公司监督管理条例》等)。这些法律规章共同构成了中国金融监管协调主体之间进行协调合作的法律基础。

2004年6月,"三会"之间签订的《中国银行业监督管理委员会、中国证券监督管理委员会、中国保险监督管理委员会在金融监管方面分工合作的备忘录》(以下简称《备忘录》)是目前关于金融监管协调机制规定的最集中的文献。《备忘录》主要包括指导原则、职责分工、信息收集与交流、工作机制几个方面,具体而言包括:第一,《备忘录》坚持分业监管、职责明确、合作有序、规则透明、讲求实效的原则;第二,提出了针对金融控股公司的"主监管人"理念,即对金融控股公司的监管应坚持分业经营、分业监管的原则,对金融控股公司的集团公司依据其主要业务性质,归属相应的监管机构,对金融控股公司内相关机构、业务的监管,按照业务性质实施分业监管;第三,初步建立银监会、证监会、保监会之间的信息收集与交流制度;第四,明确了就重大监管事项及跨境、跨行业监管中复杂问题的及时磋商机制。该《备忘录》增强了中国金融监管的有效性,一定程度上避免了监管缺位和监管冲突,是中国金融监管协调制度不断完善的必要过渡。

2. 中国金融监管协调机制的模式

《备忘录》中提到的金融监管协调机制的模式主要有三种:监管框架、协同机制、信息共享机制。

① 监管框架。银监会依法负责对各商业银行、信托机构、政策性银行和金融资产管理公司的监管;证监会依法负责对证券业务的监管;保监会依法负责对保险业务的监管。混业经营机构则实施主监管制度:对控股母公司依据其主要业务性质确定监管机构,而对其金融子公司按业务性质仍由相应的监管机构实施分业监管。

② 协同机制。建立银监会、证监会和保监会每季度召开联席会议的工作机制,并建立以讨论、协商具体专业监管问题为目的的经常联系机制。

③ 信息共享机制。银监会、证监会和保监会三家监管机构依法分别收集监管对象的信息和数据,并加以汇总制表并公布,以做到信息共享。

在《备忘录》规定协调合作的机制后,三家监管机构召开了两次部门之间的监管联席会议,确立了对金融控股公司的主监管制度,但是中国人民银行未曾参加过"三会"的联席会议。

为了健全金融监管协调机制,2008年国务院批准了《中国人民银行主要职责内设机构和人员编制规定》(简称"央行的三定方案"),并规定:中国人民银行会同银监会、证监会、建立金融监管协调机制,以部际联席会议制度的形式,加强货币政策与监管政策之间以及监管政策、法规之间的协调,建立金融信息共享制度。此外,还进一步明确了中国人民银行的监管职能:实施外汇管理,负责对国际金融市场的跟踪监测和风险预警,监测和管理跨境资本流动,监督管理银行间同业拆借市场、银行间债券市场、银行间票据市场、银行间外汇市场和黄金市场及上述市场的有关衍生品交易,负责金融控股公司和交叉性金融工具的监测,负责反洗钱工作的监管等。

2013年8月,为进一步加强金融监管协调,保障金融业稳健运行,国务院同意建立由中国人民银行牵头的金融监管协调部际联席会议制度,银监会、证监会、保监会、外汇管理局为会议成员单位,必要时可邀请国家发展和改革委员会、财政部等有关部门参加。联席会议重点围绕金融监管开展工作,不改变现行金融监管体制,不替代、不削弱有关部门现行职责分工,不替代国务院决策,重大事项按程序报国务院。联席会议通过季度例会或临时会议等方式开展工作,落实国务院交办事项,履行工作职责。联席会议建立简报制度,及时汇报、通报金融监管协调信息和工作进展情况。

3. 中国金融监管协调的实践

从《备忘录》实行以来,中国的金融监管协调实践也拉开了序幕。尤其是在金融海啸波及全球时,证监会、银监会和保监会在中国人民银行的协调下,在维护资本市场稳定、防范和化解金融风险、产品和市场监管及经营机构监管方面都做出了努力。

① 并表监管的实施。决策层曾明确提出,在继续实行银行、证券、保险分业监管的同时,要顺应金融业务综合经营的趋势,强化按照金融产品和业务属性实行功能监管,完成对金融控股公司交叉性金融业务的监管。银监会于2008年2月发布了《银行并表监管指引(试行)》,要求银行集团应采用适当的方法,对境内外各类附属机构的各方面风险等进行评估,避免局部的、单一的风险进一步蔓延扩大,对整个银行集团的安全构成威胁。

② 相关监管部门的互动。2008年,中国证券市场因一系列内外部因素的影响,出现了较大幅度的调整。在这种局面下,相关监管部门形成有效互动,维护市场平稳运行。当证券综指下行压力加大时,保监会紧急召集各保险资产管理公司负责人开会,动员其从大局出发维护资本市场稳定,保险资金要在股市低迷之际积极布局,加大对股票和股票型基金的净买入力度,承担维护大局的责任,增加对中国资本市场长期投资价值的信心,对稳定市场起到了积极作用。而证监会迅速出台了一系列协同意识较高的监管及基础性制度建设措施,积极利用相关市场、相关领域的可用条件,尽最大力量维护了市场的平稳运行。为去除市场对于上市金融机构投资美国市场的损失存在恐慌心理,提高透明度,证监会于2008年8月出台了《商业银行信息披露特别规定》,要求商业银行披露次贷等表外业务风险。此举与银监会的并表监管形成了有效互动。中国人民银行则多次使用利率、存款准备金率等货币政策工具,有效维护了经济稳定。为促进宏观经济持续健康发展,国务院于2008年12月初提出了"金融国九条",10天后,国务院办发布了落实"金融国九条"的30条"意见"。在具体落实的过程中,银监会对并购贷款开闸,并明确了其与二级市场收购股份并购行为的关系。证监会则提高了并购重组工作效率,并拟在推进市场并购重组方面继续出台若干办法。另外,全国统一的证券期货市场诚信档案已开始运行,证监会明确表示,将推进与相关监管机构的互联互通,为监管机构之间信息共享、互联预留空间。

中国人民银行、银监会、证监会、保监会的协调监管,对于维护金融稳定起到了非常重要的作用。目前监管部门之间已经实现部分信息联动,相互之间可以通过内部网络实现数据和相关信息的查询,确保第一时间有效地实现相互联动。

③ 监管部门加强协调。为适应国内形势的变化,银监会、证券会、保监会"三会"协调加强,推进了合作的步伐。银保双方签署《商业银行投资保险公司股权试点管理办法》

和《关于加强银保深层次合作和跨业监管合作谅解备忘录》等文件。同时,为防范和化解金融风险,维护金融稳定,为经济发展和社会稳定创造良好的金融环境,不少地方已经建立金融稳定工作联席会议制度。金融监管部门有效的联系、沟通、协调和合作,不仅使监管部门及时掌握信息,提高了信息资源利用率,而且提高了监管效率,形成监管合力,避免出现监管真空和重复监管,促进了地方金融资源的优化配置,保障金融稳定健康发展。

8.2.2 中国金融监管协调的不足

中国金融监管协调机制目前存在很多不足。

1. 规范体系不完善

中国关于金融监管协调机制方面的规定主要集中在《中国人民银行法》《商业银行法》《银行业监督管理法》《证券法》《保险法》等规范性法律文件以及三大金融监管机构金融监管分工合作的《备忘录》中。总地来说,这些规定对监管协调机制的建立有原则性规范,但过于笼统,有待进一步完善和细化以加强其可操作性。此外,由于目前金融业实行分业经营、分业监管,不同领域的法律起草和制定主体也不同,各金融监管部门只注重本监管领域内的立法工作,过多地考虑本部门的监管权限和利益,相互之间缺少必要的协调配合,这样势必增加了法律之间的不协调,使法律始终处于不稳定的状态。规范体系不完善主要表现在以下两个方面。

① 监管协调主体的职责权限规定不明确,过于宽泛和原则化,不便于监管协调机制的有效运行。如《银行业监督管理法》将银监会的职能定位为"银行业的监督管理,规范监督管理行为,防范和化解银行业风险,保护存款人和其他客户的合法权益,促进银行业健康发展"。《中国人民银行法》将中国人民银行的职责定位为"制定与执行货币政策,维护金融稳定"。这种职能定性对于两者之间进行协调合作的空间及原则、方法等都没有很好地体现出来。

② 《备忘录》的缺陷。作为监管协调机制具体规范的《备忘录》的局限性,主要表现在以下几个方面:a.《备忘录》终究不是法律,效力位阶还较低,缺乏必要的权威性。b.《备忘录》中三大金融监管机构地位平等,缺乏足够的动力和有效的约束机制将各自的信息向对方披露;而且由于部门利益和地方保护主义的存在,《备忘录》的执行力大打折扣。c.《备忘录》中"三会"之间的监管联席会议机制和经常联系机制只是现行分业监管体制下加强监管机构之间相互沟通的权宜之计,不具有强制力和决策性质。d. 可操作性不强。e.《备忘录》规定的金融监管分工合作中缺少中国人民银行的参与。

2. 协调合作的层次单一

中国金融监管协调机制的层次单一,金融监管协调合作的主体范围狭窄,降低了监管的有效性与效率。法律法规等确立的监管协调机制一般仅限于"三会"之间以及"三会"与中国人民银行之间的协调沟通,而缺少"一行三会"与财政部等政府部门之间的监管协调机制。中国政府相关部门的相关职能与金融监管紧密联系,例如,财政部作为主管国家财政财税政策、国有资本金基础工作的部门,对金融业的稳定也负有一定职责;国有资产监督管理委员会对国有控股、参股的上市公司的股东要行使相应的监管权;金融领域中的违法犯罪事件需要公安、纪检监察、检察部门介入。此外,金融监管中金融机构危机事件的处置还需要地方政府及其相关部门的有力配合,由此可见,建立监管机构之间以及监管机构与政府部门之间多层次的监管协调机制对于监管的有效性意义重大。

3. 监管协调的主体权力约束机制不力

机制的建立往往都涉及主体的建设,主体建设中的一个重要内容就是主体权力的约束,而具体到中国金融监管机制的建设中,针对参与金融监管协调的监管主体的权力约束明显不足,主要表现为监管权力缺乏法律上的约束和其他权力机关的有效监督。一方面,监管权力缺乏法律上的约束,没有一个法定标准来约束监管主体的行为,监管工作大多被监管主体主观随意性支配。虽然中国现有的法律体系对金融监管机构的职责做了相关规定,但都比较抽象化、原则化;而在金融监管实务方面缺乏一个统一的量化标准,监管者往往享有很大的自由裁量权。另一方面,其他机关的有效监督不足。现有的各主要监管机构都为正部级单位,它们之间的地位是平等的,虽然履行职责需要它们进行平等自愿的沟通与协商,但是这种行为并没有任何强制约束力,相互之间不能进行有效的监督,这样当监管主体之间出现潜在冲突时,某些部门便会采取一些有利于本部门而有损于其他部门利益的行动,具体表现为不同监管主体争夺监管对象和监管权力。

4. 协调兼顾配套措施不足

信息收集与共享建设未做分工,重复建设,缺乏总体规划,一般是低层次、多头开发。中国人民银行与银监会分设前就投入了巨资建成若干信息系统,分设后又在内部机构中增加了征信局专管信用问题;而银监会也早在成立之初专门就信息收集统计工作开展部署,并决定加快推进银监会统计信息和数据处理系统建设。但是这些信息系统都是孤立存在的,监管部门之间又没有进行积极有效的沟通,数据多头采集难以进行信息共享,造成监管成本过大。此外,监管信息系统功能不完善,适应性较差,许多重要的监管环节和内容还没有相应的系统来支持,每个系统的功能覆盖范围也非常有限,弱化了非现场监督。缺乏科学的信息处理软件以及分析和处理方法、手段等,使得一些潜在的金融风险无法通过系统及时发现。

金融监管联席会议也存在一些缺陷。联席会议提供了一种信息交流、充分讨论、协商解决金融监管中出现问题的途径,在一定程度上可以避免监管真空和重复监管。但是在中国分业监管的格局下,现行金融监管联席会议也存在一定的不足:① 除了以《备忘录》的形式对联席会议机制进行了设计,我国法律上没有相关构建依据;② 联席会议不具备决策功能,三方监管主体达成协议后如何有效地保证实施,目前也没有相应的制度保障;③ 缺乏相应的程序规定和操作细则,难以对其实行形成约束和监督;④ 金融协调监管乃一项涉及面广、对国家宏观经济政策和金融体系的安全运行影响重大的系统工程,仅依靠三大监管机关的协调是远远不够的。

8.2.3 完善中国金融监管协调机制的建议

针对中国目前监管协调的不足,需要结合国外的成功案例,加以完善。总结前文,需要从以下几个方面入手。

1. 立法合作机制

通过立法或在保险业、证券业和银行业的监督管理条例中增改一些条款,避免监管重复和监管真空,确立各个行业监督检查的职责,同时明确各个行业之间合作监管的义务,尤其是对近年来不断涌现的金融创新和金融控股公司的监管要协调合作,实施统一监管。

对于《备忘录》的法律约束力不足问题,要将其法律化,使其具有法律效率。同时要将《备忘录》中的联席会议制度化,公布在会议中达成的共识或协议,下达到各监管机构的分支机构,便于基层监管部门能够更好地进行合作和协调。另外,也可以考虑建立分级联席会议制度,如省或市级的监管部门的联席会议制度,能够及时解决监管中出现的局部问题或者个别事件,使之成为一个信息沟通的桥梁,部门信息来源的窗口,既具有协调各部门政策、统一各部门行动的管理职能,又带有论坛的性质,能够就有关金融监管、维护金融稳定及共同推动金融改革等问题进行讨论,起到各部门之间进行全方位合作的中枢及牵头人作用。

2. 牵头监管机制

由于到目前为止牵头监管者还没有明确,监管协调任务的实施没有明确的牵头者带领有关监管部门去落实,因此,急需建立一种牵头监管机制,明确监管职责,解决监管真空或盲点问题。主要针对新的金融组织如金融控股公司或金融集团、新的交叉或边缘业务,明确一个监管机构为牵头监管者,有效协调各监管机构的监管行动,并重点负责对该类机构或业务的监管。牵头监管者的确定原则是:① 可以由中国人民银行来承担与维护整个金融体系的稳定和防范化解系统性金融风险的职责,在金融监管协调机制中应发挥重要的作用;② 对于主业优势明显的多元化金融机构,可以由其主业所归属的监管机构担任牵头监管者;③ 对金融各业规模比较均衡的金融集团,可以由相关监管机构联合成立监管协调小组,负责牵头监管。

建立牵头监管机制,对紧急情况的应对和处理非常有利。在遇到紧急情况时,能够尽快确认责任范围而确认牵头机构,保证各部门之间的全面配合,化解金融风险,防止因个别突发事件引发系统性金融风险甚至金融危机。

3. 联合行动机制

金融混业经营的发展使任何一家监管机构采取监管行动,都有可能会波及业外金融部门,影响其他监管机构的监管效果。如果相关监管机构联合行动,灵活配合,可以形成监管合力,提高监管效率。

联合行动机制应该包括以下内容:

① 金融机构设立和退出的联合审核制度。这样有利于强化监管责任,全面监控金融机构的风险来源。

② 新业务的联合审批制度。通过对涉及不同金融部门或行业的新业务的联合审批,制定科学的业务规程,增加透明度,从而明确各监管机构监管的重点。根据国外经验,金融业及金融机构的新的增长点一般都是由金融深化或金融创新带动的。中国金融机构的创新能力相对较弱,因此首先必须在制度上创造一个良好的创新环境,建立一个高效的联合审批制度,将联合审批制度的内容细化到每一个重要的细节,如规定各种不同类

型的创新业务每个监管机构的最长审批时间,尽量采用先进的技术手段审批,如网上申报、电子签名等。

③ 联合纠偏制度。当金融领域出现紧急情况或突发事件时,各监管机构能够保持行动上的一致性和相互支援。

④ 联合检查制度。两家或两家以上的监管部门可以联合对一家金融机构或某一项金融业务开展检查,以保证检查工作取得更好的效果,节省被检查单位的成本。

⑤ 相互报告制度。《银行业监督管理法》第二十八条第二款规定:"银行业监督管理机构发现可能引发系统性银行业风险、严重影响社会稳定的突发事件的,应当立即向国务院银行业监督管理机构负责人报告;国务院银行业监督管理机构负责人认为需要向国务院报告的,应当立即向国务院报告,并告知中国人民银行、国务院财政部门等有关部门。"

4. 信息共享机制

随着金融创新,不同金融机构之间的业务日益交叉,为避免监管重复和出现监管缺位,需要各个监管机构根据自身的职能分工,分别向其监管对象收集信息和数据,并负责统一汇总、编制各类金融机构的数据和报表。然而,由于监管客体的发展变化,任何一家监管机构单靠自身能力所能占有的信息量远远不够。这就要求监管机构开展信息沟通和交流、建立信息共享机制、联合建立信息平台、使用统一的数据库。

信息共享机制是分业监管协调机制最基础的内容,包括互相提供相关数据支持和咨询便利、各种定期和非定期的信息通报和反馈制度、建立信息联网服务系统等。各监管机构要在统计口径和统计科目的设计方面进行全面合作,本着"数据源基本相同,双方各自进行后续加工"的原则,最大限度地使双方统计科目的内涵、生成方式以及统计报表的报送时间协调一致。

中国的法律目前已对信息共享机制做出了规定:根据《中国人民银行法》《银行业监督管理法》等法律法规的规定,中国人民银行和其他监管机构均有权要求银行业金融机构报送资产负债表、损益表以及其他财务会计、统计报表和资料。修订后的《中国人民银行法》第三十五条第二款规定:"中国人民银行应当和国务院银行业监督管理机构、国务院其他金融监督管理机构建立监督管理信息共享机制。"2004年2月1日起施行的《银行业监督管理法》第六条规定:"国务院银行业监督管理机构应当和中国人民银行、国务院其他金融监督管理机构建立监督管理信息共享机制。"但是上述规定都过于宽泛和原则化,在实践中,仍缺乏法规条例、行政规章来明确信息共享机制的形式和内容,使得很多问题得不到妥善解决,极大地制约了各监管机构的职责履行。

此外,信息共享机制还需要完善监管协调的人事制度。在人事安排上,可以借鉴西方发达国家的做法,实行高层互相兼任制及基层工作人员互相借调安排,来弥补目前某些制度安排的缺陷,增强监管机构之间的信息沟通,缩小机构之间的信息不对称。

本章小结

1. 根据纳入协调范围的监管主体数量的多少,有广义的监管协调与狭义的监管协调之分。狭义监管协调的主体主要特指金融监管的政府机构,包括中央银行、专门的金融监管机构(如银监会、证监会、保监会)和政府有关部门(如财政部门、审计部门)。广义监管协调的主体既包括狭义监管协调的主体,也包括一国或地区的民间自律性质的金融同业行会和各种专门服务机构,如会计师事务所、资信评级机构等,还包括有关国家的金融监管机构和国际上的金融监管组织。

2. 金融监管协调的必要性:① 改变监管者的信息劣势;② 防止监管冲突;③ 监管者相互监督的需要;④ 混业经营的需要。

3. 在一个有效的银行监管体系下,参与银行监管的每个机构都要有明确的责任和目标,并享有操作上的自主权和充分的资源。但各监管主体的监管工作都服务于一个总目标,金融监管是一个系统性的工作,按照系统论,整体的良好运转有赖于各部分的密切合作。

4. 金融监管协调的成本包括:① 为建立协调机制各方进行协商进而立法的成本;② 协调的成本,即各监管主体在协调机制下进行配合行动的各项开支产生的成本;③ 被监管者在协调机制下可能耗费的资源成本。金融监管协调的收益包括:① 因协调而减少政策失误所转化的收益;② 因协调而导致整个金融体系效率提高而产生的收益;③ 潜在收益,即因金融体系效率提高而推动经济发展所产生的收益。

5. 金融监管协调的主要内容包括:监管协调的主体、监管协调的法律体系、监管协调的机制。

6. 金融监管协调机制的模式主要有三种:监管框架、协同机制、信息共享机制。

7. 中国金融监管协调的不足有:① 规范体系不完善;② 协调合作的层次单一;③ 监管协调的主体权力约束机制不力;④ 协调兼顾配套措施不足。

8. 牵头监管者的确定原则是:① 可以由中国人民银行来承担和维护整个金融体系的稳定和防范化解系统性金融风险的职责,在金融监管协调机制中应发挥重要的作用;② 对于主业优势明显的多元化金融机构,可以由其主业所归属的监管机构担任牵头监管者;③ 对金融各业规模比较均衡的金融集团,可以由相关监管机构联合成立监管协调小组,负责牵头监管。

9. 联合行动机制应该包括:① 金融机构设立和退出的联合审核制度;② 新业务的联合审批制度;③ 联合纠偏制度;④ 联合检查制度;⑤ 相互报告制度。

10. 信息共享机制是分业监管协调机制最基础的内容,包括互相提供相关数据支持和咨询便利、各种定期和非定期的信息通报和反馈制度、建立信息联网服务系统等。各监管机构要在统计口径和统计科目的设计方面进行全面合作,本着"数据源基本相同,双方各自进行后续加工"的原则,最大限度地使双方统计科目的内涵、生成方式以及统计报表的报送时间协调一致。

本章重要概念

金融监管协调	混业经营	监管重叠
监管真空	监管冲突	金融协调监管的成本和收益
金融监管协调部际联席会议制度	立法合作机制	牵头监管机制
联合行动机制	信息共享机制	

 练习题

1. 金融监管协调为什么是必要的?
2. 如何看待金融监管协调和监管机构独立性之间的关系?
3. 金融监管协调的成本和收益体现在什么方面?
4. 中国金融监管协调机制与美国、英国、日本等主要发达国家有什么区别和联系?
5. 如何完善中国的金融监管协调机制,促进其健康发展?
6. 2013年8月,为进一步加强金融监管协调,保障金融业稳健运行,国务院同意建立由中国人民银行牵头的金融监管协调部际联席会议制度,这一制度能否真正达到建立完善金融监管协调机制的目的?

21世纪经济与管理规划教材

金融学系列

第 9 章

互联网金融创新与监管

2013 年以来,关于互联网金融的消息开始出现井喷态势:阿里和天弘基金推出"余额宝"、阿里小贷、阿里和腾讯的二维码支付、微信的微支付、腾讯基金超市、财付通和长城证券合作成立网络券商、新浪推出微博钱包、京东发力供应链金融和 P2P……各家互联网巨头纷纷以一种低调而又迅猛的姿态快速渗透到中国的金融业中。

面对互联网公司的强势来袭,受到震动的传统金融业也不甘示弱。民生银行股东成立民生金融电商,推动小微金融;平安集团以众安在线、陆金所、和 eBay 合作上演互联网金融组合拳;招商银行推出售价"微信银行";各大基金、保险公司亦开辟网购旗舰店……

然而,互联网金融在巨大的发展机遇面前,同样面临很大的不确定风险,其中监管风险最值得关注。面对如此庞大的互联网金融热潮,中央银行等监管部门正积极调研互联网金融行业并出台相关监管措施,比如截至 2012 年年底中央银行已经发放四批第三方支付牌照,2014 年 3 月中央银行紧急叫停虚拟信用卡和二维码支付……

9.1 互联网与金融

互联网金融仍然是一片充满无限未知的蓝海。对于这个日新月异的领域来说，一味地研究现有模式是不够的，我们应该深入挖掘互联网金融的本质，从源头来看待互联网与金融之间的碰撞，来分析"席卷一切"的互联网究竟给金融带来了什么。

9.1.1 互联网的核心要素

互联网金融是传统金融行业与互联网相结合的全新领域。互联网"开放、平等、协作、分享"的精神向传统金融业态渗透，对人类金融模式产生根本影响。互联网金融与传统金融的区别在于互联网的便利性、范围性、透明性，中间成本核算也更为低廉。互联网之所以可以与金融相融合是因为互联网具有以下特质。

第一，互联网创造了极为低廉的交易成本。首先硬件价格遵循摩尔定理（Moore's Law）不断下降，如笔记本电脑之类的终端价格不断降低，这使得在显性的经济成本方面，交易成本明显得到节约。不仅如此，互联网以及移动互联网也降低了包括时间成本在内的各种隐性成本，显著提高了信息和服务的可获得性。由于这种扩大的"交易可能性"，资金供需双方可以直接联系和交易，无须经过任何金融中介。互联网金融使个体之间直接金融交易这种最原始的金融模式突破了传统的安全边界和商业可行边界，焕发出新的活力。

第二，互联网提供了有效的大数据分析技术。数据总量的急速膨胀和维度的日益丰富拉开了大数据时代的帷幕。在云计算的保障下，通过对大数据的分析，资金供需双方的信息通过社交网络揭示和传播，被搜索引擎组织和标准化，最终形成时间连续、动态变化的信息序列。由此可以给出任何资金需求者的风险定价或动态违约概率，而且成本极低。正是这种信息处理模式，使互联网金融模式替代了现在的商业银行和证券公司的主要功能。

但大数据时代的数据却未必对所有主体开放。公共机构拥有更广泛的数据来源，但往往缺乏对社会开放数据的意识。大量商业机构拥有的往往仅是自身经济活动的数据积累。商业购买行为可以成为获取数据的一种方式，但绕不开隐私保护这一问题。换言之，大数据时代数据却又是相对匮乏的，获取数据的能力成为一种稀缺资源。这使得我们下文将阐述的"双边平台"具有更高的价值，因为它提供了一种获取全面数据的途径。

第三，拥有互联网精神的支撑。在边际成本趋近于零的自然垄断条件下，企业的竞争策略自然演变成：前期零价格推广产品、抢占市场份额，后期利用自然垄断优势谋求获利。互联网精神被诠释为"开放、平等、协作、分享"。"开放"的目的是尽可能降低交易成本以扩大人人组织的群体规模，"平等"是建立人人组织的基本原则，从而最终通过"协作"和"分享"形成同边网络外部性。而协助建立这种人人组织的互联网平台因此实现了平台价值的极大提升，并享受到自然垄断带来的丰厚回报。

与金融机构等级森严的管理架构相比，互联网企业的文化氛围更符合"开放、平等、协作、分享"的互联网精神。也正因如此，由互联网企业发起的商业模式，往往更能够有效地激发人人组织,构建互联网平台,实现互联网模式的最大价值。

9.1.2 金融的核心功能

金融行业的商业模式素有自己的发展轨迹,信息技术的进步亦不断被金融行业的演进轨迹所吸纳和消化。但信息技术行业终究是近年来进化速度最快的经济部门,互联网时代爆炸式的技术和模式创新已远非传统金融行业仅仅通过局部改良就能够覆盖和消化的。但互联网不改变人性也不改变行业的本质,它只是激发、启迪和改造。因此,我们必须回到金融的本质,才能看出互联网时代撞击之下,金融行业将呈现怎样的新面貌。发展到今天,金融结构已经非常庞大和复杂,更拥有为数众多的细分子行业,但其提供的核心功能一直未有改变。

第一,提供信用风险解决方案。信贷市场中,信息不对称是债权投资过程中面临的最大问题,若不能得到很好的解决,引致的逆向选择过程将使得无人敢于对企业放贷。历史对此提供了两种解决方案:间接融资和直接融资。

间接融资方案下,银行建立了一整套成本高昂的信用风险管理体系,使得自身具备了信用风险管理的优势能力。据此,银行扮演了信贷市场上信用风险的承担者角色,并根据"谁承担最大风险谁获得剩余索取权"的原则,获得了存贷利差抵补运营成本以及信用成本之后的剩余索取权。

而在直接融资方案下,传统来说信用风险的管理由众多专业性相对有限的投资者分散承担。固然直接交易成本是明显降低了,但信用风险管理的有效性往往明显下降,从而导致逆选择效率损失的上升。

两种体系之间的边界主要由二者的相对成本来决定。当银行体系的总成本(包括逆选择的效率损失、运营成本以及信用成本)低于金融市场体系时,银行便在信贷市场中占据一个更有效的位置,反之亦然。正因如此,近代金融普遍都是从银行间接融资开始发展的,因为在彼时的社会分工浪潮中,银行发展出来的信用风险管理能力明显地强于其他实体。这就是亚当·斯密所推崇的社会分工带来的能力优化。

但这种能力的优化同样面临着边际收益递减规律的约束。而与银行能力增长趋缓相对应的是,随着机构投资者占比的上升(风险管理规模门槛的跨越、知识技能的扩散以及技术的提升等因素共同帮助),市场投资者开始具备了一定的信用风险管理能力,这以运营成本的小幅提高为代价降低了信用成本以及逆选择的效率损失。因此,直接融资开始日渐替代间接融资而成为主流。

第二,提供专业化的金融投资服务。金融机构的另一个核心功能就是实现金融投资职能。随着社会闲余资金的积累和沉淀,资产管理的需求就由此而产生。但资产管理同样需要专业能力,而现实情况是绝大多数拥有金融资产的法人与个人往往都不具备足够的这一能力。于是,一部分客户选择将资产管理功能外包出去,由此产生了基金、信托和保险行业(投资型保险产品)这类专业投资机构。同时,由于投资实践的高度复杂性,即使是机构投资者仍然需要专业的卖方研究支持。而另一部分客户选择自己从事资产管理活动,但这也意味着需要大量的投资咨询服务支撑,由此带来了投资顾问、私人银行的业务机遇。

由于投资活动的高度复杂性，相关客户需求往往是隐性的，需要大量的开发和引导才能够有效释放。从这个意义上来说，金融投资需求是一项"推"（即需要供给方主动推广）而非"拉"（已有现成而明确的市场需求）的业务。

第三，组织支付体系。现代货币体系的核心是，几乎所有的经济主体，都必须通过商业银行的支付体系来完成绝大部分的交易活动。这给予了商业银行在接触客户方面的垄断性能力。

以中国为例，当前官方的支付体系包括大额实时支付系统、小额批量支付系统、支票影像交换系统、境内外币支付系统、电子商业汇票系统等一整套繁琐复杂的体系。不论是个人、企业还是非银行金融机构，只要想通过转账完成交易就必须在商业银行开立账户。企业法人的取现行为受到严格限制，而且使用现金进行大金额交易的成本非常之高。正因如此，商业银行垄断性地拥有了接触每一个客户的能力，而且依托于账户活动，可实现对企业和个人经济活动的实时监控。

在支付体系的基础之上，银行更近一步发展了代收代付、代发工资、借记卡、托管、现金管理等功能。

第四，提供保险保障。该项功能基本为保险行业所特有，通俗而言就是收取保费并提供风险保障。

少数保险产品的市场需求明确、责任简单易比较，属于"拉"的产品。例如交强险，由于其属于强制性义务，且合同条款简单、责任清晰，因此横向间的比较就会很容易，而价格竞争就会很明显。但对于大多数保险产品来说，一方面是品种繁多、条款复杂、设计差异性大，另一方面市场需求通常也并不明确，需要挖掘和引导，因此普遍属于"推"的产品。

在销售之外，保险保障功能的另一个核心是精算。精算指的是对未来风险的分析、评估和管理。有效的精算体系是保险公司核心竞争力的重要组成部分，能够帮助保险公司更好地识别客户、合理覆盖风险、获得死差等收益。

第五，提供投行、经纪、外汇买卖等牌照服务。除上述功能之外，由于牌照管制等原因，金融机构还在其他一系列业务上拥有垄断地位，例如投行、经纪和外汇买卖等。

投行业务一方面与牌照密切相关，另一方面却也具有明显的定制化服务特点。经纪业务同样受到牌照管制，而在账户体系上具有类似银行支付体系的特点。

外汇买卖业务对于技术、能力和服务的要求则十分有限，该项业务如果有超额利润，主要都来自牌照的垄断。

9.1.3 金融互联网与互联网金融

1. 金融技术升级：金融互联网

金融互联网就是银行、保险公司、证券公司等传统金融机构把产品搬到网上，个人和金融机构在网上银行开立存款或证券登记账户；现金、证券等金融资产的支付、转移均通过互联网进行；支付清算均实现电子化，替代现钞流通。也就是说，金融互联网是金融机构对互联网技术的引用，是金融业务的电子化，并没有引起商业模式的实质性转变，例如，中国工商银行通过短信手机银行、WAP 手机银行、iPad 个人网上银行等为客户提供的一系列金融服务;中信银行立足于个人电脑、智能手机和平板电脑的个人网上银行、移动银行业务;光大银行的线上贷款、资金归集、融资通提款、存贷通理财等产品打包服务;等等。

在这里,金融互联网有四个主要特点:一是金融与互联网的融合首先体现为一种技术创新,而非产品创新,它充其量只是把传统金融业务从柜台搬到网上。二是金融互联网提高了传统金融机构的效率,降低了客户的鞋底成本,节约了金融机构和借贷双方的交易成本。三是搜索引擎、社交网络和云计算等技术降低市场信息不对称、提高交易双方资金匹配度和降低信用风险等方面的作用并不确定。① 四是金融业务电子化促使相关职能部门的设立或消失,引起人力、物力和财力等在金融机构内部的再配置,但是并没有改变金融机构的媒介职能。

总之,金融互联网是一个高效率柜台替代低效率柜台进而降低交易成本的过程,所以它能够向小微企业、次级借款者提供金融服务,从而扩大金融机构的市场范围。但是,金融互联网主要是迫于竞争压力的规模扩张,而非基于互联网技术的客户风险识别机制创新,所以,金融互联网一方面取得了长足发展,另一方面又潜藏着很大的信用风险。

2. 新金融模式:互联网金融

互联网金融不是传统金融技术的简单升级,而是一种新的参与形式,是"基于互联网思想的金融"(李钧,2013);它是既不同于商业银行间接融资,也不同于资本市场直接融资的第三种金融融资模式(谢平、邹传伟,2012),是借助于互联网技术、移动通信技术实现资金融通、支付和信息中介等业务的一种新兴产业与全新的商业模式(军政、徐宝林,2013;林采宜,2012);金融资源的可获得性强、交易信息相对对称和资源配置去中介化是其主要特征(宫晓林,2013)。目前,公认的互联网金融组织形式有互联网保险、第三方支付公司、P2P信贷、众筹融资、电商+信贷等(见图9-1),推动其发展的主要力量是传统金融机构、互联网企业和第三方金融创新企业(见图9-2)。②

确切地说,如上描述没有把互联网金融与金融互联网区别开来:第一,如果互联网金融是一种新金融模式,那就意味着颠覆传统金融的本质或经营模式,但是从资金融通的角度看,它没有改变金融的本质,与金融互联网没有实质性差异,充其量只是冲击传统金融机构的垄断地位。第二,理论上存在一种不同于间接融资和直接融资的新融资方式,在这种模式里,人们可以把闲置资金放在自己的互联网账户中,而不是银行,也可以把资金借贷给任何经过互联网技术认证的个人。③ 但是,在信息不完全和信用风险条件下,互联网金融并没有突破传统金融机构的组织架构和运营方式,不存在所谓的去中介化,只不过传统金融机构被P2P信贷、阿里金融等模式所取代。第三,金融互联网也是基于互联网技术,而且具备融资、支付和交易中介功能,有信息量大、交易成本低、效率高等特

---

① 举例来说,在细心程度和客户风险偏好既定的条件下,一个勤快的办事人员所要办理的银行业务要多于懒惰的办事人员,因而给银行和客户节约了交易成本,但是这种"技术创新"与缓解市场信息不对称或道德风险之间不存在因果联系。

② 有人把互联网金融区分为四类模式:以拍拍贷为代表的线上P2P模式;以阿里为代表的电商介入金融领域模式;以支付宝为代表的第三方支付模式;以好贷网为代表的互联网企业介入金融服务领域的模式。参见http://finance.sina.com.cn/zl/bank/20130813/101616430274.shtml。

③ http://www.21fd.cn/a/yaokanyaowen/2013062760536.html。

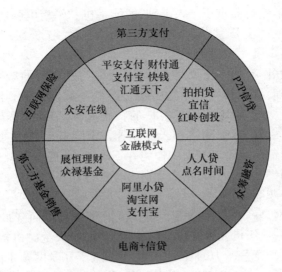

图 9-1 互联网金融的存在形式

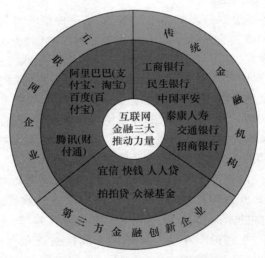

图 9-2 互联网金融的推动力量

点,所以,如果这些特性能够支撑互联网金融成为一种新金融模式,那么它们也能够支撑金融互联网成为一种新商业模式,但是人们并不认为金融互联网是一种新金融模式。

其实,互联网金融区别于金融互联网的显著特征和核心不在于颠覆金融,也不在于颠覆传统融资方式,更不在于冲击传统金融机构,而在于对金融、传统融资方式和传统金融机构相关"短板"的帕累托改进。就传统金融机构的"短板"而言,主要体现为金融服务的"二八现象"。例如,中小企业贡献了中国 60% 以上的 GDP,50% 以上的税收,80% 的城镇就业岗位[①],约 65% 的发明专利,75% 以上的企业技术创新和 80% 以上的新产品

---

① http://money.163.com/12/0214/20/7Q8H8DUA00252G50.html。

开发①,但是,中小企业融资难成为制约其发展的严重瓶颈。金融市场之所以出现"二八现象",是由金融的特性决定的,因为现实中高收入者的还款意愿和借款需求都比低收入者要多,而传统金融机构无法突破这个硬性约束。因此,从逻辑上看,只有互联网金融解决了如下困境,它才能算作一种新金融模式:低收入者的借款需求大幅度上升和违约率大幅度下降同时发生。

在理论上,一些低收入者的信用风险低于金融机构的设定标准,甚至低于高收入者的信用风险,但是由于逆向选择问题,金融机构只能借助一些显性指标(如收入)把借款者进行分类,结果在信贷市场出现了"劣币驱逐良币"的现象,使一些低风险者无法成为有效需求。但是,互联网金融公司留存了海量的结构和非结构化交易信息,包括历史交易记录、客户交互行为、海关进出明细等,在数据挖掘方面比银行更具优势,它的核心竞争力就是数据产生、数据挖掘、数据安全和搜索引擎技术,而根据大数定理,有规律的随机事件在大量重复出现的条件下,往往呈现出几乎必然的统计特性,所以互联网金融公司能够依赖大数据和互联网技术把这些潜在有效需求挖掘出来,并对信用风险和收益结构进行再配置,从而提高信贷市场的资金匹配程度,克服信息不充分条件下传统金融机构的"短板"。②

在实践中,互联网金融公司已不满足于只做银行的支付平台,而是直接向供应链融资、小微企业信贷融资等领域扩张。例如,目前阿里小贷放贷资金累计超过 300 亿元,为 13 万家小微企业创业者提供融资服务。尤其需要强调的是,截至 2012 年 6 月末,全国银行业小微企业贷款不良率是 2.4%,而阿里金融的不良贷款率还不到 1%。

综上所述,在互联网金融中,一些企业对数据进行投资,依赖海量的交易信息和信用信息获得潜在借款者的统计特性,把低风险者和高风险者割裂开来,从而既提高金融市场的有效需求,又降低有效需求者的信用风险,这是互联网金融相对于金融互联网的核心优势。

3. 比较

总体来说,金融互联网与互联网金融除了整合方式、支撑基础和内核差异之外,也存在微妙的形式化差异。

一是从融资方式来看,金融互联网是一种间接融资,而互联网金融的比较优势在直接融资。以 P2P 模式为例,它作为去中介化的典型,其实是理想的互联网金融模式。不过,中国的 P2P 已不再是传统的点对点直接融资方式,而是通过变形直接介入交易,成为交易方,部分 P2P 甚至成为担保机构或银行,所以它们的本质是金融机构。一旦 P2P 成为金融机构,它必须处理传统金融机构面临的各种问题,而与传统金融机构长期积累的制度优势相比,这显然是 P2P 的短板,所以 P2P 存在很大的经营性风险。

二是从资金运用来看,传统金融机构的先发优势和制度优势使金融互联网占据了市场优势,所以它们能够把大量的低收入者排挤出金融服务市场,而只向高收入者提供金

---

① http://finance.eastmoney.com/news/71792,20110923165331126.html。
② 互联网金融类似把市场而非银行的偷懒者挤出市场或者激励市场偷懒者勤快工作的机制创新,因而是降低金融市场道德风险的新商业模式;金融互联网类似由勤快的营业人员替代懒惰的营业人员,因而在本质上是金融机构自身的效率问题。

融服务,并获得超额利润。相比之下,互联网金融不具备这些优势,它们只能向那些被传统金融机构所排挤的低收入者提供金融服务,或者投资于高风险项目,并获得风险收益。所以,金融互联网获得的是一种垄断性的利息收入,而互联网金融获得的是一种风险收益。

三是从风险处理来看,金融互联网既沿用传统的尽职调查、经验判断和数据调研等办法来压低坏账率,也采用做大分母、后延风险的技术方法调整坏账率。与之相比,互联网金融的核心竞争力是依托互联网技术,通过海量的数据分析和处理来实现风险控制。但是,经验来看,传统金融机构的风险控制效果并不理想,而互联网金融的风险控制方式则面临数据缺乏和大数据处理技术不完善等现实问题,所以在短期内也难以被证明。

四是从流动性管理来看,金融机构对风险的控制最终需要流动性支撑,它也是金融互联网对坏账率进行技术管理的前提条件。可以预期,在不具备持续吸收储蓄能力的条件下,即使金融机构能够把贷款规模做大,它迟早也会出现流动性不足问题,所以充足的流动性是金融互联网实现风险控制的根本。对于互联网金融来说,如果只是作为直接融资平台,本身不承担交易风险,那就不存在流动性问题,而一旦它们成为金融机构,则必须具备和传统金融机构一样的吸储能力,而大量的破产、欺诈现象表明,它们通常不具备这种能力。

但是,金融互联网与互联网金融之间也存在一些共性:一是金融互联网和互联网金融都具有金融属性,都涉及融资、支付和交易中介等功能;二是金融互联网和互联网金融都具有互联网技术属性,但是又存在重要的技术差异,其中,金融互联网是基于互联网技术对传统金融业务流程中某些环节的替换、简化、优化或重构,核心是提高金融机构的效率,而互联网金融是对整个金融市场风险结构的再配置,核心是提高金融市场的有效性;三是金融互联网和互联网金融都通过专业化分工降低了金融市场的交易成本与信息不对称问题。

9.1.4 互联网金融模式的重新审视

那么,当低交易成本、大数据、云计算、互联网精神这些互联网要素开始重塑金融时,会对这个行业造成什么样的影响?传统金融模式是否会如同商贸、造纸等行业一样沦为互联网时代的"恐龙"?"混血"的互联网金融又会有什么样的发展逻辑?下面我们从互联网金融的细分行业分别进行分析。

1. 互联网第三方支付的逻辑

互联网支付实现的金融功能是提供清算支付和结算支付的方式,即提供一项有效的支付体系,从而为商品、服务及资产的交换提供便利。传统上,中国的支付体系被商业银行垄断,只有商业银行才有资格或者有牌照为个人、企业间的交易提供第三方支付服务。所以想要完成非现金交易的个人或者企业都先要在银行开通账户,然后银行为其提供交易支付服务,这就构成了银行一笔很大的中间业务收入。

随着互联网的迅速发展,人们的很多线下业务开始转移到线上(互联网虚拟空间上)。例如,人们渐渐不去书店买书,而是更多地去当当、亚马逊等网上书店买书;年轻人开始爱上在1号店买味美价廉的零食的感觉;人们开始在淘宝买衣服、充话费,开始在京东买电器,开始在人人、QQ、微信上交朋友;等等。线上活动的时间占人们总活动时间比例的上升必然导致线上交易额大幅提升,这也必然导致过去十年左右互联网支付额的大幅提高。一方面,互联网支付的发展速度很快;另一方面,互联网支付规模增长速度将不断下降,因为人们不可能把所有线下业务都转移到线上,也不可能把所有的线下交易支付用线上支付替代。最终,线上支付规模和线下支付规模将达到一个相对稳定的比例。

目前而言,在各种线下支付方式中,POS机收单交易的规模占比达到80%以上,是所有线下支付手段中最为主要的支付方式,银行卡收单市场作为一个重要的线下支付市场,已受到第三方支付业界的普遍重视。其中,银联商务占据最大的市场份额。

所以,互联网金融对传统金融的影响程度跟线上线下支付比例很有关系,2013年的总体格局如图9-3所示。

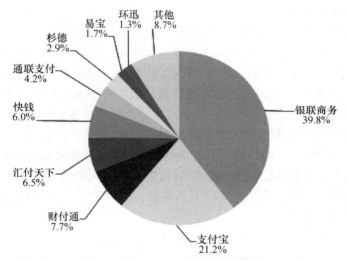

图9-3 2013年中国第三方支付份额

资料来源:CCIDConsulting.

2013年中国第三方支付行业市场整体交易规模突破16万亿元。图9-3数据显示,从第三方支付企业层面排名来看,银联商务以39.8%的市场份额领先,支付宝紧随其后。在第三方支付行业中,银行卡收单与互联网支付是交易规模占比最高的两类业务。

由上面的数据可以知道,2013年互联网支付规模约为总体第三方支付规模的36%,而支付宝在互联网支付中的市场份额约为50%,所以余额宝在总体第三方支付中的份额约为18%。由此,我们可以清楚地看出,一家提供互联网支付的企业的规模取决于整体互联网支付行业的比例、在互联网支付中的份额、总体第三方支付的规模变化这三个因素。

2014年1月,继美宜佳之后,中国A股首家便利超市上市公司红旗连锁便利店、华东地区的"喜士多C-STORE"、华南地区的"喜市多C-STORE"三大便利店品牌也宣布全面支持支付宝钱包的条码支付应用。今后,用户在上述便利店消费,均可以用支付宝钱包结账。至此,全国支持支付宝条码支付服务的便利店增加到近8 000家。基于条码支付的移动支付服务正迅速在便利店零售业普及。这意味着,互联网支付企业开始将业务触角延伸到线下交易支付服务,与银行 POS 机支付发生正面竞争。如果线下支付业务蛋糕又被分去一大块,那么银行支付类中间业务收入将进一步下降。但是,有两个因素将阻止这种情况的发生。首先,第三方支付行业中银行份额不断下降,根本原因在于监管机构发放了很多第三方支付的牌照给互联网企业,这些牌照原来只发给银行,牌照过多必然导致市场风险积聚、竞争激烈和规模收益受损,所以,监管机构很可能重新对牌照进行收紧管理。其次,互联网支付的规模依赖于该支付所对应的互联网消费平台,同样,线下 POS 机支付依赖于银行现金存取网点的密集,因此互联网支付企业将支付服务业务向线下拓展是没有竞争优势的,即使互联网企业开展线下二维码支付,其发展依然会受到中央银行风险管控的限制,比如 2014 年 3 月中央银行就紧急叫停了二维码支付。综合来说,银行的线下支付受到的影响比较有限。

2. 电商金融的逻辑

还是以阿里小贷为例。阿里小贷实现的金融功能类似银行的贷款业务,对借款者提供了跨期转移资源的方式,即使得借款者能借入资金进行经营,一段时间后再偿还本息。银行的对公贷款通常远在 100 万元以上,为了防止由于信息不对称而产生的逆向选择和道德风险,银行会派出信贷风险评估人员对目标放贷企业进行信用考察并对放贷企业进行持续的风险监控,这样一笔借贷的单位成本就会很高。所以,商业银行贷款不得不提供贷款额度,才有可能实现贷款业务的盈利。商业银行的小企业贷款被定义为年销售收入 1 亿元以下、申请金额在 1 000 万元之内的贷款,年销售收入在 1 000 万元以下的企业基本上被直接判定为不满足贷款的基本条件,即便对满足条件的企业,也必须提供担保,并且基本上都是在有物业抵押的基础上来做的。而阿里小贷针对的是 100 万元以下的贷款,其贷款政策如表 9-1 所示。

表 9-1 阿里小贷贷款政策

贷款额度	最高 100 万元
期限	最高 12 个月
还款方式	按月等额本息
抵押	无
年利率	18%
放贷标准	财务状况以及在阿里巴巴平台上的网络活跃度、交易量、网上信用评价等

资料来源:阿里金融网站。

由表 9-1 可以看出,阿里小贷做的是银行做不了的小额贷款,并不与银行形成竞争关系,是对社会融资体系的完善,是对小微企业融资需求的满足。根据银监会数据,银行贷款余额达到 70 万亿元左右,而作为规模最大的小额贷款公司——阿里小贷的贷款余额不过 30 亿元。如果算上所有非互联网的小额贷款公司,根据中国人民银行数据,2013 年的小额贷款公司贷款余额约为 7 000 亿元,可见类似阿里小贷的互联网小额贷款公司对银行贷款业务的影响微乎其微。不过,互联网小额贷款还处于发展初期,而且对解决中国小微贷款难题有重要意义,相信政府还是会适当给予政策鼓励。

阿里之所以能做小额贷款,主要在于其阿里巴巴购物平台,凭借的是其大数据占有优势,阿里小贷的成功核心在于互联网,而不是金融。从整体上讲,阿里金融的小额贷款业务以淘宝、天猫平台的贷款居多。淘宝、天猫商户由于业务经营全过程均在淘宝平台上完成,其经营状况、信用历史记录等十分详尽,且系统已为其自动评价,故放贷审核、发放也可全程在网上完成;而 B2B 业务的标准流程中则有实地勘察环节,由阿里金融委托第三方机构于线下执行。而在阿里小贷公司的运营中,阿里集团赖以生存的数据技术和互联网技术发挥出了极其关键的作用。阿里金融 300 人的员工总数中,负责互联网技术的占到一半以上。他们通过对商户信息的整理和分析,在网上完成 B2C 贷款的审核和发放,针对 B2B 客户,他们另外通过线下的第三方机构进行线下评估,完成放贷。以 IT 团队为主体,以数据挖掘的方式贯穿贷款全程,从而控制风险、降低成本,这是阿里金融进入小额贷款业务的最大优势。

由于监管政策规定,小额贷款公司的融资杠杆率上限为 1.5 倍,阿里小贷浙江和重庆公司的资本金总共只有 16 亿元,那么阿里的贷款规模不能超过 24 亿元,这是一个很大的束缚。而作为非金融机构,阿里集团并不具备吸储的功能,阿里小贷的放贷资金来源则是其自有资金和合作的银行及其他金融机构。为解决资金困局,阿里集团积极与其他金融机构合作。2014 年 1 月,阿里金融推出"'中信理财之惠益计划稳健系列 8 号' 1 期、2 期、3 期"以及与招商银行合作的"阿里星 4 号"两个产品。这两个产品或是首批投资于小额贷款公司的银行理财产品。至此,阿里小贷的融资渠道已遍布了证券、基金、信托、保险、银行,涉及全部金融行业。例如,与东方证券资管公司合作的资产证券化产品阿里巴巴 1 号到 10 号、山东信托"阿里星系列集合资金信托计划"、万家基金旗下万家共赢资管"万家共赢—阿里小贷特定多客户资管计划"、民生保险旗下的民生通惠资管"阿里小贷项目资产支持计划",等等。

其实,阿里小贷一味扩大贷款规模是有很大金融风险的,阿里小贷的核心是根据其淘宝和天猫购物平台的数据筛选信用优良的借款者,其规模受限于淘宝和天猫的规模以及优良客户的比率。如果通过发理财产品、资产证券化等方式避开监管限制筹集资金,其实质上开始扮演替小微企业发债的中介角色,那么阿里小贷的规模扩大到一定程度,其数据优势消失,再也不能很好地控制逆向选择和道德风险,小额贷款市场风险将显著积聚。

3. P2P 贷款的逻辑

P2P 贷款实现的金融功能类似投行的发债功能,P2P 平台公司提供一个网络平台,筹资者在上面发布资金需求,投资者在平台上选择合适的筹资者,资金需求方和供给方通过 P2P 平台直接联系到了一起,这是一种直接融资。这类公司的线下版很早就存在,即民间借贷,可以说,P2P 贷款是民间借贷的网络版。P2P 贷款多为小额贷款或者根据银行政策不予借贷的其他类贷款,在贷款领域不会与银行发生直接冲突。但由于中国居民目前的投资渠道狭窄,银行存款利率受到管制,部分居民为追求高收益可能会选择进行 P2P 放贷,从这个角度看,P2P 贷款的发展会对银行的揽储有一定负面影响,同时会倒逼银行提高存款利率,甚至倒逼存款利率市场化的加速实现。当然,从目前的 P2P 贷款行业规模看,其对银行业的影响还是很小的。

根据网贷之家的数据,2013 年全国主要 90 家 P2P 平台总成交量 490 亿元,平均综合

金融监管学

利率为 23.24%;有 74 家平台出现提现困难,其中大部分集中在四季度。其中 12 月倒闭的平台只有 10 家,倒闭潮已趋于放缓,此前 11 月为 30 家,10 月为 18 家。早在 2013 年 8 月,深圳的网赢天下与武汉的中财在线、浙江的非诚勿贷等知名 P2P 平台就接连出现挤兑风波。这与这些 P2P 平台滥用"拆标"有关,"拆标"是指将长期借款标的拆成短期,大额资金拆成小额。例如,某公司欲借款 1 000 万元,期限为 1 年,但由于期限长、金额高,投资者不敢投资。这些平台为了迎合投资者,将其拆成很多个 1 月标。当第一个 1 月标到期后,用第二个 1 月标投资者的钱去还上一个投资者的钱。而除了"拆标"引发的资金断裂,项目坏账超出平台承受能力、平台发布假标为老板个人圈钱也是 P2P 出事的原因。

整个 2013 年,P2P 网贷行业火爆无比,呈现出每天上线三四家新公司的野蛮生长态势。这些企业动辄 10% 甚至 20% 的高收益,让众多投资者怦然心动。然而,在一拥而上的热潮之后,投资者们并非收获惊喜,而是噩耗不断。伴随着频频出现企业倒闭破产、老板跑路的现象,多数投资者血本无归、欲哭无泪。P2P 行业虚假繁荣的面纱由此被揭开,在"无门槛、无行业标准、无监管"的三无原则下,这个行业鱼龙混杂、乱象丛生。究其根本原因,在于中国的 P2P 贷款只是简单地把民间借贷搬到了互联网上来,并没有发挥互联网本身的成本优势和大数据优势,这又与 P2P 行业门槛低、没有监管标准有关。所以,要发挥 P2P 贷款的优势,为小微融资服务,出路在于政策监管。

前面我们已经分析过,P2P 贷款的存在,一方面,是银行目前无法对一些存在需求的客户群体提供服务,普遍反映为小微贷款;另一方面,银行还存在存款利率管制。这个逻辑短期合理,长期估计会抹平,即这是特定的阶段性行为,尤其是随着利率市场化,一方面是银行竞争加剧,银行不断寻找细分市场,逐步介入该层面领域,另一方面是银行的存款利率也会市场化,P2P 贷款目前的高收益其实很难得到维系。我们可以看到,P2P 贷款是受到银行业务演变的强烈影响的,再者,如果中国 P2P 贷款自身门槛低、无监管、无互联网优势的现状不改变,P2P 贷款行业的发展很可能受限。

4. 渠道模式的逻辑

以余额宝为代表的渠道模式实现的金融功能是作为货币基金的销售渠道,即客户将支付宝里面的闲钱转到余额宝上,阿里巴巴将余额宝上的所有资金资源归聚起来由天弘基金的增利宝货币基金管理,所得投资收益根据每个客户的份额细分给客户。阿里巴巴的余额宝想实现的策略是"渠道为王"。渠道为王有两个基本前提,第一是产品同质化,第二是供大于求。余额宝所投资的货币基金是个高度同质化的产品,整个货币基金行业的收益都差不多,很难有谁的收益比其他人管理的货币基金收益高出 2—3 个点。余额宝的核心不是天弘基金的增利宝货币基金,核心在于支付宝,在于人们把支付宝里面的闲钱放到余额宝里面赚点小钱。余额宝实现的是渠道为王,天弘基金注定给余额宝打工。如果说出现一款货币基金收益普遍高于别人 2—3 个点,还需要渠道吗?根本不需要!按照这样的分析,"余额宝"们与银行形成的竞争真正在于理财产品和基金的代销业务,而不是表面上"揽储"的抢夺。

为应对余额宝的竞争,银行纷纷推出"类余额宝":从 2013 年年底开始,平安银行的"平安盈"、广发银行的"智能金账户"、工行的"天天益"、交行的"实时提现"一股脑冒出来。银行系余额宝的特征统一、鲜明,都能实现存款有息、灵活支付、自动理财,基本承载了余额宝所具备的功用。不同之处在于客户单日提现额度比余额宝高,一般高达20万元,申购门槛比余额宝低,通常为一分钱起购。在银行和互联网第三方支付平台都推出"类余额宝"的情况下,最终代销理财产品和基金这块中间业务蛋糕的分割取决于第三方支付平台的市场分割。因为前面已经分析过,客户主要是为了支付方便,然后才顺便把放在"类支付宝"里的闲钱投到基金中赚点小钱。

"类余额宝"们拓宽了货币基金的销售渠道,降低了投资门槛,其"T+0"赎回模式使得客户能够在任何时候将任何金额的闲钱投入到货币基金或者从货币基金中取出,变现成本非常低,这必将促进货币基金规模的扩张,甚至会和银行吸收存款形成竞争。根据美国的历史经验,存款利率管制会导致货币基金的快速发展,美国的货币基金抓住美国存款利率与市场利率间存在差异的时机发展壮大,在从1974年开始的长达十多年时间内取得了惊人的发展,美国货币基金的总资产由1974年的17.2亿美元增长到1985年的2 438亿美元;而美国货币基金的资产规模在美国共同基金中所占的比例则由1974年的4.8%上升到1985年的49.2%,其中1981年货币市场基金的资产一度占到共同基金总资产的77.1%。2013年三季度末,中国货币基金总规模达到4 802.6亿元,占全部开放式基金规模的比例为17.86%,发展空间还很大。同时,美国货币基金的快速发展也成功倒逼了美国的利率市场化。所以,"类余额宝"们会倒逼存款利率市场化进程加速。

9.2　互联网金融模式

以互联网为代表的现代信息科技,特别是移动支付、社交网络、大数据、搜索引擎和云计算等,将对金融模式产生根本影响。全球范围内,已经可以看到几类重要趋势——移动支付替代传统支付、人人贷替代传统存贷款、众筹融资(通过互联网为投资项目募集资本金)替代传统证券融资、虚拟货币替代实体货币等。

在这样的趋势下,可能出现既不同于商业银行的间接融资模式,也不同于资本市场的直接融资模式的第三种金融融资模式,即"互联网金融模式"(谢平,2012)。在这种金融模式下,支付便捷,市场信息不对称程度非常低,资金供需双方直接交易,银行、券商和交易所等金融中介都不起作用,可以达到与传统融资方式一样的资源配置效率,并在促进经济增长的同时,大幅减少交易成本。更为重要的是,它是一种更为民主化而非由少数专业精英控制的金融模式,传统金融业的分工和专业化将被大大淡化,市场参与者更为大众化,所引致出的巨大效益将更加汇集于普通百姓。

当前互联网金融有以下几种典型模式。

1. 模式一:互联网支付

互联网支付是指客户通过桌式电脑、便携式电脑、智能手机等设备,依托互联网发起支付指令,实现货币资金转移的行为。支付宝是互联网支付行业市场份额最大的一家企业。支付宝最初是作为淘宝网公司为了解决网络交易安全所设的一个功能,该功能使用的是"第三方担保交易模式",即由买家将货款打到支付宝账户,由支付宝向卖家通知发货,买家收到商品确认后,指令支付宝将货款放于卖家,至此一笔网络交易就完成了。支付宝于2004年12月独立为浙江支付宝网络技术有限公司(以下仍简称"支付宝"),是阿里巴巴集团的关联公司。支付宝于 2010 年 12 月宣布用户数突破 5.5 亿人。2012 年 2 月 8 日起,支付宝关闭信用卡充值服务,但可继续使用信用卡付款。2012 年 12 月 18 日,支付宝暂停 P2P 资金流转合作,不再新签合同。2013 年 8 月,用户使用支付宝付款不用再捆绑信用卡或者储蓄卡,能够直接透支消费,额度最高为 5 000 元。下面我们介绍一下互联网支付市场的结构。

图 9-4 的数据显示,2013 年第三季度中国第三方互联网支付企业中,支付宝占据 49% 的市场份额,财付通以 19% 的市场份额紧随其后,好易联、快钱、汇付天下、ChinaPay、易宝支付、环迅支付分列三至八位。而 2013 年第三季度中国银联互联网支付平台整体支付、转接交易规模达 4 687.0 亿元。

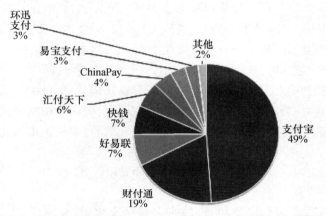

图 9-4　2013 年第三季度中国互联网支付市场交易额份额

资料来源:艾瑞咨询。

互联网支付模式打破了银行对于第三方支付的垄断,这一点具有非常重要的意义。通过在互联网这个新的经济领域引入竞争,未来随着互联网支付占比的不断提高,银行的垄断收益将被持续分流。提供支付服务的收益绝不仅仅体现在相关的手续费收入和资金沉淀利差收入上,还使得互联网企业能够深度接触到庞大的客户群,并构筑大数据的数据积累基础。因此,在线支付是互联网金融对银行当前经营模式威胁最大的领域之一。

但目前互联网企业在在线支付产业链中的功能仍然是不完全的,主要体现在第三方支付账户功能仍存在不少局限上。相比银行的账户体系,支付宝等第三方支付的账户体系在转账汇款、投资理财等方面的功能都还有所不及,而且还不具备跨行资金归集、发卡、自动代收代付、取现、发放贷款等功能。更核心的是,目前互联网支付账户体系是社会资金流动的"下游"而非"上游"。上游存款的派生主要来自银行贷款,随后这些资金才陆续进入包括零售在内的各细分领域。如果将存款派生比喻为大动脉,则支付宝虽然覆盖面极广,但仍更类似于毛细血管。也正因如此,虽然淘宝的交易量已经相当于社会消费品零售总额的 5% 左右,但资金沉淀仅相当于存款总额的 0.2% 以及储蓄存款的 0.5%。

2. 模式二:电商金融

我们具体介绍一下电商金融的代表——"阿里小贷",即阿里小额贷款,是当前的互联网金融模式中另一个可能产生长远影响的模式。2010 年 6 月,浙江阿里巴巴小额贷款股份有限公司悄然成立,注册资本6亿元。2011年重庆阿里巴巴小额贷款有限公司也宣告成立,注册资本10亿元。阿里小贷是指以借款人的信誉发放的贷款,借款人不需要提供担保。其特征就是债务人无须提供抵押品或第三方担保,仅凭自己的信誉就能取得贷款,是以借款人的信用程度作为还款保证的。阿里小贷是阿里金融为阿里巴巴会员提供的一款纯信用贷款产品(简称"阿里信用贷款")。阿里小贷无抵押、无担保,目前贷款产品对杭州地区的诚信通会员(个人版和企业版)和中国供应商会员开放,贷款放款对象为会员企业的法定代表人(个体版诚信通为实际经营人)。是否放贷根据会员企业自身经营的财务健康状况及其在阿里巴巴平台上的网络活跃度、交易量、网上信用评价等确定。在风险可控的前提下实现微型贷款运营成本的极大降低,这是阿里小贷对中国金融的核心贡献。

据阿里金融数据,截至2013年上半年,其小额贷款业务投放贷款500亿元,自2010年自营小额贷款业务以来累计投放280亿元,为超过13万家小微企业、个人创业者提供融资服务。截至2013年10月,阿里小贷的累计放贷总金额已超过1 235.42亿元,累计服务共计50.86万户企业。尽管阿里小贷从未对外公布实际贷款余额,但据东证资管发行的阿里巴巴专项资产管理计划说明书显示,截至2013年4月30日,阿里小贷客户数仅4.38万户,贷款11.48万笔,金额只有19.78亿元(不包括已转让贷款资产),整体不良率为1.23%。

阿里小贷有几个基本要件:① 依托于互联网平台的数据积累。② 寄托于大数据技术的信用风险管理体系,协助有效控制了信用成本。③ 依托于双边平台的销售体系,实现了运营成本的有效控制。因此,微型企业才能进入银行授信的合理边界。过去在传统的授信模式下,小型和微型客户授信面临的最重大问题就是运营成本过高。近年来中资银行积极拓展的批量化信贷工厂模式提供了一个新的解决方案,据此银行可以明显降低从事小微贷款的运营成本。因此我们看到,近年来已经有银行成功将对公信贷客户群下移至100万元左右户均贷款这样的规模。但阿里小贷在此基础上更进一步,继续显著地降低了小型特别是微型企业授信的运营成本,使得户均贷款万元左右的微型客户获得授信成为可能。当然,阿里小贷的这一模式严重地依赖于阿里巴巴这一交易平台。

目前阿里小贷尚不构成对银行的直接冲击。其优势仍然在银行传统金融模式所无法覆盖的微型客户群。判断短期内阿里小贷仍然会致力于深耕微型客户这个蓝海,而不至于向上进入大中企业贷款领域,与银行发生直接冲突。

3. 模式三:P2P贷款模式

P2P贷款(Peer to Peer Lending)是指个人通过网络平台相互借贷,贷款方在P2P网站上发布贷款需求,投资人则通过网站将资金借给贷款方。P2P贷款最大的优越性,是使传统银行难以覆盖的借款人在虚拟世界里能获得高效与便捷的贷款,通过互联网P2P平台,资金出借方与需求方能直接地结合在一起。

P2P贷款的核心理念是最大限度地方便民间资金融通,其大致的运作方式如图9-5所示。

从图9-5可以看出,核心的P2P借贷过程只涉及三方,即筹资者、投资者和P2P网络

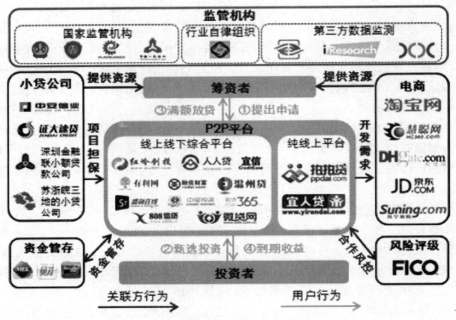

图 9-5 P2P 贷款产业链及流程图

借贷平台,但由于 P2P 借贷的商业模式及其风险特征,借贷过程通常需要引入各类关联方。例如,通过电商的数据开发信誉优良的筹资者,同时,由于亚洲投资者普遍风险保守,还需要小额贷款公司或担保公司对借贷项目进行担保。

P2P 贷款在中国的发展非常迅速,2013 年已经发展至 700 亿元左右的交易规模,预计未来几年仍会高速增长(见图 9-6)。

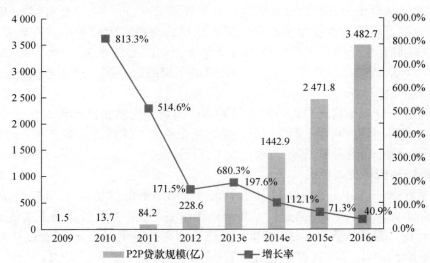

图 9-6 2009—2016 年中国 P2P 贷款规模

资料来源:艾瑞咨询。

发展至今，由 P2P 的概念已经衍生出了很多模式，比较活跃的 P2P 借贷平台大约有 350 家左右，平台的模式各有不同，归纳起来主要有以下四类。

① 担保机构担保交易模式，这也是相对安全的 P2P 模式。此类平台作为中介，平台不吸储，不放贷，只提供金融信息服务，由合作的小额贷款公司和担保机构提供双重担保。此模式首先在人人贷平台创立，由人人贷与中安信业共同推出产品"机构担保标"。此类平台的交易模式多为"一对多"，即一笔借款需求由多个投资人投资。此种模式的优势是可以保证投资人的资金安全，目前中安信业、证大速贷、金融联等国内大型担保机构均介入到此模式中。

② "P2P 平台下的债权合同转让模式"的宜信模式。可以称这种模式为"多对多"模式，借款需求和投资都是打散组合的，甚至由宜信负责人唐宁自己作为最大债权人将资金出借给借款人，然后获取债权对其分割，通过债权转让形式将债权转移给其他投资人，获得借贷资金。宜信也因其特殊的借贷模式，制定了"双向散打"风险控制，通过个人发放贷款的形式，获得一年期的债权，宜信将这笔债权进行金额及期限的同时拆分，这样一来，宜信利用资金和期限的交错配比，不断吸引资金，一边发放贷款获取债权，一边不断将金额与期限的错配，不断进行拆分转让，宜信模式的特点是可复制性强、发展快。其构架体系可以看作左边对接资产，右边对接债权，宜信的平衡系数是对外放贷金额必须大于或等于转让债权，如果放贷金额实际小于转让债权，等于转让不存在的债权，根据《关于进一步打击非法集资等活动的通知》，属于非法集资范畴。

③ 大型金融集团推出的互联网服务平台。与其他平台仅仅几百万元的注册资金相比，陆金所 4 个亿的注册资本显得尤其亮眼。此类平台有大集团的背景，且是由传统金融行业向互联网布局，因此在业务模式上金融色彩更浓，更"科班"。还拿风险控制来说，陆金所的 P2P 业务依然采用线下的借款人审核，并与平安集团旗下的担保公司合作进行业务担保，还从境外挖了专业团队来做风险控制。线下审核、全额担保虽然是最靠谱的手段，但成本并非所有的网贷平台都能负担，无法作为行业标配进行推广。值得一提的是陆金所采用的是"一对一"模式，一笔借款只有一个投资人，需要投资人自行在网上操作投资，而且投资期限为 1—3 年，所以在刚推出时天天被抱怨买不到，而且流动性不高。但由于一对一模式债权清晰，因此陆金所在 2012 年年底推出了债权转让服务，缓解了供应不足和流动性差的问题。

④ 以交易参数为基点，结合 O2O（Online to Offline，将线下商务的机会与互联网结合）的综合交易模式。例如，阿里小贷为电商加入授信审核体系，对贷款信息进行整合处理。这种小额贷款模式创建的 P2P 小额贷款业务凭借其客户资源、电商交易数据及产品结构占得优势，其线下成立的两家小额贷款公司对其平台客户进行服务。线下商务的机会与互联网结合在了一起，让互联网成为线下交易的前台。

4. 模式四：渠道模式

余额宝是由第三方支付平台支付宝在 2013 年 6 月为个人用户打造的一项余额增值服务，即将支付宝中的金额转到余额宝中，用余额宝中的资金购买天弘基金的增利宝货币基金，通过余额宝，用户不仅能够得到较高的收益，还能随时进行消费支付和转出，无任何手续费。用户余额宝中的金额用于购买基金等理财产品，获得相对较高的收益，同时余额宝内的资金还能随时用于网上购物、支付宝转账等支付功能。转入余额宝的资金在第二个工作日由基金公司进行份额确认,对已确认的份额会开始计算收益。

表 9-2 列出了余额宝的发展历程。

表 9-2　余额宝发展历程

时间	事件
2013-06-05	支付宝宣布推出余额宝
2013-06-17	余额宝正式上线
2013-07-24	超半数用户通过手机操作余额宝
2013-08-02	余额宝满月"傻瓜"投资风行
2013-10-16	网民余额宝里 4 万元资金因网银木马不翼而飞
2013-10-18	银联携手光大保德信基金推出"类余额宝"产品
2013 年 11 月中旬	"双十一":余额宝成功化解巨额兑付潮
2013-11-15	余额宝规模突破 1 000 亿元
2014-01-02	天弘基金跃升为第二大基金公司
2014-01-17	微信悄然上线理财通挑战余额宝

余额宝测算的 7 日年化收益率是 3.48%,媒体评论说余额宝"利息"是时下银行活期存款利率的 7 倍。实际上,用余额宝业务和银行活期存款相比较是不恰当的。和余额宝真正相似的是银行销售的短期货币基金和无固定期限的开放式理财产品,具体说与后者更相似。余额宝产生的"利息"实质上是用户购买货币基金的投资收益。但余额宝与两者相比有很多优势,它比货币基金有更高的流动性,能做到"T+0"交易,而比开放式理财产品有更高的收益。另外,余额宝最低购买金额无下限,这是另一大优势。

从表面上看,支付宝推余额宝损失了以前用户在支付宝账户内的沉淀资金所带来的收益,因为按中国人民银行的规定,第三方支付备付金产生的利息收益归第三方支付机构所有,这部分钱以前是支付宝自留,现在却将有很大一部分作为投资收益返还给了用户。

但余额宝相当于支付宝自建了基金发行渠道。目前,银行发行渠道是一种稀缺资源,基金公司在银行排队等发行,而且还竞相支付给银行更高的尾随佣金,如果余额宝被证明是一个优良的基金发行渠道,其渠道收入前景则十分光明。再者,余额宝业务虽然使支付宝牺牲了一部分利息收益,但却起到了"揽储"的实际效果。余额宝推出后,一定会有很多用户把原来在银行的活期存款转存入支付宝中,支付宝内的资金只会增不会减。

余额宝和"类余额宝"产品只是将银行吸引资金的渠道从以往的网点变成了产品,资金还是沉淀在银行体系内。由上面的分析可以看到,真正让银行不淡定的不仅是揽存压力,更在于银行理财产品和基金代销业务受到猛烈冲击。与银行理财产品相比,"类余额宝"们的流动性与活期存款相当,不设买入门槛,将支付简化并嵌入到社交、购物等刚性需求中,最大化地激活了用户的购买欲望。另外,傍上支付宝的天弘基金、联姻微信理财通的华夏基金都让基金行业看到了互联网应用对于客流的导入效应,所以大批基金公司绕过银行,直接联系互联网企业或第三方理财门户,是可以预见的事情。而这势必让银行的基金代销业务缩水,并眼巴巴地看着通道费用被他人纳入囊中。最让银行伤脑筋的还是萧墙之内的争夺:如果不跟进新事物,这块肥肉很可能就要被率先推出此类业务的同行抢食。

此外,管理支付宝闲钱的余额宝核心在于支付宝,客户使用余额宝的主要目的是方便网上购物,支付宝能使客户更方便地支付交易,顺便才让放在支付宝里的闲钱生点小利息,客户并不是为了购买货币基金进行投资理财而往余额宝里面充钱的。从这个角度看的话,这些"类余额宝"们的快速发展必然得益于各种第三方支付,但其发展程度恐怕也将受限于第三方支付的规模。

5. 模式五:众筹模式

众筹(Crowd Funding)是指项目发起者(筹资者)借助众筹平台向网友展示项目、募集资金的一种直融资模式,主要的形式为"团购+预购"。众筹是小微融资者获得资金的有效方式,尤其适用文化创意类的融资:小企业、艺术家或有想法的个人在资产平台上展示创意,进而获得资金和渠道等方面的帮助。众筹由项目发起人(筹资者)、网友(出资人)和中介机构(众筹平台)三部分组成。根据众筹项目回报的类型来分,众筹可以分为债权、股权、奖励和捐赠四类众筹模式。众筹利用了互联网的社交网络特性。

众筹平台主要有三个规则:首先,每个筹资项目必须设定筹资目标和筹资天数;其次,在设定的筹资天数内,达到筹资目标规模则筹资者可以获得项目资金,否则筹资失败并将资金返还给出资者;最后,所有出资者一定要设有相应的回报且众筹网站会收取一定比例的服务费用。

众筹融资起源于20世纪末的美国,近年来,众筹发展速度很快,全球众筹平台由2007年的不足100个到2012年超过700个,筹资金额近30亿美元。2009年在美国成立的Kickstarter是全球最大、最成功的众筹平台。Kickstarter公布了其2013年的最新统计数据,300万用户参与了总计4.8亿美元的项目众筹,平均每天筹集130万美元资金,或每分钟筹集913美元,有超过80万的用户参与了至少两次的项目众筹,并且有8.1万用户支持了超过10个的项目,不过最终众筹成功的项目总共只有19 911个。

在中国,众筹平台也如雨后春笋般成长起来,如点名时间、积木、Jue.So等。但因为中美国情的差异,国内产品创意式众筹网站成规模的很少,平台上往往人少、钱少、创意少。国内众筹与国外众筹最大的差别在支持者的保护措施上,国外项目成功了,马上会给项目发钱去执行。国内为了保护支持者,把它分成了两个阶段,会先付50%的资金去启动项目,项目完成后,确定支持者都已经收到回报,才会把剩下的钱交给发起人。众筹网于2013年2月正式上线,是网信金融集团旗下的众筹模式网站,为项目发起者提供募资、投资、孵化、运营综合众筹服务。预计众筹融资模式会在中国取得高速发展。

9.3 互联网金融的风险与监管

9.3.1 互联网金融的风险

作为互联网技术与金融全面结合的产物,互联网金融不但面临传统金融活动中存在的信用风险、流动性风险和市场风险,还面临由互联网信息技术引起的技术风险、由虚拟金融服务引起的业务风险以及由相关法律法规滞后引起的法律风险。

1. 系统性的技术风险

(1) 系统安全风险

互联网金融依托发达的计算机网络开展,相应的风险控制需由电脑程序和软件系统完成。因此,计算机网络技术是否安全与互联网金融能否有序运行密切相关,计算机网络技术也成为互联网金融最重要的技术风险。如黑客入侵互联网金融机构放置逻辑炸弹、修改服务程序造成系统瘫痪、互联网机构内部员工盗用客户资料非法出售等。

(2) 技术选择风险

互联网金融技术解决方案是开展互联网金融业务的基础,但选择的技术解决方案可能存在设计缺陷或操作失误,这就会引起互联网金融的技术选择风险。技术选择风险可能来自信息传输过程,也可能来自技术落后。

一是信息传输低效。如果从事互联网金融业务的机构选择的技术系统与客户终端软件的兼容性差,就可能在与客户传输信息的过程中出现传输中断或速度降低,延误交易时机。

二是技术陈旧。如果从事互联网金融业务的机构选择了被淘汰的技术方案,或者技术创新与时代脱节,就有可能出现技术相对落后、网络过时的状况,导致客户或从事互联网金融业务的机构错失交易机会。在传统金融业务中,技术选择失误一般只会导致业务流程缓慢,增加业务处理成本,但在互联网金融业务中,信息传输速度对市场参与者能否把握交易机会至关重要,技术选择失误可能导致从事互联网金融业务的机构失去生存的基础。

(3) 外部支持风险

由于互联网技术具有很强的专业性,从事互联网金融业务的机构受技术所限,或出于降低运营成本的考虑,往往需要依赖外部的技术支持来解决内部的技术问题或管理难题。在互联网技术飞速更新换代的今天,寻求外部技术支持或者是技术外包是发展互联网金融业务的必然选择,有助于提高工作效率。然而,外部技术支持可能无法完全满足要求,甚至可能由于其自身原因而终止提供服务,导致从事互联网金融业务的机构无法为客户提供高质量的虚拟金融服务,进而造成互联网金融的技术支持风险。

此外,中国缺乏具有自主知识产权的互联网金融设备。目前使用的互联网金融软硬件设施大都需要从国外进口,对中国的金融安全形成了潜在威胁。

2. 包含计算机系统和交易主体的业务风险

（1）操作风险

互联网金融业务的操作风险可能来源于互联网金融的安全系统，也可能是因为交易主体操作失误。从互联网金融的安全系统来看，操作风险涉及互联网金融账户的授权使用、互联网金融的风险管理系统、从事互联网金融业务的机构与客户的信息交流等，这些系统的设计缺陷都有可能引发互联网金融业务的操作风险。

从交易主体操作失误来看，如果交易主体不了解互联网金融业务的操作规范和要求，就有可能引起不必要的资金损失，甚至在交易过程中出现流动性不足、支付结算中断等问题。由于互联网金融服务方式的虚拟性，互联网金融的经营活动打破了传统金融业务的网点限制，具有明显的地域开放性。在互联网金融业务中，安全系统失效或交易过程中的操作失误，都会构成互联网金融发展过程中的风险累积，对全国乃至全球金融网络的正常运行和支付结算产生影响。

（2）市场选择风险

互联网金融的市场选择风险是指由信息不对称导致从事互联网金融业务的机构面临不利选择和道德风险而引发的业务风险。一方面，互联网金融业务和服务提供者都具有显著的虚拟性，相应的业务活动大都在由电子信息构成的虚拟世界中进行，增加了确认交易者身份、信用评价等方面的信息不对称性。在实际业务中，客户可能利用他们的隐蔽信息做出不利于互联网金融服务提供者的决策，而从事互联网金融业务的机构却无法在网上鉴别客户的风险水平，导致其在选择客户时处于不利地位。

另一方面，在信息不对称的情况下，互联网金融市场可能成为"柠檬市场"。互联网金融服务是一种虚拟的金融服务，加之中国的互联网金融还处于起步阶段，客户不了解各机构提供的服务质量，这就有可能导致价格低但服务质量相对较差的互联网金融服务提供者被客户接受，而高质量的互联网金融服务提供者却因价格偏高而被排挤出互联网金融市场。

（3）信誉风险

信誉风险是指从事互联网金融业务的机构没有建立良好的客户关系，没有树立良好的信誉，导致其金融业务无法有序开展的风险。无论是传统金融机构还是互联网金融服务提供者，信誉风险的消极影响都是长期持续的。信誉风险不仅会使公众失去对互联网金融服务提供者的信心，还会使互联网金融服务提供者同客户之间长期建立的友好关系受到损害。由于互联网金融业务采用的多是新技术，更容易发生故障，任何原因引起的系统问题都会给互联网金融服务提供者带来信誉风险。一旦从事互联网金融业务的机构提供的金融服务无法达到公众的预期水平，或者安全系统曾经遭到破坏，就会影响互联网金融服务提供者的信誉，进而出现客户流失和资金来源减少等问题。

3. 法律风险

互联网金融的法律风险主要包括两个方面：一是互联网金融业务违反相关法律法规，或者交易主体在互联网交易中没有遵守有关权利义务的规定，这类风险与传统金融业务并无本质差别；二是互联网金融立法相对落后和模糊，现有的《商业银行法》《证券法》《保险法》等法律法规都是基于传统金融业务制定的，不适应互联网金融的发展。

中国的互联网金融还处于起步阶段,相应的法律法规还相当缺乏。近年来,中国相继出台了《电子签名法》《网上银行业务管理暂行办法》《网上证券委托管理暂行办法》《证券账户非现场开户实施暂行办法》等法律法规,但这些法律法规也只是基于传统金融业务的网上服务制定的,并不能满足互联网金融发展的需求,而互联网金融市场的准入、资金监管、交易者的身份认证、个人信息保护、电子合同有效性的确认等方面都还没有明确的法律规定。因此,在利用互联网提供或接受金融服务时,配套法规的缺乏容易导致交易主体间的权利、义务不明确,增加相关交易行为及其结果的不确定性,导致交易费用上升,不利于互联网金融的健康发展。

4. 金融自身风险

互联网金融机构的业务本质上还是金融服务,其必然面临着与传统金融机构相同的风险,包括市场风险、信用风险、流动性风险和操作风险等。

市场风险是指利率、汇率、股价等的波动使得互联网金融机构的资产或负债的价值变化的不确定性。信用风险是指交易对手不能履行合同或执行合同的能力下降给金融资产持有方带来损失的不确定性,互联网金融机构拥有大数据处理和云计算能力,这使得其可以降低但不能完全消除信用风险。流动性风险是互联网金融机构销售资产或借入资金满足流动性需求的不确定性……在监管互联网金融机构特有风险的同时,也要注重对传统金融风险的管理。

9.3.2 互联网金融的监管

在互联网金融中,经济活动表现为货币信息的传递与调拨,代表货币资金的数字化信息在网络内流动。"虚拟"的金融交易不受时间和地域的限制,使得金融风险的传播速度加快、波及范围扩大。此外,互联网金融业务几乎全部在网上完成,交易对象不明确、交易过程透明度低,都加剧了金融管理部门调控和监管的难度。由此可见,互联网金融业务对金融风险具有放大效应,必须加强风险防范与管理。

1. 监管现状

互联网支付行业的管理方面,根据《中国人民银行法》等法律法规,中国人民银行制定了《非金融机构支付服务管理办法》,经 2010 年 5 月 19 日第七次行长办公会议通过,自 2010 年 9 月 1 日起施行。该管理办法确定了非金融机构要经营第三方支付业务必须获得中国人民银行颁发的第三方支付牌照,牌照发放较好地实现了对互联网支付的管理。图 9-7 列出了中国人民银行历次第三方支付牌照发放的情况。

在以阿里小贷为代表的互联网贷款公司管理方面,2007 年银监会制定了《贷款公司管理暂行规定》。暂行规定要求贷款公司不能公开吸收存款,资本杠杆率不得超过 1.5 倍等。显然,目前阿里小贷等互联网贷款公司通过发行理财产品、资产证券化等方式避开了监管限制,而这种行为很可能会导致金融风险的积聚,所以,新订单监管法规势在必行。

P2P 贷款管理方面,有关 P2P 贷款特定的法律几乎是空白,这也是 2013 年出现 P2P 贷款平台破产潮的一个重要原因。表 9-3 总结了与 P2P 贷款有关的法律。

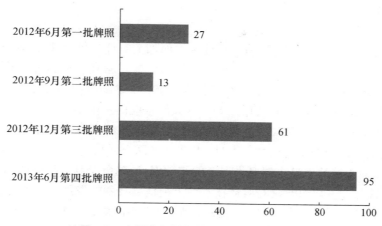

图 9-7 中国人民银行第三方支付牌照发放

资料来源：中国人民银行。

表 9-3 截至 2013 年中国 P2P 贷款相关法律法规

名称	颁布时间	颁布机构	相关内容
《刑法》	1979	全国人大	洗钱罪
《民法通则》	1986	全国人大	民间借贷利息最高不得超过同期银行贷款利率的四倍，超出部分利息法律不予保护
《合同法》	1999	全国人大	
《关于人民法院审理借贷案件的若干意见》	1991	最高人民法院	在借贷关系中，仅起联系、介绍作用的人不承担保证责任
《公司登记管理条例》	2006	国务院	P2P 网站需在电信管理局进行登记注册，业务种类为"因特网信息服务业务"
《个人信用信息基础数据库管理办法》	2005	中国人民银行	网络借贷中介平台无权使用个人信用报告
《银监会关于人人贷风险提示通知》	2011	银监会	提示风险，要求银行必须建立与 P2P 公司之间的防火墙
《征信管理条例》	2012	国务院	建立以身份证号码和组织机构代码为基础的统一社会信用代码制度
《支付业务风险提示》	2013	中国人民银行	提示网贷信用卡套现风险，限制信用卡投资网贷

"类余额宝"的管理方面，对"类余额宝"的管理实际上要回到对第三方支付和货币基金的管理上，对"类余额宝"本身制定特定监管规则的必要性不大。此外，2013 年 6 月才推出余额宝，要制定监管规则还为时尚早。

对政府而言，互联网金融模式可被用来解决中小企业融资问题和促进民间金融的阳光化、规范化，更可被用来提高金融普惠性，促进经济发展，但同时也带来了一系列监管挑战。对业界而言，互联网金融模式会产生巨大的商业机会，但也会促成竞争格局的大变化。对学术界而言，支付革命会冲击现有的货币理论，互联网金融模式下的信贷市场、证券市场也会产生许多全新课题。总之，现有的货币政策、金融监管和资本市场的理论都需要完善。

2. 监管改革

（1）构建互联网金融安全体系

① 改进互联网金融的运行环境。在硬件方面加大对计算机物理安全措施的投入，增强计算机系统的防攻击、防病毒能力，保证互联网金融正常运行所依赖的硬件环境能够安全正常地运转；在网络运行方面实现互联网金融门户网站的安全访问，应用身份验证和分级授权等登录方式，限制非法用户登录互联网金融门户网站。

② 加强数据管理。将互联网金融纳入现代金融体系的发展规划，制定统一的技术标准规范，增强互联网金融系统内的协调性，提高互联网金融风险的监测水平；利用数字证书为互联网金融业务的交易主体提供安全的基础保障，防范交易过程中的不法行为。

③ 开发具有自主知识产权的信息技术。重视信息技术的发展，大力开发互联网加密技术、密钥管理技术及数字签名技术，提高计算机系统的关键技术水平和关键设备的安全防御能力，降低中国互联网金融发展面临的技术选择风险，保护国家金融安全。

（2）健全互联网金融业务风险管理体系

① 加强金融机构互联网金融业务的内部控制。互联网金融业务的本质仍然是金融风险，从事互联网金融业务的机构应从内部组织机构和规章制度建设方面着手，制定完善的计算机安全管理办法和互联网金融风险防范制度，完善业务操作规程；充实内部科技力量，建立专门从事防范互联网金融风险的技术队伍。

② 加快社会信用体系建设。完善的社会信用体系是减少信息不对称、降低市场选择风险的基础。以中国人民银行的企业、个人征信系统为基础，全面收集非银行信用信息，建立客观全面的企业、个人信用评估体系和电子商务身份认证体系，避免互联网金融业务提供者因信息不对称做出不利选择；针对从事互联网金融业务的机构建立信用评价体系，降低互联网金融业务的不确定性，避免客户因不了解金融机构互联网金融业务的服务质量而做出逆向选择。

（3）加强防范互联网金融风险的法制体系建设

① 加大互联网金融的立法力度。及时制定和颁发相关法律法规，在电子交易的合法性、电子商务的安全性以及禁止利用计算机犯罪等方面加紧立法，明确数字签名、电子凭证的有效性，明晰互联网金融业务各交易主体的权利和义务。

② 修改完善现行法律法规。修订现有法律法规中不适合互联网金融发展的部分，对利用互联网实施犯罪的行为加大量刑力度，明确造成互联网金融风险应承担的民事责任。

③ 制定网络公平交易规则。在识别数字签名、保存电子交易凭证、保护消费者个人信息、明确交易主体的责任等方面做出详细规定，以保证互联网金融业务的有序开展。

（4）建立互联网金融监管体系

① 加强市场准入管理。将是否具有相当规模的互联网设备、是否掌握关键技术、是否制定了严密的内部控制制度、是否制定了各类交易的操作规程等内容作为互联网金融市场的准入条件，对互联网金融各种业务的开展加以限制和许可；根据开办互联网金融业务的主体及其申报经营的业务，实施灵活的市场准入监管，在防范金融风险过度积聚的同时，加大对互联网金融创新的扶持力度。

② 完善监管体制。互联网金融市场的发展突破了银行业、证券业、保险业分业经营的界限,对分业监管模式提出了很大挑战。中国应协调分业与混业两种监管模式,对互联网金融风险实行综合监管;互联网金融的发展打破了地域限制,对单独的国内监管提出了挑战,中国需与有较高互联网金融风险防范能力的国家和机构合作,学习对方的先进技术,对于可能出现的国际司法管辖权冲突进行及时有效的协调。

本章小结

1. 互联网金融模式的特点:支付便捷,市场信息不对称程度非常低,资金供需双方直接交易,银行、券商和证券交易所等金融中介都不起作用,可以达到与传统融资方式一样的资源配置效率,并在促进经济增长的同时,大幅减少交易成本。更为重要的是,它是一种更为民主化而非由少数专业精英控制的金融模式。

2. 互联网支付是指客户通过桌式电脑、便携式电脑、智能手机等设备,依托互联网发起支付指令,实现货币资金转移的行为。互联网支付模式打破了银行对于第三方支付的垄断,具有非常重要的意义。

3. 电商小额贷款有几个基本要件:① 依托于互联网平台的数据积累。② 寄托于大数据技术的信用风险管理体系,协助有效控制了信用成本。③ 依托于双边平台的销售体系,实现了运营成本的有效控制。电商小额贷款下,微型企业能进入银行授信的合理边界,目前,电商小额贷款尚不构成对银行的直接冲击,其优势仍然在银行传统金融模式所无法覆盖的微型客户群。

4. P2P 贷款是指个人通过网络平台相互借贷,贷款方在 P2P 网站上发布贷款需求,投资人则通过网站将资金借给贷款方。P2P 贷款最大的优越性,是使传统银行难以覆盖的借款人在虚拟世界里能获得高效与便捷的贷款,通过互联网 P2P 平台,资金出借方、需求方能直接地结合在一起。

5. "类余额宝"(渠道模式)相当于自建了基金发行渠道。目前,银行发行渠道是一种稀缺资源,基金公司在银行排队等发行,而且还竞相支付给银行更高的尾随佣金,互联网渠道模式的出现有利于打破银行的渠道垄断。

6. 众筹是指项目发起者(筹资者)借助众筹平台向网友展示项目、募集资金的一种融资模式,主要的形式为"团购+预购"。众筹是小微融资者获得资金的有效方式。

7. 互联网金融与传统金融的区别在于互联网的便利性、范围性、透明性,中间成本核算也更为低廉。互联网之所以可以与金融相融合是因为互联网具有以下特质:互联网创造了极为低廉的交易成本;互联网提供了有效的大数据分析技术;拥有互联网精神的支撑。

8. 金融结构已经非常庞大复杂,更拥有为数众多的细分子行业,但其提供的核心功能一直未有改变:提供信用风险解决方案;提供专业化的金融投资服务;组织支付体系;提供保险保障;提供投行、经纪、外汇买卖等牌照服务。

9. 金融互联网就是银行、保险公司、证券公司等传统金融机构把产品搬到网上,个人和金融机构在网上银行开立存款或证券登记账户;现金、证券等金融资产的支付、转移均通过互联网进行;支付清算均实现电子化,替代现钞流通。也就是说,金融互联网是金融机构对互联网技术的引用,是金融业务的电子化,并没有引起商业模式的实质性转变。

10. 互联网金融不是传统金融技术的简单升级,而是一种新的参与形式,是"基于互联网思想的金融";它是既不同于商业银行间接融资,也不同于资本市场直接融资的第三种金融融资模式,是借助于互联网技术、移动通信技术实现资金融通、支付和信息中介等业务的一种新兴产业与全新的商业模式。

11. 互联网金融不但面临传统金融活动中存在的信用风险、流动性风险和市场风险,还面临由互联网信息技术引起的技术风险(系统安全风险、技术选择风险、外部支持风险)、由虚拟金融服务引起的业务风险(操作风险、市场选择风险、信誉风险)以及由相关法律法规滞后引起的法律风险。

12. "虚拟"的金融交易不受时间和地域的限制,使得金融风险的传播速度加快、波及范围扩大。此外,互联网金融业务几乎全部在网上完成,交易对象不明确、交易过程透明度低,都加剧了金融管理部门调控和监管的难度。

本章重要概念

互联网金融模式	互联网第三方支付	P2P 贷款	电商金融
众筹	渠道模式	互联网金融	金融互联网
互联网精神	摩尔定律	金融核心功能	系统安全风险
技术选择风险	外部支持风险	业务风险	法律风险
第三方支付牌照			

练习题

1. 试对比互联网金融与传统金融的优缺点。
2. 互联网企业的第三方支付会不断分食银行第三方支付的份额吗?
3. 金融互联网与互联网金融的联系和区别是什么?
4. 摩尔定律对降低互联网金融企业成本的意义是什么?
5. 互联网金融区别于传统金融的风险有哪些?
6. 2013 年下半年以来,余额宝快速发展,这种势头会一直继续下去吗?为什么?

21世纪经济与管理规划教材

金融学系列

第 10 章

开放条件下的金融监管

2013年7月3号,国务院总理李克强主持召开国务院常务会议,会议通过了《中国(上海)自由贸易试验区总体方案》。8月22号,商务部发布消息,国务院正式批准设立中国(上海)自由贸易区。9月29日,上海自由贸易区正式挂牌成立。自由贸易区落户上海,将促进上海建设国际金融中心,推动周边地区甚至是全国经济的增长。据海关总署初步统计,2014年1月中国(上海)自由贸易区进出口总值595.6亿元人民币,较上月环比增长2.4%。其中出口150.5亿元,环比增长5.2%;进口445.1亿元,环比增长1.5%。进出口、出口和进口分别比2013年10月自由贸易区挂牌的第一个月增长18%、17.9%以及18.1%。上海自由贸易区是国家战略,是更高层次、更高水平的改革创新,核心是制度创新,而不是优惠政策。

但是,金融改革必然会带来金融监管方面的诸多问题:利率市场化后是否会导致社会融资成本的畸高?汇率市场化后,中国的资本市场是否能经受住外汇大进大出的考验?外资银行、民营银行的大批兴办对传统国有银行带来的巨大冲击是否会造成挤兑等金融风险?在自由贸易区内,监管部门如何在"管"与"放"的尺度上衡量?为了解决这些问题,我们必须要借鉴其他地区自由贸易区的成功经验,并结合自由贸易区的实际情况,创建出一套适合上海自由贸易区的金融监管方法。

10.1 上海自由贸易区概述

10.1.1 自由贸易区的概念

世界上第一个自由贸易区的诞生距今已有近470年,目前世界上已经有600多个具有各种功能的自由贸易区,其中2/3分布在经济发达的国家和地区。目前自由贸易区可以分为两种类型。

一种是广义的自由贸易区(FTA),它是根据多个国家之间协议设立的包括协议国(地区)在内的区域经济贸易团体。具体指多个国家或地区(经济体)之间做买卖(贸易),为改善买卖市场,彼此给予各种优惠政策;至于怎样做买卖,不是某一国说了算,而是在国际协议的基础上多国合作伙伴一起商议制定游戏规则,按多国共同制定的规则进行。目前世界上大多数的自由贸易区都属于此类。

另一种是狭义的自由贸易区(FTZ),它是根据本国(地区)法律法规在本国(地区)境内设立的区域性经济特区。这种方式属一国(或地区)境内关外的贸易行为,即某一国(或地区)在其辖区内划出一块地盘作为市场对外做买卖(贸易),对该地盘的买卖活动不过多地插手干预,且对外运入的货物不收或优惠过路费(关税)。与国际上传统自由贸易区(FTA)不同的是,传统自由贸易区是多国一起玩,游戏规则由多国共同制定;而这种自由贸易区是一国在自己的地盘上玩,自己的地盘自己做主,游戏规则自己制定。中国的上海自由贸易试验区即属于此类。

10.1.2 上海自由贸易试验区概述

上海自由贸易试验区,简称"上海自贸区",是设于上海的一个自由贸易区,也是中国大陆境内第一个自由贸易区,具有十分重要的战略意义。2013年8月,国务院正式批准设立中国(上海)自由贸易区,2013年9月29日,上海自由贸易区正式挂牌成立。

1. 上海自由贸易区的组成

上海自由贸易区范围涵盖了四个海关特殊监管区域,这四个海关特殊监管区域分别是:① 外高桥保税区,它于1990年9月正式启动,是全国第一个保税区,也是目前全国15个保税区中经济总量最大的保税区,面积为10平方公里。② 外高桥保税物流园区,该区面积为1.03平方公里,是国务院特批的全国第一家保税物流园区,同时是上海市"十一五"期间重点规划的三大物流基地之一,于2004年4月15日通过海关总署联合验收小组验收。与外高桥港区连成一体,距离外高桥保税区仅有3公里。③ 浦东机场综合保税区,该区于2010年9月28日正式运作,位于中国东部沿海经济带与长江流域的交汇点,紧邻货邮吞吐量世界第三的浦东国际机场,又处于亚、欧、美三角航线上,面积为3.59平方公里。④ 洋山保税港区,该区陆地面积为6.85平方公里,岛屿面积为7.31平方公里,合计为14.16平方公里;它于2005年12月10日在洋山深水港开港时正式启用,是上海和浙江跨区域合作建设、实行海关封闭监管的特殊功能区域,也是中国第一个保税港区。上海自由贸易区总面积为28.78平方公里,相当于上海面积的1/226。但是,这片土地正被寄予厚望,或将成为撬动中国新一轮改革开放的支点。

2. 上海自由贸易区在金融领域的改革

2013年9月27日,国务院印发了《中国(上海)自由贸易试验区总体方案》(以下简称《方案》),《方案》中指出,上海自由贸易区对金融服务领域、航运服务领域、商贸服务领域、专业服务领域、文化服务领域和社会服务领域这六大领域扩大开放,进行改革。其中,与金融相关的改革措施最为引人注目,金融方面的改革主要包括以下几点。

(1)扩大投资领域的开放

① 扩大服务业开放。选择金融服务(见表10-1)、航运服务、商贸服务、专业服务、文化服务以及社会服务领域扩大开放,暂停或取消投资者资质要求、股比限制、经营范围限制等准入限制措施(银行业机构、信息通信服务机构除外),营造有利于各类投资者平等准入的市场环境。

表10-1 中国(上海)自由贸易区服务业扩大开放措施之金融服务领域

1. 银行服务(国民经济行业分类:J 金融业——6620 货币银行服务)	
开放措施	① 允许符合条件的外资金融机构设立外资银行,符合条件的民营资本与外资金融机构共同设立中外合资银行。在条件具备时,适时在试验区内试点设立有限牌照银行。 ② 在完善相关管理办法、加强有效监管的前提下,允许试验区内符合条件的中资银行开办离岸业务。
2. 专业健康医疗保险(国民经济行业分类:J 金融业——6812 健康和意外保险)	
开放措施	试点设立外资专业健康医疗保险机构。
3. 融资租赁(国民经济行业分类:J 金融业——6631 金融租赁服务)	
开放措施	① 融资租赁公司在试验区内设立的单机、单船子公司不设最低注册资本限制。 ② 允许融资租赁公司兼营与主营业务有关的商业保理业务。

② 探索建立负面清单管理模式。2013年颁布的《中国(上海)自由贸易试验区外商投资准入特别管理措施(负面清单)(2013年)》,研究制定试验区外商投资与国民待遇等不符的负面清单,改革外商投资管理模式。对负面清单之外的领域,按照内外资一致的原则,将外商投资项目由核准制改为备案制(国务院规定对国内投资项目保留核准的除外),由上海负责办理;将外商投资企业合同章程审批改为由上海负责备案管理,备案后按国家有关规定办理相关手续;工商登记与商事登记制度改革相衔接,逐步优化登记流程;完善国家安全审查制度,在试验区内试点开展涉及外资的国家安全审查,构建安全高效的开放型经济体系。在总结试点经验的基础上,逐步形成与国际接轨的外商投资管理制度。

③ 构筑对外投资服务促进体系。改革境外投资管理方式,对境外投资开办企业实行以备案制为主的管理方式,对境外投资一般项目实行备案制,由上海市负责备案管理,提高境外投资便利化程度。创新投资服务促进机制,加强境外投资事后管理和服务,形成多部门共享的信息监测平台,做好对外直接投资统计和年检工作。支持试验区内各类投资主体开展多种形式的境外投资。鼓励在试验区设立专业从事境外股权投资的项目公司,支持有条件的投资者设立境外投资股权投资母基金。

(2) 深化金融领域的开放创新

① 加快金融制度创新。在风险可控的前提下,可在试验区内对人民币资本项目可兑换、金融市场利率市场化、人民币跨境使用等方面创造条件进行先行先试。在试验区内实现金融机构资产方价格实行市场化定价。探索面向国际的外汇管理改革试点,建立与自由贸易区相适应的外汇管理体制,全面实现贸易投资便利化。鼓励企业充分利用境内外两种资源、两个市场,实现跨境融资自由化。深化外债管理方式改革,促进跨境融资便利化。深化跨国公司总部外汇资金集中运营管理试点,促进跨国公司设立区域性或全球性资金管理中心。建立试验区金融改革创新与上海国际金融中心建设的联动机制。

② 增强金融服务功能。推动金融服务业对符合条件的民营资本和外资金融机构全面开放,支持在试验区内设立外资银行和中外合资银行。允许金融市场在试验区内建立面向国际的交易平台。逐步允许境外企业参与商品期货交易。鼓励金融市场产品创新。支持股权托管交易机构在试验区内建立综合金融服务平台。支持开展人民币跨境再保险业务,培育发展再保险市场。

3. 对上海自由贸易区金融改革的评价

2013年9月27日,上海自由贸易区总体方案出台,其中多项涉及金融领域的改革。在这许多项改革之中,意义最重要的有两个:

一是通过实行负面清单建立对民营和外商投资企业的国民待遇,实现不同所有制企业之间的平等竞争;虽然目前宣布的2013年自由贸易区负面清单还与过去的"产业目录"内容没有太大区别,但是,在今后几年中负面清单的长度很可能会明显缩短,逐步与国际标准接轨,从而为加入高标准的国际自由贸易协定(如TPP)提供和创造经验。

二是通过开放民营银行、建立境内的"离岸市场"等来推动金融改革与资本项目开放。其中,在自由贸易区内率先实现资本项目下的开放,并逐步实现人民币的自由可兑换,这是中央确定在2015年前实现人民币资本项目可兑换、人民币国际化的进一步试水,具有举足轻重的意义。

但是,虽然目前自由贸易区的方案间接反映政府迫切推进改革的动力和决心,但从整体内容上看,改革的突破不大。比较上海自由贸易区的负面清单与以前沿用商务部的投资指导目录,外商投资产业指导目录是36项,自由贸易区是38项;限制类的产业指导目录是78项,自由贸易区是182项;加总起来限制和禁止类过去目录是170项,而自由贸易区是190项。这到底是上海自由贸易区还是上海不自由贸易区? 在上海试行开放,还是试行管制? 而有关金融领域改革的提法也未超预期,在提到金融制度创新时提到"风险可控的前提下",表明潜在的金融制度创新面临较多的"风险控制"方面的担忧。此外,对于市场广泛预期的"资本项目可自由兑换、利率市场化"等最终只是"创造条件进行先试先行"。这些举措不仅限制了政府对于经济发展的主导权,而且将直接约束政府对市场的干预权,以及对于贸易的自由裁量权。不论是境内企业,还是境外企业,除极个别特殊行业如基金、期货等行业外,一律实行备案制,从国务院、发改委到上海地方的审批权,在自由贸易区内将大幅缩减。简言之,政府的权力受到限制,各部门的利益受到损失,如发改委审批权的丢失,税务局征税的流失,国内企业面临外商竞争的增加。如何平衡各部门之间的利益冲突,如何合理解决这场博弈,如何把上海自由贸易区从"仓库变为超市",是上海自由贸易区面临的不可避免的问题。

10.2 对上海自由贸易区金融监管制度的构想

上海自由贸易区设立的最主要目的之一就是进行金融改革,如果这次改革能获得成功,无疑会促使金融行业产生跨越式发展,促进金融服务业进一步开放。同时,自由贸易区的发展还会对中国经济产生较大的刺激作用,特别是上海所处的中国中东部地区。但是,在经济领域的所有改革中,金融改革的风险最大。

目前,世界上有600多个自由港,荷兰、美国、新加坡、中国香港、日本等国家和地区,都有自由贸易港或类似的贸易经济区,发展也已比较成熟,因此,中国可以通过借鉴这些国家或地区贸易自由港的金融监管方式,再结合中国金融市场状况构建上海自由贸易区内的金融监管制度。

10.2.1 中国香港自由贸易港的金融监管

1. 香港自由贸易港的金融监管制度

香港是目前世界上最自由、最开放的自由贸易港之一。这首先得益于香港独特的地理位置,香港北连中国内地,南邻东南亚,东濒太平洋,西通印度洋,位居亚太地区的要冲,为东西半球及南北的交汇点,处于欧洲、非洲和南亚通往东南亚的航运要道,同时又是美洲与东南亚之间的重要转口港,也是欧美、日本、东南亚进入中国南部的重要门户,因此成为国际经济与中国内地联系的重要桥梁;其次,香港当局并没有采取划设特定区域和制定特别法令的办法,而是致力于使香港特别行政区全区发展成为一个自由贸易港区,经过战后几十年的发展、演变,香港自由贸易港已由单一的转口贸易港发展成为经济结构多元化的自由贸易港;最后,香港自由贸易港不仅功能多,而且结构完善,能量很大。香港各种国际中心的功能,相互交融为一种合力,产生巨大的吸引力,使之能有效地从世界市场吸引自己发展所需要的各种经济资源,这造就了香港现代化国际大都市的形象,对亚太地区经济产生推动作用。这一特点也是目前世界各地传统自由贸易港所无法比拟的。根据WTO公布的数据,2012年香港是全球第九大贸易经济体,占世界贸易总额的2.8%。

香港实行自由汇兑制度,其货币市场是全球最开放的市场之一。香港在1973年和1974年先后取消了对外汇和黄金的管制,允许外汇自由汇兑,完全开放了外汇及黄金市场。至于汇率制度,1970年实行港元同英镑和美元挂钩浮动,1972年实行自由浮动,1983年则实行与美元联系浮动。无论实行何种汇率制度,本地资金和外国资金均可自由进出、自由流动,完全实现了利率市场化,香港因此被誉为"亚洲的瑞士"。

香港是世界上银行机构最密集的城市之一。在全球100强银行当中,有74家在香港设有业务。香港不设外汇管制,又位于有利时区,因此外汇市场发展成熟,交投活跃。香港的货币市场主要包括银行同业市场。货币市场以金融机构的批发活动最为活跃。香港的股票市场交易产品种类繁多,从普通股票到期权、认股权证、单位信托基金和债券等,一应俱全。

香港金融管理局监管香港的银行体系,确保以高度专业水平发挥"中央银行"的功能及维持货币与银行稳定,令香港市民及国际金融界对香港的银行体系保持信心。香港接受存款的机构分为三级,分别为持牌银行、有限制牌照银行及接受存款公司。此外,不少海外银行也在香港设立办事处。香港银行从事各类零售及批发银行业务,包括接受存款、贸易融资、企业融资、财务活动、贵金属买卖及证券交易等。只有持牌银行可办理往来账户及接受任何数额和期限的存款。有限制牌照银行主要从事商业银行及资本市场活动。接受存款公司多由持牌银行持有或与其他持牌银行联营,从事消费信贷等多样活动。

在香港自由贸易港,面对复杂的外资银行业务结构调整与金融体系内业务的全面交叉所带来的系统性风险,香港金融管理局于1998年后开始发展新的监管理念,强调对外资银行风险的防御重于对风险后果的处理应对;强调外资银行的内部治理、外部监管和外资银行的自身风险控制并重,提高外资银行的管理和自律水平并引入外部市场制约机制;同时鼓励外资银行更全面的经营和财务信息披露,并借鉴《巴塞尔协议》监管标准的新进展,在资本充足率中补充市场风险因素等。为此,香港金融管理局于1998年从美联储聘任专家,专门设计开发了符合国际惯例的以风险为本的监管制度,并于2000年开始实施。该体系将所有银行业务风险分为八类,即信贷风险、利率风险、市场风险、流动资金风险、运作风险、声誉风险、法律风险、策略风险,并将贷款的五级分类改成了更为详尽具体的十一级分类,监管者必须具备识别各类风险的能力,并关注银行对各类风险的承受力以及用以管理这些风险的制度的质量。监管者对银行风险评估时普遍采用矩阵法,即每一类风险都从潜在风险、风险管理素质、综合风险情况、风险方向四个方面进行评估,每一个方面又分为低、中、高或上升、平稳、下降三个层次,以此形成一个风险评估矩阵。在建立识别、评估风险的体系后,再通过风险为本的监管,把银行的风险状况反映在"骆驼评级"上(见表10-2)。这种较为严密的风险评估体系,一方面有助于及早发现银行的整体风险,有助于发现高风险的业务以及各业务的高风险环节;另一方面监管部门可以集中关注风险点,将监管资源投放于风险较高的业务和高风险业务环节,从而降低监管成本,提高监管效率。

表10-2 骆驼评级标准

考察项目	评价细则
资本充足率(C)	参照《巴塞尔协议》精神,把资本分为核心资本和附属资本两部分,要求资本总额与总资产之比达到8%。
资产质量(A)	资产乘以一定风险权数,求得加权风险资产,再与资本相比,以反映金融机构的风险状况。此比例小于5%为最好,其次为5%—15%,再次为15%—30%,30%—50%为差,大于50%为最差。
经营管理水平(M)	不做定量描述,主要对管理者能力、管理系统的效率和执法情况等进行主观评价。
盈利能力(E)	以税后净收益与总资产之比衡量,并根据金融机构的资产规模大小加以区别。小于1亿美元总资产的银行,此比例达到1.15%以上为1等,达到0.95%为2等,达到0.75%为3等,小于0.75%为4等,净亏损则为5等。
流动性(L)	主要观察短期投资、主要存款、贷款与租赁、变动债务等与总资产的比例。

2. 香港自由贸易港对上海自由贸易区的启示

借鉴香港的成功经验,首先,上海自由贸易区应该对区内的银行机构实施审慎、以风险防范为主的全方位的风险监控。银行业是一个以经营信用为基础的特殊行业,由于信用本身包含许多不确定因素,这就决定了银行业具有的内在不确定性、银行业的重要性及整个金融体系的脆弱性要求对银行业要实施审慎、以风险防范为主的监管。目前,世界各国在放松金融管制的同时,都加强了以风险为中心的审慎监管。作为一个自由贸易港,香港的银行体系相当复杂庞大,因此,香港的金融监管原则也不断向国际监管原则靠拢,有的方面甚至比国际公认标准更严格,这样才保证了整个银行体系的稳健运行。上海自由贸易区成立后,会有很多银行机构入驻,其中不乏众多外资银行,由于中国在对外资银行的监管方面缺乏经验,因此应该按照国际通行和公认的监管原则,如《巴塞尔协议》《有效银行监管的核心原则》等,加强对自由贸易区内银行体系的监管。第一,从银行业的开业标准、审批开业申请到银行发展目标、业务程序等,建立起严格的风险监测和信息系统,把监管贯穿于银行业经营的全过程。第二,从银行审慎监管的角度,建立健全科学有效的内部控制制度,提高银行本身对各种风险防范的能力,有利于银行业对处于萌芽阶段的金融风险进行及时防范、控制和化解。第三,在监管方式上可采用现场稽核与非现场稽核相结合、合规监管与风险监管相结合、对银行管理层的监管与对整个机构运行的监管相结合,对银行业进行全方位的持续监管;同时还要对外资银行实行统一监管,及时与各国监管当局建立信息交换机制,避免金融风险的国际化。

其次,自由贸易区的监管部门应该建立银行危机预警体系,实行危机预警监管。构建一组反映银行危机的指标体系,以便事前进行分析并做出处理,是保持金融稳定的关键。因此,自由贸易区监管部门可以学习香港的经验,对银行面对的风险进行详细分类,逐步建立银行预警体系,以便及早了解和掌握银行运行的风险状态,做到防患于未然。在现有条件下,建立银行危机预警体系,应充分利用金融稽核的资料和成果。金融稽核包括现场稽核和非现场稽核,前者是指对银行的业务范围、风险承受能力等进行评估,以风险管理为中心,判断各项业务的完整性和稳定性;后者是通过分析银行统计、会计报表及相关信息,对银行的资产质量、资本充足率、盈利能力和经营管理状况等进行分析、比较与判断。在金融稽核的基础上,自由贸易区的监管部门要对金融机构的风险做出判断和评价,根据风险的性质、特征和严重程度对金融机构及时进行预警,及时采取控制和化解措施,防止银行风险的进一步发展和恶化。同时,借鉴香港金融管理局对金融机构实行的"骆驼"风险评级制度,还要建立商业银行信用评级体系,通过对银行的资本充足率、资产质量、经营管理水平、盈利能力和资产流动性等五方面的检查、比较,把银行划分为五类不同质量的银行,包括优良、良好、有问题、有重大问题和财务状况恶化等,分类采取相应的监管办法,使商业银行的风险最小化。

10.2.2 迪拜国际金融中心的金融监管

1. 迪拜国际金融中心的金融监管制度

2004年9月,迪拜政府决定设立迪拜国际金融中心(DIFC),使其成为迪拜十多个贸易自由区中的一个,并将金融服务业作为仅次于旅游业的重点开发产业。占地面积110

公顷的DIFC自建立开始就吸引了大量金融机构进驻。据悉,目前大概有900家企业在DIFC运作,其中有近400家是金融机构。而在金融机构及其他企业纷纷在DIFC挂牌营业的情况下,DIFC的证券交易所和商品期货交易所等市场也迅速建立起来。迪拜相较于一些新兴国际金融中心而言有着不可比拟的竞争力,尤其实施的零税率和无外汇管制措施,更是其核心竞争力所在。

对迪拜来说,自由贸易区带来的绝不只是"黄金",更重要的是它成了国家发展的引擎。2012年,迪拜非石油贸易总额达12 350亿迪拉姆(约合3 365亿美元),同比增长13%。其中,出口444亿美元,同比增长47%;进口2 008亿美元,同比增长12%;转口910亿美元,同比增长5%。根据迪拜经济发展部统计,2012年外国直接投资总额为80亿美元,与2011年的63亿美元相比增长了26%。投资流向包括旅游、服务、金融、商业以及TI服务、零售、化工、食品和烟草等行业。2013年9月公布的最新"全球金融中心指数"显示,迪拜在80个国际商务中心中排名第25,是中东和非洲地区七个金融中心中排名居于前列的国家。

DIFC自建立以来取得如此大的成功,很大程度上归功于其制度上的设计,尤其是金融监管方面的创新:在DIFC区域内,成立了一个独立的风险监管机构——迪拜金融服务局(DFSA),主要负责在迪拜国际金融中心的相关机构执照授予及其金融服务活动的持续监管。DFSA可以定义成一个综合性的管理机构,监管范围包括资产管理、银行和信贷服务、证券、集体投资基金、商品期货交易、托管和信托服务、伊斯兰金融、保险、一个国际证券交易所以及一个国际大宗商品衍生品交易所。

同时,DFSA还负责涉及反洗钱、反恐融资、制裁合规的人员的监督与管理。DFSA的职责主要集中在六个方面:政策和法律制定、授权、识别、监管、执行以及国际合作。DFSA作为监管者的权力主要来源于2004年DIFC一号法令——《监管法》的有关条文。根据该法,DFSA被赋予就相关市场问题制定法规、发展政策以及相应的在其管理下落实有关立法的权力。这种立法的权力使得DFSA能够快速有效地对市场的发展以及商业需求做出回应。

在监管理念方面值得一提的是,作为自由贸易区的金融监管机构,DFSA的定位是"成为立足于风险的监管者并且避免不必要的监管负担"。DFSA认为,作为监管者的直接任务是缓解风险,然而用以缓解风险的监管框架下的合规责任应符合比例原则,这样被监管企业才能及时有效地去履行合规义务。

正是因为存在DFSA这样一个高效率、现代化、独立性强的监管机构,更多地采用风险性、原则性监管的理念,才使得DIFC逐渐发展为一个安全、发展为导向的商业平台。

2. DIFC对上海自由贸易区的启示

回归到中国上海自由贸易区的监管实践,也可以试验性地建立像DIFC这样的监管机构,赋予该机构区域性立法的权限,并对自由贸易区内的相关机构准入及运营实行统一的监管。要实现这种监管上的创新,在初期应该要注意以下三个方面。

首先,中国现行的金融监管制度不能满足上海自由贸易区内的金融改革需求,必须要在自由贸易区内实现监管制度的创新。中国现行的金融监管体系主要由银监会、证监会和保监会等三家独立的监管机构组成,实行分业监管。自由贸易区内金融服务业的进一步放开也必然涉及不同监管部门的职能范围。尽管目前中国大体上的金融业发展现状并不适合混业监管,但在自由贸易区内,似乎"大金融监管"的模式更为便捷高效,可以借鉴迪拜的经验,设立一个金融服务管理局,改变以往多头监管的格局,这样必然会使自由贸易区内企业的监管负担大大降低。可以预见的是,监管制度的创新必然会触动很多既得利益,包括很多审批权限的变更,除了现有监管部门内部的协调与妥协外,更需要尽快在法律层面上确立自由贸易区内的监管主体,并相应规定具体的职责、授予权限。

其次,这次上海自由贸易区的建立也是一个实现金融监管理念上变革的良好契机,即尝试从规则性监管模式向风险性监管甚至原则性监管模式倾斜,这也是国际上监管模式的变革的整体趋势。目前,国际上对于金融领域的监管理念存在三种主要模式,即风险性监管、原则性监管与规则性监管。中国一直以来主要采取的是规则性监管模式,即通过较为体系化的法律法规去规制相关市场中的金融活动。这种方式虽然能较为有效地控制市场风险,但是由于规则的滞后性,一方面局限了市场自由度,很难及时有效地处理和规制金融创新,另一方面也产生了不少监管套利行为。而原则性监管则能一定程度上解决这一问题,英国的金融服务局是这种监管理念的主要代表,这种模式"意味着更多地依赖于原则并以结果为导向,以高位阶的规则用于实现监管者所要达到的监管目标,并较少地依赖于具体的规则"。英国金融服务局官方曾表述"通过修订监管手册以及其他相关文件,持续进行原则和规则间的不断平衡……我们关注作为监管者所希望实现的更清晰的结果,而由金融机构的高级管理人员更多地来决定如何实现这些结果"。可以借鉴的是,中国在自由贸易区的监管立法中可以尝试增加指导性意见、原则性陈述,减少管理性条款以及具体指标,赋予被监管企业足够的空间发展自身的治理结构和内部控制机制。

10.2.3 新加坡自由贸易港的监管

1. 新加坡自由贸易港的金融监管制度

新加坡位于马来半岛南端、马六甲海峡东出入口,优越的地理位置为新加坡的海上运输和进出口贸易提供了得天独厚的条件。新加坡有200条航线联系全球123个国家的600个港口,2012年,新加坡集装箱中转吞吐量为3126万TEU,占全球的1/7。2012年新加坡贸易总额为9849亿新元(约合8020亿美元),较2011年微增1.1%。新加坡的贸易/GDP比重全球最高,在2008—2011年间,贸易总额大概是GDP的四倍。

新加坡主要的政府金融机构包括金融管理局、货币发行局和投资局等,这些机构合理分工,共同承担中央银行的相关职能。新加坡金融管理局于1971年1月1日正式成立,它的主要职责是:① 作为新加坡的银行的银行,履行最后贷款人功能,为银行等金融机构提供服务;② 作为政府的银行,负责发行新加坡的政府债券及其他证券,并进行国家储备和债务的管理,制定、实施货币政策;③ 依据新加坡有关法律,执行对金融机构的监督管理职能,并通过相关业务手段维持金融市场稳定有序发展;④ 代表新加坡政府参与国际金融活动。新加坡的货币发行局于1967年成立,主要负责新加坡元的发行与管理。新加坡政府投资局于1981年成立,主要负责管理金融管理局、货币发行局以及政府各部门聚集的资产。

《新加坡金融管理局法》规定,金融监管的目的是:在政府一般经济政策范围内促进货币稳定及信用,促进经济成长。在金融管理局认为公共利益有需要时可随时对金融机构提供咨询或对该金融机构提供建议,并为确保该要求或建议的效力发出指示。新加坡在成功地抵御了1997年的亚洲金融危机引起的经济衰退后,金融监管局的监管理念发生了较大的变化,并逐步形成了一套全新的金融监管理念,主要表现为:由管制向监管转变;注重风险管理;注重金融机构的公司治理及内部控制;强调审慎会计原则与审慎监管;注重人才和激励;注重借鉴国际监管措施。

新加坡自1968年起逐步放宽外汇管制,1978年6月1日全面取消了外汇管制,到1994年新加坡以平均日成交1 000亿美元以上的成绩跻身世界第四大外汇交易中心的地位。新加坡采取金融自由化政策,均无任何形式的外汇管制,外汇可自由兑换。同时,新加坡实施资金自由进出政策。新加坡资金进出没有任何限制,外汇、各种形式的合法收入都可自由进出。并且离岸金融业务广泛开展。为了发展离岸市场,新加坡政府在1972年宣布,放宽对银行的外汇交易管制。新加坡逐渐发展成为全球的离岸金融中心。

在新加坡对金融机构的主要监管构架中,对金融风险的控制和监督也是核心内容之一。新加坡金融管理局借鉴CAMEL系统评级法,并结合新加坡本土的金融状况加以改善,建立了CAMELOTS评级系统。其中O指操作风险,T指信息技术,S指市场风险敏感度。另外,新加坡采用PLATO评级方法从另一个角度对金融机构进行评级,与CAMELOTS类似,其中P指母国银行的支持,L指流动性,A指资产量。在实际运作中,首先,新加坡金融管理局会收集监管所需的相关资料并结合本土银行业的发展特性进行一定程度的处理;其次,利用CAMELOTS和PLATOS系统评估监管对象的风险状况;最后,通过综合考量划定评级结果。

作为日益成熟的国际金融中心,新加坡金融管理局对金融市场的监管愈加国际化、弹性化和一体化,不再强调对本土银行业的保护,而是更加注重金融市场的开放程度。自1997年亚洲金融危机爆发以来,金融管理局的监管重点逐步转为对银行的风险控制之上,其构建的监管体系中突出官方监管、行业内部控制和市场调控三个侧重点。与此同时,新加坡金融管理局对金融市场进行逐步改革,分步实施银行业自由化方案,培养多元化的金融机构,发展本土有实力的银行,放宽原有银行的业务限制以及开放市场,鼓励竞争等。

2. 新加坡自由贸易港对上海自由贸易区的启示

借鉴新加坡的成功经验,首先,随着人民币国际化程度越来越高,对外汇及资本项目的管制应该在上海自由贸易区内逐步放开,鼓励金融创新。预期在自由贸易区内,投资和贸易相关的资金可以自由兑换,利率、汇率都是市场决定的,积极探索面向国际的外汇管理改革试点,建立与自由贸易区相适应的外汇管理体制。同时允许符合条件的外资金融机构设立外资银行,以及民营资本与外资金融机构共同设立中外合资银行(可能具有有限牌照)。鼓励其建立综合交易平台,全面放开产品创新。也允许自由贸易区的金融机构去海外发债,拿钱回来之后可以贷款给自由贸易区里面的企业,并突破现有存贷比的限制。同时变革自由贸易区内企业的外债管理方式,力图实现外汇资金集中运营,以便建立跨国企业的全球资金管理中心。同时,分散在"一行三会"的金融监管也可以都并在一起成立一个金融管理局,转变政府职能,提高行政透明度,并进行上海自由贸易区立法试验和履行投资者权益保护功能,这即是实践"小政府"的全新的执政理念,也是厘清市场和政府最优边界的最新尝试。

其次,监管部门应该加大对金融风险的控制和监督。自 1997 年亚洲金融危机爆发以来,新加坡金融管理局结合新加坡本土的金融状况,建立了 CAMELOTS 评级系统。那么上海也可以根据自己的实际情况,采用 CAMEL 系统评级的方法,再加入一些符合上海自由贸易区实际情况的指标,不仅仅局限于对银行的资产质量、资本充足率、盈利能力和经营管理状况等进行分析、比较和判断。引入风险评级系统可以保证将国内金融市场中所存在的风险进行明确的划分,既可以使金融投资者对国内金融市场的风险状况一目了然,为投资决策提供有价值的参考,同时也方便中国人民银行以及各监督管理委员会的监管。

本章小结

1. 上海自由贸易区范围涵盖了四个海关特殊监管区域,这四个海关特殊监管区域分别是:外高桥保税区、外高桥保税物流园区、浦东机场综合保税区和洋山保税港区。上海自由贸易区对金融服务领域、航运服务领域、商贸服务领域、专业服务领域、文化服务领域和社会服务领域这六大领域扩大开放,进行改革。同时探索建立负面清单管理模式,构筑对外投资服务促进体系。

2. 香港实行自由汇兑制度,香港的金融管理局专门设计开发了符合国际惯例的以风险为本的监管制度,非常注重对银行业特别是外资银行的监管。上海自由贸易区应该借鉴香港经验对区内的银行机构实施审慎、以风险防范为主的全方位的风险监控。再者,自由贸易区的监管部门应该建立银行危机预警体系,实行危机预警监管。

3. 迪拜国际金融中心(DIFC)取得了很大成功,很大程度上归功于金融监管方面的创新:在 DIFC 区域内,成立了一个独立的风险监管机构——迪拜金融服务局(DF-SA)。DFSA 的定位是"成为立足于风险的监管者并且避免不必要的监管负担"。回归到中国上海自由贸易区的监管实践,也可以试验性地建立像 DFSA 这样的监管机构,赋予该机构区域性立法的权限,并对自由贸易区内的相关机构准入及运营实行统一的监管。

4. 新加坡主要的政府金融机构包括金融管理局、货币发行局和投资局等,这些机构合理分工,共同承担中央银行的相关职能。金融监管的目的是:在政府一般经济政策范围内促进货币稳定及信用,促进经济成长。在新加坡对金融机构的主要监管构架中,对金融风险的控制和监督是核心内容。借鉴新加坡的成功经验,首先,随着人民币国际化程度越来越高,对外汇及资本项目的管制应该在上海自由贸易区内逐步放开,鼓励金融创新。其次,监管部门应该加大对金融风险的控制和监督。

本章重要概念

上海自由贸易区	FTA	FTZ	金融服务领域
负面清单	管理模式	离岸	市场资本项目
香港自由贸易港	CAMEL 评级	迪拜国际金融中心	
PLATO 评级	CAMELOTS 评级	反洗钱	

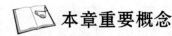 **练习题**

1. 上海自由贸易区包含哪些地方？
2. 上海自由贸易区开放了哪六大服务领域？
3. 什么是负面清单管理模式？
4. CAMEL 评级标准包括哪些？
5. CAMELOTS 评级系统和 PLATO 评级方法的异同是什么？
6. 在自由贸易区内设立企业有何优势？
7. 试阐述自由贸易区最主要的政策突破点会在哪里。
8. 目前中国外汇管理改革得到较大发展，但仍存在较多问题。如外汇市场外汇交易主体过于集中、外汇市场与其他金融市场隔离等。你对此有什么看法？这些对金融监管会提出什么新的挑战？

第 11 章

金融监管发展趋势

　　随着全球化程度的日益加深,中国在金融自由化程度上也越来越开放,这是中国金融市场改革的大方向所在。过去的十几年来,中国在金融上强调稳健运行、从严监管,这使得中国在 2008 年全球金融危机之中平稳渡过,却也使得金融创新缓慢,金融发展严重不足。未来的金融监管需要根据金融市场的走向调整改革方向,也需要随着金融创新的发展做出相应调整。

11.1 金融危机后的国际金融监管改革新趋势

2008 年金融危机以来,按照 G20 领导人确定的金融监管改革目标,在金融稳定理事会(以下简称"FSB")和巴塞尔委员会(以下简称"BCBS")的主导下,全球主要经济体携手共建金融监管新框架,在《巴塞尔协议Ⅱ》的基础上出台了《巴塞尔协议Ⅲ》,并提出了全面加强金融监管的一揽子政策建议。各国监管部门为维护本国金融安全,纷纷加快了金融监管改革步伐。2010 年 7 月 21 日,美国出台《华尔街改革与消费者保护法案》(又称《多德-弗兰克法案》);2010 年 9 月 12 日,英国银行业独立委员会公布了银行业改革最终报告,要求银行设立不同业务风险隔离的"围栏"(Ring-fencing);新加坡金融管理局要求银行资本充足率仍必须在 12% 以上。中国银监会 2007 年以来积极推进《巴塞尔协议Ⅱ》的实施,在 2010 年"腕骨监管体系"(CARPS)、2011 年《新四大工具实施要求》、2011 年《中国银行业实施新监管标准指导意见》的基础上,于 2012 年 6 月获国务院常务会议审议批准,凝结《巴塞尔协议Ⅱ》和《巴塞尔协议Ⅲ》的纲领性文件《商业银行资本管理办法(试行)》发布实施。

总体来看,全球金融监管改革呈现以下六大趋势:一是全球监管趋严,在提高资本要求的同时增加其他监管要求:重新定义监管资本,突出了普通股的重要性,引入留存额外资本、逆周期额外资本、G-SIFIs 额外资本和杠杆率要求。二是监管标准趋于统一,各国积极实施并持有一定的自由裁量权:从《巴塞尔协议Ⅰ》到《巴塞尔协议Ⅱ》,再到《巴塞尔协议Ⅲ》的不断完善,逐渐成为国际标准,同时具有一定的灵活性,充分体现不同国家或地区的监管差异性。三是风险监管全面化,强化监管重大实质性风险兼顾其他风险:《巴塞尔协议Ⅱ》在第一支柱强调资本对信用风险、市场风险、操作风险的覆盖,在第二支柱监管银行账户利率风险、集中度风险等其他重大风险,《巴塞尔协议Ⅲ》进一步扩大对资产证券化风险、银行交易账户交易对手信用风险的覆盖。四是监管趋于多层化,强化微观审慎监管兼顾宏观审慎监管。不但关注单个银行的持续审慎经营,同时要求加强金融业系统性监管,确保在保持个体银行稳健经营的基础上,实现整体金融体系稳定。五是抓大带小分类监管,以系统重要性银行为主兼顾其他机构。国际监管组织以及各国金融监管机构对危机进行了反思,认为必须改进对系统重要性金融机构的监管,增强系统重要性金融机构的抗风险能力。六是各国监管属地化加强,同时国际监管协调成为监管改革主流。整顿金融竞争秩序,共同维护金融稳定,贯穿了金融监管变革的全程。

11.2 金融危机对中国金融监管改革的启示

在 2008 年的金融危机中,中国所受的冲击更多地是在实体经济层面而非金融体系层面上。其中最主要的原因是,中国金融体系的开放性不足避免了外部系统性风险的传染,与此同时,中国的高储蓄率为金融机构提供了稳定、充足的资金来源,使得金融机构不必求助于高风险、高成本的融资渠道。随着中国经济的进一步发展,金融体系必将更为开放,金融市场也将更为活跃,从而对金融监管提出了更高的要求。在此方面,本次国际金融危机后主要国家和地区进行的金融监管改革对中国有着重要的启示意义。

1. 全面覆盖：金融监管的原则

全面覆盖的监管理念是金融监管发展的潮流，不论是较早改革的英国、日本还是危机过后的美国，其金融改革都明显地反映出这种趋势。中国的金融监管体制一直秉承了全面覆盖的理念，并在维护金融市场稳定方面取得了较好的成绩。我们不仅要继续坚持全面覆盖的监管理念，更应该付诸实践以有效保证这一理念的贯彻与落实。

需要指出的是，全面覆盖的监管理念并不意味着用单一的标准去对待所有的监管对象。例如，在美国的改革方案中，对于具有系统重要性的机构，其适用的监管标准要明显高于同类金融机构，而对于对冲基金和其他私募期货基金等新型金融机构，则只要求在美国证券交易委员会（SEC）注册而没有进一步的监管限制措施。因此，中国金融监管体系的建设也需要强调监管的层次性，根据金融发展的需要和金融市场、机构、产品的风险水平，采取不同强度的监管措施，完善多层次、多机制、综合性的监管体系。

2. 鼓励创新：金融监管的核心

美国金融危机暴露的一个重要问题就是监管机构对金融创新，如金融衍生品的监管过于松散，甚至缺位。而中国的情况却恰恰相反，中国的金融衍生品市场乃至整个金融市场都不发达，中国金融监管对金融创新的权利限制过严。虽然这避免了类似于美国金融市场的高风险，但是也严重约束了金融市场的创新能力，阻碍了金融创新的进一步发展。这种现象所导致的结果就是金融产品和服务供给不足，难以满足实体经济和金融消费者与投资者的需求。与此同时，在金融全球化的背景下，过度管制很容易削弱本国金融体系的竞争力和吸引力，导致金融资源的外流。因此，我们不能因噎废食，由于担心市场风险而阻碍金融创新，相反，必须将金融创新的主导权还给市场。

3. 信息联通与共享：金融监管的基础

金融监管当局充分掌握金融体系与实体经济部门的相关信息，对于进行宏观审慎性监管、防范系统性风险、实现金融稳定具有重要的意义。现代金融体系的运行伴随着大量信息的产生、传递与处理，但是如何有效获取真实且符合监管需要的信息，尤其是涉及金融体系稳定的信息，仍然是一个难题。

中国推进金融监管信息建设主要可以从以下三个方面着手。第一，完善征信体系，在为金融机构决策提供依据的同时，有助于监管当局通过违约率来了解宏观经济运行情况，为审慎性监管提供支持。第二，健全支付清算体系及其信息挖掘，汇集经济交易信息，以此反映交易活跃状况、经济景气程度和经济结构变化情况等宏观经济运行的重要侧面，为金融稳定状况的评估提供背景。第三，加强金融监管当局内部及其与各经济部门之间的信息系统整合与共享，在可能的情况下制订明确的、有时间表的金融信息资源整合方案。

4. 实体化、法制化的监管协调机构：金融监管的保障

金融监管当局协调配合不力是此次金融危机产生及蔓延的主要原因之一。为此，各监管改革方案都要求加强监管协调，设立实体化、制度化的监管协调机构。目前，中国初步形成了"一行三会"的金融分业监管格局，但是监管部门之间的协调机制缺乏正式制度保障，仅处在原则性框架层面，监管联席会议制度未能有效发挥作用。因此，在现有的分业监管体制下,应将协调机制法制化、实体化。在时机成熟的情况下,可以考虑组建有明确法律权限、有实体组织的金融监管协调机构,以监督指导金融监管工作。

5. 消费者利益保护:金融监管的目标

完备的金融消费者保护措施是发达金融体系的共同特征,也是构成金融体系国际竞争力的重要因素。如果金融监管只关注金融机构的利益诉求而忽视了对消费者利益的切实保护,就会挫伤消费者的金融消费热情而使金融业发展失去广泛的公众基础和社会支持。所以,要使中国在国际金融市场竞争中有所作为,就必须对消费者金融产品和服务市场实行严格监管,促进这些产品透明、公平、合理,使消费者获得充分的有关金融产品与服务的信息。

6. 金融稳定:金融监管的重心

在不同的经济与社会发展阶段,不同金融体系所面临的系统性风险的来源与传导机制存在着差异。目前,中国金融发展所处阶段和金融体系的特定结构决定了中国的金融市场并非系统性风险的主要来源。不过,随着综合经营的发展和金融体系的进一步开放,中国金融体系的系统性风险特征将会与当前发达国家,尤其是欧盟国家进一步趋同。

在可能导致系统性风险的因素中,金融控股公司等大型混业经营的金融机构既是金融监管的重点,又是金融监管的难点。为了堵塞监管漏洞,应在明确系统性风险标准的前提下,确立监管系统性风险的专门监管机构。美联储之所以被赋予系统性风险监管职责,最主要的原因是其拥有支付、清算、结算信息以及资金能力方面的优势。根据中国目前的情况,可以考虑将这一职责赋予中国人民银行。通过牵头监管模式,并与其他监管机构密切合作,解决监管过程中可能存在的"盲区"。

7. 资产负债表监管:金融监管的趋势

此次金融危机表明,金融机构资产负债表的不完备、不透明是导致金融风险失控的重要因素,也是导致危机处置不适当、不及时的原因之一。随着金融创新的飞速发展,中国金融机构的资产负债表及表外业务规模也在迅速扩张之中,如果不能对此进行有效的管理,金融稳定的隐患就不能消除。

为此,中国必须加强资产负债表的监管。这其中包括四项重要内容。首先,完善资产负债表的编报规则,使金融机构的表外业务风险能够在资产负债表中得到充分的体现。其次,监管当局应当及时、充分掌握金融机构资产负债表的变动情况,为微观审慎监管提供依据。再次,监管当局应该在考虑到金融体系内部复杂联系的基础上,在宏观层面上对资产负债表的总体变化情况进行监控,并据此对金融体系的风险水平做出评估,在出现问题时发出预警。最后,监管当局需要通过资本充足率要求和会计标准的改进,消除或削弱与资产负债表相关的顺周期性,平滑金融体系运行中的波动,为实体经济提供稳定的金融环境。

8. 国际协调与合作:金融监管的热点

在当前形势下,中国积极参与国际金融监管协调与合作具有重要的意义。首先,这是回应国际社会舆论的要求,树立负责任大国形象的需要。其次,目前国际金融监管合作仍然处于酝酿和起步阶段,中国的及早参与有助于争取主动,确立规则,最大限度地维护自身利益。最后,尽管现阶段中国的金融机构和企业在国际金融市场上的参与程度仍然非常有限,但是随着经济发展和金融体系的进一步开放,尤其是上海国际金融中心建设的推进,中国也将面临更大程度的传染性系统性风险,对于这些风险的防范与处置也将越来越多地依赖于国际金融监管的协调与合作。

11.3 中国未来的监管趋势

1. 金融监管国际化趋势

随着不断加深的金融国际化,金融机构及其业务活动跨越了国界的局限,在这种背景下,客观上需要将各国独特的监管法规和惯例纳入一个统一的国际框架之中,金融监管法制逐渐走向国际化。双边协定、区域范围内监管法制一体化,尤其是巴塞尔委员会通过的一系列协议、原则、标准等在世界各国的推广和运用,都将给世界各国金融监管法制的变革带来冲击。

由于金融国际化的发展及不断深化,各国金融市场之间的联系和依赖性也不断加强,各种风险在国家之间相互转移、扩散便在所难免,如1997年7月东南亚爆发的危机就蔓延到了许多国家,使整个世界都受到了强烈的震动。金融国际化要求实现金融监管本身的国际化,如果各国在监管措施上松紧不一,不仅会削弱各国监管措施的效应,而且会导致国际资金大规模的投机性转移,影响国际金融的稳定。因此,西方各国致力于国际银行联合监管,如巴塞尔委员会通过的《巴塞尔协议》统一了国际银行的资本定义与资本率标准。各种国际性监管组织也纷纷成立,并保持着合作与交流。国际化的另一体现是,各国对跨国银行的监管趋于统一和规范。

2. 金融监管更加注重风险性监管和创新业务的监管

从监管看,世界各国监管当局的监管重点实现了两个转变:第一,从注重合规性监管向合规性监管和风险监管并重转变。过去监管当局一直将监管重点放在合规性方面,认为只要制定好市场游戏规则,并确保市场参与者遵照执行,就能实现监管目标。但随着银行业的创新和变革,合规性监管的缺点不断暴露,如市场敏感度较低、不能及时反映银行风险,因此相应的监管措施也滞后于市场发展。有鉴于此,国际银行监管组织及一些国家的监管当局相继推出一系列以风险监管为基础的审慎规则,如巴塞尔委员会发布的《有效银行监管核心原则》《利率风险管理原则》等,实现了合规性监管向合规性监管和风险监管并重转变。第二,从注重传统银行业务监管向传统业务和创新业务监管并重转变。随着金融市场的不断发展,金融创新产品层出不穷,如金融衍生品交易、网上银行交易等创新业务,它们在增加收益的同时也增大了风险,且更易扩散,对金融市场的冲击也更加直接和猛烈。因此,只注重传统银行业务的监管已经不能全面、客观地反映整个银行业的风险状况,只有"双管齐下",监管传统业务和创新业务并重,才能有效地防范和化解银行业的整体风险。

3. 金融监管越来越重视金融机构的内部控制制度和同业自律机制

机构的内部控制是实施有效金融监管的前提和基础。世界金融监管的实践表明,外部金融监管的力量无论如何强大,监管程度无论如何细致而周密,如果没有金融机构的内部控制相配合,往往事倍而功半,金融监管效果大打折扣。在国外,银行经营管理层的内部控制意识很强,他们把这作为非常重要的管理理念,贯穿于整个经营管理体制工作中。国外商业银行一般专门成立独立于其他部门的、仅仅对银行最高权力机构负责的内部审计机构,并建立了健全的内部控制制度。近年来,由于巴林银行、大和银行以及住友商社等一系列严重事件的发生都与内部控制机制上的缺陷或执行上的不力有直接关系,国际金融集团和金融机构在震惊之余,纷纷开始重新检讨和审视自己的内部控制状况,以免重蹈他人覆辙,许多国家的监管当局和一些重要的国际性监管组织也开始对银行的内部控制给予前所未有的关注。

金融机构同业自律机制作为增强金融业安全的重要手段之一,受到各国普遍重视。以欧洲大陆国家为代表,比利时、法国、德国、卢森堡、荷兰等国的银行家学会和某些专业信贷机构的行业组织都在不同程度上发挥着监督作用。尽管金融业公会组织在各国监管体系中的地位不尽相同,但各国都比较重视其在金融监管体系中所起的作用。

4. 加强系统性风险的监管

就这次次贷危机而言,整个市值并不大的次贷,为什么会引起全球金融体系如此大的动荡呢?原因是全球化。全世界通过快速推进全球化,使得全球的金融市场高度趋同,全球的信息传递效率极大地提高,各地金融市场销售的产品高度类似,业务模式高度类似,是高度趋同的全球化。所以这就使得全球的金融机构通过加入全球化的浪潮,形成一个非常巨大的网络,这个网络的局部震动会引起其他地区的不安,这种趋同导致风险系统的放大。就像当前中国股市大起大落,一样有内在的缺陷。次贷危机风险的形成是整个网络对于风险的放大效应和共振效应,也是类似的运作机制。同时,一系列大型的多元化的金融集团,在金融市场上所占据的重要支配地位,使得它们的金融风险已经不再仅仅是微观风险,而在一定程度上变成系统风险。

目前,中国应对金融危机所采取的积极的财政政策和适度宽松的货币政策产生了积极的市场效果,但是关于系统性风险的监管还需要引起足够的关注。比如说在目前的监管框架下,中国还没有专门的机构来获得授权对系统性风险进行监控和负责,比如对于哪些金融机构应该重点监管、如何来监管,对于各种投融资机构的杠杆力应该分别如何限制,还没有专业的机构做出相应的约束。

5. 统一监管是金融监管体系发展的趋势

相当多的国家已经或将要选择综合监管或统一监管模式。目前,有很多国家已采取了统一监管模式,它们或是建立起了一个监管整个金融领域的统一的监管机构,或是将三大金融行业中的两个以上的金融行业(比如银行与保险、银行与证券或者是证券与保险)的监管权力集中到一个监管机构。近些年来,迈向金融统一监管的国家数目迅速增加。1986年,挪威建立了世界上第一个对银行、证券、保险统一进行监管的监管机构。1997年,世界金融中心之一的英国也建立了统一的金融监管机构——英国金融服务局,成为世界主要金融市场采取统一监管模式的先锋。此后,许多发达国家和发展中国家都建立了不同形式、不同程度的统一监管体制,最新的例子包括爱沙尼亚、德国、爱尔兰和马耳他。另外,一些已经建立部分统一监管体制的国家(如墨西哥和南非)则在考虑是否应当提高统一监管程度,建立类似英国金融服务局的统一监管体制。

走向统一监管模式的原因在于:

① 随着金融市场的快速发展,跨金融行业的创新产品不断涌现,传统金融领域及金融产品间的界线日渐模糊。同时,跨国界的金融集团不断涌现和发展壮大,金融市场全球一体化的趋势也日渐明朗。在此形势下,各国金融监管体制需做相应改变,力图通过资源整合、机构调整以及监管模式的改革来顺应市场发展的需要,以保证金融市场的稳定运行和健康发展。

② 不断涌现的金融创新产品以及新的金融子市场,使得各类金融机构以及金融市场整体所面临的风险更复杂、更难以监管。特别是证券公司、保险公司、商业银行等金融机构的风险特征日趋相似,使得金融市场的系统性风险已经从早期单一的银行系统逐步扩展到金融系统全部领域。

③ 金融集团(最初为金融控股公司的形式)的出现和发展壮大也对现存的分业监管模式提出了有力挑战,使得分业监管更难以操作。在分业监管模式下,对金融集团的各类业务分别监管难免出现过度关注某一业务或各子公司的经营状况而忽略金融集团总体经营风险的情况。同时,为了在全球市场保持竞争力,一些金融机构通过并购本国或外国的其他机构,逐渐发展成为跨国金融集团,使得金融市场全球一体化的趋势更加明显。这种发展趋势对金融市场监管的国际协作、目标及监管手段的一体化都提出了更高的要求,也促使各国加快了自身监管体制的改革步伐。

统一监管的主要潜在优势包括:达到金融监管的规模经济效应(尤其是对中小国家的金融市场来说);简化监管框架、减少监管机构数量后市场投资者及参与主体更容易理解;统一监管是对金融机构混业经营的适应;金融创新不断打破已有的行业界限,统一监管更能适应这一趋势;统一监管有助于减少过度监管或监管缺位,消除监管套利机会;统一监管有助于降低金融机构的监管成本。其中,金融监管的规模经济效应以及金融机构混业经营带来的监管需求是目前统一监管日渐普遍的重要原因。

在此背景下,本书建议使统一监管机构摆脱分业监管模式的束缚,做到对金融业务的整体把握和对各金融机构的无缝监管。环顾世界,自20世纪90年代起,金融业统一监管已经是大势所趋,不论是英国的金融服务局,还是日本和中国台湾地区的金融监管改革,统一监管模式都是不二的选择。故我们建议,建立中国特色的新统一监管模式,成立国家金融监管委员会,并制定统一的《金融业监督管理法》,就中国金融监管的目标、监管机构的独立性、各监管机构的职责及其关系等做出清晰而明确的规定。

(1) 金融监管的目标

明确而独立的目标是实现金融有效监管的前提和监管当局采取监管行动的依据。目标独立是指以成文法的形式界定监管机构的目标,该目标清晰而且唯一,与其他机构没有重叠和冲突。金融监管的一般目标应该是促成建立和维护一个稳定、健全和高效的金融体系,保证金融机构和金融市场的健康发展,从而保护金融活动各方特别是存款者的利益,推动经济和金融发展。具体包括:第一,维护金融业的安全与稳定;第二,保护公众的利益;第三,维持金融业的运作秩序和公平竞争。

(2) 新统一监管模式的优势和应注意的问题

在新统一监管模式下,国家金融监管委员会保持高度独立性,对全国金融体系进行统一和无缝监管,并亲自监管金融控股公司,这就避免了监管缺失和监管冲突;与此同时，国家金融监管委员会下设银监会、证监会、保监会、期监会等分业监管部门，既充分利用了现有的金融监管资源和避免了改革中的巨大阻力，又为新的监管机构提供大量经验丰富的监管人才；期货业监督管理委员会的设立，正是对中国金融期货交易所成立后和股指期货推出后中国期货市场迅猛发展的趋势预判，以及对其间蕴含的巨大金融风险的及时防范和监管；存款保险机构和消费者金融保护机构的设立，顺应了国际上加强银行存款者和个人金融消费者的保护的大趋势，有利于构建一个更加安全的金融系统，从而为整个金融业以及金融体系的稳定提供根本的保障。

或许有人会质疑设立国家金融监管委员会，其下设银监会、证监会、保监会等各部门的组织构架，认为这样的设计并不能真正实现统一监管，其下设的各部门实质上仍然在分业监管。我们想指出的是，任何一个完整且独立的机构，其内部也是由各科室或部门组成的，其各种职能也是由其内部各科室或部门完成的，只要各科室或部门能相互配合、相互协调，接受统一领导和指挥，则由这各科室或部门组成的机构就是一个完整且独立的机构。国家金融监管委员会正是这样的机构。

然而，在新统一监管模式下，我们还需要处理好一些问题，例如，如何在保证监管机构独立性的同时，确保其有强势的监管职权，并发挥高效的监管效果？如何避免产生更高的监管成本？这都需要在以后的实践中加以解决。

（3）路径选择

不积跬步，无以至千里。新统一监管模式的确立不能一蹴而就，需要一个过程。

① 先制定统一监管法，后成立统一监管机构。中国以往的金融立法总是在"摸着石头过河"的实践之后，"成熟一部与制定一部"的应急型理念固然有其合理之处，但这毕竟是一种对法律规则进行的短期消费行为，它是以导致整个法律体系中不同法律部门之间在效力等问题上的混乱与模糊状态为代价的，并且这种实践先于立法的尝试可能会带来不可预期的风险，而这种风险对于关乎经济命脉的金融业而言是不能承受的，因为这种尝试一旦失败，给国民经济带来的打击将是毁灭性的。针对国际上金融业综合经营的新趋势，借鉴以美国为代表的发达国家在金融危机中的改革举措，中国的金融监管改革应以金融立法为先导和总领，推动整个金融监管改革的顺利开展，而后依该法成立国家金融监管委员会。先立法后统一的好处在于，立法的过程同时也是一个权力再分配的妥协过程。一般而言，漫长的立法程序最终会产生一个协调多方利益的成文法出来，这种利益的妥协性实际上是对统一监管之后复杂利益冲突的提前化解，有利于金融监管部门开展工作。另外，通过法律明确规定金融监管部门的目标、职责和执法权力，也有助于金融监管部门获得受法律支持的较高的独立性。

② 原有的监管机构先合作、后合并。目前中国各金融监管机构之间存在监管冲突多、合作少、信息沟通困难等问题，因此建立金融监管机构之间良好的合作机制是当务之急。一种合理的安排是先行组建金融监管协调委员会，该委员会的主要职责除了对金融监管协调和合作进行试点外，还可以负责研究金融市场和金融监管的最新发展，为国家未来的金融监管改革提供咨询和研究支持。在现阶段，协调委员会的方案并不会对当前监管结构带来深刻的冲击，因此不会遭受多大的改革阻力，容易得到现行监管者的赞同。与此同时，还需要加强该委员会与中国人民银行和财政部的沟通协调。在上述基础上，

待条件成熟,如综合经营已经成为主导性模式,而且相关法律制度也已健全,就可以在协调委员会的基础上成立统一的金融监管机构。

(4) 其他具体措施

① 落实金融监管改革措施和稳健标准。完善逆周期资本要求和系统重要性银行附加资本要求,适时引进国际银行业流动性和杠杆率监管新规,提高银行业稳健性标准。根据中国金融市场的结构和特点,细化金融机构分类标准,统一监管政策,减少监管套利,弥补监管真空。优化金融监管资源配置,明确对交叉性金融业务和金融控股公司的监管职责与规则,增强监管的针对性、有效性。

② 完善监管协调机制。充分发挥金融监管协调部际联席会议制度功能,不断提升监管协调工作规范化和制度化水平,重点加强货币政策与金融监管政策、交叉性金融产品与跨市场金融创新的协调,实现金融信息共享,减少监管真空和监管重复,形成监管合力。

③ 界定中央和地方金融监管职责与风险处置责任。坚持中央金融管理部门对金融业的统一管理,引导地方政府遵循"区域性"原则履行好相关职能。明确地方政府对地方性金融机构和金融市场的监督管理职责,以及在地方金融风险处置中的责任,强化日常监管,减少行政干预,加大对非法金融活动的打击力度,及时有效地处置辖区金融业突发事件,改善本地区金融生态。规范地方政府对金融机构的出资人职责,避免对金融机构商业性经营活动的行政干预。

④ 建立存款保险制度。加快建立功能完善、权责统一、运作有效的存款保险制度,促进形成市场化的金融风险防范和处置机制。存款保险制度要覆盖所有存款类金融机构,实行有限赔付和基于风险的差别费率机制,建立事前积累的基金,具备必要的信息收集与核查、早期纠正及风险处置等基本职责,与现有金融稳定机制有机衔接,及时防范和化解金融风险,维护金融稳定。

⑤ 完善金融机构市场化退出机制。通过明确金融机构经营失败时的退出规则,包括风险补偿和分担机制,加强对存款者的保护,有效防止银行挤兑。进一步理清政府和市场的边界,加强市场约束,防范道德风险,从根本上防止金融体系风险的累积。

本章小结

1. 全面覆盖的监管理念是金融监管发展的潮流,不论是较早改革的英国、日本还是危机过后的美国,其金融改革都明显地反映出这种趋势。中国的金融监管体制一直秉承了全面覆盖的理念,并在维护金融市场稳定方面取得了较好的成绩。

2. 美国金融危机暴露的一个重要问题就是监管机构对金融创新,如金融衍生品的监管过于松散,甚至缺位。而中国的情况却恰恰相反,中国的金融衍生品市场乃至整个金融市场都不发达,中国金融监管对金融创新的权利限制过严。虽然这避免了类似于美国金融市场的高风险,但是也严重约束了金融市场的创新能力,阻碍了金融创新的进一步发展。

3. 随着不断加深的金融国际化,金融机构及其业务活动跨越了国界的局限,在这种背景下,客观上需要将各国独特的监管法规和惯例纳入一个统一的国际框架之中,金融监管法制逐渐走向国际化。双边协定、区域范围内监管法制一体化,尤其是巴塞尔委员会通过的一系列协议、原则、标准等在世界各国的推广和运用,都将给世界各国金融监管法制的变革带来冲击。

本章重要概念

腕骨监管体系　　　风险性监管　　　金融监管国际化　　　同业自律机制
统一监管　　　　　规模经济效应

练习题

1. 全球金融监管改革有哪些趋势?
2. 金融危机对中国金融监管改革的启示有哪些?
3. 中国未来的监管趋势有哪些?

参 考 文 献

[1] Asli Demirgüç-Kunt, Harry Huizinga. Market Discipline and Financial Safety Net Design[J]. CEPR Discussion Paper, 1999.

[2] Ben Bernanke, Harold James. The Gold Standard, Deflation, and Financial Crisis in the Great Depression: An International Comparison[J]. NBER Working Paper, 1990.

[3] Cordell L. R. and King K. K. A Market Evaluation of the Risk-based Capital Standards for the U. S. Financial Systerm[J]. Journal of Banking and Finance, 1995,19(3/4):531—562.

[4] Corrigan G. Testimony before the Senate Committee on Banking, Housing and Urban Affairs[J]. Washington DC: Brookings Institution, 1990,4(11):55—74.

[5] Diamond, Douglas W. and Philip H. Dybvig. Bank Runs, Deposit Insurance, and Liquidity[J]. Journal of Political Economy,1983,91:401—419.

[6] Freixas X., Rochet J. C. Fair Pricing of Deposit Insurance. Is it Possible? Yes. Is it Desirable? No[J]. Research in Economics, 1995,5(1):88—103.

[7] Glaeser E., Simon J., and Shleifer A., Coase Versus the Coasians[J]. Quarterly Journal of Economics, 2001(116): 853—899.

[8] Hoenig T. M. Financial Modernization: Implications for the Safety Net[J]. Mercer L. Rev., 1997, 2(49):767—787.

[9] Hovakimian, A., and Kane E. J. Effectiveness of Capital Regulation at U. S. Commercial Banks, 1985 to 1994[J]. Journal of Finance, 2000(2): 451—468.

[10] Marinkovic S. T. Designing an Incentive-compatible Safety Net in a Financial System in Transition: The Case of Serbia[J]. Managerial Finance, 2005,2(11):8—22.

[11] Rajan R. G., and Zingales L. The Great Reversals: the Polities of Financial Development in the Twentieth Century[J]. Journal of Financial Economics, 2003, 69(1).

[12] Schich S. Financial Crisis: Deposit Insurance and Related Financial Safety Net Aspects[J]. Financial Market Trends, 2008, 2(13):74—88.

[13] White W. R. Are Changes in Financial Structure Extending Safety Nets? [M]. Bank for International Settlements, Monetary and Economic Department, 2004,3(5):44—56.

[14] 安辉,钟红云. 基于金融市场效率的美国金融监管有效性研究[J]. 预测, 2012(30).

[15] 巴曙松,湛鹏. 互动与融合:互联网金融时代的竞争新格局[J]. 中国农村金融,2012(12).

[16] 包勇恩. 论宏观审慎层面金融监管体制改革方向[J]. 时代法学, 2013(11).

[17] 陈燃. 建设上海自贸区与加快中国基本经济制度深化改革的若干问题思考[J]. 广西经济,2013(8).

[18] 董登新. 花自己的钱不如花别人的钱[N]. 中国经济网, 2010-09-17.

[19] 杜胜利. 国际财务公司的发展趋势与海尔财务公司的发展模式[J]. 会计研究,2005(5).

[20] 范文波,李黎明. 美国金融监管改革法案及其对中国的启示[J]. 当代财经,2011(2).

[21] 高茵. 巴塞尔新资本协议下我国信托业全面风险管理思考[J]. 商业时代,2011(16).

[22] 宫晓林. 互联网金融模式及对传统银行业的影响[J]. 南方金融,2013(5).

[23] 哈尔·R.范里安. 微观经济学:现代观点(第八版)[M]. 上海:格致出版社,上海三联书店,上海人民出版社,2011.

[24] 何德旭,饶云清,饶波. 美国金融监管制度改革的新趋势及启示[J]. 上海金融,2011(1).

[25] 何晋洁. 我国银行监管有效性研究[D]. 武汉:华中科技大学,2006.

[26] 胡海峰,孙飞. 美国两次银行业危机的成本比较[J]. 国际金融研究,2010(5).

[27] 黄海龙. 基于以电商平台为核心的互联网金融研究[J]. 上海金融,2013(8).

[28] 黄志强. 英国金融监管改革新架构及其启示[J]. 国际金融研究,2012(5).

[29] 江曙霞,陈玉婵. 金融约束政策下的金融发展与经济效率[J]. 统计研究,2011(7).

[30] 姜爱林,陈海秋. 金融危机后的亚洲五国金融监管——纪念亚洲金融危机10周年[J]. 天府新论,2008(2).

[31] 蒋海,刘少波. 金融监管理论及其新进展[J]. 经济评论,2003(1).

[32] 解玉平,张鹏. 英国金融监管有效性的衡量及启示[J]. 现代管理科学,2012(2).

[33] 金雪军,李红坤. 银行利率管制与放松管制的收益——成本分析及其渐进式改革[J]. 海南金融,2005(4).

[34] 金子寿,刘鹤麟. 金融监管的成本收益分析[J]. 金融教学与研究,2002(1).

[35] 军政,徐宝林. 互联网金融:为商业银行发展带来"鲶鱼效应"[N]. 上海证券报,2013-01-22.

[36] 黎智萍,李独奇. 中国企业集团财务公司初长成[J]. 银行家,2004(2).

[37] 李博,董亮. 互联网金融的模式与发展[J]. 中国金融,2013(5).

[38] 李成,刘相友,刘毅. 基于供求理论的金融监管强度边界及制度均衡解析[J]. 当代经济科学,2009(6).

[39] 李成,马国笑,李佳. 基于进化博弈论对我国金融监管协调机制的解读[J]. 金融研究,2009(5).

[40] 李宏瑾. 市场、管制与寻租——一个基于博弈论视角的解释[C]. 第四届中国经济学年会,2004.

[41] 李军. 多方博弈下的巴塞尔协议Ⅲ[N]. 金融时报,2011-06-13.

[42] 李钧. 互联网金融是什么?[N]. 第一财经日报,2013-03-15.

[43] 李鸣,昌忠泽. 证券执法的经济学分析[J]. 经济研究,2001(7).

[44] 李树生,祁敬宇. 从美国次贷危机看金融创新与金融监管之辩证关系[J]. 经济与管理研究,2008(7).

[45] 李涛. 商业银行监管的国际比较:模式及影响[J]. 经济研究,2003(12).

[46] 李文龙. 银行如何应对互联网金融冲击[N]. 金融时报,2013-06-15.

[47] 李扬,全先银. 危机背景下的全球金融监管改革:分析评价及对中国的启示[J]. 中国金融,2009(17).

[48] 栗芳. 保险公司信用评级方法分析[J]. 上海保险,2007(4).

[49] 廖凡. 竞争、冲突与协调——金融混业监管模式的选择[J]. 北京大学学报(哲学社会科学版),2008(3).

[50] 刘莹. 偿付能力分析的精算工具——现金流量分析[J]. 上海保险,2000(4).

[51] 卢春燕. 混业经营趋势下的金融监管协调机制——基于国际经验的比较与借鉴[J]. 特区经济,2006(2).

[52] 陆静. 巴塞尔协议Ⅲ及其对国际银行业的影响[J]. 国际金融研究,2011(3).

[53] 马炜. 试论社会公共利益原则在保险合同案件中的适用——以驾驶证暂扣期间驾车出险能否拒赔为例[J]. 上海保险,2012(1).

[54] 曼昆. 经济学原理:微观经济学分册(第六版)[M]. 北京:北京大学出版社,2012.

[55] 潘丹丹. 我国信托业监管体制的缺陷及其完善[J]. 安徽广播电视大学学报,2013(10).

[56] 祁斌. 美国金融监管改革法案:历程、内容、影响和借鉴[J]. 金融发展评论,2010(9).

[57] 祁敬宇. 金融监管学[M]. 西安:西安交通大学出版社,2007.

[58] 邱隽一. 融资租赁公司的筹建经营与监管政策概述[J]. 现代工业经济和信息化,2013(56).

[59] 上海国际海事信息研究中心. 新加坡运营自贸区的经验及启示[J]. 海运纵览,2013(12).

[60] 邵琦,文利. 论融资租赁法律监管的必要性及监管目标[J]. 时代经贸(下旬刊),2008(12).

[61] 宋海,任兆璋. 非银行金融机构监管[M]. 广州:华南理工大学出版社,2006.

[62] 孙赞犀,候忠云. 发挥财务公司优势促进企业集团发展[J]. 上海财税,1999(4).

[63] 王国红. 美国金融危机、金融管制与管制俘获[J]. 武汉金融,2010(4).

[64] 王洪涛. 中国保险市场信息不对称对策分析[C]. 中国保险学会首届学术年会论文集,2011-12-30.

[65] 王丽. 金融脆弱性:微观机制与治理路径[D]. 天津:南开大学,2009.

[66] 王声英. 关于我国外资银行监管问题研究[D]. 成都:西南财经大学,2007.

[67] 王淑敏,齐佩金. 金融信托与租赁[M]. 北京:中国金融出版社,2006.

[68] 王玉,程志云. 开户禁令助长寻租 证券类信托卖壳获益丰厚[N]. 经济观察报,2010-04-02.

[69] 伍雪玲. 中国金融监管体制改革方向选择[J]. 中国经贸导刊,2013(5).

[70] 谢平,邹传伟. 互联网金融模式研究[J]. 金融研究,2012(12).

[71] 谢平,邹传伟. 金融危机后有关金融监管改革的理论综述[J]. 金融研究,2010(2).

[72] 熊雪君. 关于我国保险代理人佣金制度问题的研究[J]. 商,2013(1).

[73] 宣文俊. 金融危机后美国金融监管改革及其对我国的启示[J]. 上海经济研究,2010(12).

[74] 杨柳. 国际金融监管的改革及对中国的启示[D]. 长春:吉林大学,2012.

[75] 杨永. 上海自由贸易区发展建设研究[J]. 现代商贸工业,2013(24).

[76] 叶冰. 互联网金融时代,商业银行怎么做[J]. 银行家,2013(3).

[77] 袁琳. 构筑集团企业资金结算与集中控制的新系统——中国石化集团财务公司资金结算与集中控制案例研究[J]. 会计研究,2003(2).

[78] 袁圆. 中国金融监管体制有效性研究[D]. 厦门:厦门大学,2009.

[79] 曾刚. 积极关注互联网金融的特点及发展——基于货币金融理论视角[J]. 银行家,2012(11).

[80] 詹姆斯·R.巴斯,小杰勒德·卡普里奥,罗斯·列文. 金融守护人:监管机构如何捍卫公众利益(第一版)[M]. 上海:生活·读书·新知三联书店,2014.

[81] 张纯威. 金融监管的供求分析[J]. 郑州大学学报(哲学社会科学版),2003,36(5).

[82] 张福芬. 我国企业集团财务公司发展模式研究[D]. 郑州:郑州大学,2011.

[83] 张冠初. 我国银行监管有效性研究[D]. 沈阳:辽宁大学,2012.

[84] 张鹏,解玉平. 美国金融监管有效性的趋势分析及政策建议[J]. 天津商业大学学报,2012(32).

[85] 张善杰,陆亦恺,石亮. 迪拜自贸区发展现状和成功经验启示[J]. 港口经济,2014(1).

[86] 张守川. 从金融监管改革新形势看商业银行风险管理转型升级的着力点[J]. 宏观经济研究,2012(1).

[87] 张天祀. 我国金融监管体制改革的目标及路径选择——基于美国金融监管体制改革的反思与启示[J]. 投资研究,2010(1).

[88] 章安平,刘一展. 美国金融监管改革法案解读与启示[J]. 浙江金融,2011(1).

[89] 赵征,冯洁琼.新型农村金融机构监管法律制度探析[J].金融与法,2011(4).
[90] 中国银行业监督管理委员会.《中国银行业运行报告》[EB/OL].http://www.cbrc.gov.cn/chinese/home/docView/B5BE662FEA6F4E1AA6A75E414B8B9866.html
[91] 中国证券监督管理委员会.中国证券监督管理委员会年报2012[R].北京:中国财政经济出版社,2013.
[92] 中国证券业协会.中国证券业发展报告:2013[R].北京:中国财政经济出版社,2013.
[93] 周玉强,汪川,武岩.国际金融危机后香港和新加坡金融监管体制比较研究[J].亚太经济,2013(2).

教辅申请说明

　　北京大学出版社本着"教材优先、学术为本"的出版宗旨,竭诚为广大高等院校师生服务。为更有针对性地提供服务,请您按照以下步骤通过**微信**提交教辅申请,我们会在 1~2 个工作日内将配套教辅资料发送到您的邮箱。

◎扫描下方二维码,或直接微信搜索公众号"北京大学经管书苑",进行关注;

◎点击菜单栏"在线申请"—"教辅申请",出现如右下界面;

◎将表格上的信息填写准确、完整后,点击提交;

◎信息核对无误后,教辅资源会及时发送给您;如果填写有问题,工作人员会同您联系。

温馨提示:如果您不使用微信,则可以通过以下联系方式(任选其一),将您的姓名、院校、邮箱及教材使用信息反馈给我们,工作人员会同您进一步联系。

联系方式:

北京大学出版社经济与管理图书事业部
通信地址:北京市海淀区成府路 205 号,100871
电子邮箱:em@pup.cn
电　　话:010-62767312 /62757146
微　　信:北京大学经管书苑(pupembook)
网　　址:www.pup.cn